Rom

Caterina Mesina

Gratis-Download: Updates & aktuelle Extratipps der Autorin

Unsere Autoren recherchieren auch nach Redaktionsschluss
für Sie weiter. Auf unserer Homepage finden Sie Updates und
persönliche Zusatztipps zu diesem Reiseführer.

Zum Ausdrucken und Mitnehmen oder als kostenloser
Download für Smartphone, Tablet und E-Reader.
Besuchen Sie uns jetzt!
www.dumontreise.de/rom

Reise-Taschenbuch

Inhalt

Rom persönlich	6
Lieblingsorte	12
Schnellüberblick	14

Reiseinfos, Adressen, Websites

Informationsquellen	18
Wetter und Reisezeit	21
Anreise und Verkehrsmittel	23
Übernachten	28
Essen und Trinken	35
Einkaufen	44
Ausgehen, Abends und Nachts	49
Feste, Events und Termine	55
Aktiv sein, Sport, Wellness	59
Antike Monumente und Museen	61
Reiseinfos von A bis Z	68

Panorama – Daten, Essays, Hintergründe

Steckbrief Rom	74
Geschichte im Überblick	76
Römische Stadtlandschaften	82
Leben und Überleben in Rom	84
Homo romanus – nur nicht alles so ernst nehmen	88
Der Motor der römischen Wirtschaft	90
Il calcio – wo das Herz der Römer schlägt	92
Der Vatikan – eine Großmacht im Kleinformat	94
Politikhauptstadt Rom	98
Die Kaiser, die Rom prägten	101
Als die Römer den Beton erfanden	104
Das Erbe der Renaissance-Päpste	108
Barocke Inszenierungen	110

Inhalt

Unterwegs in Rom

Das antike Zentrum — 116
Am Nabel der Welt — 118
Foro Romano — 118
Palatino — 125
Arco di Costantino — 129
Colosseo — 130
Fori Imperiali — 130
Campidoglio — 135
Musei Capitolini — 138
Santa Maria in Aracoeli — 139
Carcere Mamertino — 140
Zwischen Kapitol und Tiber — 141
Terme di Caracallla — 143

Im Herzen der Altstadt — 144
Ein Rundgang im Tiberknie — 146
Largo Argentina — 146
Il Gesù — 147
Piazza della Minerva — 147
Piazza della Rotonda — 152
Pantheon — 152
Am Corso del Rinascimento — 153
Palazzo Altemps — 154
Piazza Navona — 155
Am Corso V. Emanuele II — 158
Campo de' Fiori — 159
Palazzo Farnese — 163
Via Giulia — 165
Piazza Mattei — 169
Isola Tiberina — 169

Vom Vatikan nach Trastevere — 172
Irdische und himmlische Freuden — 174
Vaticano — 175
Ponte Sant'Angelo — 175
Castel Sant'Angelo — 175
Via della Conciliazione und Borgo — 175
Piazza San Pietro — 175
Campo Santo Teutonico — 178
San Pietro — 179
Musei Vaticani — 182

Inhalt

Gianicolo	190
Zu Fuß oder per Vespa nach Trastevere	190
Via della Lungara	192
Trastevere	193

Entlang der Via del Corso — 200
Von der Piazza del Popolo bis zur Piazza Venezia — 202
Rund um die Piazza del Popolo	202
Via del Corso	203
Rund um die Via dei Condotti	204
Piazza di Spagna	206
Südliche Via del Corso	208

Zwischen Monti-Viertel und Villa Borghese — 220
Rom nach der Einigung — 222
Rund um die Piazza della Repubblica	222
Entlang der Via Nazionale	229
Entlang der Via Quirinale	229
Nördlich des Quirinalshügels	233
Villa Borghese	235

Celio, Esquilino und Roms Osten — 242
Kirchen, Katakomben und Kultviertel — 244
Celio	245
Esquilino	251
Colle Oppio	251
Santa Prassede	252
Santa Maria Maggiore	253
Piazza Vittorio und Umgebung	254
Laterano/San Giovanni in Laterano	254
Piazza San Giovanni in Laterano	259
Entlang der Aurelianischen Stadtmauer	259
Porta Maggiore	261
San Lorenzo	261
Via Nomentana	263
Spaziergang im Park der Villa Torlonia	263
Sant'Agnese, Santa Costanza	266

Vom Aventino ans Meer — 272
Moderne Architekur und antike Ruinen — 274
Aventino	274
Testaccio	276
Ostiense	281
EUR	284
Ostia Antica	286
Ostia Lido	287

Inhalt

Sprachführer	288
Kulinarisches Lexikon	290
Register	292
Autorin/Abbildungsnachweis/Impressum	296

Auf Entdeckungstour

Spektakel für das Volk – im Kolosseum	132
Palastgeflüster	160
Jüdisches Leben in Rom	166
Die Stanzen des Raffael	184
Caravaggio, Meister von Licht und Schatten	210
Das Monti-Viertel	230
Kulturpark Villa Borghese	238
Zeitreise per Rad oder zu Fuß auf der Via Appia Antica	256
Sommerfrische in traumhafter Lage – Tivoli	270
Testaccio – auf Scherben gebaut	278

Karten und Pläne

s. hintere Umschlagklappe

Diese Symbole im Buch verweisen auf die Extra-Reisekarte Rom

Das Klima im Blick

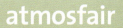

Reisen verbindet Menschen und Kulturen. Wer reist, erzeugt auch CO_2. Der Flugverkehr trägt mit bis zu 10 % zur globalen Erwärmung bei. Wer das Klima schützen will, sollte sich – wenn möglich – für eine schonendere Reiseform entscheiden. Oder Projekte von *atmosfair* unterstützen: Flugpassagiere spenden einen kilometerabhängigen Beitrag für die von ihnen verursachten Emissionen und finanzieren damit Projekte zur Verringerung des CO_2-Ausstoßes in Entwicklungsländern *(www.atmosfair.de)*. Auch der DuMont Reiseverlag fliegt mit *atmosfair!*

Liebe Leserin, lieber Leser,

als ich wie immer während meiner Romaufenthalte über ›meinen‹ Stadtteilmarkt spazierte, hörte ich, wie ein Händler einem auswärtigen Kollegen scherzhaft zurief: »Noi siamo la storia, voi la fotocopia« (Wir sind die Geschichte, ihr nur der Abklatsch). An Selbstbewusstsein mangelt es den Römern nicht. Wer kann es Ihnen, den Einwohnern des einstigen ›Hauptes der Welt‹, verdenken? Wo man geht und steht, lebt in Roms Zentrum die Vergangenheit. Kaum einer kann sich der Faszination der ›Ewigen Stadt‹ entziehen, in der moderner Alltag und jahrtausendealte Geschichte und Kultur aufs Engste miteinander verschränkt sind. Wie mächtige Kulissen ragen die Prunkbauten der römischen Kaiserzeit und päpstlicher Machtentfaltung in den Himmel. Dazwischen öffnen sich die weltberühmten Plätze der Altstadt. Ein Blick hinter diese Kulissen gleicht einer Zeitreise: Unter der quirligen Piazza Navona entdeckt man ein antikes Stadion, christliche Kirchen entpuppen sich als antike Tempel und am Schauplatz des Cäsarmordes speist man heute an den Tischen einer Trattoria. Doch Roma Aeterna zehrt keineswegs nur von ihrer Vergangenheit. Die vitalen Bedürfnisse der nachfolgenden Generationen und der den Römern eigene Gleichmut gegenüber ihrer Geschichte haben zum Glück verhindert, dass sich Rom in ein Freilichtmuseum verwandelte.

Mit diesem Buch möchte ich Sie ein Stück auf Ihrer Entdeckungsreise durch Rom begleiten und Sie einladen, die Stadt aktiv und gleichzeitig mit Muße zu erleben. Die Metropole am Tiber bietet ihren Besuchern viel. Versuchen Sie nicht, alles auf einmal zu sehen. Lassen Sie sich nicht anstecken vom »Rom in zwei Tagen, Papst inklusive«. Weniger ist oft mehr. Fahren Sie an einem Sonntagmorgen mit dem Fahrrad über die autofreie Via Appia Antica, die ›Königin der Straßen‹, oder joggen Sie durch die erwachende Stadt. Rattern Sie bei Jazzmusik und dreigängigem Menü mit einer historischen Tram durch das nächtliche Rom. Tauchen Sie unter der Kirche San Clemente in eine andere Zeit ein, besuchen Sie die urrömischen Märkte oder genießen Sie ein Essen im Hause einer römischen Familie.

Ich wünsche Ihnen einen erlebnisreichen Aufenthalt und freue mich auf Ihre Rückmeldung!

Ihre

Caterina Moniha

Peterskirche und Engelsbrücke im abendlichen Lichterglanz

Leser fragen, Autoren antworten

Rom persönlich – meine Tipps

Immer ein guter Start
Die Stadt der sieben Hügel – Zentrum des Katholizismus und Machtzentrale der italienischen Politik, Tummelplatz für archäologische Spurensucher und Kunstliebhaber, Laufsteg der Alta Moda und Bühnenplatz für Musikevents, seit Kurzem auch Experimentierfeld für Stararchitekten – bietet eine schier unendliche Fülle an Attraktionen. Doch egal ob Sie zum ersten oder x-ten Mal nach Rom kommen, nehmen Sie sich Zeit zum Ankommen. Genießen Sie einen *caffè* oder *cappuccino* in einer typischen Bar, verschaffen Sie sich einen Überblick vom **Pincio** bei der **Spanischen Treppe** oder von der Terrasse des **Vittoriano** an der Piazza Venezia. Bummeln Sie über einen der vielen Stadtteilmärkte, etwa den **Mercato di Campo de' Fiori** oder den Markt an der **Piazza di San Cosimato,** streifen Sie durch typische Viertel wie **Monti** oder **Trastevere** und entdecken Sie dabei ›Ihr‹ Rom.

Nur wenig Zeit? – Rom zum ersten Kennenlernen
Rom lässt sich nicht an einem Tag erkunden, doch selbst bei einem Kurzaufenthalt und wenig Zeit für Besichtigungen kann man einen bleibenden Eindruck von der ›Ewigen Stadt‹ gewinnen. Starten Sie am frühen Morgen am **Campo de' Fiori,** wenn die Markt-

Rom zum Kennenlernen

Einer der schönsten Plätze der Welt: Piazza Navona mit Berninis Vier-Ströme-Brunnen

leute ihre Stände aufbauen, und genießen Sie ein italienisches Frühstück mit *cappuccino* und *cornetto* in der **Bar Farnese.** Schlendern Sie dann weiter zur **Piazza Navona** mit ihren fliegenden Händlern und einer Brunnenanlage des Barockgenies Bernini. Mit dem **Pantheon** erwartet Sie das nach dem Kolosseum am besten erhaltene Bauwerk der Antike – Achtung: Bei Regen dringt Wasser durch die Kuppel in die Kirche. Über die Piazza Colonna gelangen Sie zur stets umlagerten **Spanischen Treppe** – die Gegend ist ideal für einen Shoppingspaziergang oder eine Mittagspause bei Pasta und *vino*. Am Nachmittag haben Sie dann die Qual der Wahl: Antike oder Vatikan? Nur wenige U-Bahn-Stationen sind es zum kleinsten Staat der Welt mit **Petersplatz** und **Peterskirche,** von deren Kuppel man einen grandiosen Blick auf Rom genießt. Oder Sie fahren zum **Kolosseum,** dem Wahrzeichen Roms, und tauchen im **Forum Romanum** in die Antike ein. Vergessen Sie nicht, abends am **Trevibrunnen** vorbeizuschauen und eine Münze hineinzuwerfen, damit Sie wiederkommen, denn es gibt noch viel zu sehen und zu erleben!

Welche Museen sollte man unbedingt besuchen?

Man könnte Monate damit verbringen, nur Roms Museen zu besichtigen. Vier Museen möchte ich Ihnen besonders ans Herz legen: Allen voran die **Vatikanischen Museen,** die nach dem Louvre und der National Gallery in London zu den weltweit am meisten besuchten Kunstmuseen gehören. Höhepunkte sind die Stanzen des Raffael und die von Michelangelo ausge-

Die wichtigsten Museen

- Villa Giulia
- Galleria Borghese
- Vatikanische Museen
- Vatikan
- Kapitolinische Museen

Rom persönlich – meine Tipps

malte Sixtinische Kapelle. Die **Galleria Borghese** birgt neben bedeutenden Gemälden der Renaissance und des Barocks vor allem Meisterwerke von Bernini und Caravaggio. In der **Villa Giulia** finden Sie die umfangreichste Sammlung zur Kultur der Etrusker, dieses so lebensfrohen und doch rätselhaften Volkes, das die ersten Könige Roms stellte. Unbedingt besuchen sollten Sie auch die Antikensammlung in den **Kapitolinischen Museen**, zu der die Römische Wölfin und die originale Reiterstatue des Marc Aurel gehören. Versäumen Sie nicht, einen Blick in den aktuellen Ausstellungskalender zu werfen. Immer wieder finden hochkarätige Kunstausstellungen statt, etwa im **Vittoriano** (s. S. 214) oder in den **Scuderie** (s. S. 232).

Roms Shoppingmeilen

In welcher Gegend wohnt man nett?

Natürlich ist das immer auch eine Frage des Preises. Wer würde nicht gerne in einem Zimmer mit Dachterrasse zwischen **Pantheon, Campo de' Fiori** und **Piazza Navona** wohnen? Unabhängig davon, bleibt nun schon seit Jahren das urrömische **Monti-Viertel** mein Lieblingsquartier. Es ist nicht weit von Bus- und Zugbahnhof sowie (beiden!) U-Bahn-Linien entfernt, liegt in Gehweite zum antiken Zentrum und nicht weit von den Plätzen der Altstadt. Im Viertel selbst gibt es viele nette Lokale und ausgefallene Geschäfte und doch ist es nicht so touristisch, wie man es erwarten würde. Ein weiteres nettes Viertel ist natürlich auch **Trastevere**.

Einkaufsbummel – aber wo?

Die Shoppingmeilen für Modefans finden sich rund um die **Spanische Treppe**, wo zwischen **Via Frattina, Via Condotti** und **Via Borgognona** die *alta moda* zu Hause ist. Bei den Römern sehr beliebte Einkaufsstraßen mit vielen Modegeschäften, aber auch Delikatessläden sind die **Via Cola di Rienzo** beim Vatikan und die **Via Appia Nuova** südlich von San Giovanni sowie zwischen Bahnhof und Piazza Venezia die **Via Nazionale** mit ihren vielen Schuhgeschäften. In der **Via dei Giubbonari** nahe der Piazza Navona reihen sich weitere Streetfashionläden aneinander, nicht weit davon liegen in der **Via del Governo Vecchio** interes-

Ganz weit vorn: Roms ›Alta Moda‹

Rom persönlich – meine Tipps

Kultur am Abend

sante Secondhandläden, die Kleidung im Vintagestil, aber auch Schmuck und andere Accessoires führen.

Kultur am Abend
Klassischen Kulturgenuss versprechen die herausragenden Konzerte der **Accademia di Santa Cecilia** sowie die Opernabende im **Teatro dell'Opera**, die im Sommer vor den eindrucksvollen Kulissen der **Caracalla-Thermen** stattfinden. Daneben gibt es viele interessante Jazzlocations, z. B. das **Alexanderplatz, Big Mama** oder die **Casa del Jazz** (s. S. 52). Doch typisch für das Nachtleben der Stadt, und auch ein Stück Lebenskultur, ist das Treffen mit Freunden, etwa zum Aperitif. Genießen Sie mit den Römern einen *aperitivo* mit oft reichem Buffet etwa im **Freni e Frizioni** in Trastevere (s. S. 196), in der trendigen **Bar del Fico** hinter der Piazza Navona (s. S. 50), im **Salotto 42** (s. S. 219) am Hadrianstempel, in der **Bottega del Caffè** (s. S. 231) an der Piazza Madonna dei Monti oder im **Ai Tre Scalini** (s. S. 231), ebenfalls im Monti-Viertel.

Sightseeing einmal anders
Eine Stadt muss man sich erlaufen, lautet eine alte Weltenbummler-Wahrheit. Das ist beim **Sightjogging** durchaus wörtlich zu nehmen. Bei einem anregenden Lauf durch die erwachende Stadt zeigt Ihnen ein gut geschulter Guide auf verschiedenen Touren die Highlights von Rom (s. S. 60). Eine schöne **Fahrradtour** lässt sich hingegen individuell entlang der Via Appia unternehmen, am besten am Sonntag, wenn die Straße für den Verkehr gesperrt ist (s. Entdeckungstour S. 256). Die Füße hochlegen kann man bei einer abendlichen **Tour mit einer historischen Straßenbahn** durch Rom, bei der musikalischer Genuss, Gourmetfreuden und Sightseeing eine Einheit bilden (s. S. 52).

Sie möchten gerne direkt mit Römern in Kontakt kommen, gemeinsam mit ihnen essen, etwas mehr über Stadt und Leute erfahren? Cene romane vermittelt (gegen einen Obolus) ein **römisches Essen bei Römern** zu Hause, die eigens für Sie ein typisches Menü kochen (s. S. 36). Und zuletzt noch eine ungewöhnliche, etwas

Rom geht auch durch den Magen

Zeitgenössisches Architekturhighlight: Zaha Hadids MAXXI

gruselige Sehenswürdigkeit, die aber gut in diese geschichtsträchtige Stadt passt: die wohl eindrucksvollste Memento-Mori-Darstellung – zu sehen in der **Kapuzinergruft** an der Via Veneto, wo Tausende von Gebeinen die einstigen Zellenwände der Mönche schmücken (s. S. 235).

Was ist neu und spannend?
Moderne Architektur in der ›Ewigen Stadt‹? Bis vor wenigen Jahren ein unauflöslicher Widerspruch. Inzwischen haben viele Stararchitekten, wie Renzo Piano, Zaha Hadid oder Odile Decq ihre modernen Tempel quer über die Stadt verteilt und locken die Besucher in Scharen (s. S. 216). Mit Spannung wird die Fertigstellung der »Nuvola«, des neuen Kongresszentrums in EUR von Massimiliano Fuksas , erwartet (voraussichtlich 2016; s. S. 285).

Mit einem Paukenschlag begann im Sommer 2013 die neue Amtszeit des Bürgermeisters und leidenschaftlichen Fahrradfahrers Ignazio Marino. Nach nur wenigen Tagen ließ er die Via dei Fori Imperiali, eine der Hauptverkehrsadern der City für den Privatverkehr sperren. Die Archäologen jubelten. Sie würden am liebsten gleich den Asphalt aufreißen und das Gebiet um Forum, Kolosseum und Kaiserforen zum »größten archäologischen Park des Planeten« ausbauen. Marinos Ziel ist eine generelle Verkehrsberuhigung der römischen Innenstadt durch mehr Radwege, Auto-Maut, Shared-Space-Areale etc. Als ich einen der Planer fragte, ob sich die mehr als eine Million römischen Autofahrer, die sich täglich hupend, knatternd und fluchend auf die städtischen Straßen drängen, überzeugen lassen werden, entgegnete er mir gelassen: »*Roma non fu mica costruita in un solo giorno*« – Rom wurde schließlich auch nicht an einem Tag erbaut!

NOCH FRAGEN?
Die können Sie gern per E-Mail stellen, wenn Sie die von Ihnen gesuchten Infos im Buch nicht finden:
mesina@dumontreise.de
info@dumontreise.de
Auch über eine Lesermail von Ihnen nach der Reise mit Hinweisen, was Ihnen gefallen hat oder welche Korrekturen Sie anbringen möchten, würden wir uns freuen.

Zeitreise durch die römische Geschichte: unterhalb von San Clemente, S. 248

In der In-Disco Goa nach den neuesten Trends Ausschau halten, S. 283

Lieblingsorte!

Grandioser Rundumblick von der Aussichtsterrasse des Vittoriano, S. 214

Freni e Frizioni: früher Autowerkstatt, heute Lokal im Vintage-Look, S. 196

Die Pantheon-Kuppel fasziniert durch ihre vollkommene Harmonie, S. 150

Villa Torlonia: wunderschöner Park jenseits der touristischen Routen, S. 264

Die Reiseführer von DuMont werden von Autorinnen und Autoren geschrieben, die ihr Buch ständig aktualisieren und daher immer wieder dieselben Orte besuchen, gleichzeitig aber beständig nach Neuem Ausschau halten. Irgendwann entdeckt dabei jede Autorin und jeder Autor seine ganz persönlichen Lieblingsorte. Plätze mit einem besonderen Flair, Orte, die einem den Blick für neue Trends oder vergangene Zeiten öffnen oder einfach nur eine entspannte Atmosphäre bieten – eben Wohlfühlorte, an die man immer wieder zurückkehren möchte.

Er Buchetto: filmreife Locanda mit der römischen Spezialität, S. 226

Nachts am Kapitol entfaltet sich eine magische Atmosphäre, S. 136

Schnellüberblick

Vom Vatikan nach Trastevere
Das Zentrum der katholischen Kirche ist für Gläubige und Kunstliebhaber gleichermaßen das Paradies auf Erden. Ein grandioses Panorama auf Rom bietet sich vom Gianicolo. Trastevere lockt mit dem Flair seiner verwinkelten Gassen, urrömischer Atmosphäre und alten Kirchen. S. 172

Im Herzen der Altstadt
Mächtige Adelspalazzi, spektakuläre Plätze und prunkvolle Kirchen prägen das Herz der Tiberschleife. Ungebrochene Traditionen und eine gute Küche locken ins jüdische Viertel. Kommen Sie am Abend wieder, wenn die Nachtschwärmer das Viertel um Piazza Navona und Campo de' Fiori mit Leben füllen. S. 144

Das antike Zentrum
Wo pochte das Herz des antiken Rom? Ein Spaziergang zum Forum Romanum, Palatin und Kapitol vermittelt noch heute eine Ahnung vom Leben und Prunk am einstigen ›Nabel der Welt‹. Mit Wagenrennen und Gladiatorenspielen wurden die Menschen in der Millionenstadt bei Laune gehalten. S. 116

Vom Aventino ans Meer
Überraschende Ausblicke und interessante Einblicke versprechen die Viertel Aventin und Ostiense sowie der ›Scherbenhügel‹ Testaccio, das Mekka der Nachtschwärmer. Dem Größenwahn eines verhinderten Diktators entsprang die kolossale Vorstadt EUR. Und Ostia Antica lockt mit den sehenswerten Ruinen der einstigen

Entlang der Via del Corso
Schnurgerade zieht sich die geschäftige Via del Corso durch die Innenstadt. In den Seitenstraßen öffnen sich Plätze, die an Operettenbühnen erinnern, und locken mit Palazzi, in denen überwältigende Kunstwerke auf den Besucher warten. Herrlich shoppen lässt es sich rund um die Via Condotti. S. 200

Zwischen Monti-Viertel und Villa Borghese
Staunen Sie über die Wandlungsfähigkeit Roms, darüber, wie aus den antiken Diokletians-Thermen eine Renaissancekirche und der Vorzeigeplatz der italienischen Hauptstadt entstanden, wie eine antike Wasserleitung zum Hort der Sehnsucht aller Wahlrömer und die Villa eines Kardinalnepoten zum Kulturpark der Römer wurde. S. 220

Hafenstadt Roms, während Ostia Lidos Strände tagsüber die Wasserratten und in den heißen römischen Sommernächten die Partygänger in die Diskotheken zieht, die ihre Locations kurzerhand ans Meer verlegt haben. S. 272

Celio, Esquilino und Roms Osten
Frühchristliche Kirchen und multikulturelles Flair prägen die Hügel Celio und Esquilin. Beliebte Ausgehviertel sind das Pigneto und San Lorenzo. Kultur und Erholung bieten die grünen Oasen der Villa Torlonia und – vor den Toren Roms – die Sommerfrische Tivoli. Zur Fahrradtour lädt die Via Appia Antica ein, Roms Gräberstraße. S. 242

Reiseinfos, Adressen, Websites

Besser als 3-D-Kino: die Fahrt mit dem offenen Sightseeingbus

Informationsquellen

Infos im Internet

Die italienische Landeskennung ist .it, im Vatikan .va, international ausgerichtete Websites tragen auch die Kennung .com. Sites zu den einzelnen Rubriken wie Übernachten, Einkaufen etc. finden sich in den entsprechenden Kapiteln und Abschnitten.

www.turismoroma.it
Ganz auf die Bedürfnisse von Touristen eingestellt ist die offizielle Seite der römischen Tourist-Info mit deutschsprachiger Version. Neben vielen Tipps zu Unterkunft, Verkehr, Stadtrundgängen und Führungen gibt es hier aktuelle Infos zu Veranstaltungen, Museen und Sehenswürdigkeiten.

www.vatican.va
Die offizielle Website des Heiligen Stuhls gibt in acht Sprachen Auskunft zu aktuellen Ereignissen und zu Verlautbarungen des Papstes, zum liturgischen Kalender sowie zu den vatikanischen Museen (mit aktuellen Öffnungszeiten!) und Papstbasiliken. Mit virtueller Besichtigung der Sixtinischen Kapelle, der Pinakothek und der Stanzen des Raffael. Auf der Website der Vatikanischen Museen kann man online Eintrittskarten kaufen und vermeidet dadurch die Wartezeit vor Ort.

www.coopculture.it
Buchungsportal und Online-Ticket(vor)verkauf für die wichtigsten archäologischen Stätten Roms.

www.pilgerzentrum.net
Die Infostelle für deutschsprachige Pilger bietet u. a. Auskunft über Papstaudienzen und -messen, Pilger- und Titelkirchen deutscher Kardinäle sowie Übernachtungsmöglichkeiten in religiösen Häusern und Pensionen.

www.roma-antiqua.de
Auf dieser privaten, hervorragend gestalteten Website unternimmt der Historiker Sven Kaller einen virtuellen Rundgang zu den antiken Stätten. Die Beschreibungen werden durch Fotos, Grundrisse und Lagepläne unterstützt. Außerdem sehr nützliche, aktuelle Reisetipps und ein engagiertes Forum.

www.sotterraneidiroma.it
Hier finden Sie alles über das unterirdische Rom sowie Links zu allen wichtigen Museen. Passionierte Archäologen bieten überirdisch und unterirdisch organisierte Touren (ital./engl.) an.

www.info.roma.it
Gute, kommentierte, ständig aktualisierte Übersichtsseite zu kulturellen Events: Ausstellungen, Aufführungen und Vorträgen. Daneben auch gute Links und Infos zu Geschichte, Sehenswürdigkeiten, Künstlern, aber auch kurze Presseschau sowie Tipps zu Restaurants, Eisdielen und Weinlokalen.

www.2night.it
Alles zum Nachtleben in Rom, Tipps zu Theatern, Lokalen (auch auf Englisch).

www.merzbau.it
Veranstaltungskalender mit Fokus auf zeitgenössischer Kunst in Rom.

www.spottedbylocals.com/rome
Städettipps von Insidern – der neueste Szenetreff, die *rostocceria* mit den besten *supplì*, ein besonderes Viertel ... Im City-Blog führen Einheimische (auf Englisch) zu ihren Lieblingsorten.

Informationsquellen

www.atac.roma.it
Website der römischen Verkehrsbetriebe mit interaktivem Stadtplan und Suchmaschine für Bus-, Metro- und Tramverbindungen. Auch auf Englisch.

www.cotralspa.it
Infos zu den Bussen der Region Lazio.

www.adr.it
Gemeinsame Homepage der römischen Flughäfen, auch auf Englisch.

Tourismusämter

Beim Staatlichen Italienischen Fremdenverkehrsamt ENIT (Ente Nazionale Italiana per il Turismo) gibt es Auskünfte, Prospekte, Hotelverzeichnisse. Prospekte kann man bestellen oder downloaden über: www.enit.it.

ENIT in Deutschland
60325 Frankfurt/M.
Barckhausstr. 10
Tel. 069 23 74 34
Fax 069 23 28 94
frankfurt@enit.it

ENIT in Österreich
1060 Wien, Mariahilfer Str. 1b/
Mezzanin – Top XVI
Tel. 01 505 16 30-14
Fax 01 505 02 48
vienna@enit.it

Tourist-Info in Rom
Infos und Broschüren erhält man tgl. 9.30–19 Uhr an den Infopavillons (P.I.T.) in der Innenstadt: Castel Sant'Angelo/Piazza Pia, Largo del Colonnato 1 (San Pietro), Via Marco Minghetti (nahe Trevibrunnen), Piazza delle Cinque Lune (nahe Piazza Navona), Via Nazionale (beim Palazzo delle Esposizioni), Via dei Fori Imperiali, Via di San Basilio 51 (Via Veneto), Via di Santa Maria del Pianto 1 (Ghetto) sowie an den Bahnhöfen Termini und Tiburtina sowie an den Flughäfen.

Beliebtes Fortbewegungsmittel der Italiener ist auch in Rom der Motorroller

Reiseinfos

Call-Center der Stadt Rom: Tel. 06 06 08, tgl. 9–21 Uhr, auch in Deutsch, www.060608.it. Allgemeine Informationen, aber auch Hotelreservierungen und Ticketverkauf fürs Auditorium.
Deutsches Reisebüro (DER): Piazza Esquilino 28–29, Tel. 064 82 75 31, www.derviaggi.it. Fahrkarten, Platzreservierungen und Umbuchungen.

Lesetipps

Hier nur ein paar Tipps aus der Fülle an Rom-Literatur (manche ›Klassiker‹ sind leider nur noch antiquarisch erhältlich).
Heinz-Joachim Fischer: Kunstreiseführer Rom, Ostfildern 2012. 2500 Jahre Geschichte, Kunst und Kultur von den römischen Kaiserforen bis zum EUR-Viertel aus den 1930er- bis 1950er-Jahren lässt dieses Kompendium von FAZ-Korrespondent Fischer Revue passieren.
Arne Karsten/Volker Reinhardt: Kardinäle, Künstler und Kurtisanen. Wahre Geschichten aus dem päpstlichen Rom, Darmstadt 2014. Das Autorenduo entführt den Leser in das Rom des 16. bis 18. Jh., Herz des christlichen Europa, gleichzeitig aber auch Hort barocker Sinnesfreuden. Brillant geschrieben und höchst vergnüglich zu lesen.
Karl-Wilhelm Weeber: Alltag im Alten Rom: Das Leben in der Stadt. Der klassische Philologe und Althistoriker versteht es, das Alltagsleben in der römischen Antike auf sehr lebendige und spannende Weise zu vermitteln. Mannheim 2011.
Paul Zanker: Die Römische Kunst, München 2007. Gut verständliche Einführung in das römische Kunstschaffen der Republik und Kaiserzeit, das der Autor immer wieder in den historischen Kontext stellt.

Für Kinder

Richard Dargie: Rom – Geschichte in Bildern, Münster 2006. Das reich bebilderte Buch bietet einen kindgerechten Einstieg in die römische Geschichte.
David Macaulay: Eine Stadt wie Rom. Planen und Bauen in römischer Zeit, Mannheim 2007. Macaulay gelingt es mit präzisen Zeichnungen und verständlichen Texten, das Anlegen einer römischen Stadt in der Antike anschaulich und lebendig darzustellen.
Henry Winterfeld: Caius der Lausbub aus dem alten Rom, München 2014. Die spannende Detektivgeschichte, die aus Kindersicht erzählt wird, entführt in das Alltagsleben im Alten Rom.

Zum Schmökern

Dan Brown: Illuminati, Bergisch Gladbach 2011. Ein legendärer Geheimbund von Wissenschaftlern und Freidenkern startet einen Racheakt gegen die katholische Kirche. Schauplätze sind natürlich Rom und der Vatikan.
Robert Harris: Imperium, München 2008. Harris schildert aus der Sicht eines Sklaven den politischen Aufstieg des großen Redners und Staatsmannes Cicero. Macht, Politik und Intrigen prägen diesen spannenden Politkrimi.
Andrea Isari: Römische Affären, 2007; Eine Arie für die Diva, 2009; Letzter Tanz am Tiber, 2009; Römische Rache, 2007. Viel römisches Flair und handfeste Skandale, die auf die Gegenwart Bezug nehmen, prägen diese römischen Krimis, bei der Leda Giallo, eine rothaarige, etwas unkonventionelle Kommissarin, die Hauptrolle spielt.
Birgit Schönau: Gebrauchsanweisung für Rom, München 2010. Kenntnisreich und mit liebevollem Augenzwinkern porträtiert die in Rom lebende Journalistin die Römer und das Leben in Rom.

Wetter und Reisezeit

Rom im Frühling

Im Frühling, vor allem im Spätfrühling zwischen Ende April und Anfang Juni, sind die Temperaturen angenehm warm und locken tagsüber zu ausgedehnten Spaziergängen, während die Nächte lau genug sind, um bis Mitternacht auf einer römischen Piazza unter freiem Himmel zu speisen oder durch die beleuchtete Stadt zu streifen. Diese Zeit ist auch bei Reisegruppen besonders beliebt. Vor allem an Ostern strömen zahlreiche Pilger in die Stadt und zum Vatikan.

Was ist los?
Ende März: Maratona di Roma (Stadtmarathon).
Settimana Santa (Karwoche): an Gründonnerstag Fußwaschung in der Laterankirche mit dem Papst. Karfreitag nächtliche Messe auf dem Palatin und Kreuzwegprozession beim Kolosseum. Ostersonntag: Urbi et Orbi auf dem Petersplatz.

... im Sommer

Ihren eigenen Reiz hat die Periode von Mitte Juni bis Juli, wenn die Schulferien ›ausbrechen‹, die Römer zwischen Meer und Stadt zu pendeln beginnen oder die ersten in die Ferien aufbrechen und die Zeit der Schlussverkäufe anbricht. Die Quecksilbersäule klettert dann schon mal über 35 °C und nur der abendliche Ponentino-Wind lindert die manchmal drückende Hitze. Wer Rom frei von Menschenmassen erleben möchte, sollte im August kommen, wenn das Thermometer leicht über 40 °C steigen kann. Vor allem rund um Ferragosto (15. Aug., Mariä Himmelfahrt) ist die Stadt wie ausgestorben. Dann sind auch viele Restaurants und Geschäfte geschlossen. Dafür gewähren aber zahlreiche Hotels einen Preisnachlass. Am Abend lockt dann der römische Kultursommer Römer und Touristen zu Open-Air-Veranstaltungen in Parks, an den Tiber und auf die verschiedenen *piazze*.

Was ist los?
29. Juni: St. Peter und Paul.
Juli/August: Zeit der Festivals – Estate Romana (römischer Kultursommer), Celimontana Jazz Festival, Roma Jazz Festival, das lateinamerikanische Fiesta! und Opernfestspiele in den Caracallathermen.
15. Juli: Festa de' Noantri, Volksfest in Trastevere.

... im Herbst

Ein ideales Reisewetter herrscht ähnlich wie im Spätfrühling im Herbst. Vor

Klimadiagramm Rom

Reiseinfos

Gut zu wissen
Wetter aktuell: www.wetter.de oder www.romameteo.it sowie in den Tageszeitungen.
Aktuelle Events: Welche Veranstaltungen wann und wo stattfinden, erfährt man aus der in der Regel an Rezeptionen guter Hotels und in Auskunftsbüros erhältlichen italienisch- und englischsprachigen monatlichen Broschüre »Un ospite a Roma« sowie, tagesaktuell, auf den regionalen Kulturseiten der Tageszeitungen »Il Corriere della Sera«, »La Repubblica« oder »Il Messaggero«. Eine gute Orientierung mit Empfehlungen zu Restaurants und kulturellen Veranstaltungen sowie den Terminen von (meist italienischsprachigen) Stadtführungen bietet die Donnerstagsbeilage »Trovaroma« der Tageszeitung »La Repubblica«.
Dresscode: Auch wenn bei wärmeren Temperaturen die Versuchung groß ist, möglichst viel bleiche Haut der Sonne darzubieten, sollte man daran denken, dass Rom immerhin fast 30 km vom nächsten Strand entfernt ist. Zwar ist der Dresscode in Rom lockerer als in der Modehauptstadt Mailand, doch verzichtet man deswegen keineswegs auf die *bella figura* – und das generationsübergreifend.

Was ist los?
Die **Estate romana** (s. S. 21) dauert an.
Ein Tag im September: Kostenlose Sonderöffnung zahlreicher Museen und Sehenswürdigkeiten im Rahmen des europaweiten Tages des Offenen Denkmals.
Ab Oktober: RomaEuropa Festival, Veranstaltungsreihe, die Dutzende von zeitgenössischen Theater-, Musik- und Tanzevents zusammenführt.
Ende Oktober: römisches Filmfest.

... im Winter

November und Dezember sind die niederschlagsreichsten Monate, auch wenn es selten länger als drei Tage durchregnet. Diese Zeit eignet sich ganz besonders für ausgedehnte Museumsbesuche. Der Januar mit seinem eisigen Tramontana-Wind ist der kälteste Monat des Jahres, allerdings fallen die Temperaturen auch jetzt nur selten unter den Gefrierpunkt. Zusammen mit dem Februar, der schon mal mit frühlingshaften Temperaturen überraschen kann, ist er der ruhigste Monat für Touristen. In diese Zeit fällt auch die römische Nebensaison.

Was ist los?
Ende Oktober bis Mitte November: musikalisches Highlight mit dem Festival internazionale di Musica e Arte Sacra.
Mitte Dezember bis 6. Januar: Weihnachtsmarkt auf der Piazza Navona. Krippen in vielen Kirchen und auf zahlreichen Plätzen.
Weihnachten: päpstliche Mitternachtsmesse in der Peterskirche. Am 25. Dezember »Urbi et Orbi« auf dem Petersplatz.
31. Dezember: Feuerwerk sowie Rock- und Popkonzerte auf verschiedenen Plätzen der Stadt.

allem zwischen Mitte September und Ende Oktober herrschen beständig warme bis milde Temperaturen. Die Nächte sind lau und ausgehfreundlich. Die letzten Römer kommen aus dem Urlaub zurück, die Schulen öffnen ihre Pforten und am Abend treffen sich die Römer in den Trattorien und Pizzerien, um sich nach den langen Ferien wiederzusehen und auszutauschen, bevor der Alltag beginnt.

Anreise und Verkehrsmittel

Einreise- und Zollbestimmungen

Trotz ›offener‹ Grenzen ist die Mitnahme eines Reisepasses oder gültigen Personalausweises vorgeschrieben, um sich bei stichprobenartigen Überprüfungen ausweisen zu können. Kinder benötigen einen Kinderausweis, einen Personalausweis oder einen E-Pass (elektronischen Pass). An der Schweizer Grenze muss man sich auch weiterhin ausweisen. Wenn man mit dem Auto anreist, müssen Führerschein und Fahrzeugpapiere mitgeführt werden. Wer länger als drei Monate bleibt, benötigt eine Aufenthaltsgenehmigung *(permesso di soggiorno)*. Reisebedarf für den persönlichen Gebrauch obliegt innerhalb der EU keinen Beschränkungen und darf abgabenfrei eingeführt werden.

Anreise

Flugverbindungen
Von allen großen Flughäfen Deutschlands, Österreichs und der Schweiz wird Rom mehrmals täglich angeflogen. Die Stadt verfügt über zwei internationale Flughäfen.
Flughafeninfo: Tel. 066 59 51, www.adr.it.
Fiumicino: Der Flughafen Leonardo da Vinci (von den Römern kurz Fiumicino genannt) liegt 26 km südwestlich von Rom. Ins Zentrum gelangt man am einfachsten alle 30 Min. mit dem Leonardo Express, einer Non-Stop-Verbindung bis Stazione Termini (14 € pro Fahrt, alle 30 Min., Fahrtzeit: 35 Min.). Über Trastevere und Ostiense bis zur Stazione Tiburtina fährt werktags alle 15 Min., sonn- und feiertags alle 30 Min. die Regionalbahn FR 1 (Einheitsticket 8 €, ca. 45 Min.). Nachts fährt zwischen 1 und 5 Uhr ein Zubringerbus fast stündlich zu den Bahnhöfen Termini und Tiburtina (ca. 7 €; 45 Min.). Von der Stazione Termini zum Flughafen fährt der Leonardo Express ab Gleis 24. Abfahrtszeiten unter: www.trenitalia.com.
Ciampino: Vom ehemaligen Militärflughafen Ciampino, ca. 20 km südöstlich der Stadt, fahren CoTral- und Atral-Busse über den Bahnhof Ciampino zur Metrostation Anagnina (Endhaltestelle der Linie A).
Shuttlebusse: Von beiden Flughäfen verkehren auf die Flüge abgestimmte Shuttlebusse der Firma Sitbusshuttle (www.sitbusshuttle.com) und von Terravision (www. terravision.eu). Die Tickets kosten einfach 6 €, bei Onlinebuchung bzw. einschl. Rückfahrkarte gibt es Ermäßigungen. Fahrzeit ab Fiumicino 70 Min., ab Ciampino 40 Min.
Mit dem Taxi ins Stadtzentrum (innerhalb der Aurelianischen Stadtmauer): Die Fahrt kostet ab Ciampino 30 €, ab Fiumicino 48 € für max. vier Personen.

Bahnverbindungen
Angenehm und bequem ist die Anreise per Bahn vor allem über Nacht (ab München ohne Umsteigen). In den Ferienzeiten sollte man die Liege- bzw. Schlafwagen rechtzeitig vorbuchen. Ankunftsbahnhof ist in der Regel der zentrale Kopfbahnhof **Stazione Termini**, manche Züge halten aber auch am nordwestlichen Durchgangsbahnhof **Stazione Tiburtina**. Von dort hat man mit der Metro Linie B Anschluss zum Hauptbahnhof. An beiden Bahnhöfen kann man in Metro oder Taxis umsteigen.

Reiseinfos

Auskunft und Reservierung: FS Informa, Tel. 89 20 21 (innerhalb Italiens, persönliche Auskunft), Tel. 06 68 47 54 75 (vom Ausland), www.trenitalia.it; Deutsche Bahn, Tel. 018 06 99 66 33 (persönliche Auskunft), Tel. 08 00 150 70 90 (sprachgesteuert), www.bahn.de; Österreichische Bundesbahn: Tel. 05 17 17, www.oebb.at; Schweizerische Bundesbahnen, Tel. 09 00 30 03 00, www.sbb.ch.

Busverbindungen
Von mehreren deutschen Städten fahren Busse der **Deutschen Touring** nach Rom (Ankunft am Busbahnhof der Stazione Tiburtina).
Infos: Deutsche Touring GmbH, Am Römerhof 17, 60486 Frankfurt/Main, Service-Hotline: Tel. 069 79 03-501, service@touring.de, www.touring.de.

Straßenverbindungen
Mautgebühren der italienischen Autobahnen (www.autostrade.it) sowie Kosten für die Vignetten österreichischer bzw. schweizerischer Autobahnen sollten einkalkuliert werden. Mit der bargeldlosen **Viacard** (beim ADAC, in Italien an der Grenze und an den Raststätten erhältlich) erspart man sich die meist langen Wartezeiten an den Mautstationen. An den Viacard-Schaltern kann man aber auch mit den gängigen Kreditkarten zahlen.

Die Bildung von Rettungsgassen ist Pflicht auf Österreichs Autobahnen und Schnellstraßen (überall dort, wo die Autobahnvignette benötigt wird), bei stockendem Verkehr oder Stau, auch dann, wenn sich noch kein Einsatzfahrzeug nähert. Bei Behinderung von Einsatzfahrzeugen sind Geldstrafen bis zu 2180 € möglich (Infos: www.rettungsgasse.com).

Einfahrtsschneise nach Rom ist der **G.R.A.** (Grande Raccordo Anulare), der römische Autobahnring, in den von Norden die A 1 (Autostrada del Sole, Florenz–Rom) und aus dem Westen die gebührenfreie Staatsstraße S 1 (Via Aurelia) münden.

Über die Ausfahrt Nr. 1 (Aurelia) erreicht man den Vatikan, Trastevere und Gianicolo. Die Ausfahrten Nr. 6 (Flaminia) oder Nr. 8 (Salaria) führen entlang der Aurelianischen Stadtmauer zur Piazza del Popolo/Villa Borghese. Von der Ausfahrt Salaria gelangt man auch zum Hauptbahnhof (Stazione Termini) und in die Altstadt. Den Süden Roms (EUR/Testaccio/Aventin/S. Giovanni in Laterano) erreicht man am besten über die Ausfahrt Nr. 27 (Via Colombo) und dann weiter auf der Via Cristoforo Colombo.
ADAC-Notruf: Tel. +49 89 22 22 22.

Mitfahrzentralen: Die verschiedenen Mitfahrzentralen sind weitgehend übers Internet organisiert: www.mitfahrgelegenheit.de, www.mfz.de und www.drive2day.de.

Öffentliche Verkehrsmittel in Rom

Metro
Die Metro ist die schnellste Fortbewegungsmöglichkeit. Sie wird von den Römern stark genutzt, doch gibt es wegen der reichen archäologischen ›Bodenschätze‹ bisher nur drei Linien, zwei davon kreuzen sich nur einmal an der Stazione Termini. Die Linea A und die Linea B sind eng getaktet: Mo–Sa alle 3–8 Min. von 5.30 bis 23.30 Uhr (Fr/Sa bis 1.30 Uhr). Nachts (23.30–5 Uhr) verkehren hier die nachtblauen N-Buslinien: N 1 (Linie A) und N 2 (Linie B). Im November 2014 wurde ein Teilabschnitt der Linea C eröffnet (tgl. 5.30–18.30 Uhr), die den Osten der Stadt anbindet und ab 2020 bis zum Kolosseum führen soll.

Anreise und Verkehrsmittel

Fahrscheine sind an Automaten der Metrostationen, an Kiosken und meist auch in Bars und Tabakläden erhältlich. Rund 1000 Busse sind mit Automaten ausgestattet, diese funktionieren aber nicht immer. Ein einfaches Ticket (B.I.T.) kostet 1,50 € (bis zu 100 Min. gültig), die Tageskarte (Roma 24 h) 7 €, die Wochenkarte (C.I.S.) 24 €, die drei Tage gültige Touristenkarte (Roma 72 h) 18 €. Kinder unter 10 Jahren fahren gratis.

Bus und Tram

Rom besitzt ein dichtes Busnetz. Innerstädtische Linien verkehren Mo–Sa von 6 bis 22 Uhr alle 10–20 Min., So alle 20–40 Min. Nachts fahren knapp 30 Nachtbusse alle 30–60 Min., Haltestellen, die während der Nacht bedient werden, sind mit einem ›N‹ gekennzeichnet.

Zur Erkundung der historischen Altstadt empfehlen sich der Bus 75 (Forum Romanum–Kolosseum–Circo Massimo–Viale Aventino–Piramide und über den Tiber nach Trastevere) oder die kleinen (aber meist überfüllten) Elektrobusse 116 (Porta Pinciana–Piazza Barberini–Piazza Navona–Campo de' Fiori–Vatikan) und 117 (Lateran–Kolosseum–Spanische Treppe). Eine archäologische Rundfahrt über Forum Romanum, Kolosseum und Caracalla-Thermen bis zur Via Appia (Villa dei Quintili) ermöglicht die Buslinie 118. Den Vatikan erreicht man von der Stazione Termini mit der – bei Taschendieben sehr beliebten – Expresslinie 40 oder der Linie 64. Bus 170 und Linie H verbinden Termini mit Trastevere.

Es gibt sechs **Tramlinien**. Für eine Rundfahrt eignet sich gut die legendäre Linie 3, die streckenweise von Bussen bedient wird (Trastevere–Porta San Paolo–Kolosseum–Lateran–Santa Croce in Gerusalemme–San Lorenzo fuori le Mura–Villa Borghese).

Rom per pedes

Der römische Straßenverkehr ist ein ständiger Fluss, Zebrastreifen sind kein zwingender Grund für Auto- oder Mopedfahrer stehen zu bleiben. Man kommuniziert: Wenn Sie die Straße überqueren wollen, geben Sie ein deutliches Handzeichen, dann aber nicht zaghaft stehen bleiben, sondern entschlossen die Straße überqueren.

Für Bus und Tram gelten dieselben **Fahrscheine** wie für die Metro (s. o.).

Auskunft: Interaktiver Stadtplan und Suchmaschine für die besten Bus- und Tramverbindungen unter www.atac.roma.it (auch auf Englisch). Busse der Region Lazio: www.cotralspa.it.

Taxis

Die **Taxitarife** in Rom entsprechen ungefähr denen deutscher Großstädte. Für die Beförderung mehrerer Personen, größerer Gepäckstücke, für Fahrten nachts und an Sonn- und Feiertagen werden Zuschläge erhoben. Die Grundgebühr beträgt 3 €, an So/Fei 4,50 €. Unbedingt abzuraten ist von den vielen illegalen Taxis, die Touristen mit Vorliebe am Bahnhof und Flughafen abfangen und am Ende der Fahrt exorbitante Summen verlangen.

Autorisierte Taxis sind weiß (oder gelb), haben einen Gebührenzähler und einen Namen (z. B. Francia 69). **Taxistände in der Innenstadt:** z. B. an der Torre Argentina, Colosseo, Piazza Barberini, Piazza San Silvestro (nahe Spagna), Piazza Belli (Trastevere), Piazzale Ostiense.
Taxiruf: Tel. 06 06 09.

Mit Fahrrad und Vespa

Eine Tour mit dem **Fahrrad** lohnt am Sonntag, wenn Teile der Innenstadt

Reiseinfos

und die Via Appia für den Autoverkehr gesperrt sind (Verleiher an der Via Appia Antica 42, nur So und feiertags 9–16.30 Uhr) sowie zu jeder Zeit im Park der Villa Borghese. Die Mitnahme von Fahrrädern ist in den beiden Metrolinien und in der Vorortbahn Roma Lido an Werktagen nur nach 21 Uhr, sonn- und feiertags den ganzen Tag möglich. Infos rund ums Radfahren in Rom unter: www.biciroma.it.

Wer mit der **Vespa** durch Rom flitzen möchte, sollte geübt sein: Nicht selten fahren die Autofahrer auf Tuchfühlung (s. auch S. 190).

Fahrrad- und Vespaverleih

Für das Mieten einer Vespa muss man mit etwa 30–80 €/Tag rechnen. Ein Leihfahrrad kostet 4 €/Std. oder 12–15 €/Tag.
Bici & Baci: Via Viminale 5 (nahe Piazza della Repubblica), Tel./Fax 064 82 84 43 und 066 78 43 74, www.bicibaci.com.
Bici Pincio: Viale di Villa Medici sowie Viale della Pineta (Villa Borghese), Tel. 066 78 43 74. Auch Kinderfahrräder, Mountainbikes und Tandems.
Scooter Hire: Via Cavour 80, Tel. 064 81 56 69, Fax 06 45 43 57 99, www.scooterhire.it.
Ronconi: Via delle Belle Arti 54/56 (Villa Borghese), Tel. 068 81 02 19, www.ronconibiciclette.it. Auch E-Bikes.

Mit Auto und Mietwagen

Verkehrsregeln

Für Pkw, Motorräder und Wohnmobile gelten innerhalb von Ortschaften 50, außerhalb 90, auf Schnellstraßen 110 und auf Autobahnen 130 km/h; Pkw mit Anhänger dürfen außerorts und auf Schnellstraßen max. 70, auf Autobahnen 80 km/h fahren. Die Alkoholgrenze liegt bei 0,5 Promille!

Autoinsassen müssen außerhalb geschlossener Ortschaften eine reflektierende Warnweste tragen, wenn sie sich nach Panne oder Unfall auf der Fahrbahn aufhalten.

Parken

In Rom sollte man seinen Wagen in einem Parkhaus abstellen. Weite Teile des historischen Zentrums zwischen Tiber, Piazza del Popolo, Piazza Barberini und Piazza Venezia sind für Nichtanwohner tagsüber gesperrt bzw. nur mit Sondergenehmigungen (z. B. zum Be- und Entladen am gebuchten Hotel) befahrbar. Ebenfalls gesperrt sind abends die Ausgehviertel Trastevere und San Lorenzo. Das Verbot wird videoüberwacht.

Innenstadtnahe bewachte Parkhäuser: Royal Parking, Via Marsala 30–32 beim Hauptbahnhof (5 €/Std., 28 €/Tag, die nachfolgenden Tage 24 €; Mo–Sa 6–24, So 7–14, 17–24 Uhr); Parking Giolitti, Via Giolitti 267, beim Hauptbahnhof (2 €/Std., 18 €/Tag, durchgehend geöffnet); Terminal Gianicolo, Via Urbano VIII 16, beim Vatikan (2,20 €/Std., 36,10 €/Tag, 6.30–1.30 Uhr); Park Sì – Villa Borghese, Viale del Muro Torto (2,20 €/Std., 18 €/Tag, durchgehend geöffnet); Parking Ludovisi, Via Ludovisi 60 (2,20 €/Std., 18 €/Tag, 5.30–1.30 Uhr).

Günstige Park & Ride-Parkplätze: An den meisten Metrostationen der Linien A und B gibt es »parcheggi di scambio«. Die Öffnungszeiten richten sich nach dem Fahrplan der Metro. In der Regel sind sie von 5.15 bis 24 Uhr, Fr/Sa bis 2 Uhr geöffnet. Das Ticket kostet bis max. 16 Std. 3 €.

Gebührenpflichtige Parkplätze im Innenstadtbereich sind blau umrandet. Parkscheine gibt es am Automaten oder im Zeitungskiosk bzw. in einem Tabacchi-Laden.

Anreise und Verkehrsmittel

Leihwagen
Zahlreiche Anbieter von Mietwagen findet man am Flughafen Fiumicino oder an der Stazione Termini. Die Buchung in Deutschland per Reiseantritt ist empfehlenswert, z. B. über www.billiger-mietwagen.de.

Avis: Flughafen Tel. 06 65 01 15 31, Stazione Termini Tel. 064 81 43 73, Call-Center in Italien Tel. 199 100 133, in Deutschland Tel. 018 05 55 77.

Hertz: Flughafen Tel. 06 65 01 14 04, Stazione Termini Tel. 064 74 03 89, Call-Center in Italien Tel. 199 11 22 11, in Deutschland Tel. 018 05 33 35 35.

Maggiore: Flughafen Tel. 06 65 01 06 78, Stazione Termini Tel. 064 88 00 49, Call-Center in Italien Tel. 199 15 11 20.

Sixt: Flughafen Tel. 06 65 95 35 47, Stazione Termini Tel. 064 74 00 14, Call-Center in Italien Tel. 199 10 06 66, in Deutschland Tel. 018 05 25 25 25.

Stadtrundfahrten

Rundfahrten mit dem Bus
Wer individuelle Stadtrundfahrten bevorzugt, aber auf ein Minimum an Erklärungen nicht verzichten möchte, für den eignen sich die Rundfahrten mit den offenen Doppeldeckerbussen. Die **Panoramic Open Tour** der Firma Green Line fährt täglich ab Piazza dei Cinquecento (Hbf.), Ecke Via M. D'Azeglio/Via Cavour (www.greenlinetours.com). Die Fahrkarten für 12, 24 oder 72 Std. erlauben es, nach Belieben ein- und auszusteigen. Es werden die klassischen Sehenswürdigkeiten angefahren (tgl. 9–18.30 Uhr, alle 15 Min., Audioguide in Deutsch, Tickets ab 16 €/10 €; einmalige Fahrt ohne Unterbrechung 12 €/9,50 €).

Daneben bietet Green Line auch **Führungen** und **Rundfahrten** durch das antike Rom, das christliche Rom, durch den Vatikan und ›By Night‹ an.

Ein weiterer Anbieter ist **Ciao Roma** (http://ciao-roma.com/it), der mit seinen blauen Doppeldeckerbussen ebenfalls zu zweistündigen Rundfahrten einlädt (tgl. 8.30–17.30 Uhr, alle 20 Min., Ticket ab 16 €/10 €, einmalige Fahrt ab 10 €/6 €).

Schwerpunkt des in den vatikanischen Flaggfarben gehaltenen weißgelben Doppeldeckerbusses **Roma Cristiana** sind die Kirchen (tgl. ab Stazione Termini/Viale Einaudi oder Piazza dei Cinquecento, 9–18 Uhr, ab San Pietro/Via della Conciliazione 44, 9.30–18 Uhr, alle 10–15 Min., Abfahrt u. a. ab Termini oder St. Peter, mit Audioguide in Dt., 21 €/24 Std., 25 €/48 Std., Ticket für eine einmalige Fahrt ohne Zwischenstop 10 €, www.operaromanapellegrinaggi.org.

Stadterkundung per Segway
Keine müden Füße versprechen verschiedene Segway-Anbieter.

Segwayroma: Basispreis 15 €/Std. p. P. zzgl. evtl. Festpreis von 40 €/Std. für den deutschsprachigen Reiseleiter (mind. 2 Std.). Verleihstationen: Piazza del Popolo oder Villa Borghese/Pincio, Info: Marco, mobil 0039-38 03 01 29 13, Info: www.segwayroma.net.

Rome tours Segway: drei verschiedene Touren in der historischen Altstadt mit Audioguides, 2 Std./50 €, 3 Std./75 € ab der Engelsburg, Info: www.segwayrometours.com.

Rome by Segway: verschiedene Touren in der Altstadt (u. a. mit Schwerpunkt Antike oder Barock), aber auch entlang der Via Appia Antica (nur So) oder By Night (März–Okt. 19.30 Uhr) mit Audioguides. Treffpunkt: Via Ostilia 29 (Kolosseum), 3–6 Std., Preise 80 €/100 €/150 € z. T. mit Essen, Info: www.romebysegway.com.

Übernachten

Rom verfügt über rund 800 Hotels, 800 Bed & Breakfast, 200 religiöse Häuser sowie rund 250 Apartmenthotels und Ferienwohnungen. Sie sind von * (sehr einfach) bis ***** (luxuriös) klassifiziert, darüber gibt es noch eine Fünf-Sterne-Luxuskategorie (*****L). Fünf-Sterne-Hotels genügen den höchsten Ansprüchen. Vier-Sterne-Hotels sollten über Aircondition im Zimmer, Aufenthaltsräume und Parkmöglichkeit verfügen. Zimmer in Drei-Sterne-Hotels müssen mit Telefon und TV ausgestattet sein. In Mittelklassehotels kann man meist zwischen Dusche oder Bad wählen, Letzteres ist etwas teurer. Bei einfachen Hotels (meist sehr kleine Zimmer, z. T. nur mit Waschbecken) handelt es sich oft um Familienbetriebe mit einer kleineren Zahl von Zimmern, die sich auf mehrere Etagen eines Palazzo verteilen. Die italienischen Hotelkategorien geben keine Auskunft über Service, Stil der Ausstattung oder die Lage. Viele Zimmer sind mit einem Doppelbett ausgestattet; wer getrennte Betten haben möchte, muss dies bei der Buchung angeben. Einzelzimmer sind meist recht klein und liegen oft ungünstig.

Die **Preise** können abhängig von der Auslastung stark variieren. Im Internet, bei Direktbuchung oder über Agenturen kann sich der Preis auch deutlich reduzieren. In der Regel sind die Preise ohne Frühstück angegeben. Zusätzlich zum Zimmerpreis ist eine kommunale Bettensteuer zu entrichten. In einem Luxushotel beträgt sie 6–7 € pro Nacht, Person und Bett, in einem Drei-Sterne-Hotel oder B&B 4 € bzw. 3,50 €. Kinder unter 10 Jahren sind davon ausgenommen.

Außer im Winter und im Monat August ist eine **Reservierung** ganzjährig ratsam, vor allem zwischen April und Oktober, insbesondere aber an Ostern und Weihnachten. Rabatte wie Wochenendarrangements oder Nebensaisontarife gibt es vor allem von November bis Februar und im Juli/August.

> **Preiswerte Alternativen**
> Günstiger als Hotels sind **Bed & Breakfast-Unterkünfte** oder **religiöse Häuser und Institute** (s. S. 33). Allerdings schließen Letztere abends oft bereits gegen 22.30 Uhr. Eine Liste der **Klosterherbergen** vergibt das deutsche Pilgerzentrum (s. S. 18).
> **Ferienwohnungen** findet man im Internet unter www.turismoroma.it oder auf der deutschsprachigen Seite von Christine Martin (www.romabed.de), eine ausführliche Beschreibung mit Fotos und Gästebewertungen auch unter www.italyrents.com. Stylische, zentral gelegene und doch preiswerte Apartments unter www.oh-rome.com. Authentizität, Flair und Gastfreundschaft – das versprechen Portale, die von privat an privat Unterkünfte vermitteln, wie www.homeaway.it, www.airbnb.de, www.9flats.com, www.wimdu.de oder www.housetrip.com.
> Eine interessante und preisgünstige Alternative für einen Romaufenthalt ist ein **Wohnungstausch**. Infos und Angebote unter: www.homelink.de.
> **WG-Zimmer** – vor allem in den Sommermonaten – findet man unter: www.wg-gesucht.de.

Hotelsuche & Reservierung

Die APT Rom und die ENIT in Deutschland (s. S. 19) geben ein kostenloses Verzeichnis der Bed & Breakfast-Un-

Übernachten

terkünfte und Ferienwohnungen sowie ein Hotelverzeichnis heraus. Eigene Recherche und Buchung übers Internet ist über die kommunale Rom-Website www.turismoroma.it oder über Online-Anbieter wie www.booking.com, www.hrs.de, www.venere.com oder www.trivago.de möglich. Vor dem Buchen lohnt ein Blick in die Hotelbewertungsportale wie www.tripadvisor.de.

Edel und teuer

Glamourös – *****L **De Russie:** Karte 1, J 6, Via del Babuino 9, Tel. 06 32 88 81, www.hotelderussie.it, Metro: Flaminio (A), Bus: 117, 154 Zi., EZ 410–775 €, DZ 535–1010 €. Nobelhotel mit raffiniertem Innendesign in bester Lage nahe der Piazza del Popolo. Im Sommer kann man in den ›hängenden Gärten‹ speisen oder den Abend an der Stravinskij-Bar ausklingen lassen. Zum Entspannen lädt der exklusive Healthclub (600 m²) ein.

Mondän – *****L **Majestic:** Karte 3, K/L 7, Via Veneto 50, Tel. 06 42 14 41, www.hotelmajestic.com, Metro: Spagna (A), Bus: 95, 116, 119, 101 Zi., EZ 395 €, DZ 640 €. Traditionsreiches Luxushotel (mit Fitnessraum) aus dem Jahr 1899, in dem illustre Persönlichkeiten wie Bill Gates und Madonna gewöhnlich absteigen. Die prunkvoll ausgestatteten Zimmer bieten jeglichen Komfort. Elegantes Restaurant unter der Leitung des hochgelobten Fischexperten Massimo Riccioli (Mo–Sa 12.15–15, 19–23 Uhr).

Exklusiv – *******Palazzo Manfredi:** Karte 1, L/M 10, Via Labicana 125, Tel. 06 77 59 13 80, www.hotelgladiatori.it, Metro: Colosseo (B), Bus: 714, 14 Zi., EZ/DZ 300–650 €, inkl. Frühstück. In diesem kleinen, exklusiven Hotel sind alle Zimmer in hellen Pastellfarben gehalten. Marmorfußböden, geschmackvolles, modernes Mobiliar und schalldichte Fenster mehren den Wohlfühlfaktor. Ein großer Pluspunkt: der unvergleichliche Blick auf das Kolosseum. Am Abend kann man ihn auch bei einem Candlelight-Dinner von der Dachterrasse genießen.

Komfortabel und stilvoll

Mittendrin und doch ruhig – ******Capo d'Africa:** Karte 1, M 11, Via Capo d'Africa 54, Tel. 06 77 28 01, www.hotelcapodafrica.com, Metro: Colosseo (B), 64 Zi., EZ 160–180 €, DZ 180–230 €, inkl. Frühstück. Überaus freundliches Designhotel mit schöner Dachterrasse in einer stillen Nebenstraße nahe dem Kolosseum – ideal für Antikenfans. Sehr geräumige Zimmer, z. T. mit Blick auf Kolosseum oder der Kirche SS. Quattro Coronati, reichhaltiges Frühstück und Fitnesscenter.

Freundlich – *****Lancelot:** Karte 1, M 11, Via Capo d'Africa 47, Tel. 06 70 45 06 15, www.lancelothotel.com, Metro: Colosseo (B), Bus: 85, 60 Zi., EZ 90–128 €, DZ 130–196 €, inkl. Frühstück. Überaus freundliches, familiäres Hotel; helle, individuell eingerichtete Zimmer, jeweils drei Zimmer im 1. und drei im 6. Stock haben einen Balkon bzw. Terrasse mit grandiosem Blick aufs Kolosseum (Preis auf Anfrage). Im Sommer Bar im begrünten Innenhof. Stilvolles Restaurant.

Verträumt – ******Locarno:** Karte 1, J 6, Via della Penna 22, Tel. 063 61 08 41, www.hotellocarno.com, Metro: Flaminio (A), 60 Zi., EZ 70–550 €, DZ 90–580 €, inkl. Frühstück. Das 1925 gegründete Jugendstilhotel nur wenige Schritte von der Piazza del Popolo

Übernachten

entfernt, hat geräumige, mit Stilmöbeln eingerichtete De-Luxe-Zimmer. Im Sommer Frühstück im Garten oder auf der wunderschönen Dachterrasse, sehr beliebt auch zum Aperitif. Fahrradverleih für Gäste und kostenfreier Internetzugang.

Toplage – ***Raffaello:** ■ Karte 1, M 9, Via Urbana 3 (Monti), Tel. 064 88 43 42, www.hotelraffaello.it, Metro: Termini (A/B), 41 Zimmer, EZ 55–180 €, DZ 65–320 €, inkl. Frühstück und WLAN. Sehr gepflegtes, sauberes Hotel im trendigen Monti-Viertel in Fußnähe zum Forum und zur Metro. Besonders zu empfehlen sind die Zimmer im 5. Stock, die alle einen Balkon haben, ebenso das Zimmer 106.

Gesegnet – ****Residenza Paolo VI.:** ■ Karte 1, F 8, Via Paolo VI 29, Tel. 06 68 48 70, www.residenzapaolovi.com, Bus: 40, 64, 35 Zi., EZ 95–350 €, DZ 145–420 €, inkl. Frühstück. Tür an Tür mit dem Papst übernachten! Das ehemalige Augustinerkloster, dessen 35 Mönchskammern in moderne Hotelzimmer umgewandelt wurden, liegt gegenüber dem Arbeitszimmer des Papstes. Für Gruppen und Individualreisende wird ein auf den Vatikan zugeschnittenes Spezialprogramm angeboten, z. B. eine Privatführung durch die Vatikanischen Museen.

Idyllisch – ***Santa Maria:** ■ Karte 3, H 10, Vicolo del Piede 2, Tel. 065 89 46 26, 065 89 54 74, www.htlsantamaria.com, Bus: H, 63, 780, Tram: 8, 20 Zi., EZ 90–190 €, DZ 100–230 €, inkl. Frühstück. Die liebevoll eingerichteten Zimmer dieses idyllischen und ruhigen Hotels im Herzen von Trastevere liegen im Erdgeschoss eines ehemaligen Kreuzganges aus dem 18. Jh. Den Abend kann man in der Bar oder im großen Innenhof ausklingen lassen. Ideal auch für Kinder.

Romantisch – ***Scalinata di Spagna:** ■ Karte 3, K 7, Piazza Trinità dei Monti 17, Tel. 06 45 68 61 50, www.hotelscalinata.com, Metro: Spagna (A), 16 Zi., (DZ als) EZ 86–235 €, DZ 104–255 €, inkl. Frühstück. Kleines Haus in traumhafter Lage oberhalb der Spanischen Treppe. Die Zimmer mit Balkon sind meist lange im Voraus ausgebucht. Das Frühstück wird auf der herrlichen Panoramaterrasse serviert.

Intim – ***Villa San Pio:** ■ Karte 1, J 12, Via Santa Melania 19, Tel. 06 57 00 57, www.aventinohotels.com, Bus: 23, 716, EZ 105–160 €, DZ 160–240 €, inkl. Frühstück. Im grünen, ruhigen Villenviertel Aventin liegt dieses charmante Hotel, das aus drei kleinen Häusern besteht. Die 74 eleganten, mit Stilmöbeln eingerichteten Zimmer haben Marmorbäder mit Whirlpool. Viele Zimmer mit Balkon/Terrasse. Im Sommer Frühstück im bezaubernden Garten.

Stylish – *****Radisson SAS es. Hotel:** ■ Karte1, N 9, Via F. Turati 171, Tel. 06 44 48 41, www.radissonblu.de, Metro: Termini (A/B), Bus: 70, 71, 105, 235 Zi., EZ/DZ 140–260 €, inkl. Frühstück. Preiswertes Luxushotel im Herzen des bahnhofsnahen Esquilin. Gläserne Fassaden und lichtdurchflutete Zimmer in minimalistischem Design, Fitnesscenter, Spa und riesiger Pool mit Blick über die Stadt. Voll im Zeitgeist: die Schlafinsel mit integrierter Badewanne und Heimkino mit Plasmabildschirm. Gourmets treffen sich in den zwei Restaurants zu hochkarätiger klassischer Küche und kreativen Fusion-Gerichten.

Luxus pur: Speisen in den ›hängenden Gärten‹ des De Russie

Reiseinfos

Preisgünstig buchen
Eine Liste erschwinglicher Ho(s)tels, B & B, Apartements oder Guesthouses mit aktuellen Angeboten auch unter: www.rome30.com oder www.hostelsclub.com.

Ruhig – ******Kolbe:** ■ Karte 3, K 10, Via San Teodoro 44, Tel. 066 79 88 66, www.kolbehotelrome.com, Bus:170, 72 Zi., EZ 80–200 €, DZ 90–250 €, inkl. Frühstück. Möchten Sie von Vogelgezwitscher und mit Blick auf Palmen wach werden oder eher mit Aussicht auf den Palatin? Im Designhotel Kolbe geht beides. Das von außen unscheinbare, ungemein ruhige Hotel überrascht mit geräumigen, klar designten Zimmern und einem Garten, in dem man auch frühstückt.

Einfach und günstig

Trendy – ****Sole:** ■ Karte 3, H 9, Piazza del Biscione 76, Tel. 06 68 80 68 73, www.solealbiscione.it, Bus: 64, 116, 59 Zi., EZ 60–100 € (mit Dusche), DZ 70–145 € (mit Dusche). Tolle Lage nahe Campo de' Fiori. Das von Grund auf renovierte Hotel wurde auf den Überresten des Pompejus-Theaters errichtet. Einige Zimmer mit Bad und WC auf dem Gang. Sonniger Dachgarten mit Blick auf Sant'Andrea della Valle sowie kleiner Innenhof. Mit Garage.

Einladend – ****Artorius:** ■ Karte 3, L 9, Via del Boschetto 13, Tel. 064 82 11 96, www.hotelartoriusrome.com, Bus: 64, 10 Zi., EZ 95–145 €, DZ 120–195 €, inkl. Frühstück. Das im Herzen des Monti-Viertels gelegene Hotel hat in kürzester Zeit eine kleine Fangemeinde um sich geschart. Kein Wunder: Die Zimmer sind geräumig und geschmackvoll eingerichtet, gefrühstückt wird im offenen, schattigen Innenhof, die Atmosphäre ist familiär. Besonders schön: Zimmer 108 (mit Terrasse) und Zimmer 101.

Belebt – *****Trastevere:** ■ Karte 1, H 11, Via Luciano Manara 24a/25, Tel. 065 81 47 13, www.hoteltrastevere.net, Tram: 8, Bus: H, 11 Zi., auch Mehrbettzimmer, EZ 70–80 €, DZ 95–105 €, inkl. Frühstück. Freundliches Hotel mit aufmerksamem Service im Herzen von Trastevere. Die größtenteils geräumigen Zimmer liegen an der belebten Piazza Cosimato – ein guter Standort an Markttagen.

In Vatikannähe – ****Al San Pietrino:** ■ Karte 1, F 6, Via Giovanni Bettolo 43, Tel. 06 37 00 132, www.sanpietrino.it, Metro: Ottaviano (A) 12 Zi., EZ 32–90 €, DZ 48–120 €, ohne Frühstück. Gut geführte Pension im dritten Stock eines Palazzos, nur 10 Min. zu Fuß vom Vatikan entfernt, mit einfachen, sehr sauberen Zimmern, z. T. mit Gemeinschaftsbädern. Rund um das Hotel gute Trattorien und Einkaufsmöglichkeiten. Internetanschluss.

Gepflegt – ****Teti:** ■ Karte 1, M 8/9, Via Principe Amedeo 76, Tel./Fax 06 48 90 40 88, www.hotelteti.it, Metro: Termini (A/B), 12 Zi., EZ 40–75 €, DZ 55–125 €. Gut ausgestattete, saubere, sehr ansprechende Zimmer im 2. Stock eines bahnhofsnahen Palazzo. Auch ein kleiner Frühstücksraum ist vorhanden.

Familiär – ****Papa Germano:** ■ Karte 1, M 7, Via Calatafimi 14 a, Tel. 06 48 69 19, www.hotelpapagermano.com, Metro: Termini, 19 Zi., auch Mehrbettzimmer, EZ (mit externem Bad) 35–60 €, DZ 50–120 €. Sauberes Hotel mit einfachen, freundlichen

Übernachten

Zimmern in ruhiger Lage nahe Bahnhof. Alle mit AC, Frigo bar, Telefon, Internetzugang.

Basic – ***Cervia:** ■ Karte 1, N 7, Via Palestro 55, Tel. 06 49 10 57, www.hotelcerviaroma.com, Metro: Termini (A/B), 35 Zi., EZ 25–40 €, EZ/B 40–70 €, DZ 40–65 €, DZ/B 55–90 €, Preise inkl. Frühstück; Unterbringung in Vier- bis Fünf-Bett-Zimmern 20–35 € p. P., ideal auch für Schulklassen. Schlichtes, sauberes, grundlegend renoviertes Hotel auf mehreren Stockwerken eines alten Palazzos nahe dem Hauptbahnhof.

Nur für Frauen – **Casa Internazionale delle Donne, Hostel Orsa Maggiore:** ■ Karte 3, G 9, Via San Francesco di Sales 1a, Tel. 066 89 37 53, www.foresteriaorsa.altervista.org/foresteria.htm, Bus: 23, 115, 13 Zi., Übernachtung von 26 € im Sechsbettzimmer bis 75 € im EZ. Internationales Frauenhaus in einer ehemaligen Klosteranlage im Herzen von Trastevere. Die hellen Zimmer zeichnen sich durch klares, modernes Design aus. Bis auf ein Einzelzimmer haben alle Gemeinschaftsbäder. Zum Haus gehören auch ein Restaurant, ein Café, eine Bibliothek sowie ein schöner Innenhof.

Religiöse Häuser

In bester Lage – **Casa Santa Brigida:** ■ Karte 3, H 9, Piazza Farnese 96, Tel. 06 68 89 25 96, www.brigidine.org, Bus: 46, 62, 64, 25 Zi., EZ 75–125 €, DZ 140–210 €, inkl. Frühstück. Von Schwestern geführtes Haus in bester Lage im römischen Nightlife-Viertel.

Nahe Vatikan – *****Casa Valdese:** ■ Karte 1, H 6, Via Alessandro Farnese 18, Tel. 063 21 53 62, www.casavaldeseroma.it, Metro: Lepanto (A), 33 Zi., EZ 78–99 €, DZ 99–133 €, inkl. Frühstück. Protestantisch geführtes Haus in Vatikannähe, komfortable Zimmer.

Zweckmäßig – **Casa S. Francesca Romana a Ponte Rotto:** ■ Karte 1, J 11, Via dei Vascellari 61, Tel. 065 81 21 25, www.sfromana.it, Bus: 23, 40 Zi., EZ 67–89 €, DZ 96–129 €, inkl. Frühstück. Mitten in Trastevere ein laizistisch geführtes Haus mit hübschem Innenhof und zweckmäßig eingerichteten Zimmern.

Sehr gutes Preis-Leistungs-Verhältnis – **Istituto Maria SS. Bambina:** ■ Karte 1, F 8, Via Paolo VI. 21, Tel. 06 69 89 35 11, Fax 06 69 89 35 40, imbspietro@mariabambina.va, Metro: Ottaviano (B), Bus: 40, 64, 38 Zi., EZ 66 €, DZ 118 €, inkl. Frühstück; Schließung um 23 Uhr. Moderne, sehr saubere Zimmer neben dem Petersplatz. Frühzeitige Reservierung unbedingt empfohlen!

Mit Garten – **Casa di Procura dell'Ordine Teutonico**: ■ Karte 1, nördl. P 4, Via Nomentana 421, Tel. 06 86 21 80 12, www.gaestehaus-rom.it, Metro: Libia (B1), Bus: 60, 82, 90, EZ 51–66 €, DZ 83–113 €, inkl. Frühstück; WLAN 2 €/Tag, Parkplatz 15 € (einmalig). Das Gästehaus mit schlichten Pilgerzimmern im nördlichen Viertel Nomentano punktet mit schönem Garten und deutschem Frühstück. Durch die neue Metrostation ist es auch gut angebunden. Keine Schließzeiten!

Jugendhotels

Kommunikativ – ****Colors Hotel & Hostel:** ■ Karte 1, G 7, Via Boezio 31, Tel. 066 87 40 30, www.colorshotel.com, Metro: Ottaviano (A), Bus: 23, 34, 49, 492, 990, 23 Zi., EZ 30–85 €, DZ 35–120 € pro Pers. Originelles, farbenfrohes Hotel in einem Palazzo

Reiseinfos

> **Exklusive B & B-Unterkünfte**
> Gehobenere Bed & Breakfast-Adressen sind das Relais Le Clarisse (www.leclarisse.com) und das Buonanotte Garibaldi (www.buonanottegaribaldi.com), beide in Trastevere, oder auch die Casa Howard (www.casahoward.it) nahe der Spanischen Treppe.

beim Vatikan, einfache Zimmer (auch 4-Bett-Zimmer). Das meist junge Publikum trifft sich zum Klönen auf der Terrasse. Internetzugang. In der Nähe von Termini auch **Apartments** (www.myromeapartment.com).

Rauchfrei – *****Hotel & Hostel Des Artistes:** ■ Karte 1, N 7, Via Villafranca 20, Tel. 06 44 54 3 65, www.hostelrome.com, Metro: Termini (A/B), nur DZ 40–95 € (mit Gemeinschaftsbad), 64–240 € (mit Bad). Gepflegtes, rauchfreies Hotel auf mehreren Etagen. Im 1. Stock Zimmer mit Bad, im 2. und 3. Stock teils Gemeinschaftsbäder, im 5. Stock ausschließlich Gemeinschaftsbäder auf dem Flur. Alle Zimmer mit Waschbecken, Telefon, TV, Safe und Deckenventilator. Auch gemischte Schlafsäle (max. 6 Pers., 10–30 €/Nacht). Schöne Dachterrasse für alle Gäste; gratis WLAN.

Bed & Breakfast

In Rom gibt es inzwischen eine große Auswahl an B & B-Unterkünften. Eine Liste findet man unter www.turismoroma.it (inkl. Lage). **Mehr Infos:** Bed & Breakfast Italia, Corso Vittorio Emanuele II 282, Tel. 06 94 80 44 01, www.bbitalia.it; B & B Association of Rome, Via A. Pacinotti 73/e, Tel. 06 55 30 22 48, www.b-b.rm.it, oder Sleep In Italy, Piazza Antonio Mancini 4, Tel. 06 32 65 09 22, www.sleepinitaly.com.

In der Nähe des Pantheon – **Pantheon View:** ■ Karte 3, J 8, Via del Seminario 87, Tel./Fax 066 99 02 94, www.pantheonview.it, Bus: 116, 4 Zi., EZ 79–129 €, DZ 89–159 €. Mit Stilmöbeln eingerichtete Zimmer (3 mit Balkon), alle mit Marmorbädern.

In einem Palazzo – **Aenea Superior Inn:** ■ Karte 1, M 9, Via Urbana 156, Tel. 34 84 06 72 22, www.aeneasuperiorinn.com, Metro: Termini (A/B), 6 Zimmer, EZ 70–120 €, DZ 100–170 €. Gästehaus im ersten Stock eines schönen römischen Palazzos in bester Lage, nahe Bahnhof und Metrostation. Die mit Eisenbetten schön eingerichteten Zimmer blicken zum Teil auf S. Pudenziana. Zum Frühstück gibt es einen Korb mit Brötchen und Croissant vor der Tür. Kaffeemaschine und Teekocher auf dem Zimmer; WLAN.

Zentral und günstig – **La Casa di Amy:** ■ Karte 1, M9, Via Principe Amedeo 85a, Tel. 064 46 68 54, www.lacasadiamy.com, Metro: Termini(A/B), EZ 50–70 €, DZ 70–170 €, inkl. reichhaltigem Frühstück. Schöne Zimmer, zentrale Lage und günstig!

Camping

Stadtnah – **Flaminio Village:** ■ Karte 1, außerhalb H 2, Via Flaminia Nuova 821, Tel. 063 33 26 04, Tel. 063 33 14 29, www.campingflaminio.com, ganzjährig geöffnet, Nahverkehrszug Roma–Viterbo, Bedarfshaltestelle Due Ponti bis Flaminio, dort umsteigen in Metrolinie A, Auto 4,80–6 €, Zelt 4,80–6,30 €, Camper 11–13,70 €, Erw. 9,90–11,50 €, Bungalows für 1 Pers. 36–90 €, 2 Pers. 52–130 €. 80 000 m² großer Vier-Sterne-Platz mit 90 Bungalows und 90 Zimmern, Markt, Restaurant/Pizzeria, Internetcafé und Schwimmbad in Roms Norden.

Essen und Trinken

Wie Sie das richtige Restaurant finden …

Mit diesem Buch
Auf den folgenden Seiten finden Sie eine Auswahl derjenigen Ristoranti, die zu den besten der Stadt zählen, sich als bewährte Klassiker römischer Kochkunst einen Namen gemacht haben oder die gerade angesagt und in aller Munde sind. Dazu kommen volkstümliche Trattorie mit meist bodenständiger Küche und lokalen Spezialitäten, Osterie mit ihrem ureigenen Charme sowie ausgezeichnete Pizzerie. Es handelt sich dabei ausnahmslos um Lokale, für die sich der mitunter etwas längere Weg kreuz und quer durch die Stadt lohnt.

Weitere Adressen, darunter auch gute und günstige Restaurants, finden Sie bei der Beschreibung der einzelnen Stadtviertel (Übersicht s. u.).

Hier können Sie sich selbst umsehen …
In den folgenden Straßen und Stadtvierteln können Sie sich dank der großen Anzahl an ansprechenden Lokalen immer spontan entscheiden: im gesamten Centro Storico, v. a. rund ums Pantheon, die Piazza Navona und den Campo de' Fiori, außerdem in Trastevere rund um die Piazza S. Maria in Trastevere und im Viertel San Lorenzo.

Ristorante, Trattoria oder Pizzeria?

Bei rund 3500 Ristoranti, Trattorie, Pizzerie, Osterie und Enoteche hat man die Qual der Wahl. Hinzu kommt, dass der Name oft nur noch wenig über den Lokaltyp aussagt – die Grenzen sind fließend. Hinter der

Gastronomie in den Vierteln Roms

Das antike Zentrum
Stadtviertelkarte S. 127
Restaurantbeschreibung S. 143

Im Herzen der Altstadt
Stadtviertelkarte S. 149
Restaurantbeschreibung S. 169

Vom Vatikan nach Trastevere
Stadtviertelkarte S. 177
Restaurantbeschreibung S. 198

Entlang der Via del Corso
Stadtviertelkarte S. 204
Restaurantbeschreibung S. 213

Zwischen Monti-Viertel und Villa Borghese
Stadtviertelkarte S. 225, 231, 236
Restaurantbeschreibung S. 240

Celio, Esquilino und Roms Osten
Stadtviertelkarte S. 246, 257, 260, 262
Restaurantbeschreibung S. 266

Vom Aventino ans Meer
Karte S. 279 sowie Karte 2 und Karte 5 auf der Rückseite der Reisekarte
Restaurantbeschreibung S. 277, 284, 287

Reiseinfos

Bezeichnung **Ristorante** kann sich das vornehme und geräumige Lokal mit weiß gedeckten Tischen, breit gefächerter Speisekarte und gut sortierten Weinen verbergen – oder ein schlichtes Speiselokal.

Mehr Atmosphäre und Volkstümlichkeit suggeriert die **Trattoria,** die eigentlich meist als Familienbetrieb geführt wird, was aber in Rom nur noch selten der Fall ist. In oft rustikalem Ambiente wird bodenständige Küche mit günstigen Tagesgerichten, lokalen Spezialitäten und süffigen Hausweinen serviert.

Günstige Alternativen zu mehrgängigen Menüs bietet die **Pizzeria,** die nicht selten an ein Ristorante angeschlossen ist und meist erst am Abend öffnet. Besonders gut schmecken die *pizze* aus dem Steinofen, die man je nach Geschmack *alla romana,* d. h. mit flachem Boden, oder *alla napoletana,* d. h. mit dickem Boden bestellen kann. Das klassische Getränk zur Pizza ist in Italien übrigens Bier und nicht Wein.

Einfach nur ein gutes Glas Wein trinken kann man in den **Enoteche,** auch Vinerie oder Wine Bars genannt. Es handelt sich dabei um Weinhandlungen, die auch kleine, z. T. warme Gerichte servieren.

Die schönsten **Dachterrassen** befinden sich in den Händen der großen Luxushotels und sind in der Regel nur von Mai bis Oktober geöffnet. Schöne Ausblicke bieten auch einige **Museumscafés,** so beispielsweise das Caffè Capitolino.

Auf keinen Fall versäumen sollte man den Besuch einer guten **Gelateria** mit ihrem sortenreichen, hausgemachten Eis. Eine römische Institution sind im Sommer die **Grattacchecche,** einfache Eisbuden, wo man sich mit einer *granita*, zerstoßenem Eis mit Fruchtsirup, erfrischen kann.

Cucina romana

Die traditionelle römische Küche, die man vor allem noch im Testaccio- und im jüdischen Viertel genießen kann, ist eine herzhaft-bäuerliche Küche. Eine römische Spezialität sind *bucatini all'amatriciana,* dünne Teigröllchen mit einer scharfen Tomaten-Bauchspeck-Sauce und Pecorino-Käse; benannt sind sie nach der Stadt Amatrice. Bei *tonnarelli cacio e pepe* handelt es sich um dünne, lange Nudeln mit Käse und Pfeffer. Besonders donnerstags werden gern *gnocchi alla romana* (gebratene Grießklößchen) gekocht.

Aus der römischen Tradition, dem Schlachter das ›fünfte Viertel‹, d. h. die Innereien u. Ä., eines geviertelten Tieres zu überlassen, haben sich einige typische Gerichte entwickelt: *trippa alla romana* (Rindskutteln), *cervello* (Hirn), *fegato* (Leber) oder *coda alla vaccinara* (Ochsenschwanz). Wem diese Spezialitäten nicht das Wasser im Mund zusammenlaufen lassen, sollte sich an *abbacchio* (Milchlamm) oder *baccalà* (Stockfisch) halten. Klas-

Zu Gast bei Römern
Wenn einer eine Reise tut, dann will er nicht nur das Land sehen, sondern auch ›echte‹ Einheimische kennenlernen – am liebsten gar ihr Haus ansehen. Sie lieben römisches Essen und möchten römisches Alltagsleben kennenlernen? Die Initiative Cene Romane vermittelt ein typisches Menü bei Römern zu Hause (35 €/Kinder 20 €). Die Häuser sind auf das ganze Stadtgebiet verteilt. Infos unter: Cene romane, www.ceneromane.it.

Essen und Trinken

sische Gemüsebeilagen sind *carciofi* (Artischocken), *fior di zucca* (Zucchiniblüten) oder *puntarelle* (Zichoriensalat). Dazu passen gut die süffigen Castelli-Weine (Frascati, Colli Albani und Velletri).

Die großen Zuwanderungen vor allem aus dem Süden Italiens sind nicht ohne Einfluss auf die kulinarische Landschaft geblieben. Auch andere regionale Küchen – von toskanisch bis sizilianisch – sind in Rom gut vertreten. Zu den In-Lokalen Roms zählt heute aber auch manches Restaurant der neuen Generation von Einwanderern aus aller Welt. So bekommt man meisterlich zubereitete *sushi* und *sashimi*, *tandoori* und *biryani*, *hummus* und *cous-cous*.

Kulinarischer Alltag

Anders als in Nordeuropa fristet das Frühstück in Italien nur ein Schattendasein – meist nimmt man es schnell auf dem Weg zur Arbeit ein: Ein Espresso, schlicht *caffè* genannt, oder *cappuccino* mit einer *brioche* oder einem *cornetto* (süßes Hörnchen) muss genügen. Und doch: Die Römer lieben es, essen zu gehen, am besten mit vielen Freunden und *all'aperto* – unter freiem Himmel. Mittags und abends setzt man sich etwas später zu Tisch als im Norden Europas, zu Mittag *(pranzo)* frühestens gegen 13 Uhr, am Abend *(cena)* selten vor 20.30 Uhr, im Sommer gerne noch später. Doch auch in Rom wächst die Zahl jener Berufstätigen, die mittags nur eine Kleinigkeit zu sich nehmen – dieser Nachfrage kommen immer mehr Lokale mit günstigen Tagesgerichten nach. Den kleinen Hunger stillt man mit einer *pizzetta*, einem *panino* (belegtes Brötchen) oder einem *tramezzino*, einem dreieckigen Weißbrotsandwich.

Hier legt ein Bayer Hand an: Heinz Beck, Küchenchef im La Pergola

Restaurant-Gepflogenheiten

Bei einem Restaurantbesuch ist es unüblich, dass Gäste sich selbst einen freien Tisch aussuchen. Man wartet, bis der Ober einen Tisch zuweist. Auch ist es nicht üblich, in einem Speiselokal nur *Antipasti* oder einen Salat zu essen oder nach dem Essen noch eine weitere Flasche Wein zu bestellen und stundenlang weiterzutrinken. Wenn man zu mehreren essen war, verlangt man keine gesonderte Rechnung, sondern teilt den Betrag. Bei zufriedenstellendem Service lässt man das Trinkgeld einfach auf dem Tisch liegen.

Das Preisniveau in den Restaurants entspricht dem europäischen Durchschnitt. Fast alle Lokale, auch sehr

Reiseinfos

Gut zu wissen
Für viele der hier vorgestellten Lokale empfiehlt sich eine telefonische Tischreservierung, vor allem für den Abend. Manche Restaurants haben am Abend und v. a. am Wochenende feste Essenszeiten, sogenannte *turni*, z. B. 20–21.30 oder 21/21.30–23 Uhr. Normalerweise haben die Küchen bis etwa 23 Uhr geöffnet. Ruhetag ist häufig der Sonntag- oder Montagabend. Viele Betriebe schließen im August.
Preisangaben in diesem Reiseführer: Die Preise beziehen sich auf ein Drei-Gänge-Menü ohne Getränke.

gute, bieten günstige Mittagsmenüs an. Allgemein im Preis enthalten ist der Service von 15 %. Immer weniger Lokale erheben hingegen noch *pane e coperto* (Brot und Gedeck), das zwischen 1,50 € und 5 € schwanken kann.

Spitzengastronomie

Die mit den meisten Sternen, Kochmützen und Gabeln ausgezeichneten Lokale sind überwiegend Hotelrestaurants, daneben gibt es auch einige Stadtlokale mit Auszeichnungen.

Primus inter pares – **La Pergola:** ■ Karte 1, E 5, Via Cadlolo 101, Tel. 06 35 09 21 52, Reservierungen sind bis 20 Uhr möglich, Bus: 907, 913, 991, Di–Sa 19.30–22.30 Uhr, 7-Gänge Menü 195 €, 9-Gänge Menü 220 €; Reservierung obligat. Als bestes Lokal der Stadt gilt seit Jahren unangefochten das Hotelrestaurant des Hilton. Maître de Cuisine ist der Bayer Heinz Beck. Man weiß kaum, was man mehr genießen soll, seine fantasievollen Kreationen, wie Hummer mit Auberginenmousse und Tomaten, Terrine mit Mozzarella und gebratenen Gambas auf Olivenragout, oder den atemberaubenden Blick von der Dachterrasse auf die Stadt.

Fangfrisch – **Quinzi & Gabrieli:** ■ Karte 3, J 8, Via delle Coppelle 6, Tel. 066 87 93 89, www.quinziegabrieli.it, Bus: 116, Di–So 19–24, Sa/So auch 12.30–15.30 Uhr, Menü 100 €, inkl. Wein. Mit dem nahen **Rosetta** (Via della Rosetta 8, www.larosetta.com, mittags 60 €, abends 130 €) gehört dieses beliebte Lokal am Pantheon zu den besten Fischrestaurants Roms. Azurblaue Trompe-l'œil-Malereien mit Meeresmotiven schmücken die Säle in dem Palazzo aus dem 16. Jh. Im Sommer Tische im Freien.

Exquisit – **Il Convivio:** ■ Karte 3, H 8, Vicolo dei Soldati 31, Tel. 066 86 94 32, www.ilconviviotroiani.com, Metro: Spagna (A), Bus: 40, 64, Mo–Sa 20–23 Uhr, Degustationsmenü 95–110 €. In ihrem kleinen, gemütlichen Lokal in Pantheon-Nähe kochen die Troiani-Brüder seit Jahren auf höchstem Niveau und verbinden geselliges Beisammensein mit überraschenden Gaumenfreuden, z. B. geräucherte Entenbrust mit Salat in Himbeeressig oder als *primo* Kichererbsensuppe mit Rosmarin, Sardellen und Hummer. Große Weinkarte, ausgezeichneter Service.

Traditionslokale

Authentisch – **Checchino dal 1887:** ■ Karte 1, H/J 13, Via Monte Testaccio 30, Tel. 065 74 38 16, www.checchino-dal-1887.com, Metro: Piramide (B), Bus: 75, Di–So 12.30–15, Di–Sa 20–24 Uhr, Degustationsmenü 40–65 € oder à la carte. Lassen Sie sich nicht abschrecken von der etwas altmodischen

Essen und Trinken

Atmosphäre! Hier gibt's authentische römische Küche auf höchstem Niveau. Schließlich wurde hier gegenüber von einstigen Schlachthof die *coda alla vaccinara* erfunden. Dazu kredenzt man erstklassige Weine. Im Sommer Tische im Freien. Angemessene Kleidung erwünscht.

Regionales Schlaraffenland – **Palatium – Enoteca Regionale:** ■ Karte 3, J 7, Via Frattina 94, Tel. 06 69 20 21 32, www.enotecapalatium.com, Metro: Spagna (A), Mo–Sa 11–23 Uhr, 10 €/35–40 €. In schickem Osteria-Ambiente werden Weine und Spezialitäten aus dem Latium serviert. Küchenchef Severino Gaiezza bereitet seine Gaumenfreuden nach alten Rezepten zu. Kosten Sie die Auberginen-Roulade mit *ricotta romana* oder die köstlich zubereiteten Fische aus dem Bolsena-See.

Bodenständig – **Dal Cavalier Gino:** ■ Karte 3, J 8, Vicolo Rosini 4/Ecke Piazza del Parlamento, Tel. 066 87 34 34, Bus: 175 oder Metro: Barberini (A), dann Bus 116, Mo–Sa mittags und abends je zwei Durchgänge *(turni),* um 13 und 14.30 sowie um 20 und 21.30 Uhr, Menü 25–30 €. In der Mittagspause treffen sich hier die Politiker des nah gelegenen Parlaments zu einem ausgedehnten Essen. Gutbürgerliche, traditionelle römische Gerichte wie *tonnarelli alla ciociaria* (Eierbandnudeln mit Speck, Pilzen und Erbsen).

Gutbürgerlich – **Hostaria Farnese:** ■ Karte 3, H 9, Via dei Baullari 109, Tel. 06 68 80 15 95, Bus: 64, Fr–Mi 12–15, 19–23 Uhr, Menü 30 €. Kleiner Familienbetrieb mit dem altmodischen Charme einer Trattoria der 60er-Jahre. Lassen Sie sich von Vater und Sohn in gediegenen Kellneranzügen beraten! Gute Fisch- und Gemüsegerichte.

Zum Wohlfühlen – **Maccheroni:** ■ Karte 3, J 8, Piazza delle Coppelle 44, Tel. 06 68 30 78 95, www.ristorantemaccheroni.com, Bus: 175, tgl. 13–15, 19.30–23.30 Uhr, Menü 30–35 €. Auch nach vielen Jahren hat dieses Lokal, eine einstige Schlachterei in unmittelbarer Nähe des Pantheon, eine schöne Mischung aus Tradition und Moderne bewahrt. Die Stärke der Küche sind klassische römische Nudelgerichte. Besonders zu empfehlen: die hausgemachten *dolci*.

Unverwechselbar – **Dar Filettaro a Santa Barbara:** ■ Karte 3, H 9, Largo dei Librari 88, Tel. 066 86 40 18, Bus: 63, Tram: 8, Mo–Sa 17–22.40 Uhr, Menü 15 €. Urrömisches, schlichtes Lokal, wo sich alles um *baccalà* dreht: knusprig frittiertes Klippfischfilet. Gut auch die *puntarelle* mit Knoblauch und Sardellen, ebenso die Bohnen.

Aus dem Holzofen – **Bir & Fud:** ■ Karte 1, H 10, Via Benedetta 23, Tel. 065 89 40 16, Tram: 8, Bus: H, 23, tgl. 12.30–2 Uhr, ab 8 €. Kleines Lokal mit Biertheke und Holztischen, in dem ausgezeichnete krosse Holzofenpizze serviert werden, aber auch *supplì* und *calzoni*.

Urig – **Er Buchetto:** ■ Karte 1, M 8, Via del Viminale 2 F, Tel. 064 88 30 31, Metro: Termini (A/B), Mo–Fr 9.30–15, 17–21, Sa 9.30–15 Uhr, ab 5 €. Ein filmreifes Schlauchlokal mit einer Handvoll Tische, wo Sie zu erstaunlich niedrigen Preisen nach Herzenslust *porchetta,* Käse und süffigen Hauswein genießen können; s. auch Lieblingsort S. 226.

Szenegastronomie

Für Gourmets – **Glass Hostaria:** ■ Karte 3, H 10, Vicolo del Cinque 58, Tel.

Reiseinfos

Paradiesische Aussichten für Feinschmecker

06 58 33 59 03, www.glass-restaurant.it, Bus: H, Di–So 19.30–23.30 Uhr, Menü ab 75 €. Mitten im Herzen des Trastevere-Viertels mit seinen efeuumrankten Palazzi, dem holprigen Kopfsteinpflaster und den schon fast folkloristischen Standbildern stößt man auf das ambitionierte und exquisite ›Glass‹. Der neue Stern am römischen Küchenhimmel begeistert mit einem modernen Ambiente aus Holz, Stein und Glas, vor allem aber mit einer kreativen, fantasievollen Küche, die immer wieder mit neuen Gaumenfreuden überrascht. Wer hier am Wochenende essen möchte, sollte schon am Mittwoch reservieren.

Immer trendig – '**Gusto:** ■ Karte 3, J 7, Piazza Augusto Imperatore 9, Tel. 063 22 62 73, www.gusto.it, Bus: 81, 117, 628, 913, 926, tgl. 12.30–15.30, 19–24, Pizzeria 15 €, Ristorante 45 €. Sie wollen mit Blick auf kaiserliche Ruinen und modernste Architektur kreative Küche genießen, gute Weine kosten oder nur eine Pizza essen? Sie interessieren sich für Küchendesign und Kochbücher? Dann sind Sie bei Gusto richtig. Denn das trendige Lokal unter den Arkaden an der Piazza bietet alles in einem. Zum Gusto-Imperium gehören ebenfalls das **Gusto caffè** (Nr. 28), eine klassische Bar mit dahinterliegender, auf Spießbraten spezialisierter Rotisserie (tgl. 8–24 Uhr),

Essen und Trinken

und in der Parallelstraße die **Osteria della Frezza** (s. S. 41).

Filmreif – **Babette:** Karte 1,J 6, Via Margutta 1, Tel. 063 21 15 59, www.babetteristorante.it, Metro: Spagna/Flaminio (A), Bus: 117, Di–Sa 9–23, So 11–23 Uhr, Menü 45 €, Di–Fr Mittagstisch 14–22 €, Sa/So mittag Buffet 28 €. Das noch junge Lokal präsentiert sich im old-fashioned Osteria-Look. Verblichene Wände in warmen Ockertönen, Holztische mit bauchigen Chianti-Flaschen, zwei traumhafte Innenhöfe und eine Karte mit klassischen Antipasti, römischen Pastagerichten, Salaten und Pizze. Ideal auch zum Frühstücken.

Evergreen – **Margutta RistorArte:** Karte 1, J 6, Via Margutta 118, Tel. 06 32 65 05 77,www.ilmargutta.it, Metro: Spagna/Flaminio (A), Bus: 117, tgl. 12.30–15.30, 19.30–23.30 Uhr, Menü/Buffet Mo–Fr 15–18 €, Sa, So, Fei 25 €, abends à la carte ab 35 €. Das erste vegetarische Lokal der Stadt sorgt noch stets für raffinierte fleischlose Genüsse. Seinen Tribut an die Künstlerstraße Roms zollt es mit Ausstellungen junger Maler und Bildhauer. Sonntagsbrunch.

Hält, was der Name verspricht – **Osteria della Frezza:** Karte 3, J 7, Via della Frezza 16, Tel. 06 32 11 14 82, Metro: Spagna/Flaminio (A), Bus: 117, tgl. 12.30–16, 18.30–24 Uhr, à la carte ab 15 €. Endlich mal wieder eine Osteria, die sich ihres Namens würdig erweist! In stimmungsvollem, trendigem Ambiente lassen sich gute Weine und ›einfache‹, bodenständige Gerichte zu vernünftigen Preisen kosten. Mit Schwerpunkt auf der römischen Küche gibt es *spaghetti cacio e pepe*, *abbacchio* oder *coda alla vaccinara*. Die Spezialität des jungen Teams liegt in der ausgezeichneten Käse- und Wurstauswahl.

Für Genießer – **Vineria Roscioli:** Karte 3, J 9, Via dei Giubbonari 21, Tel. 066 87 52 87, www.salumeriaroscioli.com, Bus: 40, 64, Mo–Sa 12.30–16, 20–24, Aperitifs 18–19 Uhr, Menü 30–50 €. Eigentlich führen die Brüder Viscioli Lebensmittelläden, ein Delikatessengeschäft und eine Bäckerei. In einer Ecke der (durchgehend geöffneten) *salumeria* haben sie jetzt eine Wine Bar mit Restaurant eingerichtet, wo sie exzellente Weine ausschenken und innovative Köstlichkeiten servieren.

Aus aller Welt

Innovativ – **Green T.:** Karte 3, J 9, Via del Piè di Marmo 28, Tel. 066 79 86 28, www.green-tea.it, Bus: 40, Mo–Sa 12.30–15, 19.30–24 Uhr, Business-Lunch 9–17 €, abends à la carte, Menü 30–40 €. Das nach Feng-Shui-Kriterien eingerichtete chinesische Lokal mit winzigem Garten lädt zu einer Reise in den Orient ein. Legendär: Ente nach Peking-Art, ausgezeichnet die Fischgerichte.

Traditionell – **Hamasei:** Karte 3, K 8, Via della Mercede 35/36, Tel. 066 79 21 34, www.roma-hamasei.com, Bus 175, Di–So 12–14.30, 19.15–22.30 Uhr, Menü Di–Sa mittag 15 €, abends 40 €. Das erste japanische Restaurant in Rom überzeugt noch immer mit besten *sushi*, *sashimi* und *tempura*. Für den schnellen Imbiss: sushi bar corner.

Hip – **Zen Sushi:** Karte 1, G 6, Via degli Scipioni 243, Tel. 063 21 34 20, www.zenworld.eu, Metro: Lepanto (A), Bus: 30, Di–Fr, So 13–14.30, Di–So 20–23 Uhr, Menü 40 €. Moderne Kaiten-Sushi-Bar mit rund laufendem

Reiseinfos

Fließband. Wer möchte, kann aber auch klassisch bedient werden. Die Küche ist ausgezeichnet, besonders das *sashimi*. Zu zweit empfehlen sich die *barchette*, auf denen *sushi* und *sashimi* serviert werden.

Elegant – **Maharajah:** Karte 3, L 9, Via dei Serpenti 124, Tel. 064 74 71 44, www.maharajah-roma.com, Metro: Cavour (B), 12.30–14.30, 19–23.30 Uhr, Menü 25–30 €. Elegantes, stimmungsvolles Ambiente, das auch von vielen Indern frequentiert wird. Man kann zwischen drei Menüs (vegetarisch, Fisch, Fleisch) wählen. Unbedingt probieren Pistazieneis mit Mandeln!

Legendär – **Hang Zhou:** Karte 1, N 10, Via Principe Eugenio 82/Ecke Via Bixio 55, Tel. 064 87 27 32, Metro: Vittorio Emanuele (A), tgl.12–15, 19–23.30 Uhr, Menü 25 €. Eines der besten und beliebtesten klassischen chinesischen Restaurants in Rom – zudem günstig. Es sieht aus wie in einer Trattoria – bis auf das große Mao-Bild. Die liebevoll zubereiteten Speisen zieren Obst- und Gemüseschnitzereien. Wer nicht anstehen möchte, sollte mittags oder abends vor 20 Uhr kommen. Reservieren nicht möglich.

Wo Ratzinger schwach wurde – **Cantina Tirolese:** Karte 1, G 7, Via Giovanni Vitelleschi 23, Tel. 06 68 13 52 97, www.cantinatirolese.it, Metro: Ottaviano (A), Bus: 64, 40, Di–So 19.30–24, Di–Fr und So 12–15 Uhr, Buffet ab 9,50 €, abends à la carte 25–30 €. Obwohl inzwischen weithin bekannt ist, dass Ratzinger als Kardinal hier häufig zu Gast war (Tisch Nr. 4!), sind die guten Preise und der aufmerksame Service unverändert geblieben. Auf rotkarierten Tischdecken und unter mächtigen Hirschgeweihen genießt man deftige österreichische Gerichte.

Enoteche und Wine Bars

Bilderbuch-Enoteca – **Il Goccetto:** Karte 3, G/H 9, Via dei Banchi Vecchi 14, Tel. 066 86 42 68, Di–Sa 11.30–14.30, Mo–Sa 16.30–24 Uhr, ab 3,50 €. Die mit dunklem Holz verkleidete Enoteca lässt das Herz eines jeden Weinliebhabers höher schlagen. In den Regalen, die bis zur Decke reichen, stapeln sich Brunello, Barolo & Co. Dazu gibt es leckere *amuse gueules,* Wurst- und Käsespezialitäten, mit Thunfisch, mit Sardellen und Kapern gefüllte Peperoncini, Lachs mit Robiola-Käse, in Öl oder Essig eingelegtes Gemüse.

Gesellig – **Al vino al vino:** Karte 3, L 9, Via dei Serpenti 19, Tel. 06 48 58 03, tgl. 10–14, nur Weinverkauf 18–0.30, Fr/Sa bis 1.30 Uhr, ab 3 €. Unprätentiöse Quartiers-Enoteca mit großer Weinauswahl und köstlichen kleinen Mahlzeiten wie *parmigiana di melanzane* und *caponata* sowie guter Käseauswahl. Ideal für einen gemütlichen Abend mit Freunden.

Cafés

Ein Mythos – **Antico Caffè Greco:** Karte 3, K 7, Via Condotti 86, Tel. 066 79 17 00, www.anticocaffegreco.eu, Metro: Spagna (A), tgl. 9–21 Uhr. Historisches Café in Originalambiente, in dem Goethe mit Tischbein philosophierte und berühmte Maler ihre Kollegen porträtierten.

Museal – **Atelier Canova Tadolini:** Karte 3, J 7, Via del Babuino 150, Tel. 06 32 11 07 02, www.canovatadolini.com, Metro: Spagna (A), Mo–Sa 8–23, So 10.30–23 Uhr. Ein Museumscafé und -restaurant im wahrsten Sinne des Wortes. Das einstige Künstleratelier füllen Skulpturen und Gipsmodelle des klassizistischen Bildhauers Canova

Essen und Trinken

und seines Lieblingsschülers Tadolini sowie erfolgreicher ›Nachkommen‹.

Verträumt – **Caffetteria del Chiostro del Bramante:** Karte 3, H 8, Via della Pace, www.chiostrodelbramante.it, Bus: 40, 46, 62, 64, 80, tgl. Mo–Fr 10–20, Sa/So bis 21 Uhr. Eine Oase der Ruhe im quirligen Viertel um die Piazza Navona ist das Museumscafé im Kreuzgang Bramantes. Leichte Mittagsgerichte ab 10 €.

Für Frühstücker – **Coromandel:** Karte 3, H 8, Via di Monte Giordano 60/61, Tel. 06 68 80 24 61, www.coromandel.it, Di–So 8.30–15, 19.30–23 Uhr. Kleines, scheinbar mit Flohmarktstücken liebevoll eingerichtetes Lokal, wo die Tische mit Spielkarten dekoriert ist und die Speisen auf bunt gemischtem englischem Porzellan serviert werden. Ideal für Frühstücker, die morgens gerne Süßes (aber nicht nur) essen. Auch mittags und abends geöffnet.

Nostalgisch – **Rosati:** Karte 1, J 6, Piazza del Popolo 5, Tel. 063 22 58 59, www.barrosati.com, Metro: Flaminio (A), tgl. 7.30–24 Uhr. Historisches Upper-Class-Café in bester Lage mit exzellenter Auswahl an Snacks, Eis, Torten.

Für Kaffeeliebhaber – **Caffè Sant'Eustachio:** Karte 3, J 9, Piazza Sant'Eustachio 82, Tel. 06 68 80 20 48, www.santeustachioilcaffe.it, Bus: 40, 62, 63, 70, 81, tgl. 8.30–1 Uhr. Eine der ältesten Kaffeeröstereien der Stadt. Der *caffè* wird gezuckert serviert oder als Gran Caffè Sant'Eustachio mit viel Schaum. Probieren Sie die *granita di caffè*.

Beliebte Röstung – **Tazza d'Oro:** Karte 3, J 8, Via degli Orfani 84, Tel. 066 78 97 92, www.tazzadorocoffeeshop.com, Bus: 75, 116, Mo–Sa 7–20, So

Mein Tipp

Institution: die Grattacchecche
Zu den inzwischen fast historischen ›Eisbuden‹ gehören: **Chiosco Testaccio** (Via G. Branca), **Fonte d'Oro** (Lungotevere Sanzio/Ecke Viale Trastevere) und **Sora Mirella** (Lungotevere degli Anguillara am Ponte Cestio, Tiberinsel).

10.30–19.30 Uhr. Kaffeerösterei mit angeschlossener Bar. Die Röstung Regina del Caffè, mit der viele Lokale der Stadt beliefert werden, gehört zu den besten Roms.

Eisdielen

Sortenreich – **Giolitti:** Karte 3, J 8, Via Uffici del Vicario 37–41, Tel. 066 99 12 43, www.giolitti.it, Bus: 40, tgl. 7 Uhr bis Mitternacht. Kurz und knapp: das beste Eis der Stadt mit über 50 saisonal wechselnden Eissorten.

Spezial – **Fassi:** Karte 1, N 10, Via Principe Eugenio 67, Tel. 064 46 47 40, www.palazzodelfreddo.it, Metro: Vittorio Emanuele (A), Di–Sa 12–22, Fr/Sa bis 24, So 10–22 Uhr. Der traditionsreiche »Palazzo del Freddo« ist eine der ältesten Eisdielen der Stadt. Täglich frisch zubereitete Eissorten und italienische Eisspezialitäten. Besonders gut: Eis mit Brioche oder sizilianische *cassata!*

Ohne Zusätze – **San Crispino:** Karte 3, K 8, Via della Panetteria 42, www.ilgelatodisancrispino.it, Bus: 52, 53, 61, 63, 95, 116, 119, 175, So, Mo, Mi, Do 12–0.30, Fr, Sa 12–1.30 Uhr. Bei diesem Eis kommen Konservierungs- und Farbstoffe nicht ›in die Tüte‹.

Einkaufen

In Rom lässt sich herrlich stöbern, shoppen und stylen – Kulinaria, Wohndesign, Schuhe und vor allem Mode und Antiquitäten sind Export- und Verkaufsschlager. Ein Charakteristikum der römischen Einkaufslandschaft sind – zumindest in der Innenstadt – die vielen kleinen Läden. Die Einkaufszentren liegen alle außerhalb der Stadtmauer. Typisch sind die kleinen Lebensmittelmärkte, die noch in jedem Stadtviertel zu finden sind und auch mal Kleidung oder Haushaltswaren feilbieten.

Antiquitäten und Kunst

Exklusive Topadressen für Sammler sind die **Via dei Coronari** und **Via Giulia** sowie **Via Margutta** und **Via del Babuino,** wo sich ein Antiquitätengeschäft an das andere reiht. Bezahlbare Antiquitäten und Trödel bieten hingegen die Handwerker und Restaurateure in der **Via del Pellegrino** und rund um den **Campo de' Fiori** an.

Markt für Sammler – **Mercato dell'Antiquariato di Fontanella Borghese:** ◼ Karte 3, J 7/8, Piazza Fontanella Borghese, Bus: 116, Mo–Sa 9–13 Uhr. Alte Stiche und antiquarische Bücher (zehn Stände).

Im großen Stil – **Anticaglie a Ponte Milvio:** ◼ Karte 1, F 2, Via Capoprati (zw. Ponte Milvio und Ponte Duca d'Aosta), www.mercatiniroma.it/pontemilvio/index.php, Bus: 32, 69, 200, jeden 1. und 2. So im Monat (außer Aug., 9–20 Uhr. Über 200 Aussteller bieten längs des Tiberufers Möbel, Sammlerstücke, Schmuck und allerlei Kuriositäten vergangener Zeiten feil. Der hübsche Platz führt auf die Brücke über den Tiber zu. Rundum mehrere kleine Restaurants.

Bücher und CDs

Großes Sortiment – **Libreria Feltrinelli:** ◼ Karte 3, J 9, Largo Argentina 5a/6a, Via V. E. Orlando 78/81, Galleria Alberto Sordi, www.lafeltrinelli.it, Bus: 40, 64, Tram: 8, Bus: 117. Eine der größten Buchhandlungen Roms; breites Sortiment klassischer und moderner, nationaler und internationaler Literatur.

Musik querbeet – **Discoteca Laziale:** ◼ Karte 1, N 9, Via Mamiani 62a, www.discotecalaziale.com, Metro: Termini (B). Eines der bestsortierten Musikgeschäfte in der Stadt mit einer großen Auswahl an Pop und Klassik. Auch DVDs.

Delikatessen und Wein

Klosterladen – **Ai Monasteri:** ◼ Karte 3, H 8, Corso Rinascimento 72, Mo–Sa 10.30–19.30 Uhr, Do nachm. geschl., Bus: 30, 70, 81, 87, 116. In diesem herrlich auf alt gemachten Laden findet man die verschiedensten Erzeugnisse aus Italiens Klöstern, vor allem Olivenöle, Liköre, Schokolade, Kräutertees und Honig.

Eldorado für Liebhaber italienischer Produkte – **Castroni:** ◼ Karte 1, F 7, Via Cola di Rienzo 196, www.castroni.it, Metro: Ottaviano (A), Bus: 23, 32, 49, 81, 492, Tram: 19. Viele italienische Spezialitäten, von den besten Hartweizennudeln über toskanisches Olivenöl und Aceto Balsamico bis zum exzellenten Kaffee (Bio-)Castroni. Weitere Filialen befinden sich in der

Einkaufen

Via Frattina 79 nahe der Spanischen Treppe, der Via Nazionale 71 beim Bahnhof Termini und der Via Ottaviano 55 nahe dem Vatikan.

Exquisite Weine – **Enoteca al Parlamento:** ■ Karte 3, J 8, Via dei Prefetti 15, www.enotecalparlamento.com, Bus: 81, 116, 117, Tram: 8. Eine der ältesten Enoteche der Stadt mit exzellenter Weinauswahl, daneben auch Honig, Aceto Balsamico und regionale Spezialitäten. Auch Weinverkostung.

Sizilianische Delikatessen – **I Sapori della Legalità:** ■ Karte 3, J 8, Via dei Prefetti 23, Bus: 81, 116, 117, Tram: 8, Mo 15.30–19.30, Di–Sa 10.30–19.30, So 10.30–14.30 Uhr. Bestes Olivenöl, Nudeln, Wein und andere Lebensmittel von ehemaligen Mafiagütern auf Sizilien, die vom Staat konfisziert und sodann an Kooperativen verpachtet wurden.

Für Feinschmecker – **Volpetti:** ■ Karte 1, J 13, Via Marmorata 47, www.volpetti.com, Metro: Piramide (B), Tram: 3, 8, Bus: 23, 30, 75, 280, 716, 719. Hier schlägt das Gourmet-Herz höher. Im Geschäft der Gebrüder Volpetti in Testaccio findet man die besten Käse- und Wurstsorten aus ganz Italien sowie Olivenöle, Weine und Grappe.

Gastrotempel – **Eataly:** ■ Karte 2, östl. K 14, Piazzale XII Ottobre 1492, www.roma.eataly.it, Metro: Piramide (B), Bus: 80, 280, 175, Tram: 3, tgl. 10–24 Uhr. In diesem 17 000 m^2 großen Megastore für Feinschmecker finden Sie auf vier Etagen verpackte oder frisch zubereitete hochwertige Lebensmittel aus allen italienischen Ursprungsregionen. Vor Ort werden Nudeln gedreht, Bier gebraut, Nuss-Nougat-Creme gerührt, Brot aus Sauerteig gebacken und der Büffel-Mozzarella gekäst.

Geschenke und Design

Erlesene Papiere – **Cartoleria Pantheon:** ■ Beide Karte 3: Via della Rotonda 15 (J 9), Via della Maddalena 41 (J 8), www.pantheon-roma.com, Bus: 40, 62, 64, 116. Originelle Kalender sowie Postkarten und handdekoriertes Papier.

Modernes Design – **Cucina:** ■ Karte 3, J 7, Via Mario de' Fiori 65, www.cucinastore.com, Metro: Spagna (A), Bus: 52, 53, 61, 63. Geschirr, Tischwäsche sowie hochwertige Küchengeräte.

Via della Conciliazione – ›die‹ Adresse für religiöse Artikel
In der Via della Conciliazione zwischen Castel Sant'Angelo und Sankt Peter findet man Souvenirs rund um Kirche und Papst, auch vatikanische Münzen. Bei **Euroclero** (Via Paolo VI 31) z. B. erhält man liturgische Gewänder, Unterwäsche, Socken, Soutanen und Kutten. Religiöse Utensilien wie Kerzen und Monstranzen verkaufen auch einige Geschäfte längs der Via Cestari zwischen Pantheon und Largo Argentina. Beim langjährigen Papstschneider **Massimiliano Gammarelli** (Via di S. Chiara 34) können auch Laien rote und purpurfarbene Herrensocken erwerben. Rosenkränze, Heiligenfiguren und Poster bekommen Sie auch in der **Casa del Rosario** (Via Esquilino 33 bei Santa Maria Maggiore).

Reiseinfos

Malerbedarf – **Ditta P. Poggi:** ■ Karte 3, J 9, Via del Gesù 74/75, www.poggi1825.it, Bus: 30, 40, 46, 62, 63, 64, 70, 81, 87, Tram: 8. Traditionsreicher Laden, in dem sich bereits Morandi, De Chirico, Balthus und Dalí ihre Farben, Pinsel, Leinwände und Papier besorgten.

Alles für die Küche – **House & Kitchen:** ■ Karte 3, J 9, Via del Plebiscito 103, auch So ab 11 Uhr geöffnet, Bus: 40, 62, 64, 84. Von der Parmesanreibe bis zur Espressomaschine.

Stoffe – **Lisa Corti – Home Textile Emporium:** ■ Karte 3, H 8, Via dei Coronari 197, www.lisacorti.com, Metro: Spagna (A). Schöne Stoffe, zarte Strukturen, fantasievolle Designs. Die Stoffe von Lisa Corti sind eine Hommage an die Farbenfreude afrikanischer Gewebe und die Leichtigkeit indischer Stoffe. Auch verarbeitet als Decken, Kissen, Kleider, Gardinen etc. zu kaufen.

Märkte und Flohmärkte

Eine **Übersicht über die Märkte** findet man in der Wochenendausgabe von »La Repubblica«.

Schön & farbenfroh – **Campo de' Fiori:** ■ Karte 3, H 9, Bus: 40, 46, 62, 64, 80, 116, tgl. 8–13.30 Uhr. Lebensmittelmarkt zu Füßen der ›Ketzerstatue‹ von Giordano Bruno.

Volksnah – **Nuovo Mercato Testaccio:** ■ Karte 1, H/J 13, 1a, Ecke Via Galvani/Via B. Franklin, Metro: Piramide (B), Mo–Do, Sa 7–14, Fr 7–19 Uhr. Großer Lebensmittel- und preiswerter Schuh- und Kleidermarkt.

Größter und beliebtester Flohmarkt – **Porta Portese:** ■ Karte 1, H 11, Via Portuense, Via Ippolito Nievo und Nachbarstraßen (Trastevere), Tram: 8, Bus: 44, 75, jeden So vormittags 5–14 Uhr. Über 2000 Händler bieten Tand und Teures an. Das Spektrum reicht von Kleidung, Schuhen und Accessoires über antike Möbel und Porzellan bis zu Bücher. Ab Piazza Nievo findet man vor allem Antiquitäten und Kunsthandwerk aus der ganzen Welt. In der Via Parboni dominiert der Russenmarkt mit Platten, Uhren, Kameras. Dazwischen versuchen Hütchenspieler den Zuschauern Geld zu entlocken. Achtung: Taschendiebe!

Vintage & Design – **Mercato Monti Urban Market:** ■ Karte 3, L 9, Via Leonina 46/48, www.mercatomonti.com, Metro: Cavour (B), jeweils Sa/So 10–20 Uhr. Die Garage des Hotels Palatino zieht jedes Wochenende Scharen von Besuchern an, die an den Ständen nach ausgefallenen, modischen Kreationen – ob Schmuck, Hüte oder Handschuhe – oder nach ausgesuchten Vintage-Kleidern Ausschau halten.

Mode, Schuhe und Accessoires

Neben Mailand zählt Rom noch immer zu den führenden Städten der Alta Moda. Man sollte sich einen **Schaufensterbummel rund um die Spanische Treppe** nicht entgehen lassen. In den **Nobelmeilen** der Via Condotti und Via Borgognona, Via Bocca di Leone und Via Frattina haben sich alle niedergelassen, die in der italienischen Modewelt Rang und Namen haben. Allerdings empfiehlt es sich, mit dem Kauf der oftmals sündhaft teuren Designerstücke bis zu den *saldi* im Januar/Februar und Juli/August zu warten oder einen Blick in die Outlet-Geschäfte zu werfen.

Einkaufen

»Shop till you drop« – das gilt natürlich gerade auch in der Modeweltstadt Rom

Viele **Boutiquen** und **Schuhgeschäfte** säumen die Via Cola di Rienzo und die Via Ottaviano. **Mode zu erschwinglichen Preisen** findet man in der Via del Corso nahe der Spanischen Treppe, in der Via de' Giubbonari beim Campo de' Fiori oder in der Via Nazionale, wo auch viele Schuh- und Ledergeschäfte liegen. Doch gibt es hier auch viele Billigläden.

Kreative und **ausgefallene Geschäfte** verstecken sich in den Gassen von Trastevere und Monti. Beste Adresse für ausgefallene **Secondhandläden** und Mode ist die Via del Governo Vecchio. **Schnäppchenjäger** stöbern gern auf dem Markt in der Via Sannio oder auf den *bancarelle*, den Straßenständen im Esquilin.

Abstecher wert sind auch die Einkaufsstraßen **Via Appia Nuova** zwischen den Metrostationen San Giovanni und Re Di Roma sowie **Viale Libia** und **Viale Somalia** nordöstlich des Bahnhofs.

Raffiniert – **Alberta Ferretti:** ■ Karte 3, J 7, Via dei Condotti 34, Metro: Spagna (A). Elegante Schlichtheit und klare Linien prägen die Mode Alberta Ferrettis, die sich vor allem an junge Frauen wendet.

In Samt und Seide – **Angelo di Nepi:** ■ Karte 1, F/G 7: Via Cola di Rienzo 267a, Bus: 81; Via de' Giubbonari 28, Bus: 64, 116; www.angelodinepi.com. Designer Angelo di Nepi entwirft elegante Kleidung aus luftig-leichten Seidenstoffen und farbenfrohem Samt.

Günstige Preise – **Barillà:** ■ Karte 1, J 6/7, Via del Babuino 33, Metro: Spagna (A). Modische, sportliche Schuhe.

Für Vintage-Liebhaber – **Gocce di Memoria:** ■ Karte 3, L 9, Via Panisperna 238, Metro: Cavour (B), Bus: 64, Mo–Sa 10.30–20 Uhr, Fr/Sa bis 21 Uhr. Filmreife Mode im Retrolook, dazu passend eigene Hutkreationen und Taschen.

Reiseinfos

Hochwertige Mode – **Bomba:** ■ Karte 1, J 6, Via dell'Oca 39, Metro: Flaminio (A), Bus: 117. Der schicke Laden mit seiner zeitlosen Garderobe, hochwertigen Strickwaren sowie detailreich gearbeiteten Accessoires wird vor allem von römischen Upperclass-Damen besucht.

Trendy shoes – **Borini:** ■ Karte 3, H 9/10, Via dei Pettinari 86–87, Bus: 40, 64. Franco Borini entwirft seine durchaus erschwinglichen Schuhe selbst.

Haute Couture zum halben Preis – **Discount dell'Alta Moda:** ■ Karte, J 7 Via Gesù e Maria 14/16a, Metro: Spagna/Flaminio (A). Mode und Accessoires bekannter Designer von Armani bis Versace vom Vorjahr.

Legere Männermode – **Empresa:** ■ Karte 3, J 9, Via dei Giubbonari 25/26, www.empresa.it, Metro: Spagna (A). Legere, unkonventionelle, aber angesagte junge Männermode mit passenden Accessoires. In der Via dei Giubbonari Nr. 101/102 auch für die Frau.

Angesagt – **Fausto Santini:** ■ Karte 3, K 7, Via Frattina 120, Metro: Spagna (A). Models und Schauspielerinnen aus aller Welt kaufen hier ihre calzature. Das edle Schuhwerk hat seinen Preis … Modelle aus der Vorsaison im Outlet an der Via Cavour 106 (■ Karte 1, M 9).

Originelles für Kids – **LAF (Lavori artigianali Femminili):** ■ Karte 3, K 7/8, Via Capo le Case, 6, Metro: Spagna (A). Liebevoll handgearbeitete Klöppel-, Strick- und Spitzenarbeiten für die Kleinsten. Kleidchen, Pullis, Bettwäsche und Festtagskleidung vom Neugeborenen bis zum Kind von etwa acht Jahren.

Im Reich der Stoffe und Knöpfe – **Merceria Alfis:** ■ Karte 3, J 9, Largo Ginnasi 6, www.alfismerceria.com, Tram 8, Bus: 40, Mo–Fr 9–19, Sa 9–13.30 Uhr. Die Stoff- und Kurzwarenhandlung Alfis ist eine Institution, nicht nur für Modemacher und Kostümbildner.

0 bis 14 Jahre – **Pure:** ■ Karte 3, J 7, Via Frattina 111, Metro: Spagna (A). Flotte, sportliche Mode für markenbewusste Kids.

Schmuck

Die klassischen Schmuckgeschäfte Roms liegen alle rund um die **Via Condotti**, u. a. Bulgari (Nr. 10), Federico Buccellati (Nr. 31) und Cartier (Nr. 83).

Schmuckkunst – **Pomellato:** ■ Karte 3, J 8, Piazza San Lorenzo in Lucina 38, Metro: Spagna (A). Neuer Showroom des 40 Jahre alten Schmuckunternehmens, das es wie kein anderes verstanden hat, mit Hilfe von Fotografen wie Helmut Newton seinen Designschmuck wie Haute Couture zu präsentieren.

Designschmuck – **Myriam B.:** ■ Karte 1, P 9, Via degli Ausoni 7 (San Lorenzo), www.myriamb.it, Bus: 71, 140, 223, 492, Mo–Sa 11–13.30, 16–20 Uhr. Ausgefallene Schmuckkreationen, inspiriert von Duchamp und Man Ray, die durch ungewöhnliche Materialkombinationen bestechen. Ein Eyecatcher für jedes Kleid.

Achtung bei den Kleidergrößen
Die deutsche Größe 38 entspricht der italienischen Größe 44. Sie müssen also immer sechs Nummern addieren.

Ausgehen, Abends und Nachts

Der **Theaterszene** in Rom stehen rund 80 Bühnen zur Verfügung, an denen man das Stagione-Theater mit häufig wechselnden, aber oft hochkarätigen Gastkünstlern und -ensembles pflegt. Selbst das Teatro dell'Opera (Opernhaus) oder das Teatro di Roma (Stadttheater) am Largo Argentina arbeiten ohne festes Ensemble. Die Theatersaison reicht von Oktober bis Mai. Sehenswerte Freilichtaufführungen finden im Sommer in den Caracalla-Thermen (Opern) und im antiken Theater von Ostia Antica (klassische griechische und römische Stücke) statt.

Rom ist aber auch eine **Città della Musica,** Stadt der Musik, wie sie seit dem Bau des Auditoriums von den Stadtvätern emphatisch genannt wird. Viele meist klassische Konzerte finden natürlich auch weiterhin im stimmungsvollen Rahmen von Kirchen oder unter freiem Himmel statt (Infos und Karten: www.classictic.com), die großen Pop- und Rockkonzerte hingegen meist im PalaLottomatica oder im Stadio Olimpico. Die junge Musikszene spürt man in den vielen, kleinen Musikclubs auf, in den Centri Sociali (alternative Zentren), wie beispielsweise dem Brancaleone.

Szene Rom

Wie in allen Metropolen wechselt auch in Rom schnell, was bei den römischen *ragazzi* und *nottambuli* (Nachtschwärmern) der Fernseh- und Film-, Mode- und Politikprominenz gerade angesagt ist. Klassischer Treffpunkt von Nachtschwärmern ist das Vergnügungsdreieck zwischen **Piazza Navona, Piazza del Fico** und **Campo de' Fiori.** Unter den *ragazzi* ist das Studenten- und In-Medienviertel **San Lorenzo** mit seinen vielen Kneipen, Clubs und volkstümlichen Lokalen angesagt. In den letzten Jahren hat die nächtliche Szene auch das multikulturelle **Pigneto-Viertel** entdeckt, wo Pasolini einst seinen »Accattone« drehte. Pulsierendes Zentrum des römischen Nightlife bleiben jedoch nach wie vor die historischen Arbeiterviertel **Ostiense** und **Testaccio.** Um den ehemaligen *mattatoio* (Schlachthof), einst Vergnügungsviertel der alternativen Szene, heute lebendiges Kulturzentrum, und längs der Via Monte di Testaccio reihen sich in unzähligen Kellergewölben des antiken Scherbenhügels die Nachtcafés und Discos nahtlos aneinander. Vor allem am Samstag tobt hier das Nightlife ebenso wie in der nahe gelegenen Via Libetta, wo trendige Lokale wie das Goa die Schönen der Nacht anziehen.

Infos und Tickets
Veranstaltungshinweise: Aktuelle Informationen erhält man bei der Tourist-Info in Rom (s. S. 19). Auch einige der unter »Infos im Internet« (s. S. 18) genannten Websites, etwa www.turismoroma.it, informieren über Events etc.
Eintritt: Insgesamt ist das römische Nachtleben teuer. Fast überall wird zumindest am Wochenende Eintritt verlangt (15–20 €), nicht immer ist ein Freigetränk eingeschlossen. Oft ist der Einlass mit einer *tessera,* einem Mitgliedsausweis, verbunden.
Ticketservice: Vor Ort sind Karten erhältlich bei Orbis (Piazza Esquilino 37, Tel. 064 74 47 76, 064 82 74 03). Die großen Theater und Konzertsäle haben eigene Websites, die nachfolgend angegeben sind, daneben gibt es Online-Agenturen wie www.listicket.it oder www.ticketone.it (Vorverkaufsgebühr mindestens 10 %).

Reiseinfos

Von Mitte Juni bis Ende September sind die meisten Diskotheken und Clubs geschlossen oder verlegen wie Restaurants ihre Location ans Meer.

Bars und Lounges

Legendär – **Bar del Fico:** ■ Karte 3, H 8, Piazza del Fico 26, www.bardelfico.com, Bus: 64, 40, tgl. 8–2 Uhr, Bar und Restaurant, jeden So Brunch 12.30–15 Uhr. 2013 feierte die Fünf-Sterne-Bewegung hier ihren Erdrutschsieg. Die nach einer umfassenden Restaurierung im Retro-Ambiente wiedereröffnete Bar gehört zu den angesagtesten Adressen im Vergnügungsviertel zwischen Campo de' Fiori und Piazza Navona. Ideal für einen Aperitif, aber auch für einen Abend mit Freunden, wobei man an langen Tafeln kreative italienische Küche genießen kann.

En vogue – **Co.So:** ■ Karte 1, R 10, Via Braccio da Montone 80 (Pigneto), Tel. 06 45 43 54 28, Zug ab Termini Laziali Richtung Giardinetti, Haltestelle S. Elena, Mo–Sa 19–22.30 Uhr. Originelle und angesagte Aperitifbar im aufstrebenden Ausgehviertel Pigneto mit bestgemixten Cocktails und einer breiten Auswahl an *finger food*. Lassen Sie sich nicht die Duschräume entgehen …

Cool – **Pastificio San Lorenzo:** ■ Karte 1, O 9, Via Tiburtina 196 (San Lorenzo), Tel. 06 97 27 35 19, www.pastificiosanlorenzo.com, Bus: 71, 19–2 Uhr, So auch mittags. Beliebte Aperitifbar mit guter Küche im Studentenviertel. Die Räume der einstigen Nudelfabrik glänzen im New-York-Chic, man sitzt an der langen Theke oder fläzt sich gepflegt in Ledersesseln und -sofas.

Stilvoller geht's nicht – **Stravinskij Bar:** ■ Karte 1, J 6, Via del Babuino 9, www.hotelderussie.it, Metro: Flaminio (A), Bus: 117, tgl. 9–1 Uhr. Zu den exklusivsten und wohl besten Cocktailbars der Stadt gehört die funkelnde Bar des Hotels de la Russie mit ihren wunderschönen hängenden Gärten. Zugang nur über das Hotel. Exzellente alkoholfreie Healthy Cocktails.

Diskotheken

Für jeden Geschmack – **Planet Rome Disco Club:** ■ Karte 2, J 14, Via del Commercio 36, www.planetroma.com, Metro: Piramide/Garbatella (A), Bus: 23, 673, 716, 769, Fr, Sa 22–4 Uhr, sonst variabel. Die beliebte Disco bietet in drei Sälen buntes Livemusik-Programm mit vorwiegend kommerzieller Musik, House und Hip-Hop.

Autonomes Kulturzentrum – **Brancaleone:** ■ Karte 5, D 2, Via Levanna 9, www.brancaleone.it, Bus: 60, Programm meist am Wochenende, s. Homepage. Einst spürte man im ›Bran-

---

Im Aufschwung: Tangherie

Tangherie, so nennt die römische Tangoszene ihre Tanzlokale. Knapp 100 Jahre sind vergangen, seit der erste Tango in Rom erklang. Der damals laszive Tanz eroberte die feine Gesellschaft im Wiegeschritt. Selbst Pius X. ließ sich den neuen Tanz vorführen. Heute feiert der Tango eine Renaissance. In Rom haben in den letzten Jahren an die 15 *tangherie* ihre Pforten geöffnet. Im Mittelpunkt steht der argentinische Tango. Angesagt sind: **TANGOfficina:** ■ Karte 1, Q 7, Via Cupa 5 (San Lorenzo), www.tangofficina.com. **Il Giardino del Tango:** ■ Karte 5, D 2, Via degli Olimpionici 7 (Ponte Milvio), Metro: Flaminio (A) dann weiter mit Tram 2, www.facebook.com/ilgiardinodeltango.roma.

Ausgehen, Abends und Nachts

Eine Institution in Rom: der Jazzclub Alexanderplatz

ca‹ die Atmosphäre autonomer Zentren. Und noch immer gibt es bestes Programmkino, politisch korrekte Ausstellungen, aber die große Villa beherbergt inzwischen auch zwei Dancehalls und eine gestylte Bar.

Kuba lässt grüßen – **Caruso Café de Oriente:** ■ Karte 1, H/J 13, Via di Monte Testaccio 36, www.carusocafe.com, Metro: Piramide (B), Tram: 3, Bus: 95, 673, 719, Di–So 23–4 Uhr. Latinos und *aficionados* kubanischer Rhythmen strömen jedes Wochenende hierher, um in animierter Stimmung Salsa und Merengue zu tanzen. Beste Mojitos, tropische Cocktails.

Schaulaufen – **Gilda:** ■ Karte 3, K 7, Via Mario de' Fiori 97, www.gildabar.it, Metro: Spagna (A), Bus: 52, 53, 61, 71, 80, 85, 117, Fr–So 23–4, Ristorante Le Cru ab 11.30 Uhr, So mittags sowie Mo und Di abends geschl. Seit Jahrzehnten der Treffpunkt römischer VIPs aus Politik und Showbusiness, die hier ihre Geburtstage und Partys feiern.

Roms In-Disco – **Goa:** ■ Karte 2, J/K 15, Via Libetta 13, Metro: Garbatella (A), Bus: 23, 679, Di–So 23–4 Uhr. Die Schlange vor der Tür weist den Weg. Das Innere wird immer wieder neu gestylt. Derzeit herrschen dunkle Töne vor. Kurios sind die vielen kleinen Gemälde an den Wänden. Für den richtigen Beat sorgen die wechselnden DJs, die zu den besten der Stadt gehören. Zu den Kultabenden kommen Größen wie Kruder & Dorfmeister, Howie B., Sven Väth.

Techno, House, Hip-Hop – **Saponeria:** ■ Karte 2, K 15, Via degli Argonauti 20, https://it-it.facebook.com/saponeria club, Metro: Garbatella (B), Fr, Sa sowie zwei Do im Monat ab 22.30 Uhr. Disco mit House, Techno, Hip-Hop und aktueller Dancemusic sowie internationalen Stars der DJ-Szene.

Edeldisco – **La Cabala:** ■ Karte 3, H 8, Via dei Soldati 25 c, www.hdo.it, Bus: 70, Okt.–Mai Do/Fr/Sa 24–4 Uhr. Disco mit Glamour-Faktor, die gern von einem Publikum um die 30 besucht

Reiseinfos

wird. Vorwiegend House-Musik und Disco-Hits.

Musikclubs und Livemusik

High-End-Jazz – **Alexanderplatz:** ■ Karte 1, F 6/7, Via Ostia 9, http://alexanderplatzjazzclub.com, Metro: Ottaviano (A), Bus: 23, 80, 492, Programm Okt.–Juni 20.30–2 Uhr, Konzertbeginn ab 21.45 Uhr. Noch immer die beste Jazzkneipe Roms mit überwiegend amerikanischen Interpreten. Gute Multikultiküche.

House of the Blues – **Big Mama:** ■ Karte 1, H 11, Vicolo San Francesco a Ripa 18, www.bigmama.it, Bus: 75, 170, Tram: 8, Programm Okt.–Juni 21–1.30 Uhr, Konzertbeginn um 22.30 Uhr. Seit 30 Jahren *die* Adresse für Blueskonzerte, aber auch Bühne für internationale Jazzinterpreten und Songwriter.

Mekka für Jazzliebhaber – **Casa del Jazz:** ■ Karte 1, L 13, Viale di Porta Ardeatina, 55, www.casajazz.it, Metro: Piramide (B), Bus: 714. Vor einigen Jahren eröffnete die Stadt in der konfiszierten Villa eines Gangsterbosses die Casa del Jazz. In der herrschaftlichen Villa und dem Park laufen Konzerte, Jamsessions, Festivals … Angeschlossen ist ein Restaurant (Mo geschl.) mit Tischen im Freien. So 12.30–15 Uhr Jazz-Brunch (25 € ohne Getränke).

Alternativ – **Circolo degli Artisti:** ■ Karte 1, Q 11, Via Casilina Vecchia 42, https://it-it.facebook.com/circolodegliartisti, Metro: Re di Roma (A), Bus: 105, 18 N. Do, So 20–1, Fr/Sa bis 3 Uhr. Kulturzentrum am Rand von Pigneto mit weitläufigem Garten und Pizzeria nahe einem alten römischen Aquädukt. Wechselndes Programm mit Livekonzerten bekannter Gruppen, aber auch Newcomern, am Wochenende häufig Hip Hop und 80er-/90er-Musik, auch Kunstausstellungen.

Livemusik – **Fonclea:** ■ Karte 1, G 7, Via Crescenzio 82a, www.fonclea.it, Metro: Ottaviano (A), jeden Abend ab 21.30 Uhr Livekonzerte, im Sommer auch später. Freier Eintritt, außer am Wochenende. Eines der ältesten Musiklokale der Stadt mit gutem Restaurant und Livemusik von Jazz über Rock bis Pop.

Lesben und Schwule

Treffpunkt der schwul-lesbischen Community ist neben den einschlägigen Clubs und Bars die **Via San Giovanni** nahe dem Kolosseum, die in ›Gay Street‹ (www.gaystreetroma.com) umbenannt wurde.

Stadtbekannt – **Alibi:** ■ Karte 1, J 13, Via di Monte Testaccio 40/44, www.lalibi.it, Metro: Piramide (B), Tram: 3, Bus: 95, 673, 719, Do–So 22.30–0 Uhr. Die Gay-Disco mit Restaurant unter freiem Himmel und Tanzflächen auf

Nächtliche Genusstour
Bei den Touren von **TRAMJazz** (www.tramjazz.com) rattert man in einer historischen Tram der 1930er-Jahre durchs nächtliche Rom, genießt ein mehrgängiges Menü bei Kerzenlicht und Livemusik von namhaften Jazzinterpreten. Jeden Fr ab Porta Maggiore um 21 Uhr, Dauer ca. 3 Std., 59 €/Pers. (plus 6 € Vorverkauf), Reservierung obligatorisch: tramjazz@yahoo.it, Tel. 33 96 33 47 00 und 33 81 14 78 76. An manchen Tagen auch Belcanto-Gesangseinlagen (Musik von Vivaldi, Pergolesi, Rossini u. a.).

Ausgehen, Abends und Nachts

zwei Etagen lockt inzwischen immer mehr Heterosexuelle zum Techno- und Elektrosound an. Am schönsten ist es im Sommer, wenn die herrliche Dachterrasse zur Tanzbühne wird.

Schräg – **Muccassina:** ■ Karte 1, S 9, c/o Qube, Via di Portonaccio 212, www.muccassassina.com, jeden Fr ab 22.30 Uhr. »Tötet die Kuh« heißt das vom Circolo Mario Mieli – der römischen Arcigay Organisation – zur Autofinanzierung veranstaltete Event. Auf drei Stockwerken tanzt ein schrilles Nachtvolk zu House, Black und Mainstream.

Kinos

Filmhauskino – **Casa del Cinema:** ■ Karte 1, K 6, Largo Marcello Mastroianni 1, Tel. 06 42 36 01, www.casadelcinema.it, 124 Plätze, Bus: 88, 95, 116, 490, 491, 495. Filmhaus am Rande der Villa Borghese mit ultramodernem Kinosaal, Spezialbibliothek und öffentlichen Videosälen. Spiel- und Dokumentarfilme, Lesungen und Diskussionen mit Schauspielern und Regisseuren aus der Filmindustrie und aus dem Theater. Schauplatz des römischen Filmfestivals.

OmU – **Nuovo Sacher:** ■ Karte 1, H 11, Largo Ascianghi 1, Tel. 065 81 81 16, www.sacherfilm.eu, 370 Plätze, Bus: 23, 44, 280. Kino von Regisseur Nanni Moretti, nach seinem Lieblingsdessert, der Sachertorte, benannt. Es werden Internationale Filme auch in Originalversion gezeigt, im Sommer im Freien.

Konzerte und Oper

Roms erstes Orchester – **Accademia Nazionale di Santa Cecilia:** ■ Karte 1, J 2/3, Auditorium Parco della Musica, Largo Luciano Berio 3, Info- und Karten-Tel. 068 08 20 58 (tgl. 11–18 Uhr,

Kino unterm Sternenhimmel
L'Isola del Cinema: ■ Karte 3, J 10. Autorenfilme aus aller Welt im Freilichtkino auf der Tiberinsel (Ende Juni–Aug., www.isoladelcinema.com).
Notti di Cinema a Piazza Vittorio: ■ Karte 1, N 9. Open-Air-Kino mit Filmen der vergangenen Saison, im Aug. auch Kinderfilme, auf der Piazza des Multikultiviertels Esquilin (Juli–Anf. Sept., www.agisanec.lazio.it).

im Winter Mi, im Sommer Sa geschl.), www.santacecilia.it. Das Repertoire des Sinfonieorchesters reicht vom 18. Jh. bis in unsere Zeit. Ständige Spielstätte des Orchesters unter Leitung von Maestro Antonio Pappano ist das Auditorium (s. u.).

Vielfältig – **Associazione Culturale Il Tempietto:** Tel. 06 87 13 15 90, 06 87 20 15 23, www.tempietto.it. Der engagierte Verein organisiert ganzjährig Konzerte – im Sommer unter freiem Himmel. Die Palette reicht von Bach bis zu den Tangos von Piazzolla. Aufführungsorte sind **Casina delle Civette** und **Casino dei Principi** in der Villa Torlonia (Bus: 36, 60, 62, 84, 90), ■ beide Karte 1, O 5, sowie verschiedene Aufführungsorte rund um das antike **Marcellus-Theater** und die **Sala Baldini** (Bus: 30, 40, 44, 46, 64, 84), ■ Karte 3, J 10.

Prestigeobjekt – **Auditorium Parco della Musica:** ■ Karte 1, J 2/3, Viale Pietro De Coubertin 30, Info-Tel. 06 80 24 12 81 (tgl. 11–18 Uhr), Karten-Tel. 06 06 08, www.auditorium.com, Bus: 53, 217, 231, 910 oder mit Metro A bis Flaminio, dann weiter mit Tram 2. Das Auditorium von Stararchitekt Renzo Piano besteht aus drei unterschiedlich großen Konzertsälen und einem Open-Air-Theater. Sie stehen klassischen und

Reiseinfos

modernen Konzerten, aber auch Pop, Rock, Ballett und experimentellem Theater offen. Um ein Optimum an akustische Qualität zu erreichen, sind die Säle mit amerikanischer Kirsche ausgekleidet. Im Foyer sind die Reste einer römischen Villa zu sehen, die während der Arbeiten ans Tageslicht kamen. Sa, So und Fei alle 60 Min. Führungen (ital.) durch die Anlage (11.30–16.30 Uhr, 9 €/7 €).

Mein Tipp

Traumfabrik Cinecittà
Die legendären Filmstudios von Cinecittà begründeten in der Nachkriegszeit Roms Ruf als Filmstadt. In Cinecittà, auch Hollywood sul Tevere (Tiber) genannt, wurden Muskel- und Sandalenfilme wie »Quo Vadis?« und »Ben Hur« gedreht, Federico Fellini drehte hier »La Dolce Vita« und Sergio Leone seine Spaghettiwestern. Noch zu sehen sind die Kulissen von »Gangs of New York« von Martin Scorsese.
Cinecittà: ■ Karte 1, südl. Q 13, Via Tuscolana 1055, www.cinecittastudios.it, Metro: Cinecittà (A), Bus: 502, 503, 522, 654, Mi–Mo 9.30–18.30 Uhr, Ticket 10 € (nur Ausstellung), 20 € (mit Studioführung durch die Filmsets; Führungen in ital. Sprache 10, 13, 14.30, 17.30 Uhr, in engl. Sprache 11.30 und 16 Uhr).
Im Sommer 2014 öffnete sogar ein Vergnügungspark für Cineasten: In der **Cinecittà World** dreht sich alles um Film und Kino (Via di Castel Romano 200, Castel Porziano (Roma Sud), Tel. 06 64 00 92 93, www.cinecittaworld.it, Öffnungszeiten s. Homepage, 27–29 €, erm. 21–23 €. Kombiticket einschl. Shuttleservice ab Roma Termini oder Roma Ostiense möglich, s. Homepage).

Passendes Ambiente – **Il Gonfalone:** ■ Karte 3, G 9, Via del Gonfalone 32 (Info: Vicolo della Scimia 1 b), Tel. 066 87 59 52, www.oratoriogonfalone.com, Bus: 23, 40, 46, 62, 64, 116, 280. Der wunderschön ausgemalte Saal von 1580, Sitz der Konzertgesellschaft Gonfalone, bildet den Rahmen für Barockkonzerte, Kammer- und Chormusik mit z. T. alten Instrumenten (meist Do).

Renommiertes Opernhaus – **Teatro dell'Opera:** ■ Karte 1, M 8, Piazza Beniamino Gigli 1, Tel. 06 48 16 01, www.operaroma.it, Metro: Repubblica (A). Auch wenn sich die römische Oper nicht mit der Mailänder Scala messen kann, ist allein ein Besuch des prunkvollen Belle-Epoque-Hauses ein Erlebnis. Aufführungsstätte ist neben dem Teatro Costanzi auch das **Teatro Nazionale** (Via Viminale 51). Im Sommer finden Aufführungen in den Caracalla-Thermen statt.

Theater

Natürlich: Shakespeare! – **Globe Theatre:** ■ Karte 1, K 5, Largo Aqua Felix, Info-Tel. 06 82 07 73 04, www.globetheatreroma.com, Metro: Barberini (A), dann weiter mit Bus 116. Der Nachbau des britischen Kulturtempels ist wie das Original ein 1200 Zuschauer fassender Rundbau aus Holz und ohne Dach für die Zuschauer im Parkett.

Das Bühnenflaggschiff Roms – **Teatro Argentina:** ■ Karte 3, J 9, Largo di Torre Argentina 52, Tel. 06 68 80 46 01/2, Karten-Tel. 06 68 40 00 3 45, in Italien: Tel. 800 01 33 90, www.teatrodiroma.net, Bus: 40, 64, Tram: 8. In diesem Theater feierte 1814 der »Barbiere di Sevilla« von Rossini Premiere, heute ist es das Stammhaus des Teatro di Roma, in dem die bekanntesten Ensembles Italiens auftreten.

Feste, Events und Termine

Kirchliche Feiertage

Unter den Festen spielen die kirchlichen Feiertage eine große Rolle und werden von der Kirche telegen inszeniert. Vor allem an Ostern und Weihnachten steht die Stadt ganz im Zeichen der kirchlichen Hochämter.

Zur **Benedizione degli animali** (Tierweihe) am 17. Januar werden nach der 9-Uhr-Messe vor der Kirche Sant'Eusebio am Esquilin, manchmal auch auf dem Petersplatz, Hunde, Katzen, Vögel, Kaninchen etc. gesegnet.

Die **Settimana Santa**, die Karwoche, beginnt am Gründonnerstag mit der Fußwaschung in der Laterankirche. Karfreitag stehen die nächtliche Messe auf dem Palatin und die Kreuzwegprozession beim Kolosseum an, Ostersonntag spricht der Papst das weltweit übertragene Urbi et Orbi auf dem Petersplatz.

An **San Giuseppe** (19. März), dem Tag des hl. Josef und gleichzeitig Vatertag, verzehren die Römer traditionell *bigné* (cremegefüllte Windbeutel) und *fritelle* (frische Krapfen).

Von wesentlich offiziellerem Charakter ist am Vormittag des 29. Juni, Namenstag von **San Pietro e Paolo**, die feierliche Papstmesse in der Peterskirche. Der Petrusstatue werden die Papstgewänder und -insignien angelegt.

Am 24. Dezember, zu **Natale,** liest der Papst die Mitternachtsmesse in der Peterskirche. Am 25. herrscht großes Gedränge auf dem Petersplatz: Der Papst schickt seinen Segen, »Urbi et Orbi«, in die Welt.

Stadtfeste

Hier ist insbesondere der 21. April zu nennen, an dem die Stadt sich selbst feiert: Auf dem Kapitolsplatz wird der Jahrestag der Gründung Roms, **Natale di Roma,** begangen – mit Fahnenwerfern, Musikkapellen und abschließendem Feuerwerk.

Der italienische **Nationalfeiertag** am 2. Juni wird in der Hauptstadt Italiens

Während der Natale di Roma lassen die Römer die Antike wieder aufleben

Festkalender

Januar bis März
Befana: In der Nacht vom 5. auf den 6. Jan. bringt die Befana (Hexe) den römischen Kindern Geschenke und Süßes.
Benedizione degli animali: 17. Jan., Tierweihe in einigen römischen Kirchen.
Carnevale: Febr., Maskenumzüge durch die Stadt, meist auf der Via Nazionale und Via dei Fori Imperiali.
Giornata FAI di Primavera: Wochenende Ende März, Tag des offenen Denkmals, www.giornatafai.it.
Festa delle Donne: 8. März, Internationaler Frauentag. Frauen werden mit Mimosensträußchen beschenkt.
San Giuseppe: 19. März, Tag des hl. Josef und Vatertag.
Maratona di Roma: März, Stadtmarathon, bei dem sich Hobbyläufer mit den weltbesten Langstreckenathleten messen, www.maratonadiroma.it.

April bis Mai
Festa delle Palme: Am Palmsonntag werden in den Kirchen geweihte Ölzweige verteilt.
Pasqua (Ostern): Feierlichkeiten im Rahmen der Settimana Santa.

Natale di Roma: 21. April, Geburtstag der Stadt Rom.
Mostra d'Arte dei Cento Pittori: Ende April, Kunstmesse in der Via Margutta, www.centopittoriviamargutta.it.
Festa del Lavoro: 1. Mai, Popkonzert auf der Piazza S. Giovanni.
Notte dei Musei: An einem Wochenendtag im Mai. Kostenlose Öffnung zahlreicher Museen von 20 bis 2 Uhr, www.lanottedeimusei.it.

Juni bis September
Festival delle letterature: Mitte Juni–Anf. Juli. Literaturfestival in der Maxentiusbasilika auf dem Forum Romanum, www.festivaldelleletterature.it.
Mondofitness: Juni–Anf. Sept., großes Freiluft-Sportfestival im Viertel Tor di Quinto, an dem sich jeder Interessierte beteiligen kann, www.mondofitness-magazine.it.
San Pietro e Paolo: Am Vormittag des 29. Juni feierliche Papstmesse.
Rock in Roma: Ende Juni–Juli im Ippodromo delle Capannelle. Rockfestival mit internationalen Stars, www.rockinroma.com.

mit einer Militärparade längs der Via dei Fori Imperiali begangen.

Ein sehr gut besuchtes, inzwischen kommerzialisiertes Volksfest ist die **Festa de' Noantri**. Am 15. Juli beginnt das Viertel seine 14-tägigen Feierlichkeiten mit einer Prozession; zahlreiche Veranstaltungen, u. a. der Spanferkelschmaus und das abschließende Feuerwerk, runden das Stadtteilfest ab.

Zu Silvester, **Veglia di Capodanno**, geht es ebenfalls hoch her: Auf verschiedenen Plätzen der Stadt wird ein Riesenfest mit Feuerwerk sowie Rock- und Popkonzerten gefeiert. Auf dem Quirinalsplatz findet im Beisein des Ministerpräsidenten ein öffentliches Klassikkonzert statt.

Kultur- und Musikevents

Die aufregendste Zeit im römischen Kulturleben ist der Sommer. Ein Höhepunkt im Festkalender ist von Mitte Juni bis Mitte September der römische Kultursommer, die **Estate Romana**. In den lauen Sommernächten buhlen unzählige Veranstaltungen um die Gunst

Feste, Events und Termine

Estate Romana: Juni–Sept., römischer Kultursommer, www.estateromana.comune.roma.it.
La Fiesta!: Juni–Aug., Festival lateinamerikanischer Musik und Kultur im Ippodromo delle Capanelle, www.fiesta.it.
Lungo il Tevere: Mitte Juni–Aug. Kultur-, Film- und Musikveranstaltungen sowie Workshops von Piazza Trilussa bis Porta Portese, www.lungoiltevereroma.it.
Opernfestival: Juni–Aug., in den Caracallathermen, www.operaroma.it.
Medfilm Festival: Anfang Juli, Filmfestival der Mittelmeerländer, www.medfilmfestival.org.
Festa de' Noantri: Ab 15. Juli, zweiwöchiges Volksfest im Stadtteil Trastevere, www.festadenoantri.it.

September bis November
RomaEuropa Festival: Sept.–Nov., Kulturfestival mit Veranstaltungen an unterschiedlichen Orten in Rom, www.romaeuropa.net.
Mostra d'Arte dei Cento Pittori: Mitte Okt., s. Monat April.
Festa del Cinema: Ende Okt., internationales Filmfestival im Auditorium, www.romacinemafest.it.
Festival Internazionale di Musica e Arte Sacra: Von Ende Okt. bis Mitte Nov., www.festivalmusicaeartesacra.net.
Roma Jazz Festival: Nov. im Auditorium und in anderen Locations, www.romajazzfestival.it.
Musei in Musica: Anf. Dez., Museumsnacht mit Musik- und Tanzveranstaltungen.

Dezember
100 Presepi: Dez.–6. Jan., Krippenausstellung in der Sala Bramante an der Piazza del Popolo, www.presepi.it.
Weihnachtsmarkt: Ab Mitte Dezember, u. a. auf der Piazza Navona (bis 6. Januar).
Mostra d'Arte dei Cento Pittori: Mitte Okt., s. Monat April.
Natale: Weihnachten, u. a. mit Christmette in der Peterskirche am 24. Dezember.
Veglia di Capodanno: Silvesterfeier, u. a. auf der Piazza del Popolo.

der Besucher. Tausende strömen dann in Parks und an den Tiber, auf die Hügel und zu den Ausgrabungsstätten, in Kirchen und auf Plätze zu Klassik- und Jazz-, Hip-Hop- und World-Music-Konzerten, Opernaufführungen und Cabaret, Boulevard- und Tanztheater, Lesungen und Freilichtkino. Im Schatten des ›Quadratischen Kolosseums‹ (EUR) finden sich Kabarettisten ein, in der Villa Celimontana spielen die besten Jazzmusiker, rund um die Pferderennbahn von Capanelle sorgen südamerikanische Rhythmen für Fiesta-Stimmung. Während sich in der Villa Ada Musiker aus aller Welt treffen, erklingt vor San Clemente, im Teatro di Marcello, in der Villa Torlonia und in vielen Museen klassische Musik.

Schon im Mai findet die **Notte dei Musei,** die römische Museumsnacht, statt mit kostenlosem Eintritt in zahlreiche Museen. Neben Führungen gibt es auch Performances, Lesungen, Konzerte u. v. m. Ganz im Zeichen der Literatur steht von Mai bis September das **Festival delle letterature,** bei dem Autoren vor der stimmungsvollen Ku-

Reiseinfos

lisse der Maxentiusbasilika auf dem Forum Romanum aus noch nicht veröffentlichten Werken lesen.

Mehrmals im Jahr zeigen zeitgenössische Künstler bei der **Mostra D'Arte dei Cento Pittori,** dem Fest der 100 Maler, in der Via Margutta ihre Werke unter freiem Himmel. In dem einstigen Künstlerquartier hatten Bildhauer und Maler ihre Ateliers, Federico Fellini besaß dort eine Wohnung.

Heiß her geht es dann von Juni bis August, wenn im Rahmen der Veranstaltung **La Fiesta!** die lateinamerikanische Musik und Kultur gefeiert wird.

Ein weiteres Highlight – allein schon ob des Veranstaltungsortes – ist von Juni bis August das **Opernfestival** in den Caracalla-Thermen. Über allem leuchtender Fixstern am römischen Konzerthimmel ist allerdings das **Festival Internazionale di Musica e Arte Sacra** im Spätherbst. Mit dem Ziel, Kirchenmusik zu fördern, und um kirchliche Kunstschätze zu restaurieren, spielen berühmte Musiker und Orchester in Roms Patriarchalbasiliken bedeutende Werke der Kirchenmusik. Als eines der weltweit wichtigsten Jazzevents hat sich das **Roma Jazz Festival** etabliert, an dem namhafte Interpreten teilnehmen und teilgenommen haben, wie Herbie Hancock, Ray Charles oder B.B. King. Das Festival steht jeweils unter einem Schwerpunktthema.

Und unter dem klingenden Namen **Musei in Musica** findet meist Ende November/Anfang Dezember noch eine weitere Museumsnacht mit Musik- und Tanzveranstaltungen statt. Das **Roma-Europa Festival** mit Musik, Theater und Tanz widmet sich von September bis November an verschiedensten Veranstaltungsorten der europäischen Idee.

Last but not least seien zwei Filmfestivals genannt: Das **Festival internazionale del Film di Roma,** das vor neun Jahren mit dickem Etat startete, um dem A-Festival in Venedig ordentlich Konkurrenz zu machen, hat nach Budgetkürzungen inzwischen deutlich an Glanz verloren. Dass fast alle Preisträger zuletzt per Publikumsvotum bestimmt wurden und nicht von einer Wettbewerbsjury, hat in der Branche Stirnrunzeln hervorgerufen.

Das **Medfilm Festival** im November, bei dem vor allem thematische Arbeiten aus den Mittelmeerländern zu sehen sind, wird vor allem von Cineasten geschätzt.

Kulturevents gratis

Giornata FAI di Primavera – An einem Wochenende Ende März werden dank des italienischen Umweltfonds viele Monumente und Ausgrabungsstätten für die Besucher geöffnet, die sonst aufgrund von Arbeiten oder wegen Personalmangels geschlossen sind, oft auch mit kostenlosen Führungen.

Festa del Lavoro – Am 1. Mai, dem Tag der Arbeit, spielen auf der Piazza S. Giovanni nationale und internationale Popgrößen vom frühen Nachmittag bis nach Mitternacht vor Hunderttausenden von Besuchern.

Giornata del Patrimonio – An dem meist im September europaweit stattfindenden Tag des offenen Denkmals kann man zahlreiche Museen und archäologische Statten kostenlos besuchen.

Weihnachtsmarkt

Mitte Dezember beginnt der größte Weihnachtsmarkt Roms auf der Piazza Navona; er dauert bis zum Dreikönigsfest am 6. Januar.

Den ganzen Dezember über bis zum 6. Januar kann man in der Sala Bramante an der Piazza del Popolo über 150 Krippen aus aller Welt bewundern.

Aktiv sein, Sport, Wellness

Fitness

Beliebt bei VIPs – **Roman Sport Center:** Karte 1, K 6/7, Viale del Galoppatoio 33. Das mit 6500 m² größte Fitnesscenter der Stadt soll im Laufe 2015 wieder eröffnen, u. a. drei Aerobicstudios, 25-m-Becken, vier Squashcourts, Dampfbad, Sauna.

Individuell – **Farnese Fitness:** Karte 3, H 9, Vicolo delle Grotte 35, Tel. 066 87 69 31, www.farnesefitness.net, Bus: 40, 64, Mo–Fr 7–22, Sa 9–19, So 9–14 Uhr, 12,50 € pro Tag. Kleines Fitnesscenter mit Geräteraum und breitem Angebot an Kursen.

Fußball

Die große Sportleidenschaft der Römer und Römerinnen bleibt der Fußball (s. S. 92). Die italienischen Meisterschaften dauern von September bis Juni. Wer sich unter die *tifosi* mischen möchte, muss sich früh um Karten kümmern (20–180 €; Kartenvorbestellung: A.S. Roma, Tel. 06 50 19 11, S.S. Lazio, Tel. 063 23 73 33). Gespielt wird im **Stadio Olimpico** (Viale dello Stadio Olimpico) im Norden der Stadt (Metro A: Battistini, von dort weiter mit Bus 301). Der Personalausweis ist mitzuführen. Übrigens: Ein Derby zwischen den beiden römischen Vereinen kann unter Umständen in Tumulten enden! Daher ist beim Stadionbesuch von einem Platz in der *curva* (Fanblock) abzusehen. Zu empfehlen sind Plätze in der Tribuna Tevere.

Radfahren

Rom ist noch keine Stadt für Radfahrer (s. S. 25), auch wenn es inzwischen einige Radwege gibt. **Radtouren** kann man in den Parks der Villa Borghese

Baden wie die Römer – am Tiberufer

Reiseinfos

oder Villa Ada sowie am Tiber entlang unternehmen (s. auch unten Mein Tipp). Eine schöne Route führt entlang der Via Appia (s. Entdeckungstour S. 256). Eine Karte mit Radwegen (»Roma in bici«, www.romainbici.it) erhält man an den touristischen Infostellen. Fahrradverleih s. S. 26.

Schwimmen

In Rom gibt es nur wenige Freibäder. Viele – auch überdachte – Schwimmbäder verlangen eine Mitgliedschaft. Die meisten liegen weit außerhalb des Stadtzentrums. Allen offen steht das Freibad **Piscina delle Rose** (■ Karte 2, G 22, Viale America 20, EUR, www.piscinadellerose.it, Metro B: Fermi, Mitte Mai–Mitte Sept. Mo–So 9–22 Uhr, 8–16 €). Eine (teure) Alternative (ca. ab 45 €) sind die Pools großer Hotels (z. B. Radisson SAS es-Hotel, Hilton Cavalieri).

Außerhalb von Rom locken die **Wasserparks** Aquafelix Parco Acquatico bei Civitavecchia (www.aquafelix.it) und Hydromania bei der Ausfahrt 33 des G.R.A. Richtung Neapel (www.hydromania.it).

Rom bewegt
Romabiketour bietet täglich **Radtouren** mit einem italienisch-, englisch- und französischsprachigen Guide (u. a. Via Appia Antica). Auf Deutsch vorerst nur nach Voranmeldung; Dauer: 4 Std.–1 Tag; Preis: ab 39 €. Treffpunkt: Mo–Sa 9 Uhr, Viale Manzoni/Ecke Via San Quintino (Metro A: Manzoni), So Touren entlang der Via Appia, Reservierung obligatorisch (www.romabiketour.com, Tel. 0039 33 17 43 99 44).

Skaten und Joggen

Beliebter Treffpunkt von **Skatern** und **Inlinefahrern** ist der Viale dell'Obelisco/Viale delle Magnolie im Park der Villa Borghese, wo man sich auch Rollerblades und Rollschuhe ausleihen kann.

Viele **Jogger** laufen im weitläufigen Park der Villa Borghese, im Parco di Porta hinter den Caracallathermen (s. auch Mein Tipp S. 142) und im Park der Villa Ada. Wegen ihrer Größe und der hügeligen Landschaft besonders beliebt ist das Gelände der Villa Pamphilj. Archäologische und sportliche Interessen lassen sich aufs Schönste im Parco della Caffarella verbinden, der mit der Via Appia verbunden ist. Reizvoll ist auch das Joggen im verwunschenen Park der **Villa Torlonia** (s. S. 263). Wer die Piste vorzieht, kann sich auf der Rennbahn im Stadio dei Marmi, dem römischen Leichtathletikstadion, auspowern.

Sight Jogging bietet ganzjährig frühmorgens Lauftouren durch Rom an. Die Runden beginnen gegen 6 Uhr, dauern 45–60 Min. (Länge: 8,5–10,5 km). Kosten: 70 €/Pers., 4 Pers. 140 € (www.sightjogging.it, mobil 34 73 35 31 85).

Thermen

Nicht nur bei Rheuma – **Terme di Roma – Acque Albule:** ■ außerhalb Karte 1, S 7, Via Tiburtina Valeria, km 22, 700, Tivoli Terme, Tel. 077 43 54 71, www.termediroma.org, Anfahrt über A24 Roma–L'Aquila, Ausfahrt: Tivoli oder Lunghezza; vom G.R.A. Ausfahrt 13 Via Tiburtina; mit COTRAL-Bus ab Metrostation Ponte Mammolo (B). Die nicht überdachte Thermenanlage von Tivoli besitzt vier Becken. Das um die 23 °C Grad warme, schwefelhaltige Wasser eignet sich vor allem bei Rheuma, Haut- und Atemwegserkrankungen.

Antike Monumente und Museen

Rom besitzt rund 160 Museen. Die meisten konzentrieren sich naturgemäß auf das Centro Storico und den Vatikan, einige befinden sich im Stadtviertel EUR.

Einen guten Überblick über die **Ursprünge Roms** bekommt man im verstaubten, aber dennoch eindrucksvollen Museo della Civiltà Romana in EUR. Zu den besten Ausstellungshäusern **etruskischer Kunst und Kultur** in ganz Italien gehört das Museo Etrusco di Villa Giulia. Die **Antike** ist hervorragend vertreten in den vier Museen des Museo Nazionale Romano, in den antiken Abteilungen der Vatikanischen Museen, in den Kapitolinischen Museen sowie in der Centrale Montemartini.

Beste Einblicke in die **Kunst der Renaissance und des Barock** geben das Museo e Galleria Borghese, die Vatikanischen Museen, die Galleria Nazionale d'Arte Antica im Palazzo Barberini und die Pinakothek der Kapitolinischen Museen sowie die Sammlungen der Galleria Colonna, Galleria Doria Pamphilj und Galleria Spada. Liebhaber der **Moderne** sollten die Galleria Nazionale d'Arte Moderna (GNAM) und das Museo Carlo Bilotti besuchen, die **zeitgenössische Kunst** wird im MACRO und MAXXI gezeigt.

Das **römische Alltagsleben** durch die verschiedenen Epochen präsentieren Museen wie die Crypta Balbi, das Museo di Roma im Palazzo Braschi oder das Museo di Roma in Trastevere. Die **Geschichte und Kultur der Juden** in Rom dokumentiert das Museo Ebraico.

Eintrittskarten

Die Eintrittspreise für Sehenswürdigkeiten und Museen sind relativ hoch. Am teuersten sind mit 16 € die Vatikanischen Museen. Im Juli 2014 wurden in den meisten städtischen und in allen staatlichen Museen und Ausgrabungsstätten Ermäßigungen oder der kostenlose Eintritt für Besucher über 65 Jahre abgeschafft. Vom Eintritt befreit sind weiterhin alle unter 18 Jahren. Jugendliche (18–25 Jahre) zahlen 50 % weniger.

Für den Besuch bestimmter Museen und Ausgrabungsstätten empfiehlt sich ein Sammelticket. Der **Roma Pass** (3 Tage 36 €, 2 Tage 28 €, www.romapass.it) gewährt freien Eintritt zu den ersten beiden Ausgrabungsstätten oder Museen, die man besucht. Bei

Gut zu wissen

In einigen Museen und Sehenswürdigkeiten wie dem Kolosseum, den Musei Vaticani und der Galleria Borghese kann man (gegen Aufpreis) im Voraus Tickets buchen, was **längere Wartezeiten erspart.** Infos: www.rome-museum.com oder www.coopculture.it.

Allgemeine **Ticketreservierungen** für Monumente und Museen können unter Tel. 06 39 96 77 00 oder www.coopculture.it erfolgen, für weitere Museen unter Tel. 02 58 14 03 80, www.ticketclic.it.

Zum Eintritt kommt oft ein nicht unerheblicher **Zuschlag für Sonderausstellungen** hinzu, der bis zu 5 € betragen kann.

Reiseinfos

allen weiteren reduziert sich der reguläre Eintrittspreis. Im Pass enthalten ist die Nutzung des öffentlichen Nahverkehrs.

Mit der **Roma Archaeologia Card** (23 €/13 €) kann man in sieben Tagen neun Museen und Sehenswürdigkeiten besuchen (Palazzo Massimo und Altemps, Crypta Balbi, Diokletiansthermen, Kolosseum, Palatin, Caracallathermen, Villa dei Quintili, Mausoleo di Cecilia Metella).

Das Ticket **Museo Nazionale Romano** (7 €/3,50 €) erlaubt an drei Tagen den Besuch von vier Museen (Palazzo Massimo und Altemps, Cripta Balbi, Diokletiansthermen).

In der ebenfalls drei Tage gültigen **Omnia Vatican & Rome Card** (95 €, 6–11 J. 65 €, www.omniavaticanrome.org) ist der **Roma Pass** mit eingeschlossen. Außerdem kann man die Vatikanischen Museen und die Peterskirche sowie Kolosseum, Palatin und Forum über einen ›schnelleren‹ Sondereingang besuchen. Enthalten ist u. a. die Nutzung des öffentlichen Nahverkehrs, die Nutzung eines mehrsprachigen medizinischen Call-Centers sowie eine Stadtrundfahrt mit Roma cristiana. Alle Karten erhält man bei den Sehenswürdigkeiten etc.

Öffnungszeiten
Die meisten Museen sind montags geschlossen. Zu den wenigen Ausnahmen gehören die Vatikanischen Museen (daher am Mo meist sehr voll). Viele Museen schließen außerdem an Feiertagen. Manche Sehenswürdigkeiten, u. a. die Galleria Borghese, kann man nur nach telefonischer Voranmeldung besuchen. Die Besuchszeit ist in diesen Fällen begrenzt. **Infos zu städtischen Museen:** www.museiincomuneroma.it.

Maestro- und Kreditkartenzahlung wird nicht überall akzeptiert, z. B. nicht in den Vatikanischen Museen. Grundsätzlich **frei ist der Eintritt** in Kirchen, in den staatlichen Museen und archäologischen Stätten an jedem ersten Sonntag im Monat sowie jeweils am letzten Sonntag im Monat in den Vatikanischen Museen, wo man sich dann allerdings auf lange Warteschlangen gefasst machen muss.

Antike Monumente

Meisterwerk der Reliefkunst – **Ara Pacis Augustae:** ▶ Karte 3, J 7, Lungotevere in Augusta/Via Ripetta, www.arapacis.it, Metro: Flaminio (A), Bus: 70, 81, Di–So 9–19 Uhr, 10,50 €/8,50 €, Audioguide 4 €. Friedensaltar, umhüllt von Stararchitekt Richard Meier, s. S. 203.

Ein Wahrzeichen Roms – **Castel Sant'Angelo (Engelsburg):** ▶ Karte 3, G 7/8, Lungotevere Castello 50, www.castelsantangelo.com, Bus: 40, 64, 280, Di–So 9–19.30 Uhr, 7 €/3,50 €. Spätere Papstburg, s. S. 175.

Größtes Amphitheater – **Colosseo:** ▶ Karte 3, L 10, Piazza del Colosseo, Metro: Colosseo (B), tgl. 16. Febr.– 15. März 8.30–17, 16. März–letzter Sa im März 8.30–17.30, letzter So im März–Ende Aug. 8.30–19.15, Sept. 8.30–19, 1. Okt.–letzter Sa im Okt. 8.30–18.30, letzter So im Okt.–15. Febr. 8.30–16.30 Uhr, Karfreitag 8.30–14, 2. Juni 13.30–19.15 Uhr, Ende April–Anfang Okt. Mo, Do, Sa auch 20–24 Uhr, 25. Dez., 1. Jan. und 1. Mai geschl. Die Kasse schließt jeweils 1 Std. früher. Reservierung und Buchung mit Kreditkartenzahlung unter Tel. 0039 06 39 96 77 00 und Website www.coopculture.it. Obligatorisches Kombiticket mit Forum Romanum und Palatin

Antike Monumente und Museen

12 €/7,50 €, gültig 2 Tage. Führungen kosten zusätzlich 9 €/7,50 € plus 2 € Vorverkaufsgebühr. Die Tickets sind an den Eingängen des Kolosseums und des Forum Romanums erhältlich sowie am Palazzo Altemps und im Museo delle Terme di Diocleziano, letztere erheben allerdings 2 € Vorverkaufsgebühr. Tickets können auch via Smartphone erworben werden, selbst wenn man bereits in der Schlange steht. Tafeln mit entsprechenden QR-Codes sind an den Eingängen aufgestellt. Gegen Aufpreis ist es möglich, einen bevorzugten Einlass zu buchen. Für den Zugang zum dritten Rang sowie für die Besichtigung des Unterbaus (jeweils um 13.40 Uhr) empfiehlt sich eine telefonische Reservierung. Monumentale steinerne Arena für Gladiatorenspiele, Tierhetzen und andere grausame Veranstaltugen, s. S. 130, 132.

Palast Neros – **Domus Aurea:** ▶ Karte 1, L 10, Viale Domus Aurea, Metro: Colosseo (B), zurzeit geschl. Die Baustelle ist nach Voranmeldung und Führung (ca. 75 Min., Ital., Engl. oder Span.) jeden Sa und So für jeweils max. 25 Pers. zugänglich, Eintritt 10 € plus 2 € Vorverkaufsgebühr, Reservierung unter www.coopculture.it. ›Goldenes Haus‹ des Nero, s. S. 251.

Nabel der antiken Welt – **Foro Romano und Palatino:** ▶ Karte 3, K/L 10/11, Via dei Fori Imperiali/Via S. Gregorio, Zugänge für beide am Largo della Salara Vecchia, an der Via S. Gregorio und am Titusbogen, Ausgang auch am Titusbogen und am Septimius-Severus-Bogen, Metro: Colosseo (B), Bus: 60, 85, 87, 175, Öffnungszeiten, Eintrittspreise und Ticketbestellung wie Colosseo (s. o.). Das Ticket gilt nur für einen einmaligen Eintritt im Forum und Palatin. Die Casa di Augusto und

Katakomben, eine Welt für sich
Eintritt jeweils 8 €/5 €. Führungen auch in deutscher Sprache.
Sant'Agnese: ▶ Karte 1, P 4, Via Nomentana 349, www.santagnese.org, Bus: 36, 60, 90, tgl. 9–12, 16–18 Uhr, So vormittags und an kirchlichen Feiertagen geschl., S. 266.
San Callisto: ▶ Karte 1, außerhalb M 13, Via Appia Antica 110, www.catacombe.roma.it, Bus: 118, 218, Do–Di 9–12, 14–17 Uhr, 29.1.–25.2. sowie Mi geschl., S. 258.
Santa Domitilla: ▶ Karte 1, außerhalb M 13, Via delle Sette Chiese 282, www.domitilla.info, Bus: 714 ab Termini (bis Piazza Navigatori), 30 (So/Fei 130) ab Piazza Venezia (bis Piazza Navigatori), 716 ab Piazza Venezia (bis Odescalchi/Bompiani), Mi–Mo 9–12, 14–17 Uhr, Di geschl., S. 258.
San Sebastiano: ▶ Karte 1, außerhalb M 13, Via Appia Antica 136, www.catacombe.org, Mo–Sa 10–17 Uhr, Bus: 118, 218, So, Dez. geschl., S. 258.
Santa Priscilla: ▶ Karte 1, außerhalb N 4, Via Salaria 430, www.catacombepriscilla.com, Di–So 8.30–12, 14.30–17 Uhr, Bus: 63, 86, 92, 310, Mo und Mitte Aug.–Anfang Sept. geschl.

Casa di Livia sind nur mit Führung (ca. 1 Std., Ital. oder Engl.) zu besichtigen, zuzügl. zum Eintritt 9 € plus 2 € Vorverkaufsgebühr, obligatorische Reservierung unter www.coopculture.it. Die Arcate Severiane sind nur Di und Fr zugänglich. Vorbestellte Tickets müssen immer am Kolosseum abgeholt werden. Zentrum des Römischen Reiches, s. S. 118, 125.

Kaiserforen – **Museo dei Fori Imperiali und Mercati di Traiano:** ▶ Karte 3, K 9, Via IV. Novembre 94, www.mercatiditraiano.it, Metro: Colosseo (B), Bus:

Reiseinfos

60, 85, 87, 175, Di–So 9–19 Uhr, 11,50 €/7,50 €. Von den Kaisern gestiftete Foren mit Tempeln, nur die Trajansmärkte sind zugänglich, s. S. 135.

Baugeschichte der Aurelianischen Stadtmauer – **Museo delle Mura:** ▶ Karte 1, außerhalb M 13, Via di Porta San Sebastiano 18, www.museodellemuraroma.it, Bus: 218, Di–So 9–14 Uhr. Museum zu und in der Aurelianischen Stadtmauer mit Wehrgängen und Aussichtsterrasse, s. S. 257.

Römische Antike – **Pantheon:** ▶ Karte 3, J 9, Piazza della Rotonda, Bus: 40, 64, 116, 117, 175, 492, Mo–Sa 8.30–19.30, So 9–18, Fei 9–13 Uhr; Messe Fei 10.30, Sa 17 Uhr, Eintritt frei. Antiker Rundtempel mit größter Kuppel Roms, s. S. 150, 152.

Badepalast – **Terme di Caracalla:** ▶ Karte 1, L 12/13, Viale delle Terme di Caracalla 52, Metro: Circo Massimo (B), Mo 9–14, Di–So 9–1 Std. vor Sonnenuntergang, April–Aug. bis 19.15, im Winter bis 16.30 Uhr. Die unterirdischen Anlagen sind montags nicht zugänglich. 6 €/3 €. Badeanstalt, die in der Spätantike als Wunder Roms galt, s. S. 143.

Museen und Galerien

Deutscher Dichterfürst in Rom – **Casa di Goethe:** ▶ Karte 1, J 6/7 Via del Corso 18, www.casadigoethe.it, Bus: 117, 119, Metro: Flaminio (A), Di–So 10–18 Uhr, 5 €/3 €. Wohnhaus Goethes während seines Romaufenthalts, s. S. 203.

Metaphysischer Maler – **Casa Museo Giorgio de Chirico:** ▶ Karte 3, K 7, Piazza di Spagna 31, www.fondazionedechirico.org, Metro: Spagna (A), Di–Sa und 1. So im Monat 10, 11, 12 Uhr, 7 €/5 €, nur nach Vereinbarung Tel. 066 79 65 46. Wohnung und Atelier des Künstlers mit über 70 Gemälden und Terrakotten, s. S. 207.

Adelspalast mit Museum – **Galleria Colonna:** ▶ Karte 3, K 9, Via della Pilotta 17, www.galleriacolonna.it, Bus: 40, 46, 60, 62, 64, Sa 9–13.15 Uhr, 12 €/10 € Prunkvolle Säle mit einer wertvollen Kunstsammlung aus dem 17./18. Jh.

Erbe der Pamphilj und Doria – **Galleria Doria Pamphilj:** ▶ Karte 3, J/K 9, Via del Corso 305, www.doriapamphilj.it, Bus: 64, 81, 117, 175, tgl. 9–19 Uhr, 11 €/7,50 €. Prachtvoll ausgestattete Wohnräume, beeindruckende Gemäldegalerie (13.–18. Jh.), s. S. 209.

Unvergleichlicher Kunstschatz – **Galleria Nazionale d'Arte Antica** (Palazzo Barberini): ▶ Karte 3, L 8, Via delle Quattro Fontane 13, http://galleriabarberini.beniculturali.it, Metro: Barberini (A), Bus: 52, 53, 56, 58, 60, 61, 95, 116, 175, 492, Di–So 8.30–19 Uhr, 7 €/3,50 €. Eine der schönsten barocken Palastanlagen Roms. Hochkarätige Sammlung mit Schwerpunkt 16./17. Jh., s. S. 233.

Europäische Malerei 17./18. Jh. – **Galleria Nazionale d'Arte Antica** (Palazzo Corsini): ▶ Karte 3, G 10, Via della Lungara 10, http://galleriacorsini.beniculturali.it, Bus: 23, 44, 65, 170, 181, 280, Mi–Mo 8.30–19.30 Uhr, 5 €/2,50 €. Schwerpunkt Barockmalerei, s. S. 192.

Vermächtnis eines Kardinals – **Galleria Spada:** ▶ Karte 3, H 9/10, Piazza Capo di Ferro 13, http://galleriaspada.beniculturali.it, Bus: 46, 56, 62, 64, 70, 81, 492, 116, Di–So 8.30–19.30 Uhr, 5 €/2,50 €. Gemälde des 16./17. Jh. Im Palazzo Spada befindet sich auch die

Antike Monumente und Museen

berühmte Kolonnade von Borromini. Besichtigung des Piano Nobile jeden 2. So im Monat um 10.30, 11.30, 12.30 Uhr, 6 €, Reservierung obligatorisch unter Tel. 066 83 24 09, tour@gebart.it, s. S. 161.

Nationalgalerie der Modernen Kunst – **GNAM** (Galleria Nazionale d'Arte Moderna): ▶ Karte 1, K 5, Viale delle Belle Arti 131, www.gnam.beniculturali.it, Tram: 3, 19, Bus: 926, Di–So 8.30–19.30 Uhr, 8 €/4 €. Die bedeutendste Sammlung italienischer Bildhauerkunst und Malerei des 19. und 20. Jh., s. S. 236.

Zeitgenössische Kunst – **MACRO (Museo d'Arte Contemporanea di Roma):** ▶ Karte 1, N 6, Via Nizza 138, Di–So 11–19, Sa bis 22 Uhr, 9,50 €/7,50 €; **MACRO Testaccio:** ▶ Karte 1/2, H 13, Piazza Orazio Giustiniani 4, www.museomacro.org, Bus: 36, 60, 62, 90, Metro: Piramide (B), Di–So 16–22 Uhr, 8,50 €/7,50 €, Kombiticket 13 €/11 €. Wechselausstellungen, s. S. 280.

Kunst & Architektur – **MAXXI (Museo Nazionale delle Arti del XXI Secolo):** ▶ Karte 1, G 3, Via Guido Reni 10, www.fondazionemaxxi.it, Metro bis Flaminio (A), dann Tram 2, Di–So 11–19, Sa bis 22 Uhr, 11 €/8 €. Nationalmuseum für Fotografie und Architektur des 21. Jh. Ausstellungen zeitgenössischer Kunst und Architektur, s. S. 216.

Kapitolinische Museen – **Musei Capitolini:** ▶ Karte 3, K 10, Piazza del Campidoglio, www.museicapitolini.org, Bus: 60, 64, Di–So 9–20 Uhr, 11,50 €/9,50 €; Kombiticket mit Centrale Montimartini möglich. Hochkarätige Sammlung antiker Skulpturen, Pinakothek, in drei Palazzi, s. S. 138.

Bedeutendste Kunstsammlung – **Musei Vaticani:** ▶ Karte 1, E/F 7/8, Viale Vaticano, www.museivaticani.va, Metro: Cipro-Musei Vaticani/Ottaviano (A), Mo–Sa 9–16, Schließung 18 Uhr; geschl. 1./6. Jan., 11. Febr., 19. März, Ostersonntag/-montag, 1. Mai, 29. Juni, 15. Aug., 1. Nov., 8., 25., 26. Dez., 16 €, Schüler und Studenten unter 26 J. 8 €, Online-Buchung möglich, letzter So im Monat Eintritt frei (8.30–12.30, Schließung um 14 Uhr), Audioguide-Verleih. Die Exponate reichen von ägyptischen Mumien über etruskische Arbeiten, griechische und römische Skulpturen und Reliefs bis zu Fresken (Stanzen des Raffael) und Gemälden der Neuzeit, s. S. 182.

Park & Museen – **Musei di Villa Torlonia:** ▶ Karte 1, O 5/6, Via Nomentana 70, www.museivillatorlonia.it, Bus: 60, 62, 82, 90, Di–So 9–19 Uhr, Sammelticket 9,50 €/7,50 €, Einzelticket Casina delle Civette: 6 €/5 €, Casino Nobile: 7,50 €/6,50 €. Weitläufige Parkanlage der Torlonia. Das Casino Nobile beherbergt die neoklassizistische Skulpturensammlung der Torlonia und Werke der Römischen Schule. Die kuriose Casina delle Civette ist heute ein Museum für Glaskunst des Jugendstils, s. S. 263.

Skulpturen – **Museo di Scultura Antica Giovanni Barracco:** ▶ Karte 3, H 9, Corso Vittorio Emanuele II. 166a, www.museobarracco.it, Bus: 30, 40, 46, 62, 64, 70, 81, 87, 116, 492, 628, Tram: 8, Okt.–Mai Di–So 10–16, Juni–Sept. Di–So 13–19 Uhr, Eintritt frei. Antike Skulpturen, s. S. 158.

Klein, aber fein – **Museo Carlo Bilotti:** ▶ Karte 1, K 6, Viale Fiorello La Guardia (Ex-Orangerie in der Villa Borghese), www.museocarlobilotti.it, Metro: Flaminio (A), Bus: 95, Okt.–Mai Di–Fr 10–16, Juni–Sept. Di–So 13–19, Sa/So 10–19 Uhr, Eintritt frei. Kleines

Reiseinfos

Raffaels »Scuola d'Atene« in den Stanzen ist den Wissenschaften gewidmet

Museum mit 18 Werken von De Chirico sowie Severini und Warhol. Auch Ausstellungen zeitgenössischer Kunst, s. S. 240.

Antikes Rom – **Museo della Civiltà Romana:** ▶ Karte 2, J 21/22, Piazza G. Agnelli 10, www.museociviltaromana.it, Metro: Laurentina (B), dann Bis 765, derzeit geschl. Geschichte und Kunst des antiken Rom, s. S. 286.

Historie – **Museo di Roma** (Palazzo Braschi): ▶ Karte 3, H 9, Piazza S. Pantaleo 10, www.museodiroma.it, Bus:40, 46, 62, 64, Di–So 10–19 Uhr, 11 €/9 €. Stadtgeschichte, s. S. 158.

Jüdisches Leben in Rom – **Museo Ebraico di Roma:** ▶ Karte 3, J 10, Sinagoga Nuova, Lungotevere Cenci 15, www.museoebraico.roma.it, Bus: 23, 63, 280, 16. Sept.–15. Juni So–Do 9.30–16.30, Fr 9–14, 16. Juni–15. Sept. So–Do 10–18, Fr 10–16 Uhr, 11 €/8 € einschl. Führung in dt. Sprache. Museum zur Geschichte der römischen Juden, mit Besichtigung der Synagoge, s. S. 166.

Antiken- & Gemäldesammlung – **Museo e Galleria Borghese:** ▶ Karte 1, L 6, Piazzale del Museo Borghese 5, http://galleriaborghese.beniculturali.it, Kartenreservierung obligatorisch, auch mit dem Roma Pass oder bei kostenlosem Eintritt unter Tel. 063 28 10, www.tosc.it, Bus: 52, Tram: 3, 19, Di–So 9–19 Uhr, 11 €/6,50 €, plus 2 € bei Onlinebuchung, zzgl. evtl. Ausstellungszuschläge (2–5 €). Antike und barocke Skulpturen, Mosaiken, Gemälde, u. a. Werke von Bernini und Caravaggio, s. S. 235.

Antike Monumente und Museen

Kunst & Technik – **Museo Montemartini (Centrale Montemartini):** ▶ Karte 2, J 15, Viale Ostiense 106, www.centralemontemartini.org, Metro: Garbatella (B), Bus: 23, Di–So 9–19 Uhr, 7,50 €/6,50 €. Faszinierendes Nebeneinander von Marmorskulpturen und schwarz glänzenden Motoren, s. S. 281.

Kunst aus dem Orient – **Museo Nazionale d'Arte Orientale:** ▶ Karte 1, M 9, Via Merulana 248, www.museorientale.beniculturali.it, Di–Fr 9–14, Do, Sa, So, feiertags bis 19.30 Uhr, 6 €/3 €. Archäologische Sammlung mit Fundstücken aus dem Mittleren und Fernen Orient, s. S. 254.

Die Etrusker – **Museo Nazionale Etrusco di Villa Giulia:** ▶ Karte 1, J 5, Piazzale di Villa Giulia 9, villagiulia.beniculturali.it, Tram: 3, 19, Di–So 8.30–19.30 Uhr, 8 €/4 €. Umfangreichste etruskische Sammlung, s. S. 237.

Kunst im Renaissancepalast – **Museo Nazionale del Palazzo di Venezia:** ▶ Karte 3, K 9, Via del Plebiscito, 118 www.museopalazzovenezia.beniculturali.it, Bus: 60, 64, Di–So 8.30–19.30 Uhr, 5 €/2,50 €. Kunstwerke des 14.–16. Jh., Porzellan-, Keramik- und Kleinkunstgegenstände, s. S. 162.

Sammlung zur Antike – **Museo Nazionale Romano:** http://www.archeorm.arti.beniculturali.it/node/481, wenn nicht anders angegeben Di–So 9–19.45 Uhr, obligatorisches Kombiticket für alle vier Museen 7 €/3,50 €, evtl. plus Ausstellungszuschlag. Auf vier Standorte verteilte Sammlung zur Antike.
Palazzo Massimo alle Terme: ▶ Karte 1, M 8, Largo di Villa Peretti 1. Antike Münzen, Skulpturen, Mosaiken und wunderbar erhaltene Wandmalereien aus Kaiservillen, s. S. 228.
Palazzo Altemps: ▶ Karte 3, H 8, Piazza Sant'Apollinare 46. Berühmte antike Skulpturen, s. S. 154.
Crypta Balbi: ▶ Karte 3, J 9, Via delle Botteghe Oscure 31. Entwicklung eines Viertels von der Antike bis zur Neuzeit, s. S. 147.
Terme di Diocleziano: ▶ Karte 1, M 8, Viale Enrico de Nicola 78, Bus: 40, 64. Entwicklung der lateinischen Schriftsprache sowie Zeugnisse der frühen Völker Roms, s. S. 224.

Renaissancepalast – **Villa Farnesina:** ▶ Karte 3, G/H 10, Via della Lungara 230, www.villafarnesina.it, Bus: H, 23, 63, 280, Mo–Sa 9–14 Uhr, 2. So im Monat bis 17 Uhr, 6 €/5 €, bei Vorlage eines Tickets der Vatikanischen Museen ermäßigter Eintritt. Sommervilla eines Bankiers, von Raffael, Sodoma und deren Schülern ausgemalt, s. S. 192.

Reiseinfos von A bis Z

Ärzte und Apotheken

Die Versorgung im Krankheitsfall wird für Deutsche, Österreicher und Schweizer über die Europäische Krankenversicherungskarte (EHIC) geregelt (Infos bei der Krankenkasse). Liegt diese vor, besteht Anspruch auf kostenlose Behandlung in öffentlichen Krankenhäusern und bei Vertragsärzten. Trotzdem empfiehlt sich eine private Auslandskrankenversicherung, da deutsche Krankenkassen z. B. keine Kosten für einen Krankenrücktransport erstatten.

Eine Liste **deutschsprachiger Ärzte** in Rom findet man auf der Website der Deutschen Botschaft (s. u.) und des deutschen Pilgerzentrums (s. S. 18).

Öffentliche Krankenhäuser bieten einen **24-Stunden-Notdienst**, u. a.:

Kinderkrankenhaus Ospedale del Bambino Gesù: Piazza S. Onofrio 4, Tel. 066 85 9-1 (Zentrale).

Policlinico Umberto I.: Viale del Policlinico 155, Tel. 064 99 71 (Zentrale).

Ospedale Fatebenefratelli: Tiberinsel, Tel. 06 68 37-1 (Zentrale), Tel. 06 68 37-299/324 (Erste Hilfe).

Policlinico Gemelli: Via della Pineta Sacchetti 644/Largo Gemelli 8, Tel. 063 01 51 (Zentrale), Tel. 06 30 15 40 36/-7 (Erste Hilfe).

Apotheken haben normale Ladenschlusszeiten. Nacht- und Wochenenddienste hängen an jeder Apotheke aus. Rund um die Uhr geöffnet ist die Farmacia Piram Omeopatia, Via Nazionale 228. Die vatikanische Apotheke (Porta Sant'Anna, Mo–Fr 8.30–18, Sa 8.30–13, Juli–Aug. 8.30–15 Uhr) verfügt auch über seltene bzw. nicht-italienische Medikamente und löst Rezepte ein, die von nicht-italienischen Ärzten ausgestellt sind.

Diplomatische Vertretungen in Rom

Botschaft und Konsulat der Bundesrepublik Deutschland
Via San Martino della Battaglia 4, Tel. 06 49 21 31, www.rom.diplo.de, Metro: Castro Pretorio (B)

Österreichische Botschaft
Via G. B. Pergolesi 3, Tel. 068 44 01 41, Bus: 910, www.bmeia.gv.at/botschaft/rom.html

Österreichisches Konsulat
Viale Bruno Buozzi 115, Tel. 068 41 82 12, Bus: 910

Botschaft und Konsulat der Schweiz
Via Barnaba Oriani 61, Tel. 06 80 95 71, www.ambasciatasvizzera.it, Bus: 53, 217

Feiertage

1. Januar (Capodanno): Neujahr
6. Januar (Epifania): Hl. Drei Könige
Ostermontag (Pasquetta)
25. April (Anniversario della Liberazione): Nationalfeiertag, Tag der Befreiung von der deutschen Besatzung
1. Mai (Festa del Lavoro): Tag der Arbeit
2. Juni (Festa della Repubblica): Jahrestag der Gründung der Republik
29. Juni (Santi Pietro e Paolo): nur in Rom gefeiertes Fest der Stadtpatrone
15. August (Ferragosto/Assunzione SS. Vergine): Mariä Himmelfahrt

Reiseinfos von A bis Z

1. November (Ognissanti): Allerheiligen
8. Dezember (Immacolata Concezione): Mariä Empfängnis
25./26. Dezember (Natale): Weihnachten

Fundbüros

Städtisches Fundbüro: Via Prospero Alpino 63a, Tel. 06 67 69 32 14, Mo–Fr 8.30–13 Uhr, Do bis 17 Uhr (außer Juli/Aug.).

Fundbüros der Metro: Linie A, Metrostation Giulia Agricola, Tel. 06 46 95 70 68, Mo, Mi, Fr 9.30–12.30 Uhr. Linie B: Piazzale Ostiense, Gleis 1 der Linie Roma Lido, Tel. 06 46 95 81 65, Mo–Fr 8–13 Uhr.

Geld

Währung ist der Euro. Mit Maestro- oder Kreditkarte samt PIN bekommt man an Automaten Bargeld. Fast überall kann man mit Kreditkarte zahlen.

Notruf

Polizei/Carabinieri: Tel. 113, 112
Feuerwehr: Tel. 115
Krankenwagen/Erste Hilfe: Tel. 118
Pannenhilfe vor Ort: ACI (italienischer Automobilclub), Tel. 80 31 16 (mit ital. SIM-Karte) oder 02 66 16 51 16.
Sperrung von EC- und Kreditkarten: 0049 116 116, nähere Infos: www.sperr-notruf.de.

Öffnungszeiten

Banken: 8.30–13.30, 14.15/15–15.30/16.15 Uhr
Geschäfte/Boutiquen: 9/10–13/14, 16–20 Uhr, in der Innenstadt meist durchgehend geöffnet.
Lebensmittelläden: im Winter Do nachmittags, im Sommer Sa nachmittags geschl. **Alle übrigen Geschäfte** haben im Winter Mo vormittags, im Sommer Sa nachmittags geschlossen. Im August machen viele Geschäfte Betriebsferien.

Post

Briefmarken *(francobolli)* gibt es in den Postämtern und Bars mit Tabaklizenz *(tabacchi)*. Wer seine Post schneller befördert haben möchte, kann sie vom Vatikan aus (mit Vatikan-Briefmarken!) verschicken. Die Vatikanpost befindet sich am Petersplatz.
Porto: für Briefe und Postkarten in EU-Länder und in die Schweiz 0,95 €.

Rauchen

»Vietato fumare« – in Italien gelten die europaweiten Anti-Raucher-Gesetze. Das Rauchen ist in allen der Öffentlichkeit zugänglichen Räumen

Reisekosten und Spartipps
Laut einer Studie zu den Lebenshaltungskosten in europäischen Städten belegte Rom 2013 Platz 26, nach Bern (7), Wien (17) und München (22), aber vor Frankfurt (32) und Düsseldorf (34). Im Vergleich günstig sind öffentliche Verkehrsmittel und Kleidung. Die Übernachtungspreise reichen vom Hostel ab 50 € (DZ) bis zum Luxushotel mit nach oben offenen Grenzen.
Einige Preisbeispiele:
Superbenzin, ca. 1,53 €, **Diesel** ca. 1,44 €
Bus-/Metrofahrt: 1,50 €
Taxifahrt (ca. 10 km): ca. 15 €
Eintrittspreise (Museen etc.): bis 16 €
Preise in Bars/Cafés (am Tresen/am Tisch): Espresso 1 €/4 €; kleine Flasche Wasser 1,50 €/3 €; kleines Bier 2 €/5 €; Eis ab 1,30 €/4 €; Panino (belegtes Brötchen) 2,50 €/5 €.

Reiseinfos

Vor dem großen Sturm – Warten auf Kundschaft

verboten, u. a. in Restaurants, Kneipen, Diskotheken und Büros.

Reisen mit Handicap

Rom ist im Gegensatz zum Vatikan keine behindertenfreundliche Stadt. Die öffentlichen Verkehrsmittel sind nur eingeschränkt nutzbar. Und auch nur wenige Metrostationen sind behindertengerecht ausgestattet (Infos unter der Servicenummer: Tel. 065 70 03).

Rom für Kinder

Mit etwas größeren Kindern (ab ca. 8 Jahren) können Sie durchaus eine erlebnisreiche Zeit in Rom verbringen. Hier einige Tipps: Ein Highlight bleibt – auch für Nicht-Asterix-Leser – das Kolosseum, vor dem sandalenbeschuhte Gladiatoren zum Fototermin auflaufen. Auf die zweischalige Kuppel der Peterskirche zu steigen und das Kircheninnere und Rom aus der Vogelperspektive zu betrachten, gefällt auch vielen Kindern. In der Engelsburg können sie durch dunkle Wehrgänge schleichen und stoßen dort auf steinerne Kanonenkugeln und enge Gefängniszellen – Geschichtsunterricht live.

Zu den beliebten Ausflugszielen von Familien gehört der Park der Villa Borghese mit Bimmelbahn, Ponyreiten, Marionettentheater und einem kleinen See mit Ruderboot- und Fahrradverleih. Im Park lockt auch der ursprünglich von Hagenbeck konzipierte Zoo, heute Bioparco genannt.

Tummelplätze römischer Kinder sind die weitläufige Villa Ada nahe den Priscilla-Katakomben, die Villa Sciarra, die Villa Torlonia mit einem Technikmuseum für Jugendliche und die innenstadtnahe Villa Celimontana. Auf dem Gianicolo, wo jeden Tag Punkt zwölf Uhr ein Kanonenschuss losgeht, locken eine fantastische Aussichtsterrasse und ein Marionettentheater (So 10.30–13 Uhr). Fahrradtouren lassen sich am Sonntag entlang der autofreien Via Appia unternehmen. Ein Ausflug nach Ostia Antica entführt in das Leben einer antiken römischen Hafenstadt.

Sicherheit

Es gelten die üblichen Regeln für die eigene Sicherheit. Wertsachen sollte man nicht offen mit sich herumtragen. Vor allem in vollen U-Bahnen und Bussen sollte man Portemonnaie und Handtasche festhalten. Besonders hüten sollten Sie sich vor bettelnden Kinderbanden. Ebenso sollte man nachts abgelegene, menschenleere und schlecht beleuchtete Gegenden meiden, z. B. Parks wie die Villa Borghese.

Reiseinfos von A bis Z

Bei Diebstahl wenden Sie sich an die **Questura Centrale** (Ufficio Stranieri, Via Genova 2, Tel. 064 68 61), wo auch meist ein deutsch- oder englischsprachiger Übersetzer anwesend ist.

Stadtführungen

RomaCulta, ein Team von Kunsthistorikern, organisiert halb- und ganztägige Kultur- und Stadtführungen für ein deutschsprachiges Publikum. Viele thematische Touren, u. a. Führungen für Kinder und eine »Illuminati-Tour« auf den Spuren des gleichnamigen Thrillers von Dan Brown. Eine dreistündige Tour kostet etwa 150 € (Tel. 33 87 60 74 70, www.romaculta.it). Führungen für Individualreisende und Gruppen bietet auch die Autorin dieses Bandes an (caterina.mesina@forestanera.de).

Telefon und Internet

Vorwahlnummern ins Ausland/nach Italien: nach D 0049, nach A 0043, in die CH 0041 + Ortsvorwahl ohne Null + Teilnehmernummer. Aus D, A und der CH nach Italien 0039, dann die gesamte Nummer (inkl. der Null). **Telefonauskunft:** national: 12 40, 12 54, 89 24 24, international: 41 76.

Für öffentliche Telefone braucht man i. d. R. eine **Telefonkarte** (*scheda telefonica,* perforierte Ecke abreißen!); sie sind in Tabakläden, an Kiosken und in manchen Bars erhältlich.

Mobiltelefone funktionieren in Italien uneingeschränkt. Um Kosten zu sparen, empfiehlt sich eine italienische Prepaid-Karte von Tim, Vodafone oder Wind.

Internetpoints und -cafés
Im Centro Storico sind Internetpoints und -cafés weit verbreitet. Dank der Initiative der Stadt Rom kann man vier Stunden am Tag kostenlos surfen. Um diesen Service zu nutzen, muss man sich unter https://digitroma.nuvolaitpeoplelinked.it mit einer italienischen Mobilnummer (auch von Prepaid-Karten) und seiner Mailadresse registrieren.

Trinkgeld

In vielen Restaurants ist Bedienungsgeld *(servizio)* inklusive oder wird automatisch aufgeschlagen. Dennoch sollte man bei gutem Service dem *cameriere* 5–8 % des Rechnungsbetrages auf dem Tisch liegen lassen. Nicht üblich ist es, der Bedienung die *mancia* direkt während des Zahlens durch Aufrundung des Rechnungsbetrages zu geben. In Bars lässt man für gewöhnlich ein paar (Cent-)Münzen auf dem Tresen liegen.

Hotelboys und Zimmermädchen erhalten je nach Hotel und Gutdünken 1–2 €. Bei Taxifahrten wird auf die nächsten 50 Cent aufgerundet.

Zeitungen und Radio

Meistgelesene **italienischen Tageszeitungen** sind der liberal-konservative »Il Corriere della Sera«, die linksliberale »La Repubblica« sowie die römische Lokalzeitung »Il Messaggero«, alle drei mit ausführlichem Lokalteil.

Überregionale **deutschsprachige Zeitungen** wie »Süddeutsche«, »FAZ«, »Die Zeit« gibt es meistens am Erscheinungstag, oft mit einem Tag Verspätung am Bahnhof, rund um die Piazza Colonna, Piazza della Repubblica und an der Via Veneto. »L'Osservatore Romano« wird mit deutschsprachiger Wochenausgabe vom Vatikan herausgegeben.

Radio Vaticana sendet tgl. 6.20–6.40, 16–16.20 und 20.20–20.40 Uhr Nachrichten in deutscher Sprache (FM: 93.3 MHz).

Panorama – Daten, Essays, Hintergründe

Einen spektakulären ›Durchblick‹ auf den Petersdom gewähren Berninis Kolonnaden

Steckbrief Rom

Daten und Fakten
Einwohner: In Rom wohnen offiziell rund 2,9 Mio. Menschen (Gesamtitalien: 60,8 Mio., Region Latium 5,9 Mio.), die tatsächliche Einwohnerzahl wird jedoch auf 4 Mio. geschätzt.
Bevölkerungsdichte: 2230 Einw./km². Rund 350 000 Einwohner (12 %) sind Ausländer, die überwiegend aus Nicht-EU-Ländern stammen.
Fläche: 1285 km², davon sind 143 km² historisches Zentrum. Pro Einwohner gibt es in Rom 12 m² Grünfläche (zum Vergleich: Berlin ebenfalls 12 m²).
Lage: 21 m über dem Meeresspiegel in der Ebene der Campagna Romana, die im Süden von den Albaner Bergen, im Osten von den Ausläufern der Abruzzen und im Norden von den Sabiner Bergen begrenzt wird. Die Küste ist ca. 26 km entfernt. Durch Rom fließt der *Tevere* (Tiber), mit 404 km der drittlängste Fluss Italiens.

Geschichte
Legendäres Gründungsdatum Roms ist 753 v. Chr. In der Antike ruhte die Stadt auf den sieben Hügeln Palatin, Kapitol, Aventin, Celio, Esquilin, Viminal und Quirinal und wurde ab dem 3. Jh. von der Aurelianischen Stadtmauer umschlossen. Sie blieb bis in die frühe Neuzeit Stadtgrenze. Nach dem Niedergang des Römischen Reiches im 5. Jh. wird Rom als Sitz des Papstes zum Zentrum des Christentums, ab Ende des 8. Jh. bis 1870 dann Teil des Kirchenstaates. Mit der Einigung Italiens wird Rom 1871 Hauptstadt einer konstitutionellen Monarchie, ab 1946 einer parlamentarischen Republik. Der Vatikan wird als souveräner Staat innerhalb Roms erst durch die Lateranverträge von 1929 festgeschrieben.

Stadtverwaltung und Politik
Die historische Einteilung Roms in 22 *rioni* (Innenviertel) geht auf die Stadtgliederung unter Kaiser Augustus zurück, der Rom in 14 *regiones* unterteilte, die übrigen acht *rioni* kamen 1921 hinzu. Die 22 *rioni* werden von 35 *quartieri* (Außenviertel) umschlossen, an die sich an der Peripherie die sechs *sobborghi* (Vorstädte) anschließen. Seit 2013 ist Rom verwaltungstechnisch in 15 *municipi* (Stadtbezirke) unterteilt. Als Hauptstadt Italiens ist Rom Sitz von Regierung, Parlament und Senat (s. S. 98). Die Stadtregierung mit Sitz auf dem Kapitolshügel besteht aus einem 48-köpfigen Gemeinderat, an dessen Spitze seit 2013 der Oberbürgermeister *(sindaco)* und Sozialdemokrat Ignazio Marino steht.

Wirtschaft
Rom produziert 10,2 % des italienischen Bruttoinlandsprodukts. Hauptarbeitgeber sind Unternehmen aus der Dienstleistungsbranche. Rund 83,5 % der Erwerbstätigen sind in der Hotellerie, Gastronomie, im Tourismus, in den Medien, bei Banken und Versicherungen sowie in der Mode- und Werbebranche tätig. Die öffentliche Verwaltung nimmt dabei 11 % ein. Weitere 15 % sind in der Industrie beschäftigt, insbesondere in den Bereichen Tele-

kommunikation, Informatik, Elektronik- und Pharmaindustrie. Lediglich 1,6 % der Arbeitsplätze entfallen auf die Landwirtschaft (Schafzucht, Weinanbau). Die Arbeitslosenquote beträgt 12 %, die Jugendarbeitslosigkeit beläuft sich auf über 40 %. Gehälter und Löhne liegen derzeit immer noch deutlich unter dem deutschen Niveau. So erhalten Fachkräfte durchschnittlich 15 % weniger als in Deutschland. Das steuerpflichtige Jahreseinkommen beträgt in Rom im Durchschnitt ca. 30 000 €. In befristeten Arbeitsverhältnissen verdienen Beschäftigte durchschnittlich knapp 1000 € netto.

Stadtbevölkerung
Auch in Rom spiegelt sich der demografische Wandel Italiens: Die Geburtenrate liegt bei nur 9,3 pro 1000 Einwohnern. Auch der Alterungsindex ist innerhalb von wenigen Jahren von 156 auf 166 gestiegen, in den innerstädtischen Bezirken liegt er sogar bei 240. Die römische Familie besteht statistisch aus 2,09 Mitgliedern.

Verkehr und Tourismus
In den letzten Jahren ist in der Verkehrspolitik einiges in Bewegung gekommen: Im Jahr 2012 wurde die Zweigstrecke der Linie B, Ende 2014 der erste Teilabschnitt der Metrolinie C eröffnet, dennoch ist Rom weit davon entfernt, den Ansprüchen einer Metropole gerecht zu werden. Kein Wunder, dass Rom die am stärksten motorisierte Stadt Italiens ist: Rund 710 Autos kommen auf 1000 Einwohner.

Der Tourismus hat in den letzten Jahren deutlich zugenommen. Mit über 12 Mio. Ankünften steht Rom an erster Stelle unter den italienischen Städten; ebenso mit 32 Mio. bei den Übernachtungen. Die durchschnittliche Aufenthaltsdauer in der Stadt beträgt 3 Tage für inländische und 3,6 Tage für ausländische Besucher.

Religion
Laut der einzigen offiziellen Quelle, dem Vatikan, gibt es im Bistum Rom (881 km²) rund 2,3 Mio. Katholiken. Nach einer Untersuchung der Università Cattolica besuchen jedoch nur 23 % der Gläubigen einmal pro Woche die Messe, 42 % dagegen nie oder fast nie. Unverändert hoch ist die Zahl der Taufen (82 %). Weitere Konfessionen: Islam (ca. 80 000), Protestantismus (ca. 20 000), Judentum (ca. 16 000).

Kultur
Von dem neuen Bürgermeister Ignazio Marino erhofft man sich eine Wiederbelebung der Kultursparte wie unter Walter Veltroni (2001–2008), der sehr viel in diesen Bereich investierte. Unter Veltroni wurden zahlreiche Restaurierungen vorangetrieben, Museumsbauten geplant, neue Einrichtungen eröffnet (u. a. die Casa del Jazz) und Großevents ins Leben gerufen, z. B. das Römische Filmfestival. Die erfolgreiche Notte Bianca, vom Vorgänger Alemanno gestrichen, soll jetzt unter Marino wieder stattfinden. Die Besucherzahlen in Roms Museen haben sich in den letzten Jahren mehr als verdoppelt von rund 8 Mio. 1996 auf knapp 17 Mio. im Jahr 2012, davon entfallen allein knapp 6 Mio. auf die Vatikanischen Museen.

Bildung
Mit rund 103 000 eingeschriebenen Studenten ist die römische Universität La Sapienza eine der größten Europas.

Geschichte im Überblick

Ab urbe condita – Seit Gründung der Stadt

Um 10. Jh. v. Chr. Latinische Bauern- und Hirtenstämme besiedeln das linke Tiberufer und den Palatin.

21. April 753 v. Chr. »Rom schlüpft aus dem Ei.« Legendäre Gründung der Stadt durch die Zwillinge Romulus und Remus, Söhne des Kriegsgottes Mars und der Vestapriesterin Rhea Silvia. Ausgangspunkt für die römische Zeitrechnung a.u.c. = *ab urbe condita* (seit Gründung der Stadt).

7. Jh.– 509 v. Chr. Rom steht unter der Herrschaft etruskischer Könige. Das sumpfige Gelände des späteren Forum Romanum wird durch die Cloaca Maxima trockengelegt. Auf dem Kapitol wird ein Tempel zu Ehren von Jupiter, Juno und Minerva errichtet.

Republik

Ab 509 v. Chr. Nach der Vertreibung der Etrusker wird die Republik ausgerufen. Die politische Macht liegt in den Händen von zwei jährlich wechselnden Konsuln, die zunächst ausschließlich dem Patrizierstand entstammen.

5./4. Jh. v. Chr. Durch eine systematische Expansionspolitik dehnt Rom seine Einflusssphäre auf ganz Latium und Mittelitalien aus. Nach dem Einfall der Gallier beginnt man ab 378 v. Chr. mit dem Bau der 11 km langen Servianischen Stadtmauer, die strategisch wichtige Hügel umfasst.

451 v. Chr. Die ›Zwölftafelgesetze‹, die schriftliche Fixierung des Straf- und Zivilrechts, gibt den Plebejern erstmals Rechtssicherheit. Eine politische Gleichstellung erreichen sie erst im Laufe des 4./3. Jh. v. Chr.: Sie erhal-

Der Sage nach gelten sie als Gründer Roms: Romulus und Remus

ten Zugang zum Konsulat und zu religiösen Ämtern und die Beschlüsse der Volksversammlungen werden anerkannt.

264–146 v. Chr. In den drei Punischen Kriegen gegen den Erzfeind Karthago weitet Rom seine Macht auf ganz Italien aus und wird zur unumschränkten Herrscherin über das Mittelmeer. Sizilien wird erste römische Provinz, es folgen Sardinien, Korsika, Spanien und die Provinz Afrika.

2./1. Jh. v. Chr. Der schnelle Aufstieg zum Weltreich bringt innenpolitische Spannungen mit sich, die sich im letzten Jahrhundert der Republik in Bürgerkriegen und Sklavenaufständen (Spartacus) entladen. So endet der Versuch der Gracchen 133 v. Chr., eine Agrarreform zugunsten mitteloser Bauern durchzusetzen, mit ihrem Tod; die Bundesgenossen erhalten erst nach heftigen Kämpfen (91–88 v. Chr.) das römische Bürgerrecht. Viele Opfer fordert der machtpolitische Kampf (ab 88 v. Chr.) zwischen Marius und dem senatstreuen Sulla. Cäsars Versuch, Alleinherrscher zu werden, endet mit seiner Ermordung (an den Iden des März 44 v. Chr.).

Kaiserzeit

27 v. Chr.– 14 n. Chr. Mit Cäsars Adoptivsohn Augustus beginnt die römische Kaiserzeit. Die Stadt erlebt einen kulturellen Aufschwung und regelrechten Bauboom. Rund 1 Mio. Menschen leben in Rom.

64 Unter Kaiser Nero Brand von Rom und erste Juden- und Christenverfolgungen.

67 Kreuzigung von Petrus in Rom und Bestattung auf dem Ager Vaticanus.

96–180 Während des ›glücklichen Zeitalters‹ der ›Adoptivkaiser‹ Trajan und Marc Aurel erreicht das Römische Reich seine größte Ausdehnung.

3. Jh. Innenpolitische Spannungen und die ständige Bedrohung der Reichsgrenzen leiten die unruhige Zeit der ›Soldatenkaiser‹ ein. Ab 270 Bau der 19 km langen Aurelianischen Stadtmauer, die neben den klassischen sieben Hügeln auch Trastevere umfasst.

313 Im Toleranzedikt von Mailand verkündet Kaiser Konstantin die Gleichstellung des Christentums mit anderen Religionen. Beginn der großen Kirchenbauten.

391 Das Christentum wird Staatsreligion. Verbot aller heidnischen Kulte.

4.–5. Jh. Durch die Verlegung der Residenz 330 nach Konstantinopel und 402 nach Ravenna verliert Rom seine Bedeutung als Hauptstadt des Römischen Reiches und wird immer häufiger Ziel von Plünderungen, 410 durch die Westgoten, 455 durch die Vandalen. Mit der Absetzung des letzten weströmischen Kaisers Romulus Augustulus durch den Germanen Odoaker endet 476 das Römische Reich.

Ab 6. Jh. **Zentrum des Kirchenstaates**
Die Stadt gewinnt zunehmend Bedeutung als Sitz des Papstes. Unter Gregor I. (590–604) festigt sich die Position des Papstes als weltlichem Herrscher der Stadt Rom.

536–552 Während der Ostgotenherrschaft wird Rom mehrmals belagert und geplündert. Die Bevölkerung fällt auf 30 000–40 000 Einwohner.

751–756 Als die Langobarden Rom bedrohen, ruft der Papst den Frankenkönig Pippin III. zu Hilfe, der das Land erobert und 756 an den Heiligen Stuhl zurückgibt. Die ›Pippinsche Schenkung‹ bildet die Grundlage für die Entstehung des Kirchenstaates, der bis 1870 Bestand haben wird.

800 Karl der Große wird von Papst Leo III. in der Peterskirche zum ›Römischen Kaiser‹ gekrönt. Das Römische Reich wird damit dem Namen nach wiederhergestellt. Beginn des mittelalterlichen Kaisertums, das ab 962 formell dem deutschen Königshaus vorbehalten ist.

846 In Ostia landen Araber und plündern Rom sowie Alt-St. Peter. Zur Sicherung wird um die Basilika die Leoninische Mauer erbaut.

Ende des 11. Jh. Der Konflikt zwischen Reich und Kirche spitzt sich im ›Investiturstreit‹ zu und gipfelt 1077 im Gang nach Canossa, wo sich Kaiser Heinrich IV. Papst Gregor VII. unterwirft. 1084 dringt der Kaiser nach Rom vor, um sich krönen zu lassen, und belagert den Papst. Der zu Hilfe gerufene Normannenkönig befreit den Papst, verwüstet aber Rom.

1300 Papst Bonifaz VIII. ruft das erste Heilige Jahr aus und gründet zwei Jahre später die päpstliche Universität La Sapienza.

1309–1377 Im 14. Jh. bestimmen die französischen Könige den Papst. 1309 erzwingen sie die Verlegung seiner Residenz nach Avignon. Für Rom bedeutet es eine Zeit des Verfalls und städtischer Parteienkämpfe.

1347–1352 Der Versuch des selbst ernannten Volkstribuns Cola di Rienzo, eine Volksherrschaft zu errichten, scheitert am Widerstand des Stadtadels.

1378–1417 Papst Gregor XI. kehrt nach Rom zurück. Nach seinem Tod bricht durch die Wahl eines Papstes sowohl in Rom und als auch in Avignon das Große Abendländische Schisma (Zweiteilung innerhalb der lateinischen Kirche) aus, das erst mit der Wahl des Papstes Martin V. endet. Der Vatikan wird nun endgültig Papstresidenz.

15. Jh.–Mitte des 16. Jh. In der Renaissance entwickelt sich unter Päpsten und Adelsfamilien ein blühendes Mäzenatentum. Michelangelo arbeitet an der Decke der Sixtinischen Kapelle, Raffael in den Stanzen und Bramante am Neubau der Peterskirche.

1527 Der *Sacco di Roma,* die Verwüstung und Plünderung Roms durch die Landsknechte Karls V., setzt dem Renaissancepapsttum ein jähes Ende.

1545–1563 Als Antwort auf die Herausforderung durch den Protestantismus wird das Konzil von Trient einberufen. Der Papst der Gegenreformation, Paul IV. Carafa, lässt 1555 ein Judenghetto einrichten.

1582 Kalenderreform durch Papst Gregor XIII., die noch heute in den weitaus meisten Teilen der Welt gültig ist.

Ende des 16. Jh.–Mitte des 17. Jh. Im Zuge der Gegenreformation wird Rom von den Päpsten Urban VIII., Innozenz X. und Alexander VII. unter der künstlerischen Führung von Gianlorenzo Bernini und Francesco Borromini im Stil des Barock zum Zentrum eines triumphierenden Christentums ausgestaltet.

1600 Verbrennung des Freidenkers Giordano Bruno auf dem Campo de' Fiori wegen des Vorwurfs der Ketzerei und Magie. Er zweifelt das geozentrische Weltbild an.

1798–1814 Napoleonische Truppen besetzen wiederholt den Kirchenstaat und rufen eine Römische Republik aus. Doch mit dem Wiener Kongress wird der Papst wieder als Souverän des Kirchenstaates eingesetzt.

Hauptstadt Italiens

1849 Ausrufung der *Repubblica Romana* durch Garibaldi und Mazzini. Papst Pius IX. flieht, kehrt aber schon ein Jahr später mit französischer und österreichischer Unterstützung zurück.

1870/1871 Mit Blick auf die italienische Nationalstaatsbewegung wird auf dem Ersten Vatikanischen Konzil das Dogma der päpstlichen Unfehlbarkeit verkündet. Am 20. September schlagen royalistische Truppen eine Bresche bei der Porta Pia. Rom wird Hauptstadt des seit 1861 geeinten Königreichs Italien unter dem konstitutionellen Monarchen Vittorio Emanuele II. Der Papst zieht sich in den Vatikan zurück. Die Stadt zählt etwa 200 000 Einwohner.

1922	Marsch der Faschisten auf Rom. Benito Mussolini wird von König Vittorio Emanuele III. als Regierungschef eingesetzt.
1929	Abschluss der Lateranverträge zwischen Mussolini und Pius XI. Der Papst wird als Souverän des Vatikanstaates anerkannt. Der Katholizismus wird Staatsreligion, der Religionsunterricht obligatorisch, antikirchliche Propaganda verboten. Der Staat garantiert unfangreiche Steuerprivilegien und finanzielle Zuwendungen sowie die Besoldung der Religionslehrer.
1943	Am 19. Juli bombardieren die Alliierten im Zweiten Weltkrieg San Lorenzo. Durch den Einspruch von Papst Pius XII. wird Rom zur ›Offenen Stadt‹, d. h. zur entmilitarisierten Zone erklärt. Nach dem Waffenstillstand Italiens mit den Alliierten besetzen jedoch Anfang September deutsche Truppen die Stadt und deportieren am 16. Oktober unter Stillschweigen des Papstes römische Juden aus dem Ghetto.
1944	Am 4. Juni ziehen die Alliierten kampflos in Rom ein.
2. Juni 1946	Italien wird durch Volksentscheid Republik.
1957	In Rom werden die Verträge zur Gründung der Europäischen Wirtschaftsgemeinschaft unterzeichnet.
1960	Anlässlich der XVII. Olympiade in Rom wird das Stadion Flaminio und der Palazzo dello Sport in EUR gebaut. Der internationale Flughafen Leonardo da Vinci in Fiumicino wird eingeweiht.
1961	Pier Paolo Pasolini dreht im Stil des Neorealismus sein Sozialdrama »Accattone« im Pigneto-Viertel.
1962–1965	Zweites Vatikanisches Konzil zur Reform der katholischen Kirche unter Johannes XXIII. und Paul VI.
1978	Zum ersten Mal seit 1523 wird wieder ein Nicht-Italiener zum Papst gewählt. Der polnische Kardinal Karol Wojtyla nimmt den Namen Johannes Paul II. an. Aldo Moro, gemäßigter Führer der Christdemokraten, wird am helllichten Tag in Rom entführt, später ermordet. Der ›bewaffnete Kampf‹ rechter und linker Terroristen dauert bis 1984 an.
1984	In einem neuerlichen Konkordat zwischen Staat und Kirche wird der Katholizismus als Staatsreligion abgeschafft.
1992	Nach der Aufdeckung zahlreicher Korruptions- und Schmiergeldskandale, in die Regierungsmitglieder, Parteifunktionäre und Unterneh-

mer verwickelt sind, kommt es bei den Wahlen zu erdrutschartigen Verlusten der politischen Parteien. Viele historische Parteien lösen sich auf und sammeln sich unter neuen Namen.

2000 Anlässlich des Heiligen Jahres finden in ganz Rom Restaurierungsarbeiten statt. Rund 30 Mio. Pilger kommen in die Stadt.

2005 Nach dem Tod von Papst Johannes Paul II. erlebt die Stadt den größten Pilgerstrom ihrer Geschichte. Auf den Stuhl Petri folgt Benedikt XVI., der deutsche Kardinal Joseph Ratzinger.
Als das erste moderne Gebäude im historischen Zentrum seit Jahrzehnten wird das Ara-Pacis-Museum des Architekten Richard Meier eingeweiht.

2011 Der Premier und Medienmogul Silvio Berlusconi, der begleitet von Korruptions-, Justiz- und Sexskandalen fast 17 Jahre lang die politische Bühne Italiens beherrschte, tritt zurück.

2013 Nach einer Interimsregierung unter dem parteilosen Mario Monti kommt es zu Neuwahlen, die allerdings keine stabilen Mehrheitsverhältnisse schaffen. Linke und Rechte erlangen gleich viele Stimmen; als drittgrößte Kraft kann sich die Protestbewegung Movimento 5 Stelle etablieren. Staatspräsident Giorgio Napolitano beauftragt den Sozialdemokratien Enrico Letta mit der Bildung der 65. italienischen Nachkriegsregierung.
Papst Benedikt XVI. tritt überraschend zurück. Neuer Papst wird der Argentinier Jorge Mario Bergoglio, der den Namen Franziskus annimmt.
Bei den römischen Kommunalwahlen setzt sich als neuer Bürgermeister der linksbürgerliche Kandidat der Demokratischen Partei (PD) Ignazio Marino mit fast 64 % der Stimmen deutlich gegen seinen rechten Vorgänger Gianni Alemanno durch.

2014 Aufgrund parteiinterner Machtkämpfe legt Letta im Februar sein Amt nieder. Neuer Regierungschef wird der 40-jährige Sozialdemokrat Matteo Renzi. Seine vordringlichsten Ziele sind eine grundlegende Reform des italienischen Senats und ein neues Wahlgesetz.
Heiligsprechung von Johannes Paul II. und Johannes XXIII.

2015 Zum 12. Staatspräsidenten wird im Januar der Sozialdemokrat Sergio Mattarella (74) gewählt; seit 2011 war er Verfassungsrichter.

2015/2016 Papst Franziskus ruft ein außerordentliches Heiliges Jahr im Zeichen der Barmherzigkeit aus. Es beginnt mit der Öffnung der Heiligen Pforte der Peterskirche am 8. Dezember 2015 und endet am 20. November 2016.

Römische Stadtlandschaften

Schon nach einigen Tagen in Rom fällt dem Besucher die Orientierung leicht. Doch wer einmal auf einem der vielen Aussichtspunkte der Stadt steht und seinen Blick wandern lässt, erkennt sofort, dass Rom weit mehr umfasst als die bekannten Stätten um Forum Romanum, Piazza Navona und den Vatikan.

Bis zur Einigung Italiens 1871, als Rom Hauptstadt des Landes wurde, reichte die Fläche innerhalb der Aurelianischen Stadtmauer für die gerade einmal 200 000 Einwohner aus. Seitdem ist die Stadt gewaltig gewachsen und erstreckt sich weit in die römische Campagna. Zu den *rioni* im historischen Stadtzentrum kamen unter Kaiser Augustus die *quartieri*, die die neuen Stadtteile außerhalb der historischen Mauern heißen. In der Nachkriegszeit entstanden dann am äußersten Stadtrand die schnell hochgezogenen Vorstädte, die *borgate*. Inzwischen hat sich Rom längst jenseits des rund 60 km langen Autobahnrings Grande Raccordo Anulare (G.R.A.) ausgedehnt.

Die sieben Hügel

Der Überlieferung nach wurde Rom auf sieben Hügeln erbaut. Im Laufe der Zeit kamen weitere Hügel hinzu. Für die offizielle Stadtgliederung spielen die sieben Hügel längst keine Rolle mehr, und doch hat jeder Hügel seinen eigenen, ganz speziellen Charakter. Zwischen Palatin, Kapitol und Esquilin liegen mit Forum Romanum, Kaiserforen und Kolosseum die bedeutendsten Ruinen des antiken Rom. Auf dem Esquilin herrscht um Bahnhof und Piazza Vittorio multikulturelles Treiben. Besuchermagnet sind die mosaikgeschmückten Kirchen Santa Maria Maggiore und Santa Prassede, sowie San Pietro in Vincoli. Den grünen, ruhigen Celio prägen frühchristliche Kirchen an lauschigen Plätzen. Zu erholsamen Spaziergängen lädt die verträumte Villa Celimontana ein. Durch die Bebauung mit dem Innenministerium heute kaum noch als Hügel wahrnehmbar ist der Viminal. Wo sich auf dem Quirinal zunächst antike Tempel und später päpstliche Sommerpaläste erhoben, steht heute die Residenz des Staatspräsidenten. Beschaulicher geht es auf dem Aventin zu: Kleine Ordenskirchen, viel Grün und wenig Verkehr haben ihn zu einem beliebten (und teuren) Villenviertel gemacht.

Centro Storico

Als Centro Storico bezeichnet man gemeinhin die mittelalterliche und frühneuzeitliche Altstadt. Hauptachsen dieser touristisch am stärksten belebten Gegend sind die schnurgerade Via del Corso und der Corso Vittorio Emanuele II. Einzig das Marsfeld rund um das Pantheon war bereits in der Kaiserzeit mit Tempeln und Sportstätten bebaut. Die anderen Gebiete wurden erst in der Zeit der Renaissance und des Barock erschlossen. Die repräsentativen Palazzi mit ihren Gemäldegalerien, die Kirchen mit ihren hohen Kuppeln, die Platz- und Brunnenanlagen zählen heute zu den Attraktionen der Stadt.

Aus ›Alt‹ mach ›Neu‹

Einer der berühmtesten *rioni* Roms ist Trastevere. Das pittoreske Viertel jenseits des Tiber gehört seit der Antike zu den volkstümlichsten Gegenden. Statt repräsentativer Palazzi stehen hier einfache Häuser, Zweckbauten und schöne Kirchen. Längst hat sich das einstige Arme-Leute-Viertel, Heimat der *romani veraci*, der ›echten‹ Römer, zum Ausflugsziel von Nachtschwärmern und zur bevorzugten Wohngegend von Wahlrömern gemausert. Viele der einst preiswerten Wohnungen werden heute als sanierte Luxuswohnungen vermietet. Dennoch hat sich Trastevere Charme und Flair bewahren können.

Auch die *quartieri* San Lorenzo und Testaccio, zwei klassische ›rote‹ Arbeiterviertel, entwickelten sich zu angesagten Ausgehvierteln. In das vom Zweiten Weltkrieg noch immer gezeichnete San Lorenzo zog die Universität, um die herum sich preiswerte *pizzerie* und kleine *enoteche* unter die einstigen Arbeiterlokale mischten.

Ein regelrechtes Szeneviertel entstand rund um den tibernahen ›Scherbenhügel‹ von Testaccio. Das Gebiet wurde erst Ende des 19. Jh. bebaut. Rund um den *mattatoio* (Schlachthof) entstand ein Arbeiter- und Handwerkerviertel mit schachbrettartig angelegten Straßenzügen. Die Preise des Stadtteilmarktes sind noch immer moderat, in den Trattorien bekommt man weiterhin deftige römische Küche, doch inzwischen ist der Wandel zum trendigen Szene- und Vergnügungsviertel mit Künstlerflair, wie ihn Trastevere längst hinter sich hat, in vollem Gange.

In den letzten Jahren wanderte die Szene weiter in den Süden nach Ostiense, einem Anfang des 20. Jh. entstandenen Industrie- und Gewerbegebiet. Dort hat die Stadt Großes vor: In den nächsten Jahren soll hier ein Wissenschafts- und Techniczentrum mit Ausstellungsflächen, eine Dependance der Universität, eine Città delle Arti mit einem Museum für zeitgenössische Kunst, Aufnahmestudios und Ableger der Kunstakademien entstehen.

Neue ›quartieri‹

Nach dem Krieg sind viele Viertel hinzugekommen, und immer noch entstehen neue. Sehenswert ist im Süden das für die Weltausstellung 1942 geplante Viertel EUR (Esposizione Universale Romana), das die Macht und Größe des Faschismus demonstrieren sollte. Nach 1945 wurde das gigantomanische Ausstellungsgelände zu einem modernen Stadtviertel ausgebaut. Für die Olympischen Spiele 1960 entstanden Sportstadien und künstliche Seen.

Zum neuen In-Viertel avancierte in jüngster Zeit Pigneto, das ›Kreuzberg Roms‹. In das einst heruntergekommene Wohnquartier mit seinen Arbeiterhäuschen aus den 1920ern und den schnell hochgezogenen Mietskasernen ziehen immer mehr Künstler, Studenten und Einwanderer. Leider tummeln sich hier aber auch zunehmend Drogendealer. In den renovierten Häusern entstehen Lofts, Galerien und Lokale, die bis tief in die Nacht geöffnet sind, und die Via del Pigneto wurde inzwischen zur Fußgängerzone erklärt.

Leben und Überleben in Rom

Kaum ein Besucher kann sich der Faszination Roms entziehen. Manche würden gern gleich ganz hierherziehen. Wie aber lebt es sich am ›Nabel der Welt‹?

Ich könnte Ihnen jetzt vom Stuckrestaurator erzählen, der mitten in Trastevere die alteingesessene Werkstatt seines Vaters weiterführt, oder vom Meister Marini, dessen handgefertigte Schuhe bereits die Füße von Marcello Mastroianni umschmeichelten. Es gäbe da noch die etwas schrullige Contessa in ihrem riesigen Palazzo am Corso Vittorio Emanuele oder den Parlamentsabgeordneten, der dank seines *auto blu*, seines nachtblauen Dienstwagens samt Chauffeur und Sirene, Verkehrsprobleme nur aus den Nachrichten kennt. Doch wie arbeiten, leben und überleben die anderen Römer?

›La casa‹ – das Haus

Antonio ist Römer. Seine Kindheit verbrachte er mitten in Rom an der Via Cavour, der Verbindungsstraße zwischen Bahnhof und Forum Romanum. Während des Studiums blieb er selbstverständlich bei den Eltern wohnen. Er heiratete Francesca, die er seit der Schulzeit kennt. Mithilfe der Eltern kauften sie eine Wohnung in einem Neubauviertel am Rande Roms. Vom

Alltag in Rom

Balkon des fünfgeschossigen Wohnblocks genießen sie einen schönen Blick auf die Albaner Berge. In der Nacht leuchten die Lichter vom Roma Est, mit fast 140 000 m² Ladenfläche Italiens größtes Einkaufszentrum.

Der Kaufpreis für eine Wohnung variiert in Rom je nach Zone zwischen 3200 €/m2 (Pigneto) und 8200 €/m2 (Centro Storico), der monatliche Mietpreis zwischen 13,40 €/m2 (Pigneto) und 24 €/m2 (Centro Storico). Bei einem durchschnittlichen steuerpflichtigen Jahreseinkommen von 30 000 € ziehen es die meisten römischen Familien vor, eine Wohnung zu kaufen, auch wenn sie sich dabei auf Jahrzehnte verschulden. In Italien leben nur etwa 20 % der Bevölkerung in Mietwohnungen (in Deutschland sind es 57,3 %). Wenn 26- bis 35-Jährige bei ihren Eltern wohnen, dann nicht unbedingt weil sie *mammoni* (Muttersöhnchen) sind, sondern vor allem aus finanziellen Gründen.

›La macchina‹ – das Auto

Antonios Arbeitsstelle liegt in der römischen Innenstadt, nahe der Aurelianischen Stadtmauer, Luftlinie von zu Hause ca. 18 km. Er hat die klassischen Arbeitszeiten der Verwaltung: Montag bis Freitag 9 bis 14 Uhr und an zwei Nachmittagen, meist Dienstag und Donnerstag, bis 17 Uhr. Um zur Arbeit zu fahren, nahm er früher meistens das Motorrad, seit der Geburt seines

> **Warum Rom anders tickt**
> »Rom ist wie eine Hummel; ein Insekt mit einem großen, schweren Körper und winzigen Flügeln. Den Gesetzen der Aerodynamik zufolge dürfte die Hummel gar nicht imstande sein zu fliegen, aber da sie, die Hummel, die Gesetze der Aerodynamik nicht kennt, fliegt sie trotzdem.« (Luciano de Crescenzo, Schriftsteller und Ingenieur)

Sohnes Matteo ist er vorsichtiger geworden und fährt Auto. Das öffentliche Verkehrsnetz wurde in den letzten Jahren zwar stark erweitert und verbessert. Doch zwei U-Bahn-Linien mit einer Gesamtlänge von 53,1 km und Expressbusse, die nur die Innenstadt bedienen, reichen bei Weitem nicht aus, um das Verkehrsproblem zu lösen. Die Peripherie steht nach wie vor im Abseits. In der Regel braucht Antonio eine gute Stunde zur Arbeit, in der Rushhour kann es auch schon mal länger dauern. Endlich angekommen, beginnt dann die nervenaufreibende Suche nach einem Parkplatz. Zum Glück gibt es da Mario, den Parkplatzwächter, der ihm immer einen Platz freihält.

›La salute‹ – die Gesundheit

Antonio ist dennoch froh, am Rande Roms zu leben. Noch ist es sehr grün dort, wo die Familie wohnt, für Kinder ideal. Sein Sohn kam im kirchlichen Fatebenefratelli-Krankenhaus auf der Tiberinsel zur Welt, im Herzen Roms. Darauf war die Mutter Francesca sehr stolz. Das Fatebenefratelli hat einen guten Ruf – keine Selbstverständlichkeit in Rom, dessen Krankenhäuser unter den regionalen Sparzwängen leiden. Es herrscht ein Einstellungsstopp für Ärzte an allen Krankenhäusern in Rom, zugleich müssen die dort arbeitenden Ärzte unbezahlte Überstunden leisten.

Anders als in Deutschland ist das Gesundheitssystem in Italien staatlich und auf lokaler Ebene geregelt, was dazu führt, dass die Qualität regional sehr unterschiedlich ist. In Rom gehören die kirchlichen Krankenhäuser und Universitätskliniken, etwa das Gemelli oder das Bambino Gesù, zu den qualifiziertesten Einrichtungen. Praktisch haben alle Einwohner Anspruch auf Sachleistungen, viele Medikamente sind kostenlos. Andererseits kommt es immer wieder zu überlangen Wartezeiten auch für Routine-Untersuchungen. Der Markt für medizinische Dienstleistungen, die sofort in Anspruch genommen werden können, dann aber privat bezahlt werden müssen, ist daher groß.

›La famiglia‹ – die Familie

Nach der Geburt blieb Francesca, qualifizierte Anwältin, zu Hause. Einen Krippenplatz zu bekommen, ist fast so wahrscheinlich, wie den Papst beim Einkaufen zu treffen – nur rund sieben von 100 Kindern werden versorgt. Matteo steht derzeit auf Platz 64 der Warteliste. Natürlich springen auch immer wieder die *nonni* (Großeltern) ein. Wer es sich leisten kann, greift auf ein Kindermädchen oder auf private Einrichtungen zurück. Letztere fördert der Staat aber kaum, sodass sie für viele Familien zu teuer sind. Am Ende ist es eine Kosten-Nutzen-Rechnung. Kein Wunder, dass in einem der kinderfreundlichsten Länder die Geburtenrate drastisch zurückgegangen ist. Inzwischen bringen 100 Römerinnen im Durchschnitt 0,9 Babys zur Welt. Steuerlich werden Eltern und Kinderlose nahezu gleich behandelt, ohne Freibeträge oder finanzielle Zuwendungen wie Kindergeld. Seit Januar 2015 gibt es nun für jedes Neugeborene 80 € monatlich, drei Jahre lang. Und zwar gilt das für alle Eltern, deren jährliches Einkommen 90 000 € nicht überschreitet; das sind in Italien rund 95 %.

Knapp zwei Drittel der Italienerinnen möchten gerne zwei Kinder und mehr, aus finanziellen Gründen aber – und weil die Arbeitsverhältnisse unsicherer werden – bleibt es meist bei einem Kind. Diese Nachteile tragen dazu bei, dass in Rom inzwischen auf ein Kind unter fünf Jahren vier Rentner kommen.

›Vivere a Roma‹ – in Rom leben

Antonio verdient monatlich 1300 € netto. Die Einkäufe erledigt er nur noch selten auf dem *mercato*, meistens geht er in den *supermercato* – um zu sparen. In Rom sind die Lebenshaltungskosten in den letzten Jahren enorm gestiegen, gerade bei den Grundnahrungsmitteln Brot und Pasta, von den Mieten und dem Benzinpreis ganz zu schweigen. Schon die Euroumstellung brachte einen massiven Preisschub, der anhaltende Sparkurs zwecks Abbau des immensen Haushaltsdefizits verheißt noch eine Durststrecke. In einer Studie zu den Lebenshaltungskosten in den Ballungszentren Europas stieg Rom 2003 von Rang 99 auf Rang 41, seit dem Jahr 2013 rangiert die Stadt auf Platz 26. Die Wirtschaftszeitung »Il Sole 24 ore« schrieb: »Löhne wie in Griechenland, Preise wie in Deutschland.«

Antonio kommt vermutlich nicht einmal auf ein ›griechisches Einkommen‹. Trotzdem käme es ihm nie in den Sinn, Rom zu verlassen. Er ist hier zu Hause. Einmal in der Woche trainiert er die F-Jugend des nahen Fußballclubs. Und wenn er seine Jungs vom Rande des Spielfeldes aus anfeuert, dann glitzert an seinem Hals der Anhänger des hiesigen Fußballclubs und das Wappen der Stadt: die römische Wölfin.

Viele Römer können es sich nicht mehr leisten, auf Märkten oder gar in Delikatessenläden einzukaufen

Homo romanus – nur nicht alles so ernst nehmen

»So' romano e me vanto« – »Ich bin Römer und ich bin stolz darauf«, sagte einmal Francesco Totti, der Kapitän des römischen Fußballclubs AS Roma, in breitestem römischen Dialekt. Stolz darauf, improvisieren zu können, immer eine ›battuta‹, eine schlagfertige Bemerkung parat zu haben, mit der man sich oder andere auf den Arm nehmen kann.

Roms Leben pulsiert rund um die Uhr. Doch trotz der allgegenwärtigen Hektik lassen sich die Römer nur schwer aus der Ruhe bringen. Südliches Temperament paart sich mit erfindungsreicher Improvisationsgabe. Vor allem nur nicht alles so ernst nehmen! Übertriebenes Engagement gilt Römern schnell als *fanatico*, während Mailänder von *serio* (ernsthaft) sprechen würden. Mit stoischer Ruhe oder im Plausch mit seinem Nachbarn wartet der Römer stundenlang in der Schlange, ob auf der Bank, bei der Post oder auf irgendeinem Amt. Ja, selbst am Abend, wenn in der Lieblingspizzeria schon alle Plätze vergeben sind, reiht man sich geduldig ein. *Pazienza!*

Vom Dorf zur Millionenstadt

Doch wer ist überhaupt ein echter Römer? Römer darf sich eigentlich nur der nennen, dessen Familie seit mindestens sieben Generationen im Centro Storico wohnt. Doch nur etwa 45 % der römischen Bevölkerung sind heute auch in Rom geboren. Viele Römer sind Nachkommen der piemontesischen und toskanischen Ministerialbürokratie, die nach der Einigung nach Rom strömte, oder sie sind aus der Region Latium oder im Zuge des Wirtschaftsbooms der 1960er-Jahre aus Süditalien zugezogen. In dieser Zeit verzeichnete Rom mit ca. 100 000 Menschen pro Jahr die höchste Zuwanderungsrate. Bis zur Einigung Italiens im 19. Jh. zählte Rom gerade mal 200 000 Einwohner. Erst Anfang des 20. Jh. wurde die Millionengrenze überschritten.

Die neuen Römer

Inzwischen zählt Rom offiziell 2,9 Mio. Einwohner. Allerdings dürfte die Zahl weit höher liegen. Unbekannt ist die Dunkelziffer der in Rom lebenden Menschen, die nicht gemeldet sind. Rom hat sich – mehr noch als ganz Italien – in den letzten zwei Jahrzehnten in einem rasanten Tempo zu einem klassischen Ort für Einwanderer gewandelt. Im Großraum Rom wohnen zwei Drittel der in Italien lebenden Ausländer. Ein Großteil der offiziell rund 350 000 Einwanderer kam bereits in den 1960er-Jahren aus Asien (Philippinen, China), den ehemaligen Kolonien in Ostafrika (Äthiopien, Somalia) und Nordafrika. Nach den letzten politischen Umbrüchen stammen die Einwanderer seit den 1990er-Jahren vor allem aus Osteuropa (Albanien, Polen, Ukraine, Moldawien). Rumänen stellen heute mit 76 000 Einwanderern die größte Gruppe.

Die Hälfte der in Rom lebenden Ausländer arbeitet als Haushaltshilfen, Kindermädchen oder Altenpfleger. Die private Altenpflege würde ohne die ausländischen Arbeitskräfte vermutlich völlig zusammenbrechen. Andere verdingen sich im Bausektor oder versuchen ihr Glück mit eigenen Unternehmen im Handel oder in der Gastronomie. Sie leben größtenteils in dem schnell hochgezogenen Vorstadtgürtel der 4-Millionen-Metropole.

Waren sie zunächst willkommene Billiglohnkräfte, die von einer wohlwollenden Anteilnahme begleitet wurden, gestaltet sich der allgemeine Umgang mit Migranten, besonders seitens der Politik, inzwischen zunehmend schwerfällig. Statt vorhandene Ängste abzubauen, wird gern auf populistische Lösungen gesetzt.

Global Village Rom

In der Innenstadt zeigt sich das multikulturelle Gesicht Roms vor allem am Esquilin mit seinen chinesischen und arabischen Geschäften. Exotische Märkte und zahlreiche Ethno-Restaurants sorgen ihrerseits für bunte Vielfalt in der Stadt.

Orientalisches Flair atmet man auch an der von dem römischen Architekten Paolo Portoghesi 1992 erbauten Moschee nahe der Villa Ada. Jeden Freitag findet dort von 11 bis 15 Uhr ein Basar mit kulinarischen Spezialitäten aus islamischen Ländern statt. Seit Jahrtausenden sfest in Rom verwurzelt ist die jüdische Gemeinde mit ihren elf Synagogen und ca. 16 000 Mitgliedern, die fast die Hälfte aller Juden in Italien ausmachen. Preisgekrönter König der Carbonara-Nudeln, *das* römische Nudelgericht schlechthin, ist übrigens kein Italiener, sondern der Tunesier Nabil Hadj Hassen aus der Trattoria Antico Forno Roscioli.

Ein Tänzchen in Ehren kann niemand verwehren – ganz egal, wo

Der Motor der römischen Wirtschaft

Rom setzt auf das Zugpferd Kultur, wie auch der Bau des MAXXI bestätigt

In Rom haben viele internationale Unternehmen und Organisationen, vor allem aber staatliche Institutionen ihren Sitz. Kein Wunder, dass der Motor der römischen Wirtschaft der Dienstleistungssektor ist. Nach der Jahrtausendwende setzte die Stadtregierung erfolgreich auf die Kulturkarte und den Ausbau der Infrastruktur – bis zum Amtsantritt von Gianni Alemanno 2008. Nach dem Skandal um die ›Mafia Capitale‹ ist der neue Bürgermeister nun mit Aufräumarbeiten beschäftigt.

Unter Bürgermeister Francesco Rutelli (1993–2001) und seinem experimentierfreudigen Nachfolger, dem Linksdemokraten Walter Veltroni (2001–2008), wandelte sich das Bild am Tiber. Bis dahin galt Rom als eine Stadt mit bröckelnden Fassaden und einer provinziellen Kulturpolitik, einer von Misswirtschaft und Korruption gelähmten Metropole mit einem schwerfälligen, aufgeblähten Verwaltungsapparat.

Zugpferd Kultur

Mit dem Heiligen Jahr 2000 wurde die Ewige Stadt in einem ungewöhnlichen Tempo auf Vordermann gebracht wurde. Die abgasgeschwärzten Fassaden von Kirchen und Palazzi erstrahlen seither in neuem Glanz, antike Stätten wurden wieder zugänglich gemacht und neue Museen gebaut. Mit dem MACRO und dem 2010 eröffneten MAXXI billigte man endlich auch der Gegenwartskunst, lange Zeit Stiefkind der Kulturpolitik, mehr Raum zu. Zu einem Fixpunkt der italienischen Musiklandschaft entwickelte sich das von Architekt Renzo Piano erbaute Auditorium. Zu den kulturellen Megaprojekten der Stadt gehörte auch die Schaffung von Kulturzentren wie der Casa del Jazz und der Casa del Cinema, mit der an die cineastische Vergangenheit Roms angeknüpft werden soll. Vor allem wurden neben der bereits bestehenden *Estate Romana* (Römischer Kultursommer) auch kulturelle Events ins Leben gerufen, die weit über Rom hinausstrahlten, wie die Notte Bianca oder spektakuläre Kunstausstellungen.

Rutelli und Veltroni gingen u. a. auch ein fast unlösbares Problem Roms an: der tägliche Verkehrskollaps. U-Bahn-Linien wurden um neue Haltestellen erweitert, separate Fahrspuren für Expressbusse eingerichtet, allerdings kamen diese Verbesserungen vor allem der Innenstadt zugute. Zudem wurden große Teile des Zentrums sowie die Nightlife-Quartiere wie Trastevere oder San Lorenzo nachts zu verkehrsberuhigten Zonen erklärt. Auch der Service für Touristen wurde ausgebaut: touristische Buslinien mit Audioguide-Service eingerichtet, Infokioske über die Stadt verteilt, Sammeltickets eingeführt, Servicenummern geschaltet. Alle diese Maßnahmen stärkten zudem den Dienstleistungssektor, mit 83 % der Beschäftigten die Lokomotive der römischen Wirtschaft.

Zurück auf Los

Die Wahl des Law-and-Order-Bürgermeisters Gianni Alemanno im Jahr 2008, der seine Karriere bei den Faschisten begonnen hatte, ging mit einer harschen Kursänderung einher. ›Klassische‹ Kulturveranstaltungen erhielten den Vorzug, Events wie die Notte Bianca oder das Multikulti-Festival Intermundia auf der Piazza Vittorio wurden kurzerhand gestrichen. In die öffentliche Infrastruktur, Erhaltung der Gebäude, Denkmäler und Straßen floss kaum Geld, ganz zu schweigen von der desolaten römischen Peripherie, wo mehr als 80 % der Einwohner Roms leben. Dennoch hinterließ Alemanno 2013, der am Ende seiner Amtszeit über seine neofaschistische Klientelpolitik stolperte, einen riesigen Schuldenberg.

Die Regierung von Premier Matteo Renzi musste die Hauptstadt mit einem Zuschuss von 570 Mio. € vor dem Bankrott retten. Die Gründe für dieses finanzielle Desaster erschlossen sich erst im Nachhinein, als die Staatsanwaltschaft Anfang 2015 die *Mafia Capitale,* die Hauptstadtmafia, auffliegen ließ und ein gigantisches Netzwerk systematischer Korruption aufdeckte, an dem alte Neofaschisten, korrupte Mitglieder der Demokratischen Partei (PD) und skrupellose Geschäftemacher beteiligt waren. Sie dürften Hunderte Millionen Euro an überteuerten städtischen Aufträgen, bei öffentlichen Ausschreibungen und im Bereich kommunaler und sozialer Dienstleistungen wie Müllabfuhr, Straßenreinigung und Nahverkehr verdient haben.

Als besonders lukrativ erwies sich wohl die Unterbringung von Flüchtlingen und die Einrichtung von Camps für Roma. »Hast du eine Ahnung, wie viel man mit Zigeunern und Immigranten verdient? Der Drogenhandel wirft weniger ab«, heißt es in einem Telefonmitschnitt.

Alemannos Amtsnachfolger, der Mediziner Ignazio Marino ist nun mit Aufräumarbeiten beschäftigt. Mit der juristischen Aufarbeitung hat er den ausgewiesenen Anti-Mafia-Experten Alfonso Sabella betraut. Er steht auch der Kommission für die Organisation des Heiligen Jahres 2015/2016 vor.

Il calcio – wo das Herz der Römer schlägt

Fußball, ›il calcio‹, ist in Italien die populärste Sportart. Offiziell spielen über 1,2 Mio. Italiener in etwa 16 000 Mannschaften. Rom besitzt gleich zwei Mannschaften, die in der ersten Liga, der Serie A, spielen.

Es passiert zweimal im Jahr: Keine hupenden Autos, knatternden *motorini* und Pilgergruppen, stattdessen sind die Straßen leergefegt und über der Stadt liegt eine angespannte, knisternde Ruhe. Für dieses übernatürliche Ereignis kann es eigentlich nur einen Grund geben: Im Stadio Olimpico läuft gerade das römische Fußballderby zwischen AS Roma und SS Lazio.

Von Adlern und Wölfen

Obwohl der bereits 1900 gegründete Lazio-Klub der ältere Verein ist, wird er eher als Vorstadtklub angesehen, der 1927 gegründete AS Rom hingegen gilt als der tatsächlich ›römische‹ Verein. Während auf dem goldgelb-purpuroten Wappen von AS Roma die römische Wölfin prangt, trägt mit ausgebreiteten Schwingen ein Adler das weiß-himmelblaue Wappen von SS Lazio. Der AS Rom hat sogar eine eigene Vereinshymne: Antonello Venditti schrieb sie 1983 für seinen Lieblingsklub. »Roma Roma Roma« wird immer zu Spielbeginn gespielt, während »Grazie Roma« nur

Francesco Totti hat dem AS Roma ewige Treue geschworen

dann nach Spielende angestimmt wird, wenn der Klub gewonnen hat.

Kurz nach dem Schlusspfiff ist es dann vorbei mit der Ruhe. Ein hupender, fahnenschwenkender Autocorso schiebt sich die Lungotevere entlang und verstopft die gesamte Innenstadt. Und dann ziehen die Fans weiter rund ums Forum Romanum und den Palatin oder im Falle eines Roma-Sieges durch Testaccio, Heimat der *giallorossi*, der ›Gelb-Roten‹, um ihre Jungs dann erst so richtig zu feiern.

›La squadra del cuore‹ – das Team des Herzens

Die *squadra del cuore,* der Lieblingsverein, gehört zur DNA eines Römers wie die Religion, die Familie und der Beruf. Die Anhängerschaften von AS Roma und SS Lazio ziehen sich quer durch alle Klassen und Schichten der römischen Gesellschaft. Anhänger wie Spieler von AS Roma zeichnen sich dabei durch eine außergewöhnliche Vereinstreue aus. Kapitän Francesco Totti ist das beste Beispiel. Er ist das Lieblingskind der *tifosi*, ihn vergöttern sie, ihn tragen sie auf Händen. Ein Vereinswechsel, so beteuert er, käme für ihn nie in Frage. Schon als Kind schwärmte er für den AS Roma. Als die Talentscouts von Lazio auf ihn aufmerksam wurden, setzte Mutter Fiorella sie kurzerhand vor die Tür: »Mein Sohn geht nur zu Roma!« Nach dem Tod des langjährigen Präsidenten Franco Sensi 2008 war der Roma-Klub zeitweise fest in Frauenhand. Doch aufgrund hoher Schulden musste Tochter Rossella verkaufen. Seit 2011 hat ein US-amerikanisches Konsortium die Aktienmehrheit am Verein, dessen Klubpräsident inzwischen James Pallotta ist, ebenfalls Anteilseigner am NBA-Rekordmeister Boston Celtics.

Hitzige Fans

Nicht selten endet das römische Derby mit Auseinandersetzungen zwischen den rivalisierenden Ultras, den gewaltbereiten Radikalfans, die meist extrem rechts verortet sind. Zwei große Traditionsvereine in einer Stadt – wie soll das gut gehen? Wie sollten Adler und Wölfe auch miteinander auskommen?

Mittlerweile ziehen es immer mehr Fans vor, ihrem Verein vor dem Fernseher beim Pay-TV die Daumen zu drücken. Zu stark haben sich die Bilder vom rasenden Stadion-Mob, bewaffnet mit rechtsradikalen Spruchbändern und fliegenden Fäusten, in die Köpfe normaler Fußballfans gebrannt. Selbst fußballfanatische Familienväter wagen es nicht mehr ohne Weiteres, die Sonntagnachmittage mit ihren Kindern im Stadion zu verbringen. Zumindest nicht in der *Curva Nord*, Stammplatz der Laziali, oder der *Curva Sud*, traditioneller Standort der Romanisti.

Rückläufige Zuschauerzahlen und sinkende Sponsoreneinnahmen ließen die Verschuldung der beiden römischen Vereine in den vergangenen Jahren in exorbitante Höhe klettern. Inzwischen gehen Fußballverband und Vereinsführung gegen rassistische Ausfälle vor. Jener gegen Milan-Spieler Mario Balotelli wurde mit einem Ausschluss der Fankurve der Roma bestraft, und Lazio Rom spielte wegen antisemitischer Gesänge seiner Fans in der Europa League zeitweise unter Bewährung.

Wenn es in der nächsten Zeit nicht gelingen sollte, den Fußball live im Stadion auch für die ›normalen‹ Fußballfans wieder attraktiv zu machen, dann wird künftig über römischem Wolf und Adler vermutlich ein anderes Tier seine Kreise ziehen – der Pleitegeier.

Wie eine Insel liegt der kleinste Staat der Welt im Herzen von Rom. Bei keinem anderen Staat klaffen geografische Größe und weltpolitisches Gewicht so weit auseinander – erst recht seit der Wahl des neuen Papstes.

Zum Glück hatte sie in der Schule Latein gelernt. Als Giovanna Chirri, Journalistin der italienischen Nachrichtenagentur ANSA, den lateinischen Ausführungen des Papstes folgte, stutzte sie: »… declaro me ministerio … mihi … commissum renuntiare … sedes Sancti Petri vacet et Conclave ad eligendum novum Summum Ponti-

76-jährig zum 266. Nachfolger Petri gewählt. Viele italienische Kandidaten hatten sich Hoffnungen gemacht. Doch schon eine alte römische Weisheit besagt: Wer als Papst ins Konklave geht, kommt als einfacher Kardinal aus ihm heraus. Bergoglio ist der erste nichteuropäische Papst seit 1200 Jahren, der erste Jesuit und der erste Lateinamerikaner auf dem Papstthron. Er nimmt den Namen Franziskus an, nach dem Heiligen Franz von Assisi, Ordensgründer und ein Revolutionär seiner Zeit. Bergoglios Pontifikat weckt daher auch hohe Erwartungen hinsichtlich einer tiefgreifenden Kirchenreform.

Der Vatikan – eine Großmacht im Kleinformat

ficem …«. Am 11. Februar 2013 erklärte Papst Benedikt XVI. überraschend seinen Rücktritt. Er ist neben Coelestin V. (13. Jh.) der bisher einzige Papst, der freiwillig vorzeitig vom Pontifikat zurücktrat.

Der Menschenfischer

Es sollte 2013 für die katholische Kirche nicht die einzige Überraschung bleiben: Am 13. März wird trotz heiß gehandelter anderer Kandidaten nach relativ kurzem Konklave der Argentinier und Jesuit Josè Mario Bergoglio

Papst Franziskus – Oberhaupt des Vatikanstaates und aller Katholiken

Unter dem Pontifikat von Papst Benedikt XVI. hatte die katholische Kirche mit großen Krisen zu kämpfen: Missbrauchsskandale, die Aufhebung der Exkommunikation der Piusbruderschaft, die zeitlich zusammenfiel mit dem Bekanntwerden der Holocaustleugnung von Piusbruder Williamson, der Vorwurf der Geldwäsche gegen die kirchenstaatseigene Bank IOR, die Vatileaks-Affäre, bei der es um von Benedikts Schreibtisch gestohlene Papiere ging. Selten war die Kirche so reformbedürftig. Bergoglio schien der richtige Mann zu sein. Anders als Benedikt XVI. haftet ihm der Ruf eines Machers an, geprägt von einer großen Hinwendung zum Menschen. Innerhalb kurzer Zeit gelang es ihm das schwindende Vertrauen vieler Gläubiger und den Respekt vieler Nichtkatholiken zurückzugewinnen. Mit kleinen Gesten, Bildern und Taten und vor allem einer unverkopften Sprache förderte er ein Klima der Offenheit. Seine demonstrative Demut und Bescheidenheit wirken authentisch.

Ein Papst räumt auf

Schon bei seinem Amtsantritt verzichtet er auf höfischen Prunk. Seinem Zeremonienmeister soll er gesagt haben: »Das können Sie anziehen. Der Karneval ist vorbei«. Seitdem trägt er mit Vorliebe schlichte weiße Soutanen, ein eisernes Brustkreuz und weiter seine schwarzen orthopädischen Schuhe. Statt im barocken Apostolischen Palast zu residieren, wohnt er mit Bischöfen, Priestern und Laien weiterhin im Gästehaus Santa Marta.

Franziskus wird zwar als begnadeter Seelsorger, aber auch als konservativer Theologe charakterisiert. Dennoch die Töne, die aus dem Vatikan zu hören sind, sprechen eine andere Sprache: »Wenn eine Person homosexuell ist und Gott sucht und guten Willens ist, wer bin ich, um über sie zu richten?« Die Kirche solle nicht mehr wie besessen auf Schwulenehe, Abtreibung oder Verhütung fixiert sein, sondern müsse »Wunden heilen«. In seiner vorweihnachtlichen Ansprache 2014 bescheinigte Franziskus seinen erstarrt lauschenden Kardinälen, Bischöfen und Priestern »spirituellen Alzheimer«, Größenwahn und »existentielle Schizophrenie«. »Wenn es den Banken heute schlecht geht oder die Kurse ein bisschen abstürzen, dann schreien alle: ›Oh, was für eine Tragödie, was sollen wir jetzt tun?‹ Wenn aber Menschen und Kinder hungern oder krank sind – dann passiert nichts. Das ist die Krise, die wir heute haben. … Der heilige Petrus hatte schließlich kein Bankkonto.« Ordensgemeinschaften sollten ihre leer stehenden Klöster »nicht in Hotels umwandeln und damit Geld verdienen. Die leer stehenden Klöster gehören nicht uns, sie sind für das Fleisch Christi da, und das sind die Flüchtlinge«. Unter den Kolonnaden des Petersplatzes ließ er für Obdachlose kurzerhand Duschcontainer aufstellen und einmal in der Woche kommt auch ein Barbier, der einen kostenlosen Haarschnitt samt Bartpflege anbietet.

Barmherzigkeit ist das zentrale Thema von Franziskus. Unter diesem Motto steht auch das außerordentliche Jubeljahr, das am 8. Dezember 2015 mit der Öffnung der Heiligen Pforte an der Peterskirche beginnt und am 20. November 2016 enden wird. Das Heilige Jahr sei auch eine »Einladung, das mit dem Konzil begonnene Werk fortzusetzen«, heißt es in einer Mitteilung des Vatikans. Genau vor 50 Jahren, am 8. Dezember 1965, ging das Zweite Vatikanische Konzil (1962–65) zu Ende, das grundlegende Reformen in der katholischen Kirche angestoßen hat – es scheint, als wehe im Vatikan der lang ersehnte frische Wind.

Kleinster Staat der Welt

Die römisch-katholische Kirche bildet mit 1,22 Mrd. Mitgliedern die größte Kirche innerhalb des Christentums (Christentum insgesamt 2,26 Mrd., Islam ca. 1,57 Mrd. Anhänger). Mit rund 1,2 Mio. Angestellten, u. a. über 413 000 Priester, 815 000 Ordensschwestern und 5319 Bischöfe, ist sie einer der größten Arbeitgeber weltweit. Schaltzentrale der katholischen Macht ist der 0,44 km² große Stato Città del Vaticano. Der Vatikanstaat ist eine Wahlmonarchie, die keine Gewaltenteilung kennt. Als absolutes Oberhaupt regiert *il papa*. Der Vatikanstaat zählt an die 800 Einwohner, doch nur knapp 500 besitzen die Staatsbürgerschaft, die nur zeitweise und funktionsgebunden vergeben wird. Die Mehrheit der Staatsbürger sind hochgestellte Kleriker sowie die in Rom lebenden Kardinäle und Mitglieder der Schweizergarde, die als Schutzmacht des Papstes von Julius II. Anfang des 16. Jh. eingerichtet wurde. Bis heute dürfen nur katholische Schweizer Staatsbürger mit einwandfreiem Leumund und einer Mindestgröße von 1,74 m in den Dienst treten.

Als souveräner, völkerrechtlich anerkannter Staat, der zu 180 Staaten Beziehungen unterhält, verfügt der Vatikan über eigene Ordnungskräfte, Münzen, Briefmarken, Post- und Fernmeldewesen, Medien (s. S. 71), eine Flagge (gelbweiß, gekreuzte Schlüssel, Tiara) und ein eigenes Autokennzeichen (»SCV« für Dienstwagen, »CV« für Staatsbürger). Nationalfeiertag ist der Tag der Amtseinführung des Papstes.

Rechtliche Grundlage des Vatikanstaates sind die Lateranverträge zwischen Italien und dem Heiligen Stuhl vom 11. Februar 1929. Die darin gewährten Entschädigungen (750 Mio. Lire in bar sowie 1 Mrd. Lire in Staatsanleihen) für die Enteignung des Kirchenstaates im Jahr 1870 bilden die Vermögensgrundlage des heutigen Vatikanstaates. Hinzu kommen die Spenden von Gläubigen und Ordensgemeinschaften wie der an St. Peter und Paul jährlich eingezogene ›Peterspfennig‹, der nach der Wahl von Papst Franziskus um 20 % angestiegen ist (2012: 48 Mio. €, 2013: 57 Mio. €).

Vom Bischof zum Papst

Seit fast 2000 Jahren ist der römische Bischof Oberhaupt der Christen und später der römisch-katholischen Kirche. Seine Vorrangstellung war nicht immer unangefochten. In den ersten Jahrhunderten nahmen neben Rom auch Jerusalem, Konstantinopel, Alexandria und Antiochia eine herausragende Stellung innerhalb der christlichen Welt ein. Doch schon in der Spätantike beanspruchten die Bischöfe von Rom die Führungsrolle. Sie verstanden sich als Nachfolger des Apostels Petrus und verwiesen auf die besondere Stellung Roms als Hauptstadt des Imperiums. Mit der gefälschten ›Konstantinischen Schenkung‹ begründete das Papsttum das Hochmittelalter über seinen Machtanspruch. Weil der Bischof von Konstantinopel das ›Primat‹ nicht anerkannte, kam es 1054 zur ersten großen Kirchenspaltung zwischen der katholischen und der später sogenannten orthodoxen Kirche. Seit dem Ersten Vatikanischen Konzil 1870 ist die Vorrangstellung des Papstes auch dogmatisch festgelegt. Nach dem Dogma der Lehr-Unfehlbarkeit des Papstes ist ein vom Papst verkündeter Glaubenssatz auch ohne Zustimmung der Kirche und ihrer Vertreter gültig. Gegen eine solche geistige Vorherrschaft des römischen Bischofs über die Kirche regte sich Widerspruch. In Deutschland führte sie zur Abspaltung und Gründung der Altkatholischen Kirche.

Infos zum Vatikan
Ufficio Pellegrini e Turisti: am Petersplatz auf der linken Seite, Tel. 06 69 88 16 62 oder 06 69 88 20 19, Mo–Sa 8.30–18.15, http://w2.vatican.va.

Politikhauptstadt Rom

Die polternden Rechtspopulisten der Lega Nord bei ihrer Oppositionsarbeit

20 Jahre lang beherrschte das System Berlusconi, unter dem Ethik und Moral nichts zählten und allein das Gesetz der Macht und des Geldes herrschten, die italienische Politik. Nun muss die Politik wieder das Vertrauen der Bürger zurückgewinnen und gleichzeitig dringend anstehende Reformen in Angriff nehmen. Der neue Premier Matteo Renzi lässt es an Elan nicht fehlen.

Als Ende 2011 der viermalige Premier Silvio Berlusconi zurücktrat, ging eine Ära zu Ende. Fast 20 Jahre hatte die Truman-Show *all'italiana* mit Silvio Berlusconi in der Rolle des Witze reißenden Ministerpräsidenten gedauert. Und die Römer feierten. Einige Kommentaroren fühlten sich an die Feiern anlässlich des WM-Siegs erinnert, andere dachten mehr an die Abdankung eines arabischen Potentaten. Doch es war kein autokratischer Diktator zurückgetreten, sondern ein vom Volk gewählter Souverän. Berlusconi trat faktisch zurück, weil er im Parlament faktisch seinen Rückhalt verloren hatte, doch der Druck der Märkte und ausländischer Regierungen, die in Berlusconi einen entscheidenden Grund für das Glaubwürdigkeitsproblem Italiens sahen, haben ebenso zu seinem Rücktritt beigetragen.

Die Ära Berlusconi hinterließ ein schweres Erbe. Nicht nur ein hochverschuldetes Land mit geringem Wirtschaftswachstum, sondern auch ein politisches Geflecht, das es gewohnt war, nach dem altrömischen Prinzip »*do ut des*« (Ich gebe, damit du gibst) zu handeln. Zeitweise glich das Parlament einem Selbstbedienungsladen der Mehrheitsparteien, einem Basar für politische Posten und selbst gestrickte Gesetze, in dem der Blick auf die großen ökonomischen Probleme verstellt war.

Italien im Reformstau

Die technokratische Interimsregierung unter dem parteilosen Ministerpräsidenten Mario Monti verabschiedete sogleich ein drastisches Sparpaket und nahm umfassende Strukturreformen in Angriff. Zwar gelang es der Regierung damit das Vertrauen der Finanzmärkte zurückzugewinnen. Doch im eigenen Land machte sich Monti mit seiner Politik unbeliebt. Das Leben vieler Italiener verschlechterte sich zum Teil dramatisch, Jugendliche fanden noch seltener Arbeit und Rentner kamen mit ihrer Pension kaum über die Runden.

Die Parlamentswahlen im Februar 2013 brachten keine Klarheit – im Gegenteil! Die Wahl geriet zu einer *opera buffa,* bei der einem das Lachen im Hals stecken blieb. Zwar erhielt die Mitte-Links-Koalition unter der Führung des Partito Democratico (PD) eine Mehrheit im Abgeordnetenhaus, doch in der zweiten Kammer, dem Senat, machten die Italiener ausgerechnet die Mitte-Rechts-Allianz von Ex-Ministerpräsident Berlusconi zur stärksten Kraft, was einer institutionellen Selbstblockade gleichkam.

In der Regel haben die Kammern eines Parlaments unterschiedliche Aufgaben. In Italien hingegen herrscht ein ›perfekter Bikameralismus‹. Beide

Ein Besuch bei den Politikern
Manche der Palazzi öffnen Besuchern ihre Pforten.
Palazzo Montecitorio (Abgeordnetenkammer, s. S. 208): www.camera.it, jeden ersten So im Monat 10.30–16, im Sommer 13–18 Uhr außer Juli, Aug., erste Septemberwoche; kostenlose Tickets ab 9.30 Uhr des Besuchstages am Infopoint Ecke Via degli Uffici del Vicario/Via della Missione. Wer den oft lebhaften Sitzungen beiwohnen möchte, muss sich 45 Min. vor Sitzungsbeginn in angemessener Kleidung in der Sala del Pubblico an der Piazza del Parlamento 24 anmelden. Mindestalter 14 Jahre.
Palazzo Madama (Sitz des Senats, s. S. 153): www.senato.it, jeden ersten Sa im Monat 10–18 Uhr außer Aug., kostenlose 40-minütige Führungen, Einlass alle 20 Min.; ab 8.30 Uhr des Besuchstages können bis zu vier Tickets am Palazzo Madama 11 abgeholt werden. Um den Sitzungen beizuwohnen, muss eine schriftliche Anfrage gestellt werden.
Palazzo del Quirinale (Sitz des Staatspräsidenten, s. S. 232): www.quirinale.it, So 8.30–12 Uhr Besichtigung und anschließendes Konzert in der Cappella Paolina (Einlass ab 11.30 Uhr), im Sommer kein Zugang; einstündige Führungen 10 €/5 €.
Palazzo Chigi (Sitz des Ministerpräsidenten): Piazza Colonna, www.palazzochigi.it, Okt.–Mai meist am 3. und 4. Sa im Monat 9–12 Uhr nach schriftlicher Anfrage (visite@palazzochigi.it oder Fax 06 67 79 30 95) öffentlich zugänglich. Kostenlose einstündige Führungen.

Parlamentskammern haben die gleichen Befugnisse, d. h. eine neue Regierung muss von beiden Kammern bestätigt, jedes Gesetz von beiden Kammern verabschiedet werden – eine Quelle sich unendlich lang hinziehender Gesetzgebungsprozesse.

Das politische Patt wurde noch verstärkt durch die Wahl einer neuen Bewegung, der 2009 gegründeten Partei Movimento 5 Stelle, wobei die fünf Sterne für die Themen Wasser, Umwelt, Verkehr, Internet und Entwicklung stehen. Die Partei des Polit-Anarchos Beppe Grillo errang mit rund 24 % der Stimmen einen Erdrutschsieg und wurde dritte politische Kraft. Viele Wähler setzten auf Grillo, weil sie einen Neustart ersehnten, einen Ausbruch aus dem verkrusteten, aufgeblähten und korrupten Parteienstaat. Grillo jedoch verbat seinen Mitgliedern jegliche Zusammenarbeit mit den etablierten Parteien.

Gleichzeitig war der Wahlausgang auch eine Absage an das in Brüssel und Berlin erdachte Sparprogramm, das als Diktat empfunden wurde. Die von Grillo diktierte Totalopposition trieb schließlich die PD in eine große Koalition mit der Berlusconi-Partei PdL (Popolo della Libertà). Nach langen Verhandlungen kam es schließlich zur Regierungsbildung unter dem Premier Enrico Letta, der allerdings im Februar 2014 von einem neuen Stern am politischen Himmel abgelöst wurde, seinem Parteikollegen Matteo Renzi.

Italiens Turbo-Reformer

Mit jugendlichem Elan machte sich Matteo Renzi, der frühere Bürgermeister von Florenz, mit gerade 39 Jahren der jüngste Premier in Italiens republikanischer Geschichte, daran sein Zukunftskonzept für das Land umzusetzen. Mit dem Slogan »Wir wollen die alte Politikerkaste verschrotten« bildete Renzi in einer politischen Landschaft, die bis dahin hauptsächlich von in die Jahre gekommenen Apparatschiks geprägt war, eines der jüngsten Kabinette Europas und zur Hälfte mit Frauen besetzt.

Gleichzeitig ging Renzi mit großem strategischen Geschick vor. Er arrangierte sich mit Berlusconis Partei, die sich inzwischen wieder Forza Italia nannte, um seine Reformen durchzusetzen, was parteiintern große Bauchschmerzen hervorrief. Aber auch – sehr zum Missfallen von Berlusconi – dazu diente, Renzis Kandidaten ins Amt des Staatspräsidenten zu hieven. »Jeden Monat eine Reform« versprach Renzi, um das gelähmte Italien wieder flottzukriegen. So schnell ging es am Ende dann doch wieder nicht. Dennoch hat er in seinem ersten Regierungsjahr mehr erreicht als alle seine Vorgänger.

Ein erster wichtiger Etappensieg war die stark umstrittene, weil stark liberale Arbeitsmarktreform, die die Gewerkschaften, vor allem wegen der Aufweichung des in Italien fest verankerten Kündigungsschutzes auf die Barrikaden steigen ließ. Ein weiteres großes Reformprojekt ist das neue Wahlrecht und die Streichung der zweiten Kammer, des Senats. Falls Renzi die Zweidrittelmehrheit für eine Verfassungsänderung nicht bekommt, stellt er eine Volksabstimmung in Aussicht. Die Italiener nehmen dem forschen Renzi das Macher-Image ab. Noch genießt er in den Umfragen hohe Zustimmungswerte, die hoffen lassen, dass trotz der prekären Mehrheitsverhältnisse erst 2018 das natürliche Ende der Legislaturperiode eingeläutet wird.

Die Kaiser, die Rom prägten

Im Innenhof der Kapitolinischen Museen erinnern Fragmente einer Kolossalstatue an Konstantin den Großen

Mit Cäsar endet die Republik, mit seinem Adoptivsohn Gaius Octavianus, dem späteren Augustus, beginnt die Kaiserzeit. Zwar bleiben die republikanischen Formen bestehen, de facto handelt es sich aber um eine Alleinherrschaft. Die nachfolgende Zeit wird maßgeblich von den Persönlichkeiten der jeweiligen Kaiser geprägt.

Mit keinem anderen Namen verbindet sich so stark die Macht des imperialen Rom, dabei ist Cäsar (100–44 v. Chr.) nie Kaiser gewesen. Ungewöhnlich schnell durchlief er den *cursus honorum*, die militärische und offizielle Ämterlaufbahn. Die damit verbundenen enormen Schulden kompensierte er durch Ausbeutung der ihm übertragenen Provinzen. Zum alleinigen Herrscher wurde er, als er 49 v. Chr. trotz des Verbots der Senatspartei mit seinem Heer den Rubikon, die Grenze zwischen den gallischen Provinzen und Italien, überschritt, um sich in Rom ein zweites Mal zum Konsul wählen zu lassen. Im daraufhin ausbrechenden Bürgerkrieg siegte er und wurde 47 v. Chr. zum Diktator auf Lebenszeit ernannt. Ihm wurde der Feldherrentitel ›Imperator‹ verliehen und er durfte das Triumphatorgewand und den Lorbeerkranz tragen. Außerdem benannte man seinen Geburtsmonat in ›Iulius‹ um.

Doch die Senatspartei hatte sich keineswegs ergeben. Mit dem Ziel, die Adelsrepublik wiederherzustellen, bildete sich um Marcus I. Brutus und Gaius C. L. Cassius ein Kreis von Verschwörern. An den Iden des März (15. März. 44 v. Chr.) fiel Cäsar in der Kurie des Pompejus unter den Dolchstößen seiner Gegner. Sein Name wurde zum Synonym für Herrscher schlechthin: ›Cäsar‹ wurde im Deutschen zu ›Kaiser‹, in den slawischen Sprachen zu ›Zar‹.

Wichtige Bauten, die sich mit dem Namen des Imperators verknüpfen sind der Foro di Cesare und der Tempel des vergöttlichten Cäsar auf dem Forum Romanum.

Augustus – der Friedensstifter

Augustus (27 v. Chr.–14 n. Chr.), eigentlich Gaius Octavianus, war Großneffe und Adoptivsohn Cäsars. Mit der erfolgreichen Verfolgung der Mörder von Cäsar und dem Sieg über seinen Rivalen Antonius (und Kleopatra) bei Actium (31 v. Chr.) beendete er das ›Jahrhundert der Bürgerkriege‹. In einem großen Staatsakt gab Augustus am 13. Januar 27 v. Chr. die ganze Staatsgewalt an Senat und Volk zurück und verkündete die Wiederherstellung der Republik. Doch faktisch wurde er durch seine Machtfülle zum Alleinherrscher, zum ersten Kaiser und Imperator des Römischen Weltreiches.

An die Ära des Augustus erinnern der Tempel des Mars Ultor im Zentrum des Augustus-Forum, sein Wohnhaus auf dem Palatin, das Marcellus-Theater, der Ara Pacis Augustae und das Augustus-Mausoleum.

Nero – Zündler und Barde

In die Geschichte ging Nero (54–68) als Muttermörder und fanatischer Christenverfolger ein. Literatur und Film prägten von ihm das Bild des Brandstifters von Rom und leidlich dilettierenden Barden. Der letzte Kaiser aus der iulisch-claudischen Dynastie wurde zur ersten Verkörperung des ›Cäsarenwahns‹. Nach dem verheerenden Brand von Rom, den er, um von sich abzulenken, den Christen in die Schuhe schob, baute er seinen gigantischen Villenkomplex, die Domus Aurea, der sich über zwei der antiken Hügel erstreckte. Die mit pompejanischen Malereien überzogenen Säle inspirierten die Maler der Renaissance zu einem neuen, sich bald großer Beliebtheit erfreuenden Stil, den sie aufgrund der ›Grotten‹, der inzwischen unterirdischen Säle des Goldenen Hauses, Groteskenmalerei nannten.

Vespasian, Titus und die Toilettensteuer

Nach dem Tod Neros wurde Titus Flavius Vespasianus zum Kaiser (69–79) ernannt. Mit der Dynastie der Flavier, zu denen seine Söhne Titus (79–81)

> **Ave Caesar!**
> Einen Eindruck vom Leben im antiken Rom und vom Selbstverständnis der Römer vermitteln die auch heute noch zum Teil vergnüglichen Werke der antiken Autoren Horaz (Satiren), Juvenal (Satiren), Livius (»Ab urbe condita«), Martial (Epigramme), Sueton (»De vita Caesarum – Kaiserbiographien«), Tacitus (»Annalen«) und Ovid (»Metamorphosen«, »Fasti«).

und Domitian (81–96) gehörten, begann eine Zeit der Befriedung. Seinen größten militärischen Triumph errang Vespasian gemeinsam mit Titus mit der Eroberung von Jerusalem 70 n. Chr. Als Wiedergutmachung für die neronische Tyrannei ließ der volksnahe Vespasian das Amphitheatrum Flavium (Kolosseum) errichten, und über dem zerstörten Goldenen Haus von Nero ließ Titus öffentliche Thermenanlagen bauen. Berüchtigt war nach Neros verschwenderischer Herrschaft die Sparsamkeit des Vespasians, der selbst den von den Gerbern benutzten Urin besteuerte, gemäß seinem Motto »Pecunia non olet – Geld stinkt nicht«.

Trajan – der Welteroberer

Mit der Adoption von Trajan (98–117) durch Nerva begann die Blütezeit der ›Adoptivkaiser‹. Unter Trajan erreichte das Römische Reich seine größte Ausdehnung: von Britannien bis Ägypten und von Mauretanien bis Babylon. Trajans-Forum und Trajans-Säule sind zentrale Stätten der Erinnerung an den Kaiser.

Hadrian – der Kunstförderer

Unter Hadrian (117–138) brach eine Phase der Konsolidierung an. Mit mächtigen Anlagen wie dem Hadrianswall in Britannien oder dem Limes in Germanien ließ der Herrscher die Reichsgrenzen sichern. Der äußerst kunstsinnige Kaiser, der sich auch als Architekt und Dichter betätigte, förderte in besonderem Maße die griechische Kunst und Literatur.

Zu seinen bedeutendsten Bauten gehören in Rom das Hadriansmausoleum (die spätere Engelsburg) und das Pantheon, das er nach einem Brand erneuern ließ. Inspiriert von den Bauten, die er während seiner vielen Reisen gesehen hatte, errichtete sich Hadrian in Tivoli vor den Toren Roms eine riesige Sommerresidenz.

Konstantin der Große und das Christentum

Die Herrschaft Konstantins des Großen (306–337) läutete eine Wende in der Weltgeschichte ein. 312 n. Chr. siegte er an der Milvischen Brücke vor Rom unter den Zeichen des christlichen Kreuzes über Maxentius. Der christlichen Legendenbildung nach soll ihm am Vorabend der Schlacht das Christusmonogramm (X P) mit den Worten »in hoc signo vinces« (»in diesem Zeichen wirst du siegen«) erschienen sein. Ein Jahr später verkündete er im Edikt von Mailand die Gleichstellung des Christentums gegenüber anderen Religionen. Fortan stand das Römische Imperium unter christlichen Vorzeichen.

Gegen Ende seines Lebens soll er Papst Silvester I., von dem er sich auch taufen ließ, in der sogenannten ›Konstantinschen Schenkung‹ das geistliche Primat in der Kirche und die weltliche Macht über den Westen des Reiches eingeräumt haben. Erst Mitte des 15. Jh. wurde die ›Schenkung‹ als eine Fälschung des 8. Jh. entlarvt.

Unter Konstantin wird die Maxentius-Basilika vollendet und es entstehen die ersten großen christlichen Basiliken wie S. Pietro in Vaticano und S. Giovanni in Laterano, die für Jahrhunderte Vorbilder für sakrale Bauten waren.

Als die Römer den Beton erfanden

Kaiser Augustus rühmte sich, eine Stadt aus Ziegeln vorgefunden und eine aus Marmor hinterlassen zu haben. Tatsächlich fiel die Blüte römischer Baukunst in die Kaiserzeit. In der Millionenstadt Rom entstanden repräsentative Tempel und Triumphbögen, aber auch alltagstaugliche Bauten wie Basiliken, Thermen, Theater, Aquädukte und Toiletten.

Viele verschiedene Einflüsse und Bauherren prägten das Stadtbild des kaiserlichen Rom. In ihrer Architektur übernahmen die Römer wichtige Elemente der griechischen und etruskischen Baukunst. Doch waren die Römer alles andere als bloße Nachahmer. So haben sie mithilfe neuer Baustoffe den Gewölbebau maßgeblich weiterentwickelt.

Als ›Caput mundi‹ boomte

In der Zeit der späten Republik und in der Folge vor allem in der Kaiserzeit suchten wohlhabende Privatleute wie Herrscher in der Kunst eine Möglichkeit

Das römische Colosseo ist das größte je gebaute Amphitheater der Welt

zur öffentlichen Repräsentation und Verbreitung ihres Herrschaftsanspruches. Für ihre großen öffentlichen Bauten, Arenen, Thermen, Triumphbögen und Paläste mussten immer größere Räume überbrückt werden. Während der griechischen Architektur durch die Verwendung ausschließlich horizontaler und vertikaler Komponenten Grenzen gesetzt waren, konnten die Römer durch die Verwendung von Säule und Rundbogen auch größere und aufwendigere Gebäude gestalten. Neben einfachen Gewölbekonstruktionen wie dem Tonnengewölbe wurden zudem Kreuz- und Kuppelgewölbe gebaut.

Diese Gewölbekonstruktionen kommen ohne stützende Innensäulen aus. Dies war möglich geworden durch die Entdeckung eines neuen Baustoffs: römischen Betons. Dabei handelte es sich um einen Mörtel aus Wasser, Kalk und einem speziellen Vulkansand, *pozzolana* genannt. Beim Mauerbau wurde der Beton mit Ziegelsteinen und schließlich mit Travertin- oder Marmorplatten verkleidet. Beim Gewölbebau hingegen wurde zunächst ein hölzernes Lehrgerüst aufgezogen und darüber Ziegelrippen gemauert, die dann mit römischem Beton gefüllt wurden.

Kaiserlicher Monumentalbau

In der Kaiserzeit entstanden so gewaltige Bauten wie etwa das Amphitheatrum Flavium, das Kolosseum. Während beim griechischen Theater für die Anlage der Sitzränge noch eine natürliche Hanglage notwendig war, wurde es nun dank der Entwicklung der Bogen- und Gewölbetechnik möglich, monumentale Theater auch zu ebenem Gelände zu errichten. Selbst Basiliken wurden in der späten Kaiserzeit von mächtigen Gewölben überspannt.

Das Leben in den Thermen

Wie es in den Thermen zuging, davon berichtet der Philosoph Seneca: »Ich wohne gerade über einem Bad. Ihr könnt Euch vorstellen, was für ein Schwatzen, Lärmen und Schreien in allen Tonarten hinaufdringt, sodass man wünschen möchte, taub zu sein. Ich vernehme das rhythmische Rufen derer, die sich mit Hanteln betätigen. Sie stoßen kurze Laute aus und keuchen angestrengt; wenn jemand sich massieren lässt, hört man das Schlagen der Hände auf den Schultern, das einen verschiedenen Ton gibt. Es gibt dann Streitsüchtige, Diebe, die man auf frischer Tat ertappt, den Schwätzer, der seine Freude daran hat, sich selbst zuzuhören (…) Diese betätigen sich wenigstens noch mit ihrer eigenen Stimme, dann gibt es den Haarentfernungskünstler, der alle Augenblicke seine Dienste anbietet und nicht eher schweigt, bis er jemanden gefunden hat, dem er seine Haare entfernen kann. Dann fängt der zu schreien an, den er unter seinen Händen verarztet, ganz abgesehen von den schrillen Stimmen der Straßenhändler, die Getränke, Würste und Pasteten anpreisen.« (frei nach Seneca)

Anfangs war die Basilika eine von einem Sparrendachstuhl überdachte rechteckige Mehrzweckhalle, deren Mittelschiff von ein oder zwei niedrigeren, durch Säulen abgetrennten Seitenschiffen flankiert wurde. Basiliken dienten teils als Markthallen und Wechselstuben, wie z. B. die Basilica Aemilia auf dem Forum Romanum, oder als Gerichtshallen, wie z. B. die ihr gegenüberliegende Basilica Iulia. Erst nachdem Kaiser Konstantin im Toleranzedikt von Mailand (313) uneingeschränkte Religionsfreiheit garantiert hatte, wurde dieser Gebäudetyp auch zum Vorbild für christliche Kirchenbauten. Eine gute Vorstellung zum Aussehen der ersten Kaiserbasiliken gibt die fünfschiffige Kirche San Paolo fuori le Mura mit ihrem bis vor die Fassade ausgedehnten Atrium. Typisch für die frühchristlichen Basiliken ist allerdings der Verzicht auf ein Gewölbe, wie es bei der damals gerade erst erbauten profanen Konstantins-(Maxentius-) Basilika noch anzutreffen war.

Pionierarbeit leisteten die Römer auch beim Kuppelbau. Der berühmteste Kuppelbau der Antike ist das noch heute großartig erhaltene Pantheon in Rom. Die beiden letzten Bauten dienten in der Renaissance vielen Baumeistern als Vorbild. So soll sich Bramante seines Entwurfs des Petersdoms, eines dreischiffigen Zentralbaus auf griechischem Kreuz, mit den Worten gerühmt haben: »Ich werde der Konstantins-Basilika das Pantheon aufsetzen.«

›Mens sana in corpore sano‹

Mit der Kaiserzeit brach ein regelrechter Bauboom los. Immer wieder gaben die Kaiser horrende Summen für den Bau neuer Monumente aus, deren Inneres ebenfalls reich und prächtig ausgestattet wurde. Selbst Bedürfnisanstalten wurden dabei nicht ausgespart.

Zu den vollendetsten technischen Leistungen der Antike gehören die monumentalen Thermenanlagen der Kaiserzeit. Die Wasserversorgung der Bevölkerung wurde durch bis zu 90 km lange Aquädukte gewährleistet. Ende des 1. Jh. lieferten elf unter- und überirdisch geführte Leitungen der Millionenbevölkerung Roms täglich 992 200 m³ Wasser. Damit standen jedem Römer pro Tag 600 bis 900 l zur Verfügung!

Die Diokletians-Thermen hatten eine Grundfläche von ca. 13 ha. Das Schwimmbecken allein nahm 2500 m² ein. In dieser riesigen Anlage konnten nicht weniger als 3000 Personen gleichzeitig baden. Vorbildlich waren die ausgeklügelten Befeuerungs- und Heizungsanlagen. Zur Erwärmung der Warmwasserräume dienten Hohlziegel in den Wänden und eine Hypokaustenanlage, eine auf kleinen Pfeilern ruhende Fußbodenheizung. Die vorwiegend nach Südwesten ausgerichteten Räume profitierten zusätzlich von der Sonnenwärme, die durch große Doppelfenster ins Innere drang. Durch die Befeuerungsöfen im Untergeschoss wurden sowohl die Luft als auch das Wasser, welches über Rohrleitungen zu den Wannen floss, erhitzt.

Die kaiserlichen Großthermen waren meist spiegelbildlich um eine große Mittelachse angelegt, auf der das *frigidarium* (Kaltwasserbad), das *tepidarium* (Lauwarmbad) und das *caldarium* (Heißbad) aneinandergereiht waren. Vor dem *frigidarium* befand sich meist unter freiem Himmel die *natatio* (Schwimmbad). Seitlich lagen die großen ungedeckten Palästren für die sportliche Betätigung, die Umkleideräume und weitere Räume, wie Schwitzbad, Massageraum oder Arztpraxen. Und natürlich gab es in der Nähe auch öffentliche Toiletten. So ist bekannt, dass Rom um 300 n. Chr. über mehr als 140 öffentliche Latrinen mit Sitzflächen aus Marmor und permanenter Wasserspülung verfügte. Diese Massenaborte waren ähnlich den großen Thermen beliebte Treffpunkte und Zentren römischer Kommunikation.

Einst dem luxuriösen Badevergnügen der Römer gewidmet: die Caracalla-Thermen

Das Erbe der Renaissance-Päpste

»Gott hat uns das Papsttum gegeben, lasst es uns genießen!« Der Ausspruch des Medici-Papstes Leo X. könnte als Leitmotiv für die Zeit der Renaissancepäpste stehen. Fürstliche Hofhaltung, ungezügelter Nepotismus, militärische Eroberungszüge zur Erweiterung des Kirchenstaates und durch Ämterkauf, Ablasshandel und durch Steuern finanziertes Mäzenatentum prägen diese Zeit.

Die Päpste Julius II. (1503–13), Leo X. (1513–21), Hadrian VI. (1522–23) und Clemens VII. (1523–34) lenkten während der Hochrenaissance die Geschicke des Kirchenstaates. Mitte des 15./16. Jh. verhalfen die Renaissancepäpste Rom zu einer großartigen Kulturblüte. Künstler wie Michelangelo, Raffael, Bramante und viele andere arbeiteten in der Stadt.

Nachdem sich die Päpste von ihrem Exil in Avignon erholt hatten, erkannten auch sie – lange nach Kaiser Augustus – die ›Macht der Bilder‹. Die von Florenz ausgehende Erneuerung von Kunst und Wissenschaft im Zeichen der Antike griff über auf Rom. Zum Ruhm der Kirche und ihrer Würdenträger wurde die Ewige Stadt nach dem politischen Niedergang der norditalienischen Zentren Mailand und Florenz in der Hochrenaissance

Fresken von Filippino Lippi zieren die Carafa-Kapelle in Santa Maria sopra Minerva

zu einem ›Spiegel überirdischer Herrlichkeit auf Erden‹ ausgestaltet.

Herrschaftliche Palazzi und Kirchen

Päpste und ehrgeizige Kardinäle gaben herrschaftliche Palazzi in Auftrag, bei denen die Säulenordnungen, Giebel- und Ornamentformen antiker Bauten Pate standen. Während sich am Palazzo Venezia des späteren Papstes Paul II. noch der Übergang von der mittelalterlichen Wehrarchitektur zur repräsentativen Palastarchitektur nachvollziehen lässt, zeigt der Palazzo della Cancelleria von Kardinal Raffaele Riario bereits die für die Renaissance typische klare Gliederung und die ausgewogenen Maßverhältnisse. Der imposante und dennoch schlichte Palazzo Farnese des späteren Papstes Paul III. wurde zum Inbegriff der Palastarchitektur des 16. Jh.

Zur Idealform der Sakralbaukunst wurde der von einer Kuppel überkrönte Zentralbau wie der von Bramante begonnene Neubau der Peterskirche oder der ebenfalls von Bramante entworfene Tempietto bei der Kirche San Pietro in Montorio. Vorbild hierfür war ein antiker Rundtempel.

Die Entdeckung des Menschen

In der Malerei ermöglichte die Entdeckung der Perspektive und der Gebrauch von Öl- statt Temperafarben ein größeres Maß an Plastizität und Körperlichkeit. Im Zentrum steht der Mensch und der ihn umgebende Raum. Beispiele dieses neuen Kunstverständnisses sind die Fresken des Florentiners Masolino in der Katharinenkapelle von San Clemente, die lyrisch-eleganten Wandbilder des frommen Dominikanermönches Fra Angelico in der Kapelle von Nikolaus V. im Vatikan, die detailfreudigen Fresken von Pinturicchio in Santa Maria in Aracoeli und der Zyklus von Filippino Lippi in der Carafa-Kapelle von Santa Maria sopra Minerva, vor allem aber die Wände der Sixtinischen Kapelle, die von den berühmtesten Künstlern der damaligen Zeit Perugino, Botticelli oder Pinturicchio bemalt wurden. Die herausragendsten Künstlergestalten dieser Zeit waren Raffael und Michelangelo, die unter Julius II. und dem Medici-Papst Leo X. tätig waren.

Das Ende der Papstfürsten

Während ihrer Pontifikate machten sich diese Päpste als Förderer von Humanisten, Literaten, Malern und Bildhauern einen Namen. Aber all dies kostete viel Geld. Als Leo X. mit dem Ablasshandel und immer neuen Steuern die katholische Kirche sanieren wollten, rief er damit Luther mit seinen 95 Thesen auf den Plan. Seine Nachfolger mussten mit leeren Kassen und einer immer stärker werdenden Reformation kämpfen. Nach dem Intermezzo unter Hadrian VI., der kein Verständnis für die Prachtentfaltung des Renaissancepapsttums hatte, kam mit Clemens VII. wieder ein Medici auf den Papstthron. Doch sein undiplomatisches Verhalten im Konflikt zwischen Spanien und Frankreich führte 1527 zum ›Sacco di Roma‹ (Plünderung Roms), bei dem Landsknechte von Kaiser Karl V. Rom in einer seit der Antike nie dagewesenen Weise verwüsteten und damit der Zeit der Renaissancepäpste ein Ende setzten.

Barocke Inszenierungen

Während die Renaissance von Florenz ausging, wurde das päpstliche Rom im 17. Jh. zur Wiege des Barock. Mit Hilfe des überschwänglichen und dekorverliebten Barockstils versuchte die katholische Kirche den Glanz und die Macht zurückzugewinnen, die sie im Kampf gegen die Reformation eingebüßt hatte.

Unter den Päpsten Urban VIII. Barberini, Innozenz X. Pamphilj und Alexander VII. Chigi wurde Rom zum Zentrum eines ›vibrierenden Christentums‹. Die künstlerischen Inszenierungen sollten die Macht der Kirche und die Mystik der Religion zum Ausdruck bringen.

Der Barock liebte Bewegungseffekte, wie das Spiel mit konkaven und konvexen Formen, und die Inszenierung von Gegensätzen wie Licht und Schatten. Typisch war auch der Drang ins Unendliche, der sich z. B. in einer Vorliebe für Spiegelgalerien und illusionistische Malereien ausdrückte. Mit seinem Sinn für Bühneneffekte sprengte der Barock die Grenzen zwischen Malerei, Skulptur und Architektur und verband diese zu einem Gesamtkunstwerk.

Der Barock entstand zu Beginn des 17. Jh. im päpstlichen Rom als eine Stiltendenz, die bald alle Künste ergriff. Während die Kunst der Renaissance an die Vernunft appellierte, wandte sich die Kunst des Barock an das Gefühl. Unangefochtene ›Stars‹ des Barock waren die Bildhauer und Architekten Gianlorenzo Bernini (1598–1680) und Francesco Borromini (1599–1667), die das römische Stadtbild stark prägten.

Bernini – der Liebling der Päpste

Bernini wurde in Neapel geboren, seine Familie aber stammte aus Florenz, worauf er immer wieder hinwies. Im Alter von acht Jahren zog er mit seiner Familie nach Rom. Schon in jungen Jahren griff Bernini in der Bildhauerwerkstatt seines Vaters Piero zu Hammer und Meißel. Legendär war sein Ehrgeiz. So ging er von seiner Wohnung bei Santa Maria Maggiore quer durch die Stadt in die Museen des Vatikans, um dort die antiken Statuen zu studieren. Will man den späteren Quellen glauben, so zeigte sich Bernini schon bei seiner ersten Begegnung mit dem Papst sehr selbstbewusst. Als Paul V. ihn aufforderte, ein Gesicht zu zeichnen, fragte Bernini den Papst zunächst, was für ein Gesicht er sich denn wünsche, und zeichnete dann in schnellen Strichen den hl. Paulus. Der Papst war begeistert.

Mit seinen ausdrucksstarken, dem Stil der Antike nachempfundenen Skulpturen machte er sich schnell einen Namen. Bewunderung erreg-

Die hl. Theresa von Avila in der Kirche Santa Maria della Vittoria – Bernini selbst hielt sie für eines seiner Meisterwerke

ten die vier lebensgroßen Figurengruppen, die er für Kardinal Scipione schuf und die heute in der Villa Borghese stehen. Sie zeichnen sich durch großartige Komposition, detailgenaue Bearbeitung und dramatische Hell-Dunkel-Effekte aus. Zu seinen vollkommensten bildhauerischen Werken zählte Bernini selbst die 1645–52 entstandene Marmorgruppe »Die Verzückung der hl. Theresa« in Santa Maria della Vittoria, die jedoch wegen ihres erotischen Charakters zu seiner Zeit sehr umstritten war.

Doch Bernini überzeugte nicht nur durch sein Können, er hatte auch ein einnehmendes Wesen – zumindest seinen Auftraggebern gegenüber. Mit seiner Eloquenz und Weltgewandtheit verstand er es, Kardinäle und Päpste von seinen künstlerischen Plänen zu überzeugen. Sein Mäzen und Gönner Papst Urban VIII., der in ihm den ›neuen Michelangelo‹ ausgemacht hatte, betraute ihn mit der Gestaltung des Innenraums von St. Peter. Mit seinem Baldachin, der auf vier gedrehten Bronzesäulen ruht und von vier Voluten und Skulpturen bekrönt wird, verband Bernini Architektur und Skulptur auf neuartige Weise. Wenige Jahrzehnte später schuf er den Kolonnadenplatz vor der Peterskirche. Wie Arme sollten die Säulenreihen Pilger aus aller Welt umfassen. Daneben arbeitete Bernini am Palazzo Barberini, entwarf den Pa-

Borrominis perspektivische Kolonnade im Palazzo Spada täuscht Tiefe vor

lazzo Montecitorio (heute Sitz des italienischen Parlaments) und schuf den Triton-Brunnen auf der Piazza Navona sowie den spektakulären Vier-Ströme-Brunnen, dessen Entstehung sich nur einer List Berninis verdankt, denn der Papst hatte den Künstler eigentlich vom Brunnen-Wettbewerb ausgeschlossen.

Borromini – der ewige Zweite

Auch Borromini war kein Römer. Der Sohn eines Steinmetzes aus der Nähe von Lugano kam erst mit knapp 15 Jahren nach Rom, wo er sich seinem Onkel Carlo Maderno anschloss, leitender Architekt der seit 1506 im Bau befindlichen Peterskirche. Wenig später wurde Borromini dessen Assistent. Doch als Maderno starb, wurde nicht Borromini, sondern Bernini sein Nachfolger. Borromini, der als verschlossen und eigenbrötlerisch galt, soll dies nie verwunden haben. Zunächst arbeiteten beide Künstler noch gemeinsam in der Dombauhütte der Peterskirche, doch bald wurden sie zu erbitterten Rivalen.

Anders als dem machtbewussten und vielseitigen Bernini gelang es Borromini nicht, die Päpste auf Dauer von seiner einfallsreichen und unkonventionellen Architektur zu überzeugen. Bei seinem wichtigsten Auftrag, dem Umbau von San Giovanni in Laterano, erhielt er die Auflage, die alte Basilika so weit wie möglich zu erhalten.

Zu Borrominis Meisterwerken zählen neben San Carlo alle Quattro Fontane die Universitätskirche Sant'Ivo alla Sapienza mit ihrer eigenwilligen spiralförmigen Kuppel, Sant'Agnese in Agone auf der Piazza Navona und die eindrucksvolle perspektivische Kolonnade im Palazzo Spada.

Ein schönes Beispiel für das Können und die Verschiedenartigkeit der beiden Rivalen sind die Kirchen in der Via XX. Settembre: Berninis Sant'Andrea al Quirinale, ein kleiner, aber mächtiger Bau auf querovalem Grundriss mit ausschwingenden Mauern, dessen Innenraum sich im Geist des barocken *theatrum sacrum* zu einem bühnenartigen Raum verwandelt und das Martyrium des Heiligen sinnlich erfahrbar macht; nur wenige Schritte weiter steht Borrominis Werk San Carlo alle Quattro Fontane mit seinem fantasievollen Formenspiel von konkaven und konvexen Wänden, sich überschneidenden geometrischen Grundformen und schönen Hell-Dunkel-Effekten.

Unterwegs in Rom

Spektakulärer Auftakt: das doppelt gewundene Treppenhaus der Vatikanischen Museen

Das Beste auf einen Blick

Das antike Zentrum

Highlights!

Foro Romano: Wo pochte das Herz des antiken Rom? Wo zog Cicero seine Hörer in den Bann? Wo marschierten die Triumphzüge der siegreichen Legionen entlang? Ein Spaziergang über das Forum vermittelt noch heute eine Ahnung vom Leben und Prunk am einstigen ›Nabel der Welt‹. **1** S. 118

Palatino: Der Palatin gilt als die Keimzelle Roms. Zu Füßen des Hügels glaubte man erst kürzlich die legendäre Höhle von Romulus und Remus entdeckt zu haben. Mit den wieder eröffneten Häusern des Augustus und der Livia ist der Besuch ein Muss für jeden Antikenliebhaber. S. 125

Auf Entdeckungstour

Spektakel für das Volk – im Kolosseum: Wo einst die Flamingos von Kaiser Nero herumstolzierten, ließen seine Nachfolger ein riesiges Amphitheater errichten, in dem das Volk mit Gladiatorenspielen und Tierhatzen bei Laune gehalten wurde. Dank seines guten Erhaltungszustands wurde es zum Wahrzeichen Roms. Bereits in einer Weissagung aus dem 9. Jh. heißt es: »So lange das Kolosseum steht, so lange steht Rom. Wenn das Kolosseum fällt, dann fällt auch Rom.« **13** S. 132

Kultur & Sehenswertes

Casa di Augusto: Ein Fest der Farben empfängt den Besucher in den Wohn- und Repräsentationsräumen des ersten römischen Kaisers. 7 S. 128

Foro di Traiano: Das letzte, prächtigste und größte aller Kaiserforen beeindruckt durch seine mehrgeschossigen Märkte, Vorläufer unserer heutigen Einkaufspassagen 16 S. 131

Musei Capitolini: Das Museum zeigt eine der bedeutendsten Kunstsammlungen der Stadt. Blickfang sind u. a.: die »Kapitolinische Wölfin«, der »Sterbende Gallier« und die Reiterstatue des Marc Aurel. 20 21 S. 138

Zu Fuß unterwegs

Joggen im Schatten von Ruinen: Tun Sie es den Römern gleich und drehen Sie eine Runde im antiken Zentrum oder machen Sie es wie die antiken Wagenlenker: Drehen Sie sieben Runden im Circo Massimo – ca. 8400 m. 27 S. 142

Genießen & Atmosphäre

Nachtspaziergang: Ein wunderbares Erlebnis ist ein Spaziergang bei Dunkelheit, wenn die antiken Stätten angeleuchtet werden. Besonders schöne Ausblicke hat man vom Kapitol auf das Forum. 18 S. 136

Caffè Capitolino: Grandios ist der Ausblick von der Dachterrasse des Cafés der Kapitolinischen Museen. 3 S. 139, 143

Abends & Nachts

Casa del Jazz: Aus der beschlagnahmten Villa eines Mafiaclans samt 2,5 ha Land wurde eine Top-Adresse für Jazzfans. 2 S. 52, 143

Konzerte: Ganzjährig organisiert der Kulturverein Il Tempietto Konzerte in der Sala Baldini und anderen historischen Sälen, von Juni bis September auch unter freiem Himmel im antiken Marcellus-Theater. 3 24 S. 53, 141

Am Nabel der Welt

Als erste Bewohner Roms siedelten um das 9. Jh. v. Chr. latinische Bauern und Hirtenstämme am linken Tiberufer und auf dem Palatinhügel. Innerhalb weniger Jahrhunderte avancierte dieses Gebiet zum Zentrum römischen Lebens und römischer Weltpolitik. Während die Senatoren in der Kurie Fragen der Politik erörterten, wurde in den Basiliken Gericht gehalten oder Handel getrieben. Vor den Tempeln opferte man den unterschiedlichsten Gottheiten; Kaiser und Feldherren ehrte man mit pompösen Triumphzügen. Als das Forum Romanum zu klein wurde, stifteten die Kaiser neue, prächtige Foren mit Marktplätzen, Tempeln und Verwaltungsgebäuden. Im Kolosseum fieberte das Volk bei Gladiatorenspielen und Tierhatzen mit, während die waghalsigen Wagenrennen im Circus Maximus stattfanden. Ihrem täglichen Bad gingen die Römer in den Thermen nach, zu den größten gehören die Caracalla-Thermen. Das Kapitol war in der Antike politisch-religiöser Mittelpunkt der Stadt. Während der Renaissance ließen die Päpste es nach Maßgaben von Michelangelo völlig umgestalten.

Foro Romano ! 1

Ein-/Ausgang und Ticketschalter am Largo della Salara Vecchia 5–6 (Forum; mit Museumsshop), an der Via S. Gregorio (Palatin) und am Titusbogen, Ausgang auch am Septimius-Severus-Bogen, tgl. 8.30 Uhr bis ca. 1 Std. vor Sonnenuntergang (Details s. Colosseo S. 62 sowie S. 63), Kombiticket mit Palatin und Kolosseum 12 €/7,50 € (2 Tage gültig), Vergünstigung mit Archaeologia Card oder Roma Pass (s. S. 61)

Ein Besuch des Foro Romano gehört zu den Höhepunkten einer Romreise. Den Rundgang beginnt man am besten am Largo della Salara Vecchia, am Ende der Via Cavour. Das in einer Senke zwischen den Hügeln Palatin, Kapitol, Quirinal und Esquilin liegende Gebiet diente zunächst als Totenacker. Die Etrusker entwässerten das feuchte, sumpfige Tal durch einen unterirdischen Abwasserkanal, die Cloaca Maxima, der beim Ponte Rotto nahe der Tiberinsel in den Fluss mündet. Zwischen den Hügeln entstand so ein idealer Markt- und Versammlungsplatz. Nach der Vertreibung der etruskischen Könige und der Ausrufung der Römischen Republik entwickelte sich das Forum vom geschäftigen Marktplatz zum öffentlichen Zentrum einer Stadt, die schon bald zur Hauptstadt eines riesigen Reiches avancierte. Unter den Kaisern füllte sich der Platz immer mehr mit verherrlichenden Gedenkmonu-

---

Infobox

Reisekarte: ▶ Karte 1, J–L 9–11

Dauer und Ausgangspunkt
Die Tour ist auf zwei Tage angelegt. Ausgangspunkt ist der Largo della Salara Vecchia am Ende der Via Cavour.

Verkehrsmittel
Metro: Colosseo (B) oder Bus: 60, 75, 85, 87, 117, 175.

Eintrittskarten
Für den Besuch der Ausgrabungsstätten lohnt sich der Kauf eines Kombitickets oder des Roma Passes (s. S. 61).

Foro Romano

menten, Triumphbögen, Standbildern, Ehrensäulen und -tempeln.

Mit dem Niedergang des Römischen Reiches ging auch der Verfall des Forums einher. Man schloss die heidnischen Tempel oder wandelte sie in christliche Kirchen um. Bis weit in die Renaissance diente das Forum als Steinbruch für den Bau neuer Paläste und Kirchen. Über die eingestürzten Bauten legte sich Vegetation und das einstige Zentrum des Weltreichs verkam zur Rinderweide, zum *campo vaccino*, wie es noch zur Zeit von Goethes Italienreisen hieß. Systematische Ausgrabungen begannen erst gegen Ende des 18. Jh. und dauern noch an. Die heute sichtbaren Ruinen stammen zum großen Teil aus dem 2. und 3. Jh. n. Chr.

Basilica Emilia

Gleich rechts von der abfallenden Rampe liegen die Überreste der Basilica Emilia. Sie wurde 179 v. Chr. vom Zensor Marcus Aemilius Lepidus erbaut, dem obersten Steuerbeamten. Den republikanischen Römern galt es als Ehre, dem Staat zu dienen, daher nannten sie die Ämterlaufbahn *cursus honorum* (›Ehrenlauf‹). Sie ließen sich ihre Arbeit nicht mit schnödem Mammon entgelten, vielmehr investierten sie selbst in Projekte, die der Allgemeinheit und ihrem Prestige zugute kamen. So diente die von Lepidus finanzierte Basilica Aemilia als Markthalle. Die Basilika der römischen Antike war ein lang gestreckter Zweckbau mit hölzernem Satteldach, einem erhöhten Mittelschiff und in der Regel zwei niedrigeren Seitenschiffen. Durch die Fensterzone im Mittelteil wurde das Innere erhellt. In der halbrunden Apsis, die meist das Langhaus abschloss, befand sich der Sitz des Marktaufsehers bzw. des Richters. Die **Reliefs** an der Basilica Aemilia illustrieren übrigens den Raub der Sabinerinnen.

Curia und Lapis Niger

In der benachbarten **Curia,** einem schlichten Backsteingebäude, tagte der Römische Senat. Bis zum Ende der Republik war der Senat die wichtigste Institution des römischen Staates. Er entschied in Fragen der Kriegsführung, nominierte Statthalter und bestätigte Wahlen und Gesetze im »Namen des Senates und des römischen Volkes« (Senatus Populusque Romanus, kurz SPQR). Die Bronzetüren sind Kopien der Originale, die seit 1660 das Mittelportal der Kirche San Giovanni in Laterano bilden. Der heutige Bau wurde 283 n. Chr. von Kaiser Diokletian errichtet und verdankt seinen guten Zustand der Umwandlung in eine Kirche im 7. Jh. Besondere Verehrung genoss das Quadrat aus schwarzen Marmorplatten vor der Kurie. Der **Lapis Niger** (schwarzer Stein) bezeichnet den Ort, an dem Romulus, der mythische Gründer Roms, begraben sein soll.

Cäsar wurde übrigens nicht in dieser Curia erstochen. Da sie abgebrannt war, fand die berühmte Senatssitzung an den Iden des März 44 v. Chr. in der Kurie des Pompejus nahe dem Largo Argentina statt.

Arco di Settimio Severo

Hinter der Curia erhebt sich der überaus harmonische und größte aller römischen Triumphbögen, der **Septimius-Severus-Bogen.** Der Ehrenbogen für den einzigen römischen Kaiser afrikanischer Abstammung wurde 203 n. Chr. anlässlich seines zehnten Amtsjubiläums errichtet. Die **Reliefs** feiern die Siege, die Septimius gemeinsam mit seinen Söhnen und späteren Mitregenten Caracalla und Gaeta über die Parther, Assyrer und Araber errang. Nach dem Tod des Vaters ließ Caracalla seinen Bruder umbringen, um sich die Alleinherrschaft zu sichern. Um auch die Erinnerung an Gaeta auszulöschen, ließ er dessen Na-

Das antike Zentrum

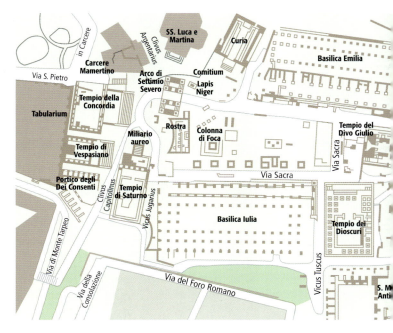

men aus der Inschrift entfernen, was man noch deutlich an der vierten Zeile erkennen kann, obwohl eine neue Inschrift darüber angebracht wurde. Die *damnatio memoriae,* die Auslöschung der Erinnerung, war in der römischen Kaiserzeit eine häufig geübte Praxis.

Rostra

Der öffentlichen Meinungsbildung diente die Rostra, die **Rednerbühne** neben dem Triumphbogen. Ihren Namen verdankte sie den Rammschnäbeln von erbeuteten Kriegsschiffen (lat. *rostra*), die hier als Trophäen angebracht waren. Von der Tribüne, die bis zur Zeit Cäsars zwischen Lapis Niger und Kurie lag, sprachen die Politiker zum Volk. Cicero hielt auf der Rostra seine berühmten Reden, darunter jene, in der er die Verschwörung des Catilina aufdeckte. Wenige Jahre später ließ Marcus Antonius den großen Redner ermorden und seinen Kopf und seine Hände an der Rostra zur Schau stellen.

Colonna di Foca

Ganz in der Nähe fällt die mächtige **Phokas-Säule** ins Auge. Sie wurde erst 608 n. Chr. aufgestellt, als das Römische Reich längst untergegangen war. Papst Bonifaz IV. ehrte damit den byzantinischen Kaiser Phokas, der ihm das Pantheon zur Umwandlung in eine Kirche überlassen hatte.

Tempio di Vespasiano

Durch den Septimius-Severus-Bogen führt die Via Sacra auf das Kapitol. ›Heilige Straße‹ wurde sie genannt, weil neben öffentlichen auch viele wichtige religiöse Gebäude an ihr lagen. Die drei korinthischen Säulen sind Reste des **Vespasian-Tempels,** der

Foro Romano

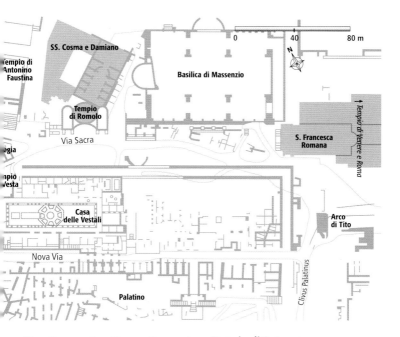

81 n. Chr. von Domitian zu Ehren seines Vaters Vespasian (s. auch S. 102), dem Erbauer des Kolosseums, und seines Bruders Titus errichtet wurde.

Portico degli Dei Consenti

Gleich einer ganzen Götterversammlung ist der **Portikus der einigen Götter** geweiht. Seit republikanischer Zeit huldigte man hier den zwölf olympischen Göttinnen und Göttern, die paarweise als harmonischer Rat zwischen den Säulen standen.

Tabularium

Den Übergang zum Kapitol bildet das 78 v. Chr. erbaute Tabularium, das römische Staatsarchiv, in dem auch die Bronzetafeln mit den altrömischen Gesetzen aufbewahrt wurden. Seit dem Mittelalter bildet es den Unterbau des Senatorenpalastes.

Tempio di Saturno

Eines der ältesten Heiligtümer des Forums ist der **Tempel des Saturn,** der gleich nach der Vertreibung der etruskischen Könige 498 v. Chr. eingeweiht wurde. Der jetzige Bau, von dem noch die Reste des imposanten Podiums und acht Granitsäulen der Vorhalle erhalten sind, stammt aus dem 4. Jh. n. Chr. Hier wurden die heiligen Waffen Roms und der größte Teil des Staatsschatzes aufbewahrt, dessen sich Cäsar während der Bürgerkriege bemächtigte.

In der **Cella,** dem Kultraum, stand das Kultbild des Saturn, des Gottes der Bauern. Die Saturnalien, ein mehrtägiges Fest zu Ehren des Gottes, gehörten zu den beliebtesten religiösen Feiern der Stadt. Sie fanden Mitte Dezember statt und begannen mit einem Opfer und großem Gelage

Das antike Zentrum

Acht Säulen mit ionischen Kapitellen erinnern an den Tempel des Saturn

am Tempel. In den folgenden Tagen feierte man ausgelassen. Soziale Unterschiede und moralische Normen waren dabei außer Kraft gesetzt. Der Hausklave durfte dem Herrn einmal unverblümt die Meinung sagen und beide speisten gemeinsam. Ähnlich wie heute an Karneval durfte man über die Stränge schlagen.

Umbilicus Urbis und Miliario aureo
Zwei für das Selbstverständnis der Römer wichtige, heute jedoch ganz unscheinbare Monumente liegen zwischen dem Saturn-Tempel und dem Septimius-Severus-Bogen. Ein kleiner runder Ziegelbau bezeichnet den **Umbilicus Urbis**, den ›Nabel Roms‹, symbolischer Mittelpunkt der Stadt. Vom **Miliario aureo**, dem ›Goldenen Meilenstein‹, sind nur Teile der Rundbasis und einige wenige Marmorfragmente mit Palmetten erhalten geblieben. Die einst mit vergoldeter Bronze verkleidete Marmorsäule markierte als ›Meilenstein 0‹ den symbolischen Anfangs- und Endpunkt aller römischen Konsularstraßen. In goldenen

Foro Romano

Ziffern waren darauf einst die Entfernungen nach Alexandria, Londinium (London) und Lutetia (Paris) angegeben. Augustus wollte Römern wie Nichtrömern auf diese Weise die Größe des Römischen Reiches vor Augen führen.

Basilica Iulia
Gegenüber der Basilica Aemilia erbaute Julius Cäsar 54 v. Chr. die nach ihm benannte fünfschiffige Basilica Iulia, die als Gerichtsgebäude diente. Ob es gelangweilte Prozessteilnehmer oder Müßiggänger waren, die in die Stufen vor der Basilika Spielbretter ritzten, ist nicht bekannt.

Tempio dei Dioscuri
Der benachbarte Castor-und-Pollux-Tempel, auch Dioskurentempel genannt, von dem der Unterbau und drei Säulen aus parischem Marmor erhalten sind, war den Stadtpatronen geweiht. Der Legende nach waren sie 496 v. Chr. am Regillus-See den Römern gegen die aufständischen Latiner zu Hilfe gekommen und hatten persönlich die Siegesmeldung in die Stadt gebracht.

Santa Maria Antiqua
Seit Langem angekündigt ist die Öffnung der Kirche Santa Maria Antiqua im seitlichen Vicus Tuscus. Das Gebäude, das wohl einst Teil des Palastes des Tiberius war, wurde im 5. Jh. in eine Kirche umgewandelt. Von großer kunstgeschichtlicher Bedeutung sind die **Fresken** aus dem 8. Jh.

Kaiserliche Ehrentempel
Kaum etwas ist vom **Tempio del Divo Giulio** (Tempel des vergöttlichten Cäsars, s. auch S. 101) erhalten geblieben. Nach seinem Tod wurde Cäsars Leichnam auf dem Forum vor der Regia (s. S. 124) verbrannt. Mit einem Tempel zu Ehren Cäsars führte sein Adoptivsohn Augustus den zuvor privaten Brauch der Vergöttlichung von Verstorbenen und den damit verbundenen Kult auch für Herrscher ein. In der Folge entstanden zahlreiche Ehrentempel für verstorbene Kaiser – und vereinzelt für deren Ehefrauen, wie im Fall des **Tempio di Antonino e Faustina** aus der Mitte des 2. Jh. n. Chr., der zu den besterhaltenen Tempeln auf dem Forum gehört und im 11. Jh. in eine Kirche umgewandelt wurde. Die Ker-

Das antike Zentrum

ben an den Marmorsäulen zeugen vom Materialhunger des Mittelalters, als man – zum Glück vergeblich – versuchte, die Säulen mit Seilen aus dem Boden herauszureißen.

Orte des Vestakultes

Hinter dem Tempel zu Ehren Caesars lag die **Regia,** von der nur noch die Fundamente aus Tuffsteinblöcken zu sehen sind. Der Bau war Sitz des einflussreichen obersten römischen Priesters, des Pontifex Maximus – ein Titel, den die katholische Kirche später für den Papst übernahm. Daneben befand sich der **Tempio di Vesta**. Der eng mit dem Gründungsmythos verbundene Vestakult war einer der wichtigsten Kulte im römischen Reich. In dem mehrmals erneuerten Rundtempel der Vesta, der Göttin des Staatsherdes, hüteten die Vestalinnen das ›heilige Feuer‹, das nie erlöschen durfte, da es den Fortbestand des Staates symbolisierte. Der Pontifex Maximus suchte die sechs Dienerinnen der Vesta bereits als Mädchen aus. Sie dienten der Göttin 30 Jahre, danach konnten sie in die römische Gesellschaft zurückkehren und auch heiraten. Als Priesterinnen unterstanden sie nicht der väterlichen Gewalt und genossen viele Privilegien. So durften sie ohne Vormund Geschäfte tätigen, und begegneten sie einem zum Tode Verurteilten, konnten sie ihn begnadigen. Sie waren jedoch einem Keuschheitsgelübde verpflichtet. Eine Priesterin, die es brach, wurde bei lebendigem Leib begraben.

Die prunkvolle **Casa delle Vestali** (Haus der Vestalinnen) grenzte direkt an den Tempel. Um ein Atrium mit Ehrenstatuen tugendhafter Vestalinnen lagen die komfortablen Wohn- und Wirtschaftsräume der Priesterinnen, die hier in strenger Klausur lebten. Der Kult endete, als das Christentum Staatsreligion wurde.

Tempio di Romolo

Dieser jenseits der Via Sacra gelegene sog. Tempel des Romulus, eines der am besten erhaltenen Bauwerke auf dem Forum, ist neueren Forschungen zufolge dem Iuppiter Stator geweiht. Einem Mythos zufolge soll an dieser Stelle Romulus im Kampf gegen die Sabiner Jupiter angerufen haben, um die fliehenden Römer zum Stehen zu bringen. Im Mittelalter wurde der Ziegelrundbau mit einer Kuppel und zwei Seitenräumen in die Kirche **Santi Cosma e Damiano** integriert. Neben den schönen byzantinischen Apsismosaiken aus dem 6. Jh. beeindruckt die aus dem 3. Jh. n. Chr. stammende Bronzetür am Hauptportal.

Basilica di Massenzio

Vorbei an den Überresten einer mittelalterlichen Loggia stößt man auf die imposanten Ruinen der **Maxentius-Basilika,** die von Kaiser Maxentius 306 begonnen und nach seinem Tod in der Schlacht an der Milvischen Brücke (312) von Kaiser Konstantin vollendet wurde. Die Basilika diente als Gerichtssaal und Versammlungshalle. An der Stirnseite befand sich eine Kolossalstatue von Kaiser Konstantin, deren steinerne Überreste im Hof des Palazzo dei Conservatori auf dem Kapitol zu sehen sind. Die Grundfläche der Basilika betrug 6000 m². Allein das erhaltene Seitenschiff mit seinen achteckigen Kassetten hat eine Höhe von 24,50 m. Mächtige Pfeiler stützten das Gebäude. Von den antiken Basiliken ist sie die einzige, die von einer Betondecke überwölbt war. Als in der Renaissance wieder großräumige, überwölbte Bauten in Angriff genommen wurden, diente die Basilika Baumeistern wie Bramante, Raffael und Michelangelo als Vorbild. Bramante soll beim Bau der Peterskirche gesagt haben: »Ich will das Pantheon auf die Maxentius-Basilika setzen.«

Arco di Tito

An der höchsten Stelle der Via Sacra steht der **Titus-Bogen,** den Kaiser Domitian 81 n. Chr. zu Ehren seines Bruders Titus errichten ließ. Der Triumphbogen glorifiziert den Sieg über das jüdische Volk und die Zerstörung Jerusalems im Jahr 70 n. Chr. Interessant ist der eigentlich schlichte, eintorige Bogen vor allem wegen seiner **Reliefdarstellungen** im Bogeninnern, die zwei Momentaufnahmen eines Triumphzuges zeigen. Auf der Südseite präsentieren Lastenträger unterschiedliche Beutestücke wie den goldenen Schaubrottisch, die silbernen Trompeten, mit denen die Gemeinde Jerusalems zum Gottesdienst gerufen wurde, und die Menorah, den siebenarmigen Leuchter. Das Relief auf der Nordseite zeigt den Triumphator Titus, der auf einem Vierergespann einfährt, während eine Siegesgöttin die Siegeskrone über seinen Kopf hält.

Tempio di Venere e Roma

Zwischen Titus-Bogen und Kolosseum liegen die wenigen Überreste des mit 110 x 53 m größten Tempels von Rom: Der **Tempel der Venus und Roma,** ein spiegelbildlich angelegter Doppeltempel zu Ehren der Schutzgöttin der Kaiser und der Stadtgöttin, wurde nach Plänen von Kaiser Hadrian ab 121 n. Chr. errichtet. Der Hofbaumeister Apollodorus von Damaskus, der auch das Trajans-Forum entwarf, äußerte sich sehr skeptisch zu den Plänen, insbesondere zu den beiden Sitzfiguren der Göttinnen, die in viel zu kleinen Nischen Platz finden sollten. »Wenn die Göttinnen sich aufrichten wollten, würden ihre Häupter die Decke durchstoßen«, bemerkte er spitz. Seine kühne Kritik soll ihn das Leben gekostet haben. Auf den Ruinen des Tempels wurde später die Kirche Santa Francesca Romana mit ihrem schönen romanischen Glockenturm errichtet.

Palatino!

Tgl. 8.30 Uhr bis ca. 1 Std. vor Sonnenuntergang, Kombiticket mit Forum Romanum und Kolosseum 12 €/7,50 € plus evtl. Ausstellungszuschlag, s. auch Colosseo S. 62, Forum Romanum S. 63, 118

Der Palatino war die Keimzelle Roms. Bereits im 9. Jh. v. Chr. standen auf dem Hügel Hütten, die von Hirten und Bauern bewohnt waren. Die legendäre Hütte des Romulus war schon in der Antike Pilgerziel der vielen Fremden, die in die Stadt kamen. In republikanischer Zeit avancierte der Hügel zum begehrten Wohnviertel von wohlhabenden Römern und einflussreichen Politikern wie Cicero, Crassus und Augustus, der sogar hier geboren wurde. Seit Tiberius war der Palatin Residenz der Kaiser, wovon heute noch die imposanten Bauten des Domitian zeugen. Der Hügel entwickelte sich zum Synonym für ›Kaiserresidenz‹. Aus dem lateinischen *palatium* entwickelten sich später die Begriffe Palast, *palace, palazzo, palais,* aber auch das Wort Pfalz. Dass sich der Hügel als grüne Oase präsentiert, ist Kardinal Alessandro Farnese zu verdanken, der im 16. Jh. einen großen Teil der Fläche in einen Botanischen Garten umwandeln ließ.

Die alten Tempel

Südlich der Gärten liegen die Überreste der ältesten Bauten auf dem Palatin wie das Podium des **Tempio della Magna Mater** (Kybele) **2**, einer orientalischen Mutter- und Fruchtbarkeitsgöttin, die in Gestalt eines schwarzen Steins verehrt und während der Punischen Kriege als Schutzgöttin Roms im-

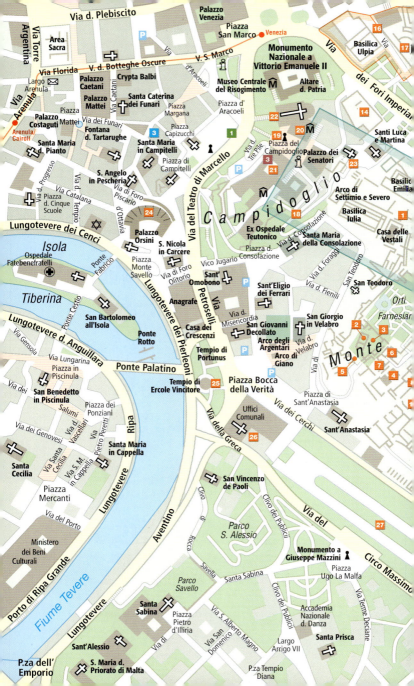

Antikes Rom

Sehenswert
1. Foro Romano
2. Tempio della Magna Mater (Kybele)
3. Tempio della Vittoria
4. Tempio di Apollo Palatino
5. Casa di Romolo
6. Casa di Livia
7. Casa di Augusto
8. Domus Flavia
9. Domus Augustana
10. Stadio Palatino
11. Museo Palatino
12. Arco di Costantino
13. Colosseo
14. Foro di Cesare
15. Foro di Augusto
16. Foro di Traiano
17. Mercati di Traiano mit Museo dei Fori Imperiali
18. Campidoglio (Kapitol)
19. Reiterstatue des Marc Aurel
20. Palazzo Nuovo
21. Palazzo dei Conservatori
22. Santa Maria in Aracoeli
23. Carcere Mamertino
24. Teatro di Marcello
25. Foro Boario
26. Santa Maria in Cosmedin
27. Circo Massimo
28. Terme di Caracalla

Essen & Trinken
1. Da Domenico
2. Valentino
3. Caffè Capitolino

Einkaufen
1. ArcheoArt

Abends & Nachts
1. Cavour 313
2. Casa del Jazz
3. Sala Baldini

Das antike Zentrum

portiert wurde, sowie die Fundamente eines **Tempio della Vittoria** [3], beide aus republikanischer Zeit. Aus der Zeit des Augustus stammt der **Tempio di Apollo Palatino** [4], von dem ebenfalls nur das gewaltige Fundament des Podiums erhalten ist. Dahinter liegen die (überdachten) Reste mehrerer eisenzeitlicher Hütten aus dem 9. und 8. Jh. v. Chr., die man bereits im Altertum als **Casa di Romolo** [5] verehrte.

Casa di Livia [6] und Casa di Augusto [7]

Nur nach obligatorischer Voranmeldung mit Führung (ca. 1 Std., Ital. oder Engl.) zu besichtigen, Eintritt 9 €, plus 2 € Vorverkaufsgebühr, Reservierung über Coopculture, www.coopculture.it oder Tel. 063 99 67 70 09

Nach dem Sieg in der Schlacht von Actium (31 v. Chr.) und der Festigung seiner Alleinherrschaft ließ Augustus neben diesen Hütten ein großzügiges Wohnhaus errichten. Die inzwischen restaurierten Fresken in der **Casa di Livia**, dem Haus der Gattin des Augustus, lassen den einstigen Prunk noch erahnen. Neben den illusionistischen Wandmalereien beeindrucken vor allem die heiter-beschwingten Szenen aus der griechisch-römischen Mythologie, wie im mittleren Saal die Darstellung des verliebten Polyphem, der Galatea nachstellt.

Die **Casa di Augusto** prunkt hingegen mit (restaurierten) farbintensiven illusionistischen Malereien und Darstellungen von fantastischen Wesen sowie ausdrucksstarken Masken.

Domus Flavia [8] und Domus Augustana [9]

Östlich davon erstreckt sich die Residenz von Kaiser Domitian, die den gesamten mittleren Bereich des Palatin einnimmt. Sie gliedert sich in eine repräsentative Empfangszone (Domus Flavia) und die eigentliche Kaiserwohnung (Domus Augustana).

Die **Domus Flavia** war um einen zentralen Säulenhof mit einer labyrinthartigen Brunnenanlage in der Mitte angelegt. Kaiserbiograf Sueton berichtet, Domitian habe alle Säulen mit spiegelnden Steinen versehen lassen, da er ständig ein Attentat befürchtete. In den drei Räumen im Nordosten befanden sich vermutlich ein Lararium, eine Art Palastkapelle, in der die Laren, Schutzgötter des Hauses, verehrt wurden, ein großer öffentlicher Empfangssaal und eine Basilika, in der die Staatsgeschäfte verhandelt wurden. Der große Saal gegenüber war der üppig ausgestattete kaiserliche Speisesaal. Für die kalten Winterabende war vorgesorgt: Unter dem Boden aus buntem Marmor verlief eine Heißluftheizung. Große Fenster an den Seiten erlaubten den Speisenden, sich von ihren Klinen (Ruheliegen) aus am Anblick der Wasserspiele zweier ovaler Brunnen zu ergötzen.

Noch imposantere Ausmaße hat die mehrgeschossige **Domus Augustana** mit ihren hohen Mauern, asymmetrischen Wänden und überkuppelten Sälen. Das Wohngebäude, das sich über eine Höhe von 12 m auf zwei Ebenen erstreckte, diente als Privatresidenz der kaiserlichen Familie.

Stadio Palatino [10] und Museo Palatino [11]

Der lang gestreckte **Stadio Palatino** diente vermutlich als privater Garten und Manege. Den offenen Mittelraum umgab ein Portikus.

Das **Museo Palatino** des Palatin beherbergt sehr sehenswerte archäologische Funde wie Modelle der ersten Hüttendörfer auf dem Palatin, Freskenfragmente aus der Domus Augustana, Porträtbüsten römischer Kaiser

Arco di Costantino

Blick durch den Konstantinsbogen auf das Kolosseum

und auch zahlreiche römische Kopien griechischer Originalskulpturen wie z. B. der Hera Borghese aus dem 5. Jh. v. Chr.

Werfen Sie einen Blick von der Terrasse der Domus Augustana auf die Senke zwischen Palatin und Aventin, bevor Sie den Palatin über den Ausgang an der Via S. Gregorio verlassen: Wo heute Jogger und Hundehalter ihre Runden drehen und Open-Air-Konzerte stattfinden, erstreckte sich in der Antike der Circus Maximus (s. S. 142). Schöne Ausblicke genießt man auch von der von imposanten Arkaden getragenen Terrasse an der Ostflanke des Palatins (nur Di, Do und Fr zugänglich), einst Teil der Thermen des Septimius Severus.

Arco di Costantino 12

Als der berühmteste römische Triumphbogen gilt der prächtige **Konstantinsbogen.** Nach dem Sieg Kaiser Konstantins gegen Maxentius 312 n. Chr. beschloss der Senat einen Triumphbogen zu errichten. In einer Art antikem Recycling griff man dabei auf bereits existierende Bauteile aus verschiedenen Jahrhunderten zurück. Dies ermöglicht dem heutigen Betrachter einen Einblick in die Bildhauerkunst des 2.–4. Jh. So stammen die Gefangenenfiguren vor der Attikazone aus trajanischer Zeit und die Rundbilder über den Seitendurchgängen aus der Zeit Hadrians, während die Reliefs neben der Weiheinschrift ursprünglich der Verherrlichung von Marc Aurel gedient hatten.

Widmungsinschrift

Bei der Widmungsinschrift achteten die Senatoren, die anders als Kaiser Konstantin nicht dem Christentum zugetan waren, auf eine unverfängliche Formulierung. In der dritten Zeile heißt es, der Sieg sei errungen worden »quod instinctu divinitatis« (aus göttlicher Eingebung) – welcher Gott gemeint war, blieb somit offen.

Das antike Zentrum

Colosseo [13]

Tgl. Ende März–Sept. 8.30–19/19.15 Uhr, sonst bis 18.30, 17.30, 17 oder 16.30 Uhr, Kombiticket mit Forum Romanum und Palatin 12 €/7,50 €, plus evtl. Ausstellungszuschlag, Audio- oder Videoguide Dt. 5,50 €, Details s. S. 62, 132

Baugeschichte
Wo unter dem verhassten Kaiser Nero der künstliche See der Domus Aurea gelegen hatte, ließ Vespasian ab 72 n. Chr. einen monumentalen Travertinbau für über 50 000 Zuschauer errichten. Das Colosseo (s. Entdeckungstour S. 132) verdankt seinen heutigen Namen einer 36 m hohen Kolossalstatue von Kaiser Nero, die bis ins Mittelalter in unmittelbarer Nähe stand. 40 000 Sklaven zogen den Bau innerhalb von nur sieben Jahren hoch. Dabei wurden ca. 100 000 m^3 Travertin, poröse Kalksteine, vermauert und allein 300 t Eisen als metallene Klammern für die Steinblöcke verwendet. An die im materialhungrigen Mittelalter heiß begehrten Eisenklammern, die die Steinblöcke verbanden, erinnern heute nur noch die zahlreichen Löcher im Naturstein.

Amphitheatrum Flavium
Vespasians Sohn Titus weihte das Amphitheatrum Flavium – so benannt nach Vespasians Geschlechternamen – mit hunderttägigen Festspielen ein. In nachantiker Zeit wurde das Kolosseum durch Erdbeben und Brände beschädigt; in der Renaissance diente es dann als Steinbruch für Kirchen und Palazzi. Papst Benedikt XIV. erklärte das Kolosseum schließlich zur christlichen Gedenkstätte. Er glaubte den Ort der blutigen Christenverfolgungen vor sich zu haben – noch heute steht ein riesiges Kreuz an der Nordseite der Arena und an Karfreitag findet am Kolosseum die Kreuzwegsandacht statt.

Fori Imperiali

Zurzeit nur Innenbesichtigung der Trajans-Märkte, s. S. 135
Mit der Ausdehnung des Römischen Reiches und seiner Hauptstadt wuchs auch der Bedarf an Stätten für Handel, Gerichtsbarkeit, Verwaltung und kultische Handlungen. Bereits im 1. Jh. v. Chr. erwies sich das Forum Romanum als zu klein, und so entstanden zwischen den Ausläufern von Quirinal, Kapitol und Esquilin die später als Kaiserforen bezeichneten Foren von Cäsar, Augustus, Vespasian, Nerva und zuletzt Trajan. Diese monumentalen Plätze hatten nicht nur praktische Funktionen, sondern dienten auch der Selbstdarstellung der Herrscher.

Die im Mittelalter überbauten Kaiserforen wurden erst im 20. Jh. wieder entdeckt, als Mussolini, der sich in der Nachfolge der antiken Kaiser sah, das Stadtviertel auf dem Areal abreißen ließ, um eine geradlinige Paradestraße von seinem Amtssitz im Palazzo Venezia zum Kolosseum zu bauen. Diese mitten durch die Foren verlaufende **Via dei Fori Imperiali** ist den Archäologen seither ein Dorn im Auge. In den letzten Jahren mussten die Grünanlagen umfangreichen Ausgrabungen weichen. Auf eine gezielte Untersuchung warten noch das Forum des Nerva, das das Viertel der Plebejer (Suburra) mit dem Forum Romanum verband, und das Forum des Vespasian.

Foro di Cesare [14]
Das ans Forum Romanum angrenzende **Cäsar-Forum** mit dem Tempel der Venus Genitrix, der legendären Ahnherrin des julischen Geschlechts, ist etwa zur Hälfte freigelegt.

Fori Imperiali

Foro di Augusto 15

Noch bevor er zum Kaiser gewählt wurde, ließ Augustus ein Forum anlegen, das zur Bühne für politische Zeremonien wurde. Im Zentrum stand der Tempel des rächenden Kriegsgottes Mars Ultor, von dem noch die Marmorfreitreppe und einige Säulen erhalten sind. Augustus ließ den Tempel zum Gedenken an die siegreiche Schlacht bei Philippi (42 v. Chr.) gegen Brutus und Cassius, die Mörder seines Adoptivvaters Cäsar, errichten. Im Inneren standen auf Simsen die Statuen von Mars und Cäsar. Im Tempel beriet der Senat über Kriegsangelegenheiten, erhielten die jungen Römer der kaiserlichen Familie bei Vollendung des 17. Lebensjahres die weiße Toga des Erwachsenen *(toga virilis)* und wurden die Trophäen der Siegeszüge ausgestellt. Die massive Mauer hinter dem Tempel diente als Brandschutz gegen die feuergefährdete Suburra (Vorstadt).

Foro di Traiano 16

Das **Trajans-Forum** (107–113 n. Chr.) jenseits der Via dei Fori Imperiali ist das größte und am besten erhaltene der Kaiserforen und galt in der Antike als der schönste Platz der Welt. Kaiser Trajans Hofbaumeister Apollodorus von Damaskus ließ dafür eigens den Quirinalhügel um 35 m abtragen.

Das Forum grenzt unter der heutigen Via dei Fori Imperiali an das Foro di Caesare. Es umfasste einen von Säulenhallen flankierten Platz, die fünfschiffige **Basilica Ulpia** (so bezeichnet nach Trajans Geschlechternamen), die später zum Vorbild christlicher Kirchen wie Alt-St. Peter oder San Paolo fuori le Mura wurde, die Trajans-Säule, zwei nicht mehr erhaltene Bibliotheken für die lateinische und griechische Literatur sowie einen Tempel zu Eh-   ▷ S. 135

Das Spiralband der Trajans-Säule zeigt Szenen aus Kriegen Kaiser Trajans

Auf Entdeckungstour:
Spektakel für das Volk – im Kolosseum

Wo einst die Flamingos von Kaiser Nero herumstolzierten, ließen seine Nachfolger ein riesiges Amphitheater errichten, in dem das Volk mit Gladiatorenspielen und Tierhatzen bei Laune gehalten wurde.

Dauer: 1–2 Std.
Planung: tgl. Mitte März–Sept. 8.30–19/19.15, Okt. 8.30–18.30, Ende Okt.–Mitte Febr. 8.30–16.30, Mitte Febr.–März 8.30–17/17.30 Uhr, 12 €/7,50 €; **kein Anstehen** mit Roma Pass oder Archaeologia Card (s. S. 61).
Für den **Zugang zum dritten Rang** mit grandioser Aussicht auf Forum, Palatin und Kolosseum sowie die Besichtigung des Unterbaus (ohne Führung tgl. um 13.40 Uhr) empfiehlt es sich zu reservieren (2 €). Buchung von **Führungen** unter Tel. 0039 06 39 96 77 00, www.coopculture.it, zuzügl. zum Eintritt 9€/7,50 € und 2 € Reservierungsgebühr. **Weitere Details** s. S. 62.

Dreimal in der Woche verdient sich Mario als Gladiator ein Zubrot. Wenn er mit sardonischem Grinsen sein Schwert an den Hals seines ›Opfers‹ legt, klicken die Kameraverschlüsse. Die Idee kam ihm, als er sah, was für ein beliebtes Fotomotiv die Schweizergardisten sind. Mit ein paar Freunden schneiderte er sich ein Legionärskostüm und posiert nun zur Freude vieler

Touristen gegen einen Obolus (ca. 5 €) mit ledernen Sandalen vor dem Kolosseum.

Weltwunder Kolosseum

Auch wenn heute in den wunderbar erhaltenen Arkaden nicht mehr die Statuen von Göttern, Helden, legendären und historischen Personen der römischen Geschichte stehen, gehört das **Colosseo** 13 mit seiner 50 m hohen Travertinfassade zu den beeindruckendsten Monumenten der römischen Antike. Nicht zufällig wurde es 2007 zu den neuen sieben Weltwundern gekürt.

Einen großen Einfluss auf die Architektur hatte seine Außenfassade mit den drei übereinanderliegenden, von einem Attikageschoss bekrönten **Arkaden.** Die von Halbsäulen gerahmten Arkaden folgen einer strengen Ordnung: Im ersten Geschoss tragen sie dorische, im zweiten ionische und im dritten korinthische Kapitelle. Viele Jahrhunderte später nannte man diese viel kopierte Geschossordnung nach dem römischen Vorbild Kolossalordnung. Den Abschluss bildet ein viertes Geschoss. Auf den aus der Attikazone herausragenden Mauerblöcken standen Holzmasten, von denen Sonnensegel aus Leinen über die Sitzreihen gespannt waren, um die Zuschauer vor zu starker Sonneneinstrahlung zu schützen. Zwischen dem Kolosseum und der Via dei Fori Imperiali entdeckt man am Boden noch **Reste der Halterungen für die Seile.**

Antike Erlebnisoase

Was den Europäern das Fußball- und den Amerikanern das Footballspiel ist, waren den alten Römern die Gladiatorenspiele und Tierhatzen im Kolosseum. Anders als heutige Besucher mussten die Römer, die zu den Spielen in ihren weißen Togen zu erscheinen hatten, selten Schlange stehen. Wer den Bau umrundet, kann an den unteren Arkaden noch die **römischen Ziffern** entdecken. Mit kostenlosen Eintrittsmarken versehen, konnten sich die bis zu 50 000 Zuschauer rasch auf die 76 nummerierten Eingänge verteilen. Über einst stuckverzierte Gänge und Treppen gelangte man in die Arena. In den Ecken standen die Buchmacher und nahmen Wetten entgegen, fliegende Händler boten Sitzkissen oder Snacks feil. Heute erreicht man die einstigen Zuschauerränge auch direkt mit einem transparenten Fahrstuhl.

Die meisten Zuschauer fanden sich schon früh ein, ein jeder nahm seinem Rang entsprechend Platz. Der Kaiser und seine Familie, die Vestalinnen und Konsuln nahmen die Sitze auf der 4 m hohen **Haupttribüne** ganz vorne ein. Dann folgten drei Ränge für die männlichen Bürger und schließlich ein hölzerner Rang für die untersten Schichten sowie die Frauen. Da die Spiele oft den ganzen Tag dauerten, nahm man zwischendurch einen Imbiss zu sich – Huhn, Obst oder Oliven.

Ein Blick in die Arena

Der **Boden der Arena** bestand, wie z. T. heute wieder, aus Holzplanken, die mit Sand bestreut waren. Interessant ist der nach Voranmeldung zugängliche **Unterbau der Arena,** in dem sich die Umkleidekabinen der Gladiatoren, die Tierkäfige sowie Requisitenlager, Sanitätsräume und die Verliese für die Gefangenen befanden. Eine ausgeklügelte Technik, die von heb- und schwenkbaren Bühnen bis zu Lastenaufzügen reichte, bot viele Möglichkeiten für Special Effects. Bei über 100 Vorstellungen im Jahr musste für immer neue Sensationen gesorgt werden.

Die Kaiser und andere Amtsträger scheuten keine Kosten bei der Ausrichtung der Spiele. *Panem et circenses* – subventionierte Brotverteilung und kostenlose Spiele hieß das Motto, mit dem römische Herrscher und ambitionierte Politiker die Bevölkerung bei Laune hielten und für sich einnahmen.

Die Spiele dauerten meist den ganzen Tag und waren in drei Teile gegliedert. Am frühen Morgen wurden Tierhatzen veranstaltet, bei denen wilde und zahme Tiere in abenteuerlichen Kombinationen aufeinander gehetzt wurden. Gegen Mittag kämpften zum Tode Verurteilte mit bloßen Händen gegen Bären, Löwen und andere wilde Tiere. Diese Hinrichtungen wurden regelrecht inszeniert. Man wollte den Zuschauer nicht mit schlichten Tötungen langweilen. So verkleidete man einen Verurteilten z. B. als Orpheus. Mit seinem Gesang besänftigte er allerdings nur im Mythos die wilden Tiere ...

Die Gladiatorenspiele begannen, von Posaunen angekündigt, erst am Nachmittag. Viele der Kämpfer waren in der Gladiatorenschule, deren Ruinen noch heute hinter dem Kolosseum zu sehen sind, ausgebildet worden. Es handelte sich zumeist um Kriegsgefangene, Sklaven oder Häftlinge, die zur Ausbildung in Kasernen lebten. Aber auch Freiwillige stellten sich der Herausforderung. Ein jeder kämpfte mit der ihm eigenen Bewaffnung. So versuchte sich der bis auf den Lendenschurz nackte Retarius mit Armschutz, Dreizack und Netz gegen den mit glattem Helm und Panzer geschützten Secutor zu behaupten. Während der Spiele erschollen von den Zuschauerreihen frenetische Anfeuerungsrufe. Viele Gladiatoren waren mit Namen bekannt. »Hau, schlag, brenne!« – »Warum stürzt er so ängstlich ins Schwert?« – »Warum stirbt er so wenig wacker, so ungern?«, notierte einst Seneca die Zwischenrufe. Die Anhänger des Siegers brachen in Jubelgeschrei aus »Habet! Hoc habet!« (Er hat's! Jetzt hat er's!). Dem unterlegenen Gladiator blieb dann nur noch eine Möglichkeit, um sein Leben zu bitten: das Publikum. Am Ende eines Kampfes entschied das Publikum über Leben oder Tod des Unterlegenen per Handzeichen – je nachdem, ob es unterhalten worden war oder nicht.

Monument gegen die Todesstrafe

Den größten Gladiatorenkampf der Geschichte veranstaltete übrigens Kaiser Trajan: Als Teil seiner Siegesfeier ließ er 5000 Kämpferpaare gegeneinander antreten. Es gab so manche, die sich über diesen ›Mordsgaudi‹ entrüsteten. Als ein Mönch namens Telemachus in der Arena das Ende der Spiele forderte, wurde er von den aufgebrachten Zuschauern in Stücke gerissen. Die grausamen Spiele fanden noch bis 404 statt, als Kaiser Honorius die Gladiatorenkämpfe abschaffte.

Seit 1999 wird das Kolosseum immer dann in grünes Licht getaucht, wenn irgendwo auf der Welt ein Todesurteil nicht vollstreckt wird oder ein Staat die Todesstrafe abschafft.

Campidoglio

ren des vergöttlichten Trajan, der heute von zwei Marienkirchen überbaut ist.

In der Antike bewunderte man von den Bibliotheken aus die später oft kopierte **Colonna di Traiano** (Trajans-Säule), für die kein Vorbild nachgewiesen werden konnte. Das fortlaufende 200 m lange Spiralband zeigt Szenen aus den zwei Kriegen Trajans, die zur Eroberung Dakiens (das heutige Rumänien) führten. Mit großer Detailfreude und Genauigkeit wurden über 2500 Figuren aus dem hochwertigen Marmor herausgearbeitet. Die Säule war aber nicht nur Sieges-, sondern auch Grabmonument. Im Sockel befand sich die goldene Urne mit der Asche des Kaisers. Die Spitze der Säule zierte ursprünglich ein vergoldetes Standbild von Trajan, das jedoch verloren ging. Papst Sixtus V. ließ an seine Stelle eine Petrusfigur setzen – so wurde aus der Trajans-Säule ein christliches Monument.

Mercati di Traiano – Museo dei Fori Imperiali 17

Eingang an der Via IV. Novembre 94, www.mercatiditraiano.it, Di–So 9–19 Uhr, 11,50 €/9,50 €

Die **Trajans-Märkte**, ein halbrundes, mehrgeschossiges Gebäude, beherbergten in der Antike mehr als 150 *tabernae:* Geschäfte von Einzelhändlern, ein großes Becken für den Verkauf von Fischen, aber auch Räume für die Börse und die staatliche Getreideverteilung. Ein Teil der Geschäftsstraße war überdacht, sodass die Kunden unabhängig vom Wetter einkaufen konnten. Im Innern befindet sich heute das **Museum der Kaiserforen** mit über 170 Originalfragmenten und Kalkabgüssen.

Campidoglio 18

Vorbei an der Piazza Venezia und dem Vittoriano (s. S. 209) gelangt man zu Füßen des Kapitols, wo man auf die Überreste einen Wohnhauses aus dem 2. Jh. n. Chr. stößt, das im Mittelalter zu einer kleinen Kirche umgebaut wurde. Zwei Aufgänge führen hinauf: Während die linke steile Treppe an der strengen Ziegelfassade der Kirche **Santa Maria in Aracoeli** endet, gelangt man über die sogenannte **Cordonata** direkt zum Kapitolsplatz. Insignien des römischen Weltreichs schmücken die Balustrade der Rampentreppe, die von den Dioskuren Castor und Pollux bewacht wird. Die mit Rossen dargestellten Söhne des Zeus wurden in der Frühzeit Roms als Beschützer der Stadt verehrt.

Piazza del Campidoglio

1538 beauftragte Papst Paul III. das Universalgenie Michelangelo mit der Neugestaltung der Piazza del Campidoglio, die als repräsentative Kulisse für Staatsempfänge dienen sollte. Drei von Michelangelo entworfene und von Giacomo della Porta und Girolamo Rinaldi im 16. Jh. vollendete Palazzi flankieren den harmonischen, trapezförmigen Platz: Der stirnseitige **Palazzo dei Senatori,** der sich auf dem Unterbau des römischen Staatsarchivs *(tabularium)* erhebt, dient heute als Amtssitz der Stadtregierung und des Bürgermeisters. Die Zwillings-Palazzi an den Längsseiten – rechts der Palazzo dei Conservatori, in dem sich auch das Standesamt befindet, und links der Palazzo Nuovo – beherbergen die Musei Capitolini (Kapitolinische Museen; s. S. 138), die an Bedeutung nur von den Vatikanischen Museen übertroffen werden.

Der Kapitolshügel

Der Hügel Campidoglio (Kapitol) besteht eigentlich aus zwei Kuppen. Der heutige Kapitolsplatz erstreckt sich in der dazwischen liegenden Senke. Auf der rechten Kuppe, dem *capitolium,* befand sich in der Antike der Tempel des

Lieblingsort

Nachts am Kapitol 18
Wenn auch der letzte Besucher das Forum verlassen hat, die Museumswärter der Kapitolinischen Museen die Pforten schließen, die Beamten aus dem nahen Rathaus nach Hause fahren, dann kehrt langsam Ruhe auf der römischen Akropolis ein. Von der kleinen Aussichtsterrasse hinter dem Senatsgebäude reicht der Blick über das Forum bis zum Kolosseum. Wenn dann die Lichter das Forum in einen warmen Ockerton tauchen, die Säulen dunkle Schatten werfen, entfaltet der Platz eine magische Atmosphäre. War das nicht gerade Cicero, der da auf den Palatin eilte?

Das antike Zentrum

Jupiter Capitolinus (6. Jh. v. Chr.), der prächtigste, heiligste und größte Tempel der Stadt. Die dürftigen Überreste sind im angrenzenden Garten und unter dem Konservatorenpalast zu sehen. Am steil abfallenden Südosthang, dem Tarpejischen Felsen, wurden verurteilte Hochverräter in den Tod gestürzt. Auf der linken Kuppe, der *arx,* befanden sich Fluchtburg und Münzprägestätte. An diese grenzte der Tempel der Juno Moneta (heute unter der Kirche S. Maria in Aracoeli), vor dem die heiligen Gänse der Juno gehütet wurden. Im Laufe der Zeit übertrug sich der Name *moneta* auf die Münzen und fand in viele Sprachen Eingang.

Reiterstatue des Marc Aurel [19]

Im Zentrum des Platzes mit seiner sternförmigen Pflasterung steht die bronzene Reiterstatue des Marc Aurel (2. Jh. n. Chr.), Vorbild für zahlreiche Reiterstandbilder der Renaissance. Sie ist eine der wenigen antiken Reiterstatuen, die im metallhungrigen Mittelalter nicht eingeschmolzen wurde, weil man sie irrtümlich für die Statue des ersten ›christlichen‹ Kaisers Konstantin hielt. Gemeinsam mit der bronzenen Wölfin galt sie seit dem Mittelalter als eines der Wahrzeichen Roms. Nach den Restaurierungen der 1990er-Jahre stehen das Original und die Wölfin in den Kapitolinischen Museen. Den Platz auf dem Sockel nimmt seit 1997 eine patinafreie Bronzekopie ein.

Musei Capitolini

Piazza del Campidoglio, www.musei capitolini.org, Di–So 9–20 Uhr, 11,50 €/9,50 €, plus evtl. Ausstellungszuschlag (bis zu 5 €)

Die führende Gemälde- und Skulpturengalerie der Stadt, die **Kapitolinischen Museen,** wurde 1734 von Papst Clemens XII. als erstes öffentliches Museum der Welt eröffnet.

Palazzo Nuovo [20]

Der Palazzo Nuovo birgt einige der berühmtesten Skulpturen Roms. Zu seinen Attraktionen gehören die **Kapitolinische Venus,** eine römische Kopie (2. Jh. v. Chr.) in parischem Marmor, die der berühmten »Knidischen Aphrodite« des Praxiteles nachempfunden ist, die **Verwundete Amazone,** eine antike Kopie eines griechischen Originals aus dem 5. Jh. v. Chr., sowie der **Sterbende Gallier** (richtiger: Galater), die römische Kopie einer hellenistischen Figurengruppe, die anlässlich der Unterwerfung der Galater durch den König von Pergamon geschaffen wurde. Typisch für die hellenistische Kunst ist die Betonung des Momenthaften statt des Überzeitlichen. Bemerkenswert ist neben der gekonnten Wiedergabe der anatomischen Merkmale die psychologisierende Darstellung. Beispiele für die realistische Porträtkunst der Römer sind die Büsten in der Sala dei Filosofi und der Sala degli Imperatori. Die typischen Wesenszüge vor allem der Kaiser werden hier fast karikaturhaft betont. Aus der Villa Hadrians bei Tivoli stammt das Mosaik mit den vier Tauben, die Kopie eines griechischen Mosaiks aus Pergamon.

Palazzo dei Conservatori [21]

Durch den unterirdischen Verbindungsgang, der auch einen Zugang zum *tabularium* mit schönem Blick auf das Forum Romanum ermöglicht, gelangt man zum Palazzo dei Conservatori mit einer reichen Sammlung antiker Skulpturen und einer Pinakothek mit Werken der europäischen Malerei des 17.–18. Jh. Blickfang im Innenhof sind die Marmorfragmente der **Kolossalstatue von Kaiser Konstantin** aus dem 4. Jh. n. Chr., die man in der Ma-

Santa Maria in Aracoeli

Marmorfragment des Fußes von Kaiser Konstantin im Hof des Konservatorenpalastes

xentius-Basilika auf dem Forum entdeckte. Allein der Kopf ist 2,60 m hoch. Vermutlich waren die fehlenden bekleideten Körperteile aus Bronze. Die reich freskierten Repräsentationssäle im ersten Stock zeigen Meisterwerke der Bildhauerei, wie die Porträtbüsten der Päpste von Bernini oder den überaus realistischen »Dornauszieher«. Zu Wahrzeichen der Stadt wurden das (inzwischen restaurierte) **Reiterstandbild von Kaiser Marc Aurel** und die **Kapitolinische Wölfin**. Lange Zeit galt die Bronze als ein etruskisches Meisterwerk aus dem 6. Jh. v. Chr., zu dem die Zwillinge Romulus und Remus erst in der Renaissance hinzukamen. Neueren Untersuchungen zufolge soll es sich jedoch um einen mittelalterlichen Bronzeguss aus dem 14. Jh. handeln. Der zweite Stock beherbergt die **Pinakothek** mit bedeutenden Werken von Tizian (»Die Taufe Christi«), des flämischen Barockmeisters Rubens (»Romulus und Remus, die von der Wölfin gesäugt werden«), von Caravaggio (»Die Wahrsagerin« und »Johannes der Täufer«) und Guercino (»Begräbnis der hl. Petronilla«, früher Peterskirche).

Einen wunderschönen Blick über Rom genießt man vom **Caffè Capitolino** 3 auf dem Dachgarten des Palazzo Caffarelli. Kostenfreier Zugang auch über den Seiteneingang (hinter dem Aufgang der Kapitolstreppe, im hinteren Teil des rechten Gebäudes).

Santa Maria in Aracoeli 22

Zutritt am besten über den Seiteneingang rechts vom Palazzo Nuovo, tgl. Mai–Sept. 9–18.30, Okt.–April 9.30–17.30 Uhr

Franziskaner errichteten die romanische Basilika im 13. Jh. Die steile Treppe, die vom Fuß des Kapitols zur Kirche

Das antike Zentrum

Am Tiberufer legten einst die voll beladenen Schiffe an

hinaufführt, wurde 1348 zum Dank für das Ende des Pestjahres gebaut. Im Kontrast zur schlichten Fassade steht der stimmungsvolle Innenraum. Die hölzerne **Kassettendecke** stiftete der römische Heerführer Marcantonio Colonna anlässlich des Sieges der christlichen Flotte über die Türken 1571 bei Lepanto. Prächtig ist auch der **Cosmatenboden,** so benannt nach den römischen Mosaizisten des 12.–14. Jh., die meist den Vornamen Cosma trugen. In der **Bufalini-Kapelle** (erste rechts) wird in detailfreudigen Bildern das Leben des hl. Bernardin von Siena dargestellt, der dem Franziskanerorden angehörte. Die klar komponierten Renaissancefresken stammen von Pinturicchio, der seine Meisterschaft bereits in der Sixtinischen Kapelle unter Beweis gestellt hatte. Besondere Verehrung genießt über Rom hinaus das **Santissimo Bambino** in der Sakristei. Das angeblich aus Olivenholz vom Garten Gethsemane geschnitzte Jesuskind galt seit jeher als wundertätig. Seine Heilkräfte und Verehrung haben sich offenbar auf die Kopie übertragen, die nach dem Diebstahl von 1994 an seine Stelle trat.

Carcere Mamertino

Clivo Argentario 1, Zugang über eine Treppe vor der Kirche, Rundgang mit Ton-und-Licht-Show (45 Min.) tgl. 9–17, im Sommer bis 19 Uhr, 3–5 €

Im **Mamertinischen Kerker,** zwei übereinanderliegenden Räumen, über denen sich heute die Kirche **San Giuseppe dei Falegnami** erhebt, befand sich das römische Staatsgefängnis. Während der Triumphzüge wurden hier Kriegsgefangene eingesperrt oder direkt hingerichtet. Von den berühmten Feinden Roms starben hier Jugurtha, der König der Numidier, und Vercingetorix, Held der Gallier gegen Cäsar. Einer mittelalterlichen Legende zufolge sollen Petrus und Paulus in diesem Kerker eingesperrt gewesen sein.

Zwischen Kapitol und Tiber

Das Gebiet zwischen dem linken Tiberufer und den Hügeln Kapitol, Palatin und Aventin, heute verkehrsumtoste Autoschneise in die Altstadt, war in der Antike Warenumschlagplatz. Voll beladene Schiffe legten beim Ponte Rotto am linken Flussufer an, die Lagerhallen, heute unter dem Einwohnermeldeamt *(anagrafe)*, füllten sich mit Getreide und Öl, Bauern luden Gemüse, Obst, Eier und Käse von ihren Karren und Herdenbesitzer feilschten um die besten Preise für ihre Rinder. Heute erinnern an das antike **Foro Holitorio** (Gemüse- und Ölmarkt) und das **Foro Boario** (Rinder- und Fleischmarkt) vor allem die Überreste antiker Heiligtümer, die Händler und andere Marktbeschicker stifteten.

Teatro di Marcello 24
Via del Portico d'Ottavia 29, tgl. 9–18 Uhr, im Sommer bis 19 Uhr, Eintritt frei
Von den Heiligtümern auf dem Forum Holitorium sind nur noch kläglich Reste vorhanden. Sie stehen im Schatten des **Marcellus-Theaters,** das mit seiner Säulenordnung zum Vorbild des Kolosseums wurde. Der knapp 15 000 Zuschauer fassende Travertinbau wurde unter Cäsar begonnen, von Augustus um 13 v. Chr. vollendet und nach Marcellus, dem früh verstorbenen Lieblingsneffen des Augustus und designierten Nachfolger, benannt. In den Sommermonaten finden **Konzerte unter freiem Himmel** statt. Die drei korinthischen Marmorsäulen direkt neben dem Marcellus-Theater gehören zum ältesten Apollo-Tempel in Rom.

Foro Boario 25
Via del Teatro Marcello, Piazza Bocca della Verità, Innenbesichtigung des Rundtempels jeden 1. und 3. So im Monat um 10.30 Uhr, Anmeldung unter Tel. 06 39 96 77 00, 7,50 €
Der gut erhaltene runde **Tempio di Ercole Vincitore**, erbaut um 120 v. Chr., zählt zu den schönsten und ältesten Marmortempeln Roms. Während dieser mit umlaufender Säulenhalle noch eng an griechische Vorbilder angelehnt war, präsentiert sich der dem Hafengott geweihte rechteckige **Tempio di Portunus** mit seinem hohen Unterbau, der breiten Freitreppe und den ins Mauerwerk eingefügten Säulen als typisch römischer Tempel.

Das Forum Boarium, der Rindermarkt, zog sich hinauf bis zum **Arco di Giano** (Janusbogen), einem in vier Richtungen geöffneten Durchgang, der vermutlich Kaiser Konstantin geweiht war und als Treffpunkt und überdachter Schutzraum diente. Den benachbarten **Arco degli Argentari** (Wechslerbogen) weihten im Jahr 204 Viehhändler und Geldwechsler Kaiser Septimius Severus und seiner Familie. Teile des Bogens sind in die Kirche **San Giorgio in Velabro** (Di, Fr, Sa 10–12.30, 16–18.30 Uhr) integriert. Ihr Name leitet sich von *velabrum* (lat. ›Sumpf‹) ab und bezeichnet die Stelle, an der laut Sage der Hirte Faustulus die Zwillinge Romulus und Remus fand.

Mein Tipp

Total legal!
Sie möchten nicht unter die Grabräuber gehen? Dann schauen Sie bei **ArcheoArt** 1 zu Füßen des Kapitols vorbei: Auswahl an Nachbildungen antiker Vasen sowie filigraner Goldschmuck, marmorne Kaiserbüsten und Gladiatorenhelme (Via del Teatro di Marcello 12, tgl. 11–19.30 Uhr).

Das antike Zentrum

Santa Maria in Cosmedin 26
Piazza Bocca della Verità 18, tgl. 9.30–17.50, im Winter bis 16.50 Uhr, Messe So 10.30 Uhr
Berühmt ist die kleine Kirche vor allem wegen ihrer Vorhalle, in der sich eines der bekanntesten Fotomotive Roms verbirgt: die **Bocca della Verità**, der Mund der Wahrheit. Der einstige Schachtdeckel der Cloaca Maxima mit dem Antlitz einer Flussgottheit wurde im Mittelalter als Lügendetektor eingesetzt. Der Wahrheit half man ein bisschen nach: Hinter der Maske versteckt, vollzog ein Bewaffneter mit seinem Schwert das ›Gottesurteil‹.

Die sehenswerte Kirche mit ihrem siebengeschossigen Campanile im Stil der Romanik entstand im 6. Jh. auf den Resten einer antiken Säulenhalle, in der sich die *statio annonae*, die zentrale Verwaltungsstelle für Lebensmittel, befand. Unter Papst Hadrian I. wurde sie im 8. Jh. erweitert und der griechisch-byzantinischen Gemeinde, die vor den bilderfeindlichen Reformatoren der Ostkirche aus Konstantinopel geflohen war, überlassen. Die liturgische Ausstattung wie der marmorne Chorraum mit seinen Kanzeln, der große Kandelaber und der gotische Baldachin sowie der Bischofsthron stammen aus dem 11.–13. Jh. Noch heute wird in der Kirche die Messe nach griechisch-byzantinischem Ritus gelesen.

Circo Massimo 27
Längs der größten Arena Roms fuhren in der Antike zwei-, drei- oder vierspännige Wagen à la Ben Hur um die Wette. Auf den nicht mehr erhaltenen Sitzrängen an den Längsseiten fanden bis zu 300 000 Zuschauer Platz. Ein Renntag bestand aus 24 Rennen. Von den Starttoren in der Nordkurve des **Circus Maximus** rasten die Wagenlenker sieben Mal um die *spina*, einen niedrigen Damm in der Mitte der Rennbahn. Die rote, blaue, grüne oder weiße Tunika teilte sie in vier Rennparteien auf. Die fiebrige Anteilnahme erfasste auch so manchen Kaiser, der das Geschehen von seiner Loge unterhalb des Palatins verfolgte.

Sightseeing auf die Schnelle – Joggen im Schatten von Ruinen
Wer seine tägliche Joggingrunde auch in Rom nicht missen möchte, findet außer in den großen Parks (s. S. 59) auch nahe dem Circus Maximus eine Laufstrecke (ca. 5,4 km). Zunächst geht es entlang dem **Viale delle Terme di Caracalla,** wo Sie auch einen Fitnessparcours finden. Zur Rechten ragen die imposanten Ruinen der Caracalla-Thermen über die Straße. Nach ca. 650 m biegen Sie links in die gepflasterte **Via di Valle delle Camene.** Nach weiteren ca. 750 m biegen Sie rechts in die ansteigende **Salita S. Gregorio,** die nach einer weiteren Rechtskurve in den **Clivo di Scauro** übergeht. Am Ende der Steigung ist der Eingang zur erst kürzlich wieder instandgesetzten **Villa Celimontana,** einer Oase der Ruhe. Nach einer Runde durch den Park, wo Sie sich an zwei Brunnen erfrischen können, geht es wieder über den **Clivo di Scauro** mit wunderschönem Blick Richtung Palatin und Circo Massimo zum Ausgangspunkt zurück. Sie haben noch nicht genug? Dann drehen Sie wie einst die Wagenlenker noch eine Runde über den Circus Maximus. Übrigens: Wer Sport und Kultur miteinander verbinden möchte, der kann sich auch den geführten Touren von Sight Jogging anschließen (s. S. 60).

Terme di Caracalla

So ließ der fanatische Caracalla die Wagenlenker der grünen Fraktion einfach hinrichten, weil er befürchtete, sie könnten seine Lieblingspartei besiegen. Der kleine Turm an der Porta Capena gehörte übrigens zur mittelalterlichen Festungsanlage der Adelsfamilie Frangipane.

Terme di Caracalla 28

Viale delle Terme di Caracalla 52, Mo 9–14, Di–So 9–19, im Winter bis 15.30 Uhr, 6 € /3 €, Mo sind die unterirdischen Räume geschl.

Vespasian hatte das Kolosseum erbaut, Trajan die gewaltigen Märkte. Dem wollte Caracalla nicht nachstehen. Anfang des 3. Jh. n. Chr. ließ er die 327 x 337 m großen öffentlichen **Caracalla-Thermen** errichten. Sie ermöglichten ca. 1600 Menschen gleichzeitig den Aufenthalt in Bädern, Warmräumen mit Fußbodenheizung, Bibliotheken, Ruhe- und Sporträumen. Für kurze Zeit konnte auch der einfache Römer zwischen Skulpturen, Mosaiken und Sitzmöbeln im Luxus schwelgen und seinem Bedürfnis nach Körperpflege nachgehen.

Die Thermen wurden bei Erdbeben beschädigt und von den Päpsten geplündert. Geblieben sind majestätische Ruinen, die heute als Kulisse für aufwendige Aufführungen des Teatro dell'Opera dienen (s. S. 54).

Essen & Trinken

Naturgemäß wimmelt es in diesem hochtouristischen Gebiet auch von typischen Touristenlokalen. Zum Essengehen sollte man sich daher in den angrenzenden Vierteln umschauen, z. B. im Monti-Viertel (s. S. 230) und im Celio-Viertel (s. S. 266, Nr. 2, 5, 7, 20) oder im ehemaligen Ghetto (s. S. 168).

Authentisch – **Da Domenico** 1 : Via di S. Giovanni in Laterano 134, Tel. 06 77 59 02 25, So abends, Mo geschl., Metro: Colosseo (B), 35 €. Gute römische Küche mit hausgemachten Pastagerichten in rustikalem Ambiente nur wenige Schritte vom Kolosseum.

Klassische Trattoria – **Valentino** 2 : Via Cavour 293, Tel. 064 88 13 03, tgl. 12–15, 19–23 Uhr, Metro: Cavour (B), Bus: 75, ca. 20 €. Familienbetrieb mit sympathischer Atmosphäre und bodenständiger, einfacher Küche. Im Sommer auch mit Tischen auf der (allerdings lauten) Via Cavour.

Mit Aussicht – **Caffè Capitolino** 3 : auf dem Dachgarten des Palazzo Caffarelli/ Musei Capitolini, Di–So 9–19.30 Uhr. Einmalige Aussicht. Auch für Nicht-Museumsgäste zugänglich: kostenfreier Zugang über den Seiteneingang; hinter dem Aufgang der Kapitolstreppe, im hinteren Teil des rechten Gebäudes.

Einkaufen

Antike Kunst – **ArcheoArt** 1 : s. S. 141.
Wahre Fundgruben – **Museumsshops von Kolosseum** 13 **und Kapitolinischen Museen** 20 21 : Hier findet man Bücher und geschmackvolle, teils witzige Kleinigkeiten zum Verschenken.

Abends & Nachts

Alteingesessen – **Cavour 313** 1 : Via Cavour 313, Tel. 06 67 85 496, www.cavour313.it, Mo–Sa 12.30–14.45, 19.30–0.30 Uhr, Bus: 75. Gemütliche Enoteca mit Tropfen aus aller Welt und kleinen Gerichten.

Mekka für Jazzliebhaber – **Casa del Jazz** 2 : mit Restaurant, s. S. 52.

Konzertgenuss – **Sala Baldini** 3 : Musik von Beethoven über Piazzolla bis zu Nino Rota, Juni–Sept. auch im **Marcellus-Theater** 24 , s. S. 53, 141.

Das Beste auf einen Blick

Im Herzen der Altstadt

Highlights!

Pantheon: Das Wunderwerk der Architektur begeistert mit seinen harmonischen Proportionen und gewagter Kuppellösung. 4 S. 152

Piazza Navona: Auf Roms schönster Piazza wird immer etwas geboten. Wo Päpste und Kardinäle einst mit ihren Kutschen um die Wette fuhren, genießen heute Römer und Touristen von ihren Logenplätzen in den Cafés das Leben und Treiben auf dem Platz. S. 155

Campo de' Fiori: Am Morgen ein bunter, faszinierender Lebensmittelmarkt, am Abend der Treffpunkt der Nachtschwärmer. S. 159

Auf Entdeckungstour

Palastgeflüster: Die mondänen Palazzi von Päpsten, Kardinälen und Mäzenen prägen das Stadtbild Roms. In ihnen spiegelt sich die europäische Architekturgeschichte wider. Gleichzeitig waren sie auch Schauplätze rauschender Feste, legendärer Gastmähler und verhängnisvoller Verschwörungen. 18 19 20 S. 160

Jüdisches Leben in Rom: Das einstige Ghetto ist ein sehr lebendiges, volkstümliches Viertel mit viel Atmosphäre. Hierher kommen die Römer auch gerne, um jüdische Spezialitäten zu essen. 24 S. 166

Kultur & Sehenswertes

Die Kolonnade von Borromini im Palazzo Spada: ein Meisterwerk der Illusion! Wie lang würden Sie sie schätzen? 19 S. 161

Palazzo Farnese: Der Palazzo gilt als Höhepunkt der römischen Renaissance-Baukunst. Berühmtheit erlangte er durch den zweiten Akt aus Puccinis Oper »Tosca«. 22 S. 163

Zu Fuß unterwegs

Shoppingbummel: Antiquitätenjäger und Liebhaber von Vintage-Mode werden in der Via dei Coronari und Via del Governo Vecchio fündig. S. 170

Genießen & Atmosphäre

Caffè Sant'Eustachio: Genießen Sie in der ältesten Rösterei der Stadt den *gran caffè*, im Sommer empfiehlt sich eine *granita di caffè*. 17 S. 43, 153

Sora Margherita: Das winzige Lokal im Herzen des Ghettos begeistert mit urrömischer Küche und familiärer Atmosphäre. 11 S. 170

Abends & Nachts

Il Goccetto: Die Bilderbuch-Enoteca ist ein Eldorado für Weinliebhaber. Zu den ausgesuchten Weinen, auch kleiner Produzenten, gibt es exquisite Kleinigkeiten. 3 S. 171

Il Gonfalone: Ein Augen- und Ohrenschmaus sind jeden Donnerstagabend die Barockkonzerte in dem mit wunderbaren Fresken ausgeschmückten Saal des Gonfalone. 5 S. 54, 165

Ein Rundgang im Tiberknie

Das weitgehend autofreie Viertel um Pantheon und Piazza Navona entspricht dem Herzen des antiken Marsfeldes. Der Campus Martius lag außerhalb der geheiligten Stadtgrenzen, die nur unbewaffnet überschritten werden durften. Er reichte vom Kapitol bis zur heutigen Piazza del Popolo und wurde von der großen Tiberschleife begrenzt. In der Frühzeit Roms diente er politischen und militärischen Veranstaltungen. Hier lagen die Exerzierplätze der Soldaten, hier traf man sich zu Wahlen und Bürgerversammlungen. Die Kaiser bebauten die weite Ebene mit prächtigen, öffentlichen Bädern, Tempeln und Theatern. Von den zahlreichen antiken Prachtbauten zeugt noch das grandiose Pantheon.

Im Mittelalter dünn besiedelt, wurde das Marsfeld nach der Rückkehr der Päpste aus Avignon mit mächtigen Adelspalazzi, repräsentativen Platzanlagen und prunkvollen Kirchen überzogen, in denen die Renaissance und vor allem der Barock Triumphe feierten. Gianlorenzo Bernini und Francesco Borromini schufen Meisterwerke wie den Vier-Ströme-Brunnen auf der Piazza Navona oder die Kirche Sant'Ivo alla Sapienza mit spiralförmiger Kuppel. In dieser Zeit richtete Papst Paul IV. auch das jüdische Ghetto nahe der Tiberinsel ein, das heute mit ungebrochenen Traditionen und einer bodenständigen Küche lockt.

Kein Wunder, dass sich das pittoreske Viertel im Tiberknie mit seinen unzähligen Lokalen und Bars zu einem beliebten Ausgehviertel von Römern und Touristen entwickelt hat. Kleine ausgefallene Läden, Straßencafés mit Logenplätzen und malerische Gassen laden zum Bummeln und Verweilen ein – dazwischen liegen einzigartige Meisterwerke der Kunst und Architektur. Kommen Sie am Abend wieder, wenn die Nachtschwärmer das Viertel um die Piazza Navona mit Leben füllen.

Infobox

Reisekarte: ▶ Karte 3, G–K 8–10

Dauer/Ausgangs- und Endpunkt
Der Rundgang ist auf zwei Tage angelegt. Ausgangspunkt ist der Largo Argentina. Die Tour endet im ehemaligen Ghetto nahe der Piazza Venezia, Knotenpunkt zahlreicher Buslinien.

Verkehrsmittel
Bus: 60, 64 oder Tram: 8

Largo Argentina

In der Antike war das Gebiet um den heute verkehrsumtosten Largo di Torre Argentina dicht bebaut. Von der Zeit der Republik zeugt die **Area Sacra**, Reste republikanischer Tempel unterhalb des heutigen Straßenniveaus. Wegen der zahlreichen Katzen, die von römischen Katzenmüttern, den *gattare*, umsorgt werden, wird die Area Sacra von den Römern schlicht Katzenforum genannt. An der Westseite des Platzes steht das älteste moderne Theater Roms, das **Teatro Argentina** (s. S. 54). Auf der anderen Seite des Largo beginnt die **Via delle Botteghe Oscure**, so benannt nach den ›dunklen‹, fensterlosen Werkstätten der Kalkbrenner, die sich hier niedergelassen hatten.

Piazza della Minerva

Museo Crypta Balbi 1
Via delle Botteghe Oscure 31, Di–So 9–19.45, Einlass bis 19 Uhr, 7 €/3,50 € (obligatorisches Kombiticket)
In diesem kleinen, aber hochinteressanten Teil des Römischen Nationalmuseums (s. S. 67) wird die Entwicklung des Stadtviertels von der Antike bis in die Gegenwart nachgezeichnet.

Il Gesù 2

Piazza del Gesù, www.chiesadelgesu.org, tgl. 7–12.30, 16–19.45 (Besichtigung am besten 16.30–19 Uhr), Wohnräume: Mo–Sa 16–18, So 10–12 Uhr
Die Mutterkirche des Jesuitenordens wurde im Auftrag von Kardinal Alessandro Farnese 1568–1584 nach Plänen der Architekten Giacomo Barozzi da Vignola und Giacomo della Porta errichtet. Den Vorgaben der Jesuiten entsprechend eignet sich der weite, tonnengewölbte Innenraum für große Gemeindegottesdienste und Prozessionen, und die überkuppelte Vierung rückt, lichtumflutet und von allen Seiten gut sichtbar, den Priester in den Mittelpunkt.

Im Geist der Gegenreformation wurde Il Gesù gegen Ende des 17. Jh. zum Triumph der katholischen Kirche und des Jesuitenordens mit kostbaren Materialien ausgestattet. In den Querschiffen prunken rechts der Reliquienschrein des hl. Franz Xaver, links das Grabmal des Ordensgründers Ignatius von Loyola. Ein Meisterwerk illusionistischer Malerei ist das **Deckenfresko von G. B. Baciccia**, der durch kühne Verkürzungen und dynamische Linienführung das Gewölbe aufzureißen scheint.

Sehenswert sind neben der Kirche die Wohnräume des Ordensgründers mit herrlichen **Trompe-l'œil-Bildern** von Andrea Pozzo.

Piazza della Minerva

Jenseits der Via Vittorio Emanuele, vorbei am stets bewachten Palazzo Grazioli, Wohnsitz des Ex-Ministerpräsidenten Silvio Berlusconi, gelangt man zur Piazza della Minerva. Mittelpunkt der ansonsten unscheinbaren Piazza ist ein kleiner steinerner Elefant mit einem ägyptischen Obelisken auf dem Rücken – einer der verspielten Einfälle des Barockgenies Bernini. Dieser soll den Elefanten aus Verärgerung über die Einmischung der Dominikaner in die Planung mit dem Hinterteil zum Generalhaus des Ordens aufgestellt haben.

Santa Maria sopra Minerva 3
Piazza della Minerva 42, Mo–Sa 7–19, So 8–12, 14–19 Uhr
Die von den Dominikanern Ende des 13. Jh. auf den Fundamenten eines Isistempels errichtete Kirche gilt als einziges gotisches Gotteshaus Roms, wobei die Fassade aus der Frührenaissance stammt und der Innenraum mehrfach umgestaltet wurde. Unter dem Hauptaltar der dreischiffigen Pfeilerbasilika ruhen die Gebeine der hl. Katharina von Siena (ohne Kopf, dieser befindet sich in Siena), Schutzheilige Italiens und der Dominikaner.

Zu den herausragenden Kunstwerken der Kirche gehören links vom Hauptaltar die etwas unproportioniert wirkende Statue des **Auferstandenen Christus mit dem Kreuz** von Michelangelo (1519/22), deren vergoldetes Lendentuch erst später hinzugefügt wurde, im rechtem Querschiff die **Carafa-Kapelle** mit wunderbar schwerelosen Renaissancefresken (1489/93), die zu Filippino Lippis Meisterwerken zählen. Im »Triumph des hl. Thomas von Aquin über die Häretiker« (rechte Wand unten) verewigte Lippi mit

Im Herzen der Altstadt

Sehenswert
1. Museo Crypta Balbi
2. Il Gesù
3. Santa Maria sopra Minerva
4. Pantheon
5. San Luigi dei Francesi
6. Palazzo Madama
7. Sant'Ivo alla Sapienza
8. Sant'Agostino
9. Palazzo Altemps
10. Fontana dei Fiumi (Vier-Ströme-Brunnen)
11. Sant'Agnese in Agone
12. Santa Maria dell'Anima
13. Santa Maria della Pace
14. Pasquino
15. Chiesa Nuova
16. Museo di Roma (Palazzo Braschi)
17. Museo di Scultura Antica Giovanni Barracco
18. Palazzo della Cancelleria
19. Palazzo Spada
20. Palazzo Venezia
21. Sant'Andrea della Valle
22. Palazzo Farnese
23. Fontana delle Tartarughe
24. Ehemaliges Ghetto
25. Isola Tiberina (Tiberinsel)

Essen & Trinken
1. Il Convivio
2. Quinzi & Gabrieli
3. Armando al Pantheon
4. Green T.
5. Pancrazio
6. Al Pompiere
7. Giggetto
8. Taverna del Ghetto
9. Hostaria Farnese
10. Maccheroni
11. Sora Margherita
12. Enoteca Corsi
13. Dar Filettaro a Santa Barbara
14. Vineria Roscioli
15. Boccione
16. Caffetteria del Chiostro del Bramante
17. Caffè Sant'Eustachio
18. Tazza d'Oro
19. Giolitti
20. Koscher Bistrot Caffè
21. Coromandel

Einkaufen
1. Ai Monasteri
2. Antica Erboristeria Romana
3. Borini
4. Campo de' Fiori
5. Cartoleria Pantheon
6. Ditta P. Poggi
7. Gammarelli
8. House & Kitchen
9. Il Forno
10. Limentani
11. Angelo di Nepi
12. Kiryat Sefer
13. Lisa Corti
14. Merceria Alfis

Aktiv
1. Farnese Fitness

Abends & Nachts
1. Barnum Café
2. Bar del Fico
3. Il Goccetto
4. Fluid
5. Il Gonfalone
6. The Library
7. Etablì
8. Teatro Argentina

Lieblingsort

Eine Öffnung für die Sonne
Der harmonische Innenraum und die perfekt proportionierte **Kuppel des Pantheons** 4 (s. auch S. 152) faszinieren immer wieder aufs Neue. An keinem anderen Ort, außer vielleicht noch am Kolosseum, ist die Antike so spürbar wie hier. Grandios ist die Öffnung in der Kuppel, durch die die Sonnenstrahlen einfallen, die im Laufe des Tages den Innenraum ausleuchten. Schon im frühen Mittelalter konnten sich die Menschen das Loch in der Kuppel übrigens nicht mehr erklären – oder doch: Um die Kuppel zu bauen, habe man einen großen Erdhügel aufgeworfen und darauf die Kuppel gebaut. Das Loch in der Kuppel ließ man frei, damit die Römer die Münzen, die im Erdhügel vergraben waren, herausholen konnten. Auf diese Weise wurde binnen Kurzem der Innenraum von der Erde befreit.

Im Herzen der Altstadt

den beiden Jünglingen auf der rechten Seite die späteren Medici-Päpste Leo X. und Clemens VII., deren Wandgräber in der Apsis zu sehen sind. Die Kapelle selbst birgt die Überreste des berüchtigten Carafa-Papstes Paul IV., der Mitte des 16. Jh. das römische Ghetto (s. S. 166) einrichtete.

Piazza della Rotonda

Lebhaft geht es vor dem Pantheon zu, einem der Lieblingsplätze von Touristen und Einheimischen. Mit den ersten wärmenden Sonnenstrahlen füllen sich die zahlreichen Straßencafés und die Stufen des Brunnens, der von einem ägyptischen Obelisken bekrönt wird. In den umliegenden Straßen laden schicke Boutiquen und Schuhgeschäfte, Antiquariate und Papeterien zum Shoppen und Stöbern ein. Ein kleiner Stadtteilmarkt findet täglich außer sonntags auf der Piazza delle Coppelle statt. Nonnen, Prälaten und manchmal sogar Kardinäle zieht es in die hinter dem Pantheon liegende Via di Santa Chiara, wo sie bei De Ritis nach Soutanen und Kutten, Messkelchen und -gewändern Ausschau halten. Für exklusivere Wünsche ist seit 1792 Papstschneider Gammarelli in Nr. 34 zuständig. Stets ist dort das weiße Gewand, das ein neuer Papst nach Annahme der Wahl anlegt, in drei Größen vorrätig – schließlich kennt nur Gott allein die Kleidermaße seines künftigen Stellvertreters auf Erden.

Pantheon ! 4

Mo–Sa 9–19.30, So 9–18, Fei 9–13 Uhr
Harmonische Proportionen und eine raffinierte Statik machen die überkuppelte Rotunde mit ihrer Säulenvorhalle und dem strengen Giebeldreieck zu einem Meisterwerk der Architektur. Das neben dem Kolosseum faszinierendste Bauwerk der römischen Antike wurde von Marcus Agrippa, dem Schwiegersohn von Kaiser Augustus, 27 v. Chr. erbaut. Seine klassische Gestalt verdankt es jedoch Kaiser Hadrian, der es in der 1. Hälfte des 2. Jh. n. Chr. nach wiederholten Bränden neu errichten ließ.

Die Kuppel
Der Eindruck beim Betreten des Innenraums ist überwältigend: Mit einem Durchmesser von 43,30 m und identischer Höhe bietet der größte Kuppelbau der Antike – noch heute das Bauwerk mit der größten Kuppel in Rom – ein Bild vollendeter Harmonie. Als Lichtquelle dient die 9 m große unverglaste Öffnung im Scheitelpunkt der Kuppel. Regnet es, fließt das Wasser durch einen marmornen Gully ab.

Die zweischalige Kuppel, ein Wunderwerk römischer Ingenieurskunst, präsentiert sich im Innern als Halbkugel, außen als Kalotte. Sie wurde in *opus caementicium*, dem heutigen Beton vergleichbar, über einer Holzverschalung gegossen. Das ungeheure Gewicht der Kuppel stützen vor allem die 6,20 m dicken Wände aus Ziegelmauerwerk. Nach dem Untergang des Römischen Reiches sollte es Jahrhunderte dauern, bis wieder Kuppeln dieser Dimensionen gebaut werden konnten.

Umwidmung in eine Kirche
Von den antiken Marmorverkleidungen und vergoldeten Bronzedachziegeln blieb kaum etwas erhalten. Sie fielen den Plünderungen des Mittelalters zum Opfer. Als dann der Barberini-Papst Urban VIII. auch noch die bronzene Kassettendecke der Vorhalle abnehmen und einschmelzen ließ, um daraus Kanonen und den Bronzebaldachin von St. Peter gießen zu lassen, reagierte die Bevölkerung empört,

und an der Pasquino-Statue (s. S. 156) konnte man den Spruch lesen: »Quod non fecerunt barbari, fecerunt barberini« (Was die Barbaren nicht schafften, gelang den Barberini). Schließlich war das Pantheon inzwischen eine christliche Kultstätte geworden: Am 13. Mai 609 hatte Papst Bonifaz IV. das Pantheon der Himmelskönigin Maria und allen Märtyrern geweiht und es in Santa Maria ai Martiri umbenannt.

In der Antike war das Pantheon vermutlich den sieben planetarischen Göttern Apollo, Diana, Jupiter, Mars, Merkur, Saturn und Venus geweiht, deren Statuen in den Nischen im Innern standen. Im Lauf der Jahrhunderte wurden die Götterbilder durch christliche Altäre und Grabdenkmäler ersetzt. Neben den Grablegen der italienischen Könige, die noch heute von blau bemäntelten Monarchisten bewacht werden, liegen zahlreiche Künstlergrabmäler, wie das von einer Madonnenfigur bekrönte Grab des Renaissancemalers Raffael mit der Inschrift: »Hier liegt Raffael. Die Natur fürchtete, von ihm besiegt zu werden; und jetzt, da er tot ist, fürchtet sie, selbst sterben zu müssen.« Das Pantheon wurde Vorbild für viele bedeutende Sakral- und Profanbauten, darunter Schinkels Altes Museum in Berlin und das Kapitol in Washington.

Am Corso del Rinascimento

San Luigi dei Francesi 5
Piazza di San Luigi de' Francesi 5, tgl. 10–12.30, Fr–Mi auch 15–19 Uhr
Besuchermagnet der düsteren französischen Nationalkirche ist die **Contarelli-Kapelle** mit dem großartigen Matthäus-Zyklus von Caravaggio, der sich durch dramatische Lichteffekte und großen Realismus auszeichnet (s. S. 210). Im Gegensatz dazu steht in der zweiten Kapelle rechts die pathosgeschwängerte Klassizität von Domenichino mit seinem Freskenzyklus aus dem »Leben der hl. Cäcilie« (1612/14).

Palazzo Madama 6
Piazza Madama, Zugang über die Piazza Madama 11, 1. Sa im Monat (außer Aug.) 10–18 Uhr
Der stets bewachte Renaissancepalazzo mit seiner barocken Prunkfassade wurde im 16. Jh. für die Familie Medici erbaut und nach der Gemahlin von Alessandro de Medici, ›Madama‹ Margherita von Österreich, benannt. Heute ist er Sitz des 315 Mitglieder zählenden italienischen Senats (s. S. 98).

Sant'Ivo alla Sapienza 7
Corso del Rinascimento 40, So 9–12 Uhr, Juli/Aug. geschl.; Messe So 11 Uhr
Die Kirche gilt als das Hauptwerk von Francesco Borromini. Das kleine Juwel römischer Barockarchitektur beherrscht den von Arkaden gesäumten Innenhof der einstigen Universität. Der

---

Mein Tipp

Kaffee & Eis
Machen Sie den Test! Nur wenige Schritte voneinander entfernt befinden sich zwei der besten Kaffeeröstereien der Stadt: Im **Tazza d'Oro** 18 (Via degli Orfani 84, Mo–Sa 7–20 Uhr) mit angeschlossener Bar sollten Sie unbedingt die Mischung Regina del Caffè probieren! Das **Caffè Sant'Eustachio** 17 (Piazza Sant'Eustachio 82, tgl. 8.30–1 Uhr) hingegen ist berühmt für seinen vorgezuckerten Gran Caffè. Bestes Eis bekommen Sie in der nahe gelegenen Eisdiele **Giolitti** 19 (Via Uffici del Vicario 37–41, tgl. 7–1.30 Uhr).

Im Herzen der Altstadt

Außenbau der zwischen 1642 und 1650 errichteten Universitätskirche zeigt das für Borromini typische Wechselspiel von konkaven und konvexen Formen. Der Grundriss offenbart seine Vorliebe, die verschiedensten geometrischen Formen miteinander zu kombinieren. Eine Besonderheit ist der **Kuppelaufbau:** eine orientalisch anmutende, sich schneckenförmig nach oben windende Laterne, die von einer Kugel und dem Kreuz bekrönt wird. Dieser ungewöhnliche Abschluss beschäftigt noch heute die Kunsthistoriker: Symbolisiert er den Turm von Babel, über dem das christliche Kreuz aufragt, bezieht er sich auf den Läuterungsberg in Dantes »Göttlicher Komödie« oder versinnbildlicht er die Tiara, die päpstliche Kopfbedeckung? Fest steht, dass Borromini eine der kühnsten Schöpfungen der europäischen Architekturgeschichte gelang.

Im Sommer finden im Innenhof **Konzerte** statt.

Sant'Agostino 8
Piazza di Sant'Agostino 80,
tgl. 7.30–12.30, 16–18.30 Uhr
Kunstinteressierte sollten einen Besuch dieser schlichten Frührenaissancekirche nicht versäumen. Sie birgt einige hochrangige Kunstwerke. Das Fresko des **Propheten Jesaja** über dem dritten Pfeiler links stammt von Raffael (1511/1512). Offenkundig ist die Anlehnung an die Prophetengestalten von Michelangelo im Deckengemälde der Sixtinischen Kapelle. Ein Meisterwerk von Caravaggio (s. S. 210) ist die **Madonna dei Pellegrini** (ca. 1605), in der ersten Kapelle am linken Seitenschiff.

Palazzo Altemps 9

Via di Sant'Apollinare 46, Di–So
9–19.45 Uhr, 7 €/ 3,50 €, obligatorisches Kombiticket

Etwas versteckt liegt der vorbildlich restaurierte, Ende des 15. Jh. erbaute Palazzo Altemps. Die allgegenwärtigen Wappen mit dem Steinbock erinnern an Kardinal Marco Sittico Altemps, für den der Palazzo Ende des 16. Jh. umgebaut wurde. Mit seinem original erhaltenen Dekor vermittelt der Patrizierpalast auch einen Eindruck von der Wohnkultur der damaligen Zeit.

Museo Nazionale Romano
Als Teil des Römischen Nationalmuseums (s. S. 67) beherbergt das Bauwerk neben antiken Statuen verschiedener Provenienz vor allem den Kern der spektakulären **Antikensammlung von Kardinal Ludovico Ludovisi**, der diese Anfang des 17. Jh. für seine später zerstörte Villa auf dem Quirinal angelegt hatte. Bekannte Bildhauer wie Gianlorenzo Bernini und Alessandro Algardi wurden als Restauratoren hinzugezogen, wobei sie – entgegen heutigem Verständnis – die fehlenden Teile mancher Statue nach eigenem Empfinden ergänzten. Die Sammlung wurde früh beliebtes Ziel von Künstlern und Reisenden wie z. B. Goethe.

›Stars‹ der Ausstellung, die sich über zwei Stockwerke erstreckt, sind **Orest und Elektra,** eine Figurengruppe des Bildhauers Menelaos (1. Jh. n. Chr.), und der sogenannte **Ares Ludovisi**, eigentlich ein Apoll, die römische Kopie eines hellenistischen Originals, die von Bernini restauriert wurde. Zu den Attraktionen zählt auch der **Ludovisische Thron** mit der schaumgeborenen Aphrodite aus der Frühzeit der griechischen Klassik und das riesige Haupt der sogenannten Hera Ludovisi oder **Juno Ludovisi,** das im 17. Jh. fälschlicherweise als Original galt.

Im Kaminzimmer fesselt die dramatische Figurengruppe eines Galliers und seiner Frau die Besucher: Um nicht in pergamenische Gefangenschaft zu geraten, tötete der Gallier seine Frau und richtete das Schwert gegen sich selbst. Beeindruckend auch der **Ludovisische Sarkophag** mit der Darstellung einer Schlacht zwischen ›heldenhaften‹ Römern und ›leidenden‹ Barbaren aus dem 3. Jh. n. Chr.

Sant'Aniceto

Werfen Sie auch einen Blick in die kostbar ausgestattete Hauskirche des Palastes. Die Fresken von Splatter-Maler Pomarancio schildern das Leben des hier gestorbenen Märtyrers Sant'Aniceto – eine Anspielung auf Roberto Altemps, der wegen Ehebruchs von Papst Sixtus V. zum Tod durch Enthaupten verurteilt worden war.

Piazza Navona!

Die Piazza Navona gehört zu den schönsten Plätzen Roms, wenn nicht gar der Welt. Hier wird immer etwas geboten, und das seit Jahrtausenden. Der römische Mundartdichter Belli schrieb einmal: »Piazza Navona! Keinen Deut schert sie sich um die Piazza di Spagna oder St. Peter. Sie ist kein Platz. Sie ist das große Draußen, ein Fest, eine Bühne, ein Heidenspaß«.

Ihre ungewöhnliche lang gestreckte Form geht auf das im 1. Jh. n. Chr. errichtete Stadion Kaiser Domitians zurück, dessen Unterbauten an der Südseite noch sichtbar sind. Die mehr als 30 000 Zuschauer vergnügten sich bei sportlichen Veranstaltungen, aber auch in den umliegenden Garküchen und Bordellen. Im Mittelalter verfiel das Stadion zwar, doch das Areal war weiterhin für Vergnügungen bekannt. Während der Renaissance veranstaltete Kardinal Borgia auf dem inzwischen mit Erde und Schutt aufgefüllten Platz Stierkämpfe. Unter Papst Innozenz X., der den Platz mit Brunnen verschönern ließ, wurden in den heißen Sommermonaten Wasserspiele eingeführt: Am Wochenende wurde die Piazza geflutet, Prälaten und Adlige fuhren dann mit ihren Karossen um die Wette und das Volk plantschte im erfrischenden Nass. Erst Mitte des 19. Jh. verbot man die Spiele aus Angst vor Malaria.

Heute bevölkern Straßenmusiker und Pantomimen, Magier und Feuerschlucker, Porträtmaler und fliegende Händler den großen Platz, zu denen sich am Abend Nachtschwärmer und Flaneure gesellen. Beste Logenplätze bieten die umliegenden – teuren – Straßencafés. Von Weihnachten bis zur Befana findet auf der Piazza der Weihnachtsmarkt statt. Zu einem Hotspot des römischen Nachtlebens hat sich das Viertel zwischen Piazza Navona und Piazza del Fico entwickelt.

Ihren Ruf als eine der schönsten barocken Platzanlagen verdankt die Piazza Navona Papst Innozenz X. Anlässlich des Heiligen Jahres 1650 ließ er umfangreiche Baumaßnahmen durchführen wie die Erweiterung des Familienpalastes, Palazzo Pamphilj, den Neubau von Sant'Agnese und vor allem den Bau einer zentralen Brunnenanlage. Kurz nach dem Vier-Ströme-Brunnen wurde auch die mit Tritonen geschmückte **Fontana del Moro** (Mohrenbrunnen, 1652) von Bernini mit der namensgebenden Figur des ›Moro‹ neu gestaltet. Die **Fontana di Nettuno** (Neptunsbrunnen) an der Nordseite erhielt ihr Aussehen erst im 19. Jh.

Fontana dei Fiumi [10]

Der **Vier-Ströme-Brunnen** (1648–1651) zählt zu den Meisterwerken von Bernini. Die vier auf Felsabsätzen lagernden Männerfiguren personifizieren die Ströme der vier damals bekannten Kontinente Europa (Donau), Afrika (Nil), Asien (Ganges) und Amerika (Rio della Plata). Sie lagern um einen Obelisken,

Im Herzen der Altstadt

der im Barock zu einem christlichen Symbol umgedeutet wurde und hier mit päpstlichen Attributen versehen ist: Die Spitze krönt eine Taube mit einem Olivenzweig im Schnabel, das Wappen der Pamphilj. Für die merkwürdigen Verrenkungen der Figuren fanden die Römer schon früh eine Erklärung: So verhülle der Nil seine Augen, weil er sich die von Berninis Gegenspieler errichtete Kirche Sant'Agnese nicht länger anschauen wolle, und der Rio della Plata werfe seine Hände nach oben, weil er befürchte, das Gotteshaus werde gleich einstürzen. Eine hübsche Geschichte. In Wahrheit entstand die Kirche einige Jahre nach dem Brunnen!

Sant'Agnese in Agone 11

www.santagneseinagone.org, Di–Sa 9.30–12.30, 15.30–19, So/Fei 9–13, 16–19 Uhr, Barockkonzerte 30 € (Termine s. www.romaoperaomnia.com)
Die Kirche (1652–1672) zu Ehren der hl. Agnes, die auf der Piazza Navona ihr Martyrium erlitten haben soll, lässt mit ihrer breiten konkaven Fassade und der überhöhten konvexen Kuppel deutlich Borrominis Handschrift erkennen. Erstaunlich klein im Vergleich zum mächtigen Äußeren wirkt der Innenraum: ein überkuppelter Zentralbau über dem Grundriss eines griechischen Kreuzes. Er nähert sich durch die erweiterten Nischen zwischen den Kuppelpfeilern in der Form fast einem Achteck.

Santa Maria dell'Anima 12

Via di Santa Maria dell'Anima 66, www.pisma.it, tgl. 9–12.45, 15–19 Uhr
Hinter der feierlichen Renaissancefassade der 1501–1523 errichteten deutschen und österreichischen Nationalkirche mit angeschlossenem Hospiz verbirgt sich eine für Rom ungewöhnliche dreischiffige Hallenkirche mit lang gestrecktem Chor, wie sie im deutschen Raum häufig zu finden ist. Neben zahlreichen Pilgern ruht hier Papst Hadrian VI. (1522/1523). Das Altarbild **Heilige Familie mit Heiligen** stammt von Raffael-Schüler Giulio Romano.

Santa Maria della Pace 13

Zugang über Vicolo Arco della Pace 5, Di–So 10–20, Mo, Mi, Sa 9–12 Uhr
In einem abgeschiedenen Winkel der Gassen um die Piazza Navona liegt die reizvolle Kirche, die allein durch die originelle Barockfassade von Pietro da Cortona (Mitte 17. Jh.) die Aufmerksamkeit auf sich zieht. Vor der bereits im 15. Jh. errichteten Kirche fügte er einen ungewöhnlich weit vorspringenden, halbkreisförmigen Säulenvorbau ein, der trotz der Enge des Platzes der Kirche einen monumentalen und feierlichen Rahmen verleiht. Besuchermagnet der Kirche ist in der Cappella Chigi Raffaels berühmtes Fresko der **Vier Sibyllen** (1514). Raffael zeigt hier ein für ihn ganz neues Empfinden für die Plastizität und Bewegung der Körper. Deutlich ist der Einfluss von Michelangelo zu erkennen, dessen Sixtinische Decke er dank einer heimlichen Sonderführung durch Bramante vorzeitig sehen konnte. Der zweigeschossige **Kreuzgang** ist eines der ersten Werke des Renaissancebaumeisters Bramante und dient heute als Ausstellungsraum (www.chiostrodelbramante.it).

Eine Oase der Ruhe und idealer Platz für eine Kaffeepause ist die **Caffetteria del Chiostro del Bramante** 16.

Pasquino 14

Ausgerechnet eine Steinskulptur wurde zum ärgsten und langlebigsten Kritiker römischer Politik! Der seit dem 16. Jh. bestehende Brauch, an den Torso der Pasquino-Statue auf der gleichnamigen Piazza Spottverse zu heften,

Der Vier-Ströme-Brunnen ist das Schmuckstück der Piazza Navona

Im Herzen der Altstadt

um die herrschende Politik aufs Korn zu nehmen, existiert bis heute. Der Name Pasquino geht vermutlich auf einen besonders spitzzüngigen Schneider zurück, der seine Kritik in geschliffene Epigramme zu kleiden wusste, und fand Eingang in viele Sprachen – auch ins Deutsche, wo man anonyme Schmäh- und Spottschriften früher als Pasquill bezeichnete.

Am Corso V. Emanuele II

Chiesa Nuova [15]
Via del Governo Vecchio 134, www.vallicella.org, tgl. 7.30–12, 16.30–19.30 Uhr
Nachdem Papst Gregor XIII. den von Filippo Neri gegründeten Oratorianerorden 1575 anerkannt hatte, schenkte er der Bruderschaft die Kirche Santa Maria in Vallicella. Neri ließ an der Stelle des mittelalterlichen Gotteshauses eine neue Kirche errichten, daher der Name Chiesa Nuova. Die – entgegen Neris Wunsch – im Inneren sehr prunkvoll ausgestattete Kirche schmücken drei Altarbilder des jungen Peter Paul Rubens. Vom Barockmaler Pietro da Cortona stammen die perspektivreichen, illusionistischen Fresken an der Decke, in der Kuppel und der Apsis. Die im Gegensatz zu den Jesuiten oder Dominikanern nicht hierarchisch organisierte Kongregation kümmerte sich um bedürftige Pilger, Arme und Kranke. Ihre Zusammenkünfte, bei denen auch Laien predigten, wurden mit Gesängen und Gebeten in der Volkssprache sehr lebendig gestaltet und hatten bald großen Zulauf. Schließlich musste ein größerer Raum eingerichtet werden – das Oratorium (lat. Betsaal), wovon sich später der Begriff Oratorium als musikalische Gattung ableitete. Das **Oratorio dei Filippini** neben der Kirche ist eine der frühen Arbeiten von Francesco Borromini, heute Teil einer Bibliothek.

Museo di Roma (Palazzo Braschi) [16]
Piazza Navona 2 oder Piazza San Pantaleo 10, www.museodiroma.it, Di–So 10–20 Uhr, 11 €/9 €
Der Palazzo ist der letzte große Nepotenpalast Roms. Das Hauptzeugnis des römischen Neoklassizismus wurde 1791 im Auftrag von Pius VI. für seinen Neffen erbaut und beherbergt heute das Stadtmuseum Roms. Rund 100 000 Exponate, u. a. Möbel, Kleidungsstücke, Gemälde und Büsten, dokumentieren das Leben in Rom vom Mittelalter bis zum Beginn des 20. Jh. Schwer zu sagen, was interessanter ist: der Palazzo mit seinen originalen Fresken, den zarten Stuckaturen und dem chinesischen und ägyptischen Salon oder die Veduten, die Rom vor der großen Umgestaltung im Barock zeigen. Von den Fenstern des Obergeschosses bietet sich ein schöner Blick auf die Piazza Navona.

Museo di Scultura Antica Giovanni Barracco [17]
Corso Vittorio Emanuele 166a, www.museobarracco.it, Okt.–Mai Di–So 10–16, Juni–Sept. Di–So 13–19 Uhr, Eintritt frei
Der kleine Renaissancepalazzo aus dem frühen 16. Jh. beherbergt eine erlesene Sammlung antiker Skulpturen des Barons Barracco, u. a. einige griechische Originale. Im Untergeschoss sind die Ruinen eines spätantiken römischen Wohnhauses zu sehen.

[18] – [20] s. Entdeckungstour S. 160

Sant'Andrea della Valle [21]
Piazza Vidoni 6, tgl. 7.30–12.30, 16.30–19.30 Uhr
Opernliebhaber kennen die Kirche aus dem ersten Akt von Puccinis »Tosca«.

Campo de' Fiori

Bis heute volkstümlich: der Campo de' Fiori

Die ›Cappella Attavanti‹ werden sie jedoch vergeblich suchen, sie war eine Erfindung Puccinis. Die mächtige Basilika, die stark an Il Gesù (s. S. 147) angelehnt ist und die zweithöchste Kuppel nach der Peterskirche besitzt, wurde nach einem Entwurf von Giacomo della Porta 1591 begonnen, jedoch von Carlo Maderno 1622 vollendet. Die mächtig aufragende, hochbarocke Fassade stammt von Carlo Rainaldi, der nach einer Kritik an seinem Engel, der hier die traditionelle Volute ersetzt, den zweiten unausgeführt ließ. Wie bei Il Gesù dominiert die riesige Kuppel den einschiffigen gewölbten Saalbau. Barockmaler Giovanni Lanfranco malte sie mit einem Paradiesfresko in illusionistischer Trompe-l'œil-Technik aus (1625–1628). Im Gegensatz dazu steht die klassizistische Realistik und Kühle der Evangelisten in den Zwickeln sowie im Chor die Szenen aus dem Leben des hl. Andreas (1622–1628), die von Lanfrancos hochbegabtem Erzrivalen Domenichino stammen. Die Gemälde mit dem Martyrium des hl. Andreas beim Hauptaltar schuf Mattia Preti (1650/1651).

Campo de' Fiori !

Kommen Sie am Vormittag, dann breitet sich auf dem Campo der schönste römische Stadtteilmarkt aus. Lauthals preisen die Händler ihre Waren an. Zwischen frischem Fisch, Obst und Gemüse diskutiert man über die Geheimnisse der römischen Küche oder die letzten Fußballergebnisse. Gegen Mittag verschwinden die Stände und Kehrmaschinen bereiten den Platz für seinen abendlichen Auftritt vor. Vor allem an den Wochenenden bevölkern Hunderte von jungen Leuten mit einem Glas Wein oder Bier in der Hand die Piazza. Das Zusammensein, nicht das Trinken steht im Vordergrund, auch wenn es manche gerne vergessen. Die Getränke holt man sich in einer der umliegenden *vinerie*. Und natürlich kann man in den zahlreichen *trattorie,* z. B. der **Hostaria Farnese** 9 , auch herrlich römisch essen. Allen Unkenrufen zum Trotz ist auf dem Campo noch immer die römische Volksseele lebendig. Den morbiden Charme des Viertels haben schon vor ▷ S. 163

Auf Entdeckungstour: Palastgeflüster

Die mondänen Palazzi von Päpsten, Kardinälen und Mäzenen prägen das Stadtbild Roms. Ihre Fassaden spiegeln europäische Architekturgeschichte, ihre prachtvollen Räumlichkeiten waren Schauplätze rauschender Feste, legendärer Gastmähler und verhängnisvoller Verschwörungen.

Start: Corso Vittorio Emanuele II
Dauer: ein halber Tag.
Palazzo della Cancelleria [18]:
Piazza della Cancelleria 1, Mo–Sa 7.30–14, 16–20 Uhr; Besichtigung der Innenräume nach Voranmeldung bei Amministrazione del Patrimonio della Sede Apostolica, Tel. 06 69 89 34 05, economato@apsa.va, Di nachmittags, Sa vormittags, 7 €
Palazzo Spada [19]: Piazza Capo di Ferro 13, www.galleriaspada.benicultu rali.it, Di–So 8.30–19.30 Uhr, 5 €/2,50 €; Piano Nobile nur mit Führung, Reservierung obligatorisch unter Tel. 066 83 24 09, jeden 2. So im Monat 10.30, 11.30, 12.30 Uhr, zusätzlich zum Museumseintritt 6 €
Palazzo Venezia [20]: Via del Plebiscito 118, www.museopalazzovenezia. beniculturali.it, Di–So 8.30–19.30 Uhr, 5 €/2,50 €, s. auch S. 209

Im Mittelalter mussten sich die mächtigen Familien noch hinter zinnenbekrönten Wehrburgen und himmelwärts strebenden Türmen verschanzen. Mit der Rückkehr der Päpste aus Avignon brach eine Zeit des kulturellen und architektonischen Neubeginns an. Die gewaltsamen Auseinandersetzungen und erbitterten Fehden zwischen den adligen Familien Roms gehörten von nun an der Vergangenheit an. Nach und nach entstanden die ersten repräsentativen Palazzi und Villen. Geistliche und weltliche Würdenträger demonstrierten mit diesen Prachtbauten ihre Macht, an der hinter den Fassaden mit großem Elan weitergesponnen wurde.

Die Launen des Glücks

Den Paradebau des römischen Palastbaus der Frührenaissance, den **Palazzo della Cancelleria** 18, finanzierte Kardinal Raffaele Riario mit rund 14 000 Dukaten, die er beim Würfeln gewonnen hatte. Noch vor dessen Fertigstellung bezog er den prächtigen Palast. Im Erdgeschoss waren Vorratsräume, Küche und Speiseräume für die Diener untergebracht. Die Wohn- und Schlafräume des Kardinals lagen im Piano Nobile, wo sich auch die Empfangs- und Festsäle befanden, darunter ein von Vasari in nur 100 Tagen ausgemalter Saal (Sala dei Cento Giorni). Michelangelo, auf die Malerleistung seines Kollegen angesprochen, soll lakonisch geantwortet haben: »Si vede bene!« – »Man sieht's!« Der Ausnahmekünstler stieß schon in jungen Jahren zum Haushalt des Kardinals. Riario hatte von einem Händler eine Cupido-Skulptur gekauft, im Glauben, es handle sich um eine römische Antiquität. Als er die Fälschung erkannte, wollte er den Künstler kennenlernen – und rief Michelangelo nach Rom.

Lange konnte sich Riario seines Palazzos allerdings nicht erfreuen. Während die steinernen Rosen aus seinem Wappen an der Fassade verblieben, musste er seine prächtige Wohnstatt schon bald mit der Engelsburg, dem päpstlichen Kerker, tauschen. Man hatte seine Beteiligung an einer Verschwörung gegen den Medici-Papst Leo X. entdeckt. Immerhin entging er im Gegensatz zu seinen Mitverschwörern der Todesstrafe, musste aber nach Zahlung einer beträchtlichen Summe Rom verlassen. In den Jahren der Römischen Republik unter Napoleon 1798/1799 war der Palazzo schließlich Sitz des Römischen Hofes, weshalb über dem Eingang noch immer die Schrift *Corte Imperiale* prangt. Heute ist der Palast exterritoriales Vatikangebiet und Sitz der Sacra Rota. Das päpstliche Ehegericht kann kirchlich geschlossene Ehen annullieren.

Schein und Sein

Zu den verspieltesten Palazzi am Tiberknie gehört der **Palazzo Spada** 19, in dem sich die barocke Lust am Illusionismus auslebt. Von der mit Stuckdekorationen überzogenen Fassade begrüßen Herrschergestalten der antiken Rom den Besucher: Augustus, Cäsar, Pompejus … Im Innenhof setzt sich die verspielt-manieristische Stuckdekoration mit mythologischen Darstellungen fort. Triumphe feiert das Spiel mit den Grenzen zwischen Schein und Wirklichkeit in der berühmten scheinperspektivischen **Kolonnade** von **Borromini** (s. Abb. links

u. S. 113), die der Gegenspieler Berninis als Verbindung zweier Höfe anlegte. Erst bei genauer Betrachtung zeigt sich, dass die Wände zusammenlaufen, der Boden ansteigt, das Gewölbe sich neigt und die Abstände zwischen den Säulen sich verringern. Misst die erste noch 5,68 m, so ist die letzte Säule gerade 2,47 m hoch. Zu guter Letzt entpuppt sich die kolossale Statue am Ende der scheinbar langen Galerie als nur 80 cm hoch und die Galleria als lediglich 9 m lang. Eine Spielerei mit Hintersinn: »Wunder der Kunst: Bild einer trügerischen Welt. Groß bloß der Erscheinung nach, sind die Dinge klein für den, der sie aus der Nähe betrachtet. Auf der Welt ist das Große nichts anderes als Illusion«, sinnierte Kardinal Spada in seinen Versen.

Ein »kleines italienisches Fontainebleau«

Der überaus kunstsinnige Kardinal Bernardino Spada, der lange Zeit als apostolischer Nuntius am Hofe von Katharina de' Medici verbrachte, verwandelte den **Piano Nobile** seines Palazzos, der Anfang des 16. Jh. erbaut worden war, in ein »kleines italienisches Fontainebleau« mit prunkvoller Stuckgalerie und perspektivischen Veduten. Besuchermagnet ist der **Pompejussaal** mit einer überlebensgroßen Statue des Feldherrn, von der man lange Zeit annahm, sie habe in der Vorhalle des Pompejus-Theaters gestanden. Dann wäre zu Füßen dieser Statue an den Iden des März Cäsar ermordet worden. »Unter dieser Statue sollten alle Revolutionäre mit wahren, hellen, gemäßigten Philanthropen zwölf Mitternächte Rat halten, ehe sie einen Schritt wagen«, philosophierte Johann Gottfried Seume. Im Palazzo tagt heute der italienische Staatsrat.

Hort großer Schätze

Die Sammlung von Bernadino Spada (1594–1661), die in der **Galleria Spada** im ersten Geschoss ausgestellt ist, zeugt vom erlesenen Geschmack und seinen guten Beziehungen zu den bedeutendsten Künstlern seiner Zeit. Die Gemälde aus dem 16. und 17. Jh stammen u. a. von Rubens, Tizian, Guido Reni und Andrea del Sarto.

Zeit der Sünden, Zeit der Buße

Noch wie eine Trutzburg erhebt sich hingegen der **Palazzo Venezia** [20] am gleichnamigen Platz. Als der Venezianer Pietro Barbo und spätere Papst Paul II. von seinem Onkel Papst Eugen IV. zum Kardinal erhoben wurde, begann er gleich mit dem Bau einer standesgemäßen Bleibe. Der Palazzo Venezia mit mächtigem Eckturm und Zinnenkranz ist das erste profane Bauwerk der Frührenaissance in Rom.

Als Venezianer liebte Paul II. den Karneval, den die Römer bis dahin auf dem Kapitol und dem Monte Testaccio feierten. Unter ihm wurde die Piazza Venezia zum Endpunkt der Umzüge und der Rennen der berühmten Bárberi, der reiterlosen Pferde, die von der Piazza del Popolo über die Via del Corso – daher der spätere Name – sausten. Großer Beliebtheit erfreuten sich seine Feste, bei denen er nach dem antiken Vorbild *panem et circenses* die Römer mit Speisen und Getränken bewirten ließ und Geld unter die Menge warf. Doch wo Genuss ist, muss auch Buße sein. Damit jede Generation die Möglichkeit zum Sündenerlass habe, verkürzte er die Wiederkehr des Heiligen Jahres von 50 auf 25 Jahre.

Heute beherbergt der Palast das **Museo di Palazzo Venezia** mit einer Sammlung von Kunstwerken aus dem 13. bis 18. Jh. und immer wieder bedeutenden Ausstellungen.

Palazzo Farnese

Jahrzehnten Künstler und Wahlrömer für sich entdeckt. Lassen Sie sich nicht von Äußerlichkeiten täuschen! Hinter manch heruntergekommener Fassade verbergen sich luxussanierte Wohnungen, die auf dem Wohnungsmarkt zu Höchstpreisen gehandelt werden.

Geschichte des Platzes

In der Nähe des heutigen Campo stand in der Antike das erste steinerne Theater der Stadt, das 55 bis 52 v. Chr. erbaute Theater des Pompejus. In der dahinterliegenden Kurie fand am 15. März 44 v. Chr. eine Senatssitzung statt, die in die Geschichte einging: »Tu quoque, Brute, fili mi?« (Auch du, Brutus, mein Sohn?), soll Cäsar noch ausgerufen haben, bevor er unter den Dolchstößen der verschworenen Senatoren fiel. Vom inneren Bogen der Theaterränge zeugt noch der gerundete Verlauf der Via di Grotta Pinta. Weitere Reste von Mauern und Gewölben findet man unter Palästen und Häusern oder im Keller des Restaurants **Pancrazio** [5].

Mit der Rückkehr der Päpste aus Avignon bildete der Platz eine wichtige Durchgangsstation auf dem Weg zum Vatikan. Pilgerherbergen und unzählige Wirtshäuser öffneten ihre Pforten. Noch heute heißt eine der Straßen in Richtung Vatikan: Via del Pellegrino, Pilgerstraße. Ein malerisches Ensemble mittelalterlicher Häuser entdeckt man jenseits des Arco degli Acetari in der **Via del Pellegrino 19–41.**

Zu einem Ort päpstlicher Machtdemonstration wurde der Campo de' Fiori während der Inquisition, als hier öffentliche Hinrichtungen und Verbrennungen stattfanden. Prominentestes Opfer war Giordano Bruno (1548–1600), der am 17. Februar des ›Heiligen Jahres‹ 1600 wegen seiner These von der unendlichen Welt und seiner Zweifel an einer göttlichen Ordnung im Kosmos auf dem Scheiterhaufen verbrannt wurde. Bruno, der seine Thesen nicht widerrief, entgegnete dem Inquisitor: »Ihr, die ihr meine Verurteilung verkündet, habt mehr Angst als ich, der sie entgegennimmt.« Erst 1889, nach der Einigung Italiens, als dieser Teil Roms nicht mehr zum Kirchenstaat gehörte, konnte man ein Denkmal für Giordano Bruno aufstellen.

Palazzo Farnese [22]

Der Gegensatz zum volkstümlichen Campo de' Fiori, der von keiner Kirche und keinem Palazzo beherrscht wird, könnte nicht größer sein. Die stille aristokratische **Piazza Farnese** mit ihren symmetrischen Brunnenanlagen, deren Granitwannen aus den Caracalla-Thermen stammen, ist lediglich der Vorplatz zum grandiosen Palazzo Farnese. Das größte Privathaus der Stadt, Höhepunkt römischer Renaissancebaukunst und bis ins frühe 20. Jh. Vorbild zahlreicher Palazzi, wurde 1516/1517 vom ehrgeizigen Kardinal Alessandro Farnese, dem späteren Papst Paul III., in Auftrag gegeben. Nach dem Willen seines Bauherrn sollte der Privatpalast zum Machtzentrum der Familie Farnese werden. Zur Familie gehörten neben einem 300-köpfigen Hofstaat vor allem seine drei Kinder, die er später päpstlich legitimieren ließ, und seine Konkubine Silvia Ruffini. Gleichzeitig war Paul II. auch der erste Papst der Gegenreformation. Er leitete innerkirchliche Reformen ein und unterstützte neue Orden, etwa die Jesuiten. Als Förderer der Künste und unermüdlicher Sammler ließ er die Bauarbeiten von St. Peter fortführen und beauftragte Michelangelo mit dem »Jüngsten Gericht«. Ganz in der Tradition seiner Vorgänger pflegte er auch die Vet-

Im Herzen der Altstadt

Sieben Jahre malten die Carracci-Brüder an den Fresken des Palazzo Farnese

ternwirtschaft. So verlieh er seinem Sohn Pierluigi kurzerhand das neu geschaffene Herzogtum Parma und Piacenza, und seine Enkel ernannte er zu Kardinälen. Auch er wurde schon mit 25 Jahren zum Kardinal erhoben – mit Hilfe seiner schönen Schwester Giulia, der Mätresse des Borgia-Papstes Alexander VI. Sie bekam auch einen Ehrenplatz an seinem Grabmal im Chor der Peterskirche. Als nackte Schönheit verkörperte sie die Gerechtigkeit, bis Papst Leo XII. sie in ein Bronzehemd kleidete.

An dem dreigeschossigen Palastkubus, der von gleichmäßigen Fensterreihen gegliedert ist, arbeiteten über 70 Jahre die berühmtesten Architekten jener Zeit, so Antonio Sangallo und Michelangelo, der das weit hervorkragende Kranzgesims und die Loggia über dem Eingangsportal entwarf. Als Baumaterial dienten Steine von Kolosseum und Marcellus-Theater. Die rückwärtige Fassade an der Via Giulia schufen Giacomo della Porta und Vignola. Typisch für die römische Baukunst der Renaissance ist die Verbindung antiker Formensprache mit monumentalen Proportionen. Mit ihrer Abfolge der verschiedenen Säulenordnungen (dorisch, ionisch, korinthisch) zeigt der

Via Giulia

ria Farnese, deren zentrales Bild, der »Triumph von Bacchus und Ariadne«, eine Verherrlichung der sinnlichen Liebe darstellt (bis Ende 2015 wegen Restaurierungsarbeiten nicht zu besichtigen). Seit 1935 ist der Palazzo Sitz der französischen Botschaft. Berühmt wurde der Palazzo auch als Schauplatz der wohl blutrünstigsten römischen Oper: »Tosca«. Puccini verlegte den zweiten Akt der Oper, die zur Zeit der Römischen Republik spielt, in den Palazzo. Um das Leben ihres Geliebten zu retten, gibt die Sängerin Tosca vor, sich dem lüsternen Polizeichef Scarpia hinzugeben. Als sie von ihm den ersehnten Passierschein bekommt, ersticht sie ihn.

Innenhof einmal mehr, wie sehr sich die Baumeister von der Fassade des Kolosseums leiten ließen.

Galleria Farnese
Geführte Besichtigung nur nach Voranmeldung (min. 1 Woche im Voraus, Mo, Mi, Fr 15, 16, 17 Uhr, ca. 45 Min., meist Franz., 5 €, http:// inventerrome.com)
Im Innern finden sich zahlreiche von Annibale Carracci freskierte Räume. Zu den Initialwerken der römischen Barockmalerei gehören die 1596–1603 von Annibale und Agostino Carracci geschaffenen Fresken in der Galle-

Via Giulia

Zum Bummeln und Flanieren verführt mit ihren Antiquitätengeschäften und Kunstgalerien die idyllische Via Giulia. Papst Julius II. ließ die von Renaissancepalazzi gesäumte Prachtstraße von seinem Hofarchitekten Bramante anlegen, der dafür eine Schneise durch das mittelalterliche Gassengewirr schlagen musste. Die Via Giulia, eine der ersten geraden Straßen Roms seit der Antike, sollte Kapitol und Vatikan verbinden. Aus der fantasievollen **Fontana del Mascherone** mit der riesigen Marmormaske floss bei Festen der Farnese auch schon mal Wein statt Wasser. Einen schönen Blick auf Stadt und Peterskirche genießt man von der nahen Tiberbrücke **Ponte Sisto**, die nach Trastevere hinüberführt. Ein Treffpunkt für Liebhaber von Barockkonzerten ist **Il Gonfalone** 5, wo von November bis Mai jeden Donnerstag um 21 Uhr unter Renaissancefresken Solisten, Chöre oder Kammerorchester auftreten (Infos: www.oratoriogonfa lone.com). ▷ S. 169

Auf Entdeckungstour:
Jüdisches Leben in Rom

Das kleine jüdische Viertel scheint eine Welt für sich zu sein. Zentrum des jüdischen Lebens ist noch heute die Via del Portico d'Ottavia. Am Samstag, dem jüdischen Sabbat, ist es hier ruhig. An den übrigen Tagen, aber vor allem am Sonntag, treffen sich die Bewohner zum Plauschen vor der Tür oder im Buchladen in der Via del Tempio.

Dauer: ca. 1–1,5 Std.
Museo Ebraico di Roma: Lungotevere Cenci 15, in der Sinagoga Nuova, Tel. 06 68 40 06 61, www.museoebraico.roma.it, So–Do 9.30–16.30 Uhr (Mitte Juni–Mitte Sept. bis 17.15 Uhr), Fr 9–14 Uhr (Mitte Juni–Mitte Sept. bis 15.15 Uhr), Sa und an jüdischen Feiertagen geschl., 11 €/8 €/4 €, inkl. deutschsprachiger Führung und Besichtigung der beiden Synagogen.
Adressen: s. ab S. 169

Seit über 2000 Jahren leben Juden in Rom. Bereits zur Zeit der römischen Republik wohnten viele jüdische Kaufleute in der Tiberstadt. Nach den Judäischen Kriegen im 1. Jh. kamen zahlreiche Juden als Gefangene nach Rom, wo sie als Sklaven u. a. beim Bau des Kolosseums eingesetzt wurden. Sie lebten zunächst jenseits des Tiber in Trastevere, in der Antike das Ausländerviertel, und gründeten dort ihre erste Gemeinde. In Rom lebten damals unterschiedlichste

Nationen mit verschiedenen Religionen und Sprachen. Unter der Schirmherrschaft des Kaisers waren sie gleichberechtigt und ebenbürtig. Die ersten Probleme traten mit der Vereinheitlichung der Religion auf, mit dem Christentum. Im 14. Jh. übersiedelten viele Juden auf die andere Flussseite, in die Gegend, die sie zwangsweise zu bewohnen hatten.

Leben hinter geschlossenen Toren
Unter dem Carafa-Papst Paul IV. wurde im Zuge der Gegenreformation 1555 das Ghetto eingerichtet. Das ca. 3 ha große Gebiet zwischen linkem Tiberufer, Marcellus-Theater und der heutigen Via del Portico d'Ottavia wurde mit einer Mauer umschlossen, deren Tore in der Morgendämmerung geöffnet und bei Einbruch der Dunkelheit verriegelt wurden. Erst mit der Einigung Italiens und der Auflösung des Kirchenstaates 1870 fielen die Mauern. Die Juden erhielten das volle Bürgerrecht und bauten eine prächtige Synagoge im neobabylonischen Stil. Unter Mussolini war ihnen ab 1938 erneut der Zugang zu Schulen, Militär und öffentlichen Ämtern verwehrt. Die Deportation von 2091 Juden durch die Gestapo während der deutschen Besetzung erfolgte unter dem Schweigen von Papst Pius XII. Pacelli. Nur 16 Männer und eine Frau kehrten zurück.

Inzwischen leben wieder etwa 500 jüdische Familien im **ehemaligen Ghetto** 24 (in Rom insgesamt ca. 16 000 Juden). Das Verhältnis zwischen römischen Juden und Katholiken hat sich deutlich entspannt, nachdem Johannes Paul II. als erster Papst der Geschichte 1986 die römische Synagoge besuchte.

Eine Welt für sich
Zu den malerischsten Ecken des Viertels gehört die **Via del Portico d'Ottavia**, das Herz des einstigen Ghettos. Zahlreiche kleine jüdische Läden versorgen die Gemeinde mit koscheren Lebensmitteln und religiösen Artikeln, andere betreiben ihre alteingesessenen Geschäfte mit Textilien und Kurzwaren, einer der wenigen Geschäftszweige, die den Juden neben dem Geldverleih erlaubt waren. Viele der Gebäude mussten nach der Einigung neuen Bauten weichen, doch längs der Via Portico d'Ottavia und der Via della Reginella haben sich noch alte Häuser erhalten. Zu den ältesten gehört die kuriose **Casa di Lorenzo Manili** (Via del Portico d'Ottavia 10) aus dem 15. Jh., deren Fassade der Hausherr ganz im Sinne der Renaissance mit antiken Inschriften und Reliefs geschmückt hat.

Ihren Namen verdankt die Straße dem **Portico di Ottavia,** den Kaiser Augustus 27 v. Chr. seiner Schwester Octavia widmete. Die riesige überdachte Säulenhalle, die Tempel und Bibliotheken umschloss, verband das nahe Marcellus-Theater mit dem des Pompejus. Ausgrabungen haben den schönen Marmorfußboden wieder zum Vorschein gebracht. Im 8. Jh. entstand in einem Teil des Portikus die Kirche **Sant'Angelo in Pescheria**. Sie ist

nach dem seit der Antike bestehenden Fischmarkt benannt, an den noch die Marmortafel am rechten Pfeiler erinnert. Diese trägt den Hinweis, dass alle Fischköpfe – sie galten als Delikatesse – den Konservatoren auf dem Kapitol zu übergeben seien. Gemeinsam mit **San Gregorio della Divina Pietà** ist sie eine der vier Kirchen, in denen sich die Juden seit 1278 Zwangspredigten der Franziskaner anhören mussten. Diese wurden bewusst am jüdischen Sabbat gehalten.

Direkt gegenüber von San Gregorio della Divina Pietà steht heute die 1904 eingeweihte **Sinagoga Nuova** (Synagoge) mit ihrer quadratischen Kuppel. Sie beherbergt auch ein **Museum** mit einigen wenigen historischen Zeugnissen der jüdischen Gemeinde Roms und Kultgegenstände aus den fünf kleinen Synagogen, die sich einst im Viertel befanden. Ein informeller Treffpunkt des Viertels ist die von Frauen geführte jüdische **Buchhandlung Kiryat Sefer** [12] (Via del Tempio 2).

Lukullische Verlockungen

Das einstige Ghetto ist nicht nur ein sehr lebendiges, volkstümliches Viertel mit viel Atmosphäre, wo man am Abend auf dem Stuhl vor der Tür sitzt und ein Schwätzchen hält. Hierher kommen die Römer auch gern, um jüdische Spezialitäten zu essen, etwa *carciofi alla giudia*. Bei diesem Gericht werden die Blütenköpfe der Artischocken wie bei einer aufgeblühten Blume geöffnet und frittiert. Versuchen Sie die *carciofi* und andere *fritti* in der Via Portico d'Ottavia bei **Giggetto** [7] oder in der ausgezeichneten **Taverna del Ghetto** [8].

Die jüngere Generation tummelt sich im **Koscher Bistrot Caffè** [20], der auch Falafel und Pastrami im Angebot hat. Eine Institution ist die von außen unscheinbare Bäckerei **Boccione** [15], die wunderbare Leckereien aus dem Ofen zaubert, darunter köstliches Mandelgebäck oder mit Ricotta und Schattenmorellen belegte Kuchen. Selbst der ehemalige Papst Benedikt XVI. erlag den Verlockungen der Bäckerei in der Via Portico d'Ottavia und verriet in einem Dankschreiben seine Vorliebe für Biscotti und ›jüdische Pizza‹, ein Gebäck aus Mandeln, Rosinen, Zimt und Pinienkernen (So–Fr 7–19.30 Uhr).

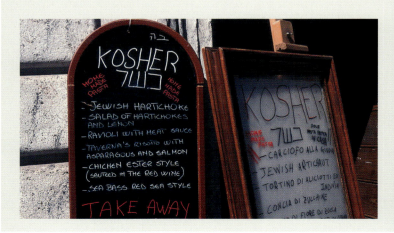

Piazza Mattei

Eine Perle der Spätrenaissance und einer der schönsten Brunnen Roms ist die **Fontana delle Tartarughe** 23, der Schildkrötenbrunnen, von Giacomo della Porta (1585) auf der stillen Piazza Mattei jenseits der Via Arenula. Die vier selbstverliebten Bronzeknaben und die Delfine stammen vom florentinischen Bildhauer Taddeo Landini. Die bronzenen Schildkröten fügte Bernini 1658 hinzu.

Der **Palazzo Mattei** an der Nordseite der Piazza mit seinen sehenswerten Resten antiker Marmorplastiken im Innenhof gehörte der einflussreichen Familie Mattei und war nur ein Teil eines größeren Palastkomplexes, der bis an die Via delle Botteghe Oscure reichte. Die Familie Mattei war u. a. für das Öffnen und Schließen der Tore des angrenzenden Ghettos zuständig.

24 s. Entdeckungstour S. 166

Isola Tiberina 25

Wie ein steinernes Schiff, mit zwei Ankern an den Ufern befestigt, liegt die **Tiberinsel** im Tiber. Eine Legende erzählt vom Heilgott Äskulap, der wegen einer nicht enden wollenden Seuche von einer römischen Gesandtschaft um Hilfe gebeten wurde. In Schlangengestalt von Griechenland auf einem Schiff nach Rom gebracht, glitt er auf die Insel. In Erinnerung daran habe man die Insel mit Travertinplatten in ein steinernes Schiff mit Bug und Heck verwandelt. An der Stelle eines Äskulap-Tempels entstand im Jahr 1000 die Kirche **San Bartolomeo in Isola**. Mit dem Krankenhaus **Fatebenefratelli** aus dem 16. Jh. steht die Insel auch noch heute im Zeichen der Medizin.

Der **Ponte Fabricio,** die einzige noch erhaltene Römerbrücke, verbindet die Insel mit dem ehemaligen Ghetto, während der im 19. Jh. erneuerte **Ponte Cestio** nach Trastevere führt. Ein schönes Fotomotiv sind die Reste der ältesten Steinbrücke Roms, des **Ponte Rotto** (›kaputte Brücke‹) aus dem 2. Jh. v. Chr. Sie verband seit der Antike südlich der Insel die beiden Tiberseiten.

Essen & Trinken

Exquisite Spitzengastronomie – **Il Convivio** 1 : s. S. 38.
Fangfrischer Fisch, schönes Ambiente – **Quinzi & Gabrieli** 2 : s. S. 38.
Urrömisch – **Armando al Pantheon** 3 : Salita dei Crescenzi 31, Tel. 06 68 80 30 34, www.armandoalpantheon.it, Metro Spagna (A), Bus: 40, 64, 116, Mo–Sa 12.30–15, Mo–Fr 19.30–23 Uhr, Menü 35–40 €. Alteingesessener kleiner Familienbetrieb mit bester römischer Küche, aber auch vegetarische Gerichte nur zwei Schritte vom Pantheon entfernt.
Chinesisch innovativ – **Green T.** 4 : s. S. 41.
Am Tatort – **Pancrazio** 5 : Via del Biscione 92, Tel. 066 86 12 46, Bus: 40, 46, 62, 64, 116, Do–Di 12.30–15, 19.30–23 Uhr, Menü ca. 40 €. »Auch du, mein Sohn Brutus«, soll Cäsar noch ausgerufen haben, bevor er zusammensackte. Im Untergeschoss kann man zwischen Säulen und Kapitellen am Ort des Geschehens speisen, s. S. 163.
Alla giudia – **Al Pompiere** 6 : Via di S. Maria de' Calderari 38, Tel. 066 86 83 77, Bus: 23, 63, 280, Mo–Sa 12.30–15, 19.30–23 Uhr, Menü 40 €. Längst kocht nicht mehr Großmutter Maria, deren pikante Gerichte ihr Mann Francesco immer mit Wein ablöschen musste (*pompiere* = Feuerwehrmann), geblieben ist aber die gute traditionelle Küche mit römisch-jüdischen Spezialitäten. Gespeist wird in geräumigen Sälen im ersten

Im Herzen der Altstadt

Stock eines Palazzos aus dem 17. Jh. Unbedingt probieren sollte man die *fritti* und die Zucchiniblüten, vor allem aber die Artischocken *(carciofi) alla giudia*.
›Erfinder‹ der carciofi alla giudia – **Giggetto** [7] : Via Portico d'Ottavia 21a, Tel. 066 86 11 05, Bus: 23, 63, 280, Di–So 12.30–15, 19.30–23 Uhr, Menü ca. 40–50 €, s. S. 168.
Ausgezeichnete koschere Küche – **Taverna del Ghetto** [8] : Via del Portico d'Ottavia 8, Tel. 06 68 80 97 71, www.latavernadelghetto.com, Bus: 23, 63, Mo–Do, So 12–23, Fr auch 12–15, Sa 19–23 Uhr, Menü ca. 35 €, s. S. 168.
Gutbürgerliche Trattoria – **Hostaria Farnese** [9] : s. S. 39 und S. 159.
Zum Wohlfühlen – **Maccheroni** [10] : s. S. 39.
Urrömische Küche, familiäre Atmosphäre – **Sora Margherita** [11] : s. unten.
Ursprünglich – **Enoteca Corsi** [12] : Via del Gesù 88, Tel. 066 79 08 21, www.enotecacorsi.com, Bus: 64, 40, 62, 70, 81, H, Mo–Sa 12–15, Do und Fr auch 19.30–22 Uhr, Menü ca. 25 €. In das schnörkellose Lokal strömen mittags die Römer aus ihren Büros. Die Küche mit täglich wechselnder Karte ist deftig und echt römisch: Donnerstags gibt es *gnocchi*, freitags *baccalà* und samstags *trippa* (Kutteln). Probieren Sie auch die hausgemachten *dolci*!
Alles rund um den Stockfisch – **Dar Filettaro a Santa Barbara** [13] : s. S. 39.
Delikatessen für Genießer – **Vineria Roscioli** [14] : s. S. 41.
Süßes für den Papst – **Boccione** [15] : Via Portico d'Ottavia 1, s. S. 168.
Ein verträumter Ort – **Caffetteria del Chiostro del Bramante** [16] : s. S. 43 und S. 156.
Für Kaffeeliebhaber – **Caffè Sant'Eustachio** [17] : s. S. 43 und S. 153.
Kaffeerösterei mit Bar – **Tazza d'Oro** [18] : s. S. 43 und S. 153.
Das beste Eis der Stadt – **Giolitti** [19] : s. S. 43 und S. 153.
Treffpunkt der Jüngeren – **Koscher Bistrot Caffè** [20] : Via Santa Maria del Pianto 68–69, Tel. 06 68 64 398, www.kosherbistrotcaffe.com, So–Fr 10–20 Uhr, im Sommer bis 22 Uhr. Gutes Essen in entspannter Atmosphäre.
Für Frühstücker – **Coromandel** [21] : s. S. 43.

Mein Tipp

Hierher kommt man gerne zurück
Ein Geheimtipp ist **Sora Margherita** [11] längst nicht mehr, aber seinen unverwechselbaren Charme hat es sich bewahrt. Auch wenn das kleine Lokal mit seinen papiergedeckten Holztischen, auf das kein Schild hinweist, von außen eher an eine Garage erinnert, begeistern die urrömische Küche und familiäre Atmosphäre (Piazza delle Cinque Scole 30, Tel. 066 87 42 16, Sept.–Mai tgl. 12.30–15, Mo, Mi, Fr, Sa auch abends um 20 bzw. um 21.30 Uhr, Juni/Juli So abends sowie Aug. geschl., Menü 30–35 €).

Einkaufen

Topadresse für Antiquitätenliebhaber ist die **Via dei Coronari**, wo im Herbst auch eine viel beachtete Verkaufsmesse stattfindet. Bezahlbare Antiquitäten und Trödel gibt es auch in der **Via del Governo Vecchio**; dort haben sich viele Secondhand- und Vintagegeschäfte niedergelassen, etwa Da Cinzia (Nr. 45) mit einer breiten Auswahl an Mode, die von den 50er- bis 80er-Jahren reicht; die nötigen Accessoires findet man bei Mado (Nr. 89). Eine Institution in der Via del Pellegrino ist das Arsenale (Nr. 172) mit den minimalistischen Kreationen von Patrizia Peroni. Die umliegenden

Adressen

Gassen des Campo de' Fiori, wie die **Via dei Giubbonari** und die **Via del Biscione**, bieten sich ebenfalls für eine Einkaufstour an. Feines italienisches Schuhwerk findet man bei Santo (Via dei Giubbonari 106) oder Alberto (Piazza B. Carioli 13/15), während Markenzeichen von Designer Angelo di Nepi (s. u.) luftige, farbenfrohe Seidenkreationen sind.

Erzeugnisse aus Italiens Klöstern – **Ai Monasteri** 1 : s. S. 44.
Heilkräuter & Lakritze – **Antica Erboristeria Romana** 2 : Via di Torre Argentina 15. Unter den hölzernen Kassettendecken des 1793 gegründeten Ladens steht noch immer die Behandlung mit Heilkräutern im Mittelpunkt; es gibt Salben, Tinkturen und echte Lakritze.
Trendy shoes – **Borini** 3 : s. S. 48.
Markt – **Campo de' Fiori** 4 : s. S. 46.
Erlesene Papiere – **Cartoleria Pantheon** 5 : s. S. 45.
Malbedarf – **Ditta P. Poggi** 6 : s. S. 46.
Religiöse Artikel – **Gammarelli** 7 : s. S. 45.
Italienische Küchengeräte – **House & Kitchen** 8 : s. S. 46.
Pizza & Gebäck – **Il Forno** 9 : Campo de' Fiori 22 und Vicolo del Gallo 14, www.fornocampodefiori.com. Vom Ofen auf die Hand: Knusprige römische Pizza mit verschiedensten Belägen, Brot und Gebäck.
Haushaltswaren – **Limentani** 10 : Via Portico d'Ottavia 47, www.limentani.com. Eine unscheinbare Tür weist in das 200 m^2 große Labyrinth, wo in einem Lager Haushaltswaren aufgestapelt sind, vom designten Porzellanservice bis zur billigen Dutzendware, von der Espressomaschine zur Parmesanreibe.
In Samt und Seide – **Angelo di Nepi** 11 : s. S. 47.
Jüdische Buchhandlung – **Kiryat Sefer** 12 : Via del Tempio 2, Tel. 06 45 59 61 07, s. S. 168.
Stoffe – **Lisa Corti – Home Textile Emporium** 13 : s. S. 46.
Im Reich der Stoffe und Knöpfe – **Merceria Alfis** 14 : s. S. 48.

Aktiv

Fitness – **Farnese Fitness** 1 : Vicolo delle Grotte 35, Tel. 06 68 76 931, www.farnesefitness.net. Kleines Fitnesscenter mit Geräteraum. Tagesticket (12,50 €).

Abends & Nachts

Szenig – **Barnum Cafè** 1 : Via del Pellegrino 87, Tel. 06 64 76 04 83, www.barnumcafe.com, Bus: 40, 64, Mo–Sa 8.30–22 Uhr, Fr/Sa bis 2 Uhr. Patrick Pistolesi verwöhnt seine Gäste mit bestgemixten Cocktails, kleinen Gerichten und entspannter Atmosphäre.
Legendär – **Bar del Fico** 2 : s. S. 50.
Bilderbuch-Enoteca – **Il Goccetto** 3 : s. S. 42.
Cocktail- & Winebar – **Fluid** 4 : Via del Governo Vecchio 46, Tel. 066 83 23 61, www.fluideventi.com, tgl. 18.30–2 Uhr. Trendig, aber nicht versnobt. *Aperitivo* mit Buffet (18.30–22 Uhr) 8,50 €, sonntags 10 €.
Barockkonzerte, Kammer- und Chormusik – **Il Gonfalone** 5 : s. S. 54, 165.
Romantisch – **The Library** 6 : Vicolo della Cancelleria 7, mobil 03 34 80 61 200, www.thelibrary.it, Bus: 40, 46, 64, tgl. 18–2 Uhr (Küche nur bis 23.30 Uhr). Schönes Art-Café mit nur fünf Tischen, wo man auf gemütlichen Sofas bei Kerzenlicht speist oder Cocktails trinkt.
Lounge-Bar – **Etablì** 7 : Vicolo delle Vacche 9, Tel. 06 97 61 66 94, www.etabli.it, So–Mi 18–1, Do–Sa 18–2 Uhr. Aperitif- und Wine-Bar und Restaurant in einem. Das charmante Lokal mit Vintage-Möbeln hat sich schnell zu einem beliebten Aperitif-Treff gemausert, Do mit Livemusik (Jazz/Blues).
Roms Stadttheater – **Teatro Argentina** 8 : s. S. 54.

Das Beste auf einen Blick

Vom Vatikan nach Trastevere

Highlights!

San Pietro: Die Peterskirche ist das Wahrzeichen des Vatikans und die berühmteste Kirche der Christenheit. Der Bau erhebt sich über dem Grab des Petrus. 4 S. 179

Musei Vaticani: Die Vatikanischen Museen sind ein Paradies auf Erden für jeden Kunstliebhaber. Höhepunkt sind die Stanzen des Raffael, die von Michelangelo ausgemalte Sixtinische Kapelle und die Antikensammlung von Julius II. 5 S. 182

Auf Entdeckungstour

Die Stanzen des Raffael: Mit der Ausmalung der Wohn- und Repräsentationsräume der Päpste setzte Raffael sich und den Päpsten Julius II. und Leo X. ein Denkmal. 5 S. 184

Kultur & Sehenswertes

Castel Sant'Angelo: Die Engelsburg war erst Grabmonument für einen Kaiser, dann Bollwerk, Fluchtburg und Gefängnis des Papstes, schließlich Museum mit Panoramablick – kurz: Sie hatte eine typisch römische Karriere. 2 S. 175

Pietà von Michelangelo: Kaum einer kann sich der Faszination entziehen, die von der aus einem Block gehauenen Skulpturengruppe ausgeht, die Michelangelo als 24-Jähriger schuf. 4 S. 180

Aktiv unterwegs

Kuppel der Peterskirche: Der Gang durch die zweischalige Kuppel der Peterskirche ist ein besonderes Erlebnis. Spektakulär ist der Blick in den Innenraum der Kirche und von der Kuppel auf den Rest der Welt. 4 S. 179

Zu Fuß oder per Vespa: Ein aussichtsreicher Weg führt mit interessanten Zwischenstopps vom Vatikan über den Gianicolo nach Trastevere. S. 190

Genießen & Atmosphäre

Piazzale Garibaldi: Von hier ist die Altstadt – frei von Bausünden – am besten zu überblicken. Besonders schön im sanften Abendlicht, wenn die Paläste und Kuppeln in warmen Ockertönen leuchten. S. 190

Abends & Nachts

Rund um die Piazza Santa Maria: Der Platz ist auch bei Nacht das pulsierende Zentrum des Viertels Trastevere. S. 194, 199

Freni e Frizioni: Die *movida* von Trastevere trifft sich hier zum Aperitif. Selten findet man Plätze zum Sitzen, die *ragazzi* stehen meist auf dem Vorplatz oder hocken auf dem Mäuerchen zum Lungotevere. Ausgezeichnete Cocktails, reiches Buffet und coole *baristi*. 3 S. 196

Irdische und himmlische Freuden

Bei einem Besuch des Vatikans verlässt man nicht nur die römischen Stadtgrenzen, sondern auch italienisches Staatsgebiet. Der kleinste Staat der Welt ist ein souveräner, völkerrechtlich anerkannter Staat (s. S. 95). Für Gläubige wie Kunstliebhaber ist das Zentrum der katholischen Kirche das Paradies auf Erden. Michelangelos Sixtinische Kapelle und die Stanzen des Raffael sind Meisterwerke abendländischer Kunst. Spektakuläre Barockarchitektur empfängt den Besucher am Petersplatz, wo der Papst den Segen erteilt. Ein grandioses Panorama auf Rom bietet sich von der Kuppel der Peterskirche, aber auch vom

Infobox

Reisekarte: ▶ Karte 1, E–J, 7–11

Dauer, Ausgangs- und Endpunkt
Der Rundgang ist auf 1–2 Tage angelegt. Start im Vatikan (Metro A: Ottaviano oder Cipro/Musei Vaticani, Bus: 40, 64), Endpunkt in Trastevere (Bus 23 ab Piazza Risorgimento/Vatikan).

Touristen-Information
Ufficio Pellegrini e Turisti: am Petersplatz auf der linken Seite, Tel. 06 69 88 16 62, 06 69 88 20 19, Mo–Sa 8.30–18.15, http://w2.vatican.va.

Papstaudienzen
Mi um 10 Uhr auf dem Petersplatz oder in der Audienzhalle Paolo VI. Kostenlose Karten nach schriftlicher Voranmeldung (mind. 2 Wochen vorher) beim Deutschen Pilgerzentrum, Via del Banco di Santo Spirito 56, Tel. 066 89 71 97, Fax 066 86 94 90; Formulare unter www.pilgerzentrum.net.

Besichtigungen
Achtung: Am Eingang zu den Vatikanischen Museen und zur Peterskirche passieren Sie Sicherheitskontrollen. Keine spitzen Gegenstände oder Flaschen mitnehmen!
Petrusgrab: Die Nekropole unter der Basilika ist nur mit Führung zu besichtigen, 13 €, Mindestalter 15 Jahre. Obligatorische schriftliche Anmeldung mind. fünf Monate vorab an Rev. Fabbrica di San Pietro, Ufficio Scavi, 00120 Città del Vaticano, auch per Fax 06 69 87 30 17 oder Mail scavi@fsp.va. Dabei sind anzugeben: Anzahl und Namen der Besucher, gewünschte Sprache, mögliche Besichtigungstage, Adresse und Telefonnummer in Rom.
Vatikanische Gärten: Die sehenswerte Anlage mit hübschem Gartenhaus von Pius IV. ist nur geführt zu besichtigen. Mo, Di, Do–Sa, ca. 2 Std., 32 €/24 € (Kombiticket inkl. Vatikanische Museen, Audioguide); Voranmeldung und Ticketkauf unter http://w2.vatican.va (Stichwort: Vatikan. Museen/Kasse).
Passetto di Borgo: Der Gang von Castel Sant'Angelo zum Vatikan ist nur während der Notti d'Estate a Castel Sant'Angelo zugänglich (Juli–Anf. Sept., www.castelsantangeloestate.it).

Gianicolo, der sich am rechten Tiberufer bis nach Trastevere erstreckt.

Urrömische Atmosphäre, verwinkelte Gassen und alte Kirchen machen aus Trastevere eines der beliebtesten Viertel der Stadt. Am Abend strömt das Nachtvolk in das lebhafte Viertel zu *pizzerie* und *trattorie*.

Vaticano

Ponte Sant'Angelo 1

Der schönste Zugang auf die andere Tiberseite führt über die unter Kaiser Hadrian erbaute **Engelsbrücke.** Im 17. Jh. schuf Barockbildhauer Bernini mit seinen Schülern eine Art Kreuzweg, indem er die Balustraden mit zehn Engeln schmückte, die je ein Symbol der Passion Christi tragen. Die zwei Engel von Bernini gefielen Papst Clemens IX. so sehr, dass er sie durch Kopien ersetzen ließ. Die Originale befinden sich in der Kirche Sant'Andrea delle Fratte.

Castel Sant'Angelo 2

Lungotevere Castello 50, www.castel santangelo.beniculturali.it, Di–So 9–19.30 Uhr, 7 €/3,50 €, plus evtl. Ausstellungszuschlag

Das im 2. Jh. für Kaiser Hadrian errichtete Mausoleum verdankt seinen heutigen Namen **Engelsburg** einer Pestepidemie im Jahr 590. Während einer Bußprozession sah Papst Gregor der Große, wie der auf dem Hadriansmausoleum stehende Erzengel Michael sein Schwert in die Scheide steckte und damit das Zeichen gab, dass die Pest vorbei war. Daraufhin wurde die Burg mit einer Engelsfigur bekrönt. Nach der Rückkehr der Päpste aus dem Exil von Avignon wurde die Engelsburg zur päpstlichen Fluchtburg umgestaltet, mit Zugbrücken, Kasernen, Waffenarsenal und Kanonengießerei bewehrt und über einen 700 m langen überirdischen Gang direkt mit dem Vatikan verbunden, darüber hinaus diente sie als Kerker.

Eine schraubenförmige Treppe führt zum Engelshof mit den ersten **Papstgemächern,** die im frühen 16. Jh. von Perin del Vaga mit mythologischen Szenen ausgemalt wurden. Interessant ist das mit Fresken und Muscheln kunstvoll dekorierte Bad von Clemens VII. Del Vaga und seine Gehilfen gestalteten auch die prachtvollen Wohnräume von Papst Paul III. im Obergeschoss, die Szenen aus dem Leben Alexanders des Großen und des Apostels Paulus zeigen. Ein **großartiger Ausblick** bietet sich vom Umgang unterhalb der Engelsfigur mit Terrasse und einladendem Café.

Via della Conciliazione und Borgo

Den schönsten Blick auf die Peterskirche hat man von der – etwas seelenlosen – Via della Conciliazione, die nach der Unterzeichnung der Lateranverträge als ›Straße der Versöhnung‹ zwischen dem Vatikan und Italien gebaut wurde. Sie riss eine Schneise durch das verwinkelte Borgo, das Viertel zwischen Engelsburg und Vatikan. Ein Stück der mittelalterlichen Atmosphäre hat sich in den Seitenstraßen Borgo Vittorio und Borgo Angelico sowie im oberen Teil des Borgo Pio erhalten.

Piazza San Pietro

Auf dem **Petersplatz** erwarten die Gläubigen an Ostern und Weihnach-

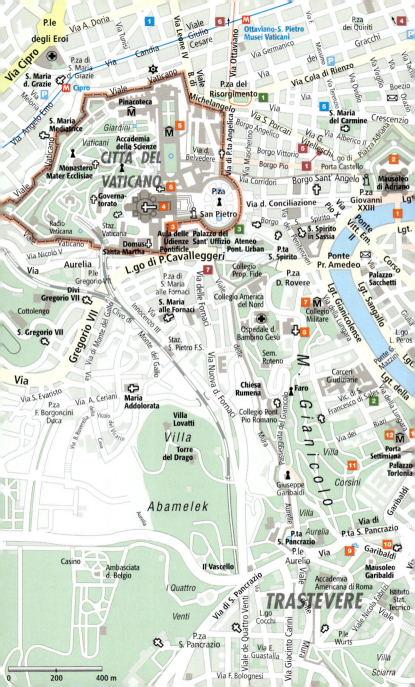

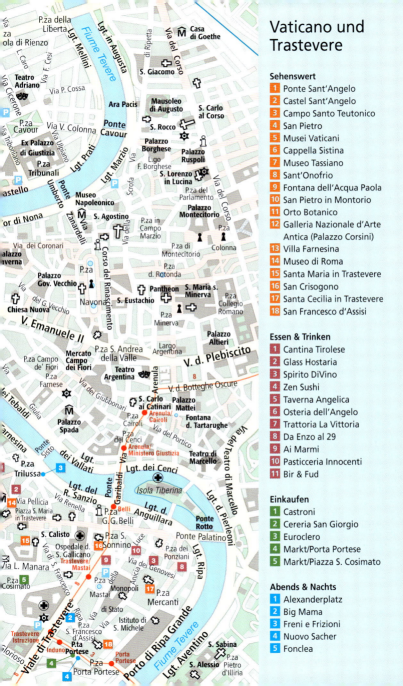

Vom Vatikan nach Trastevere

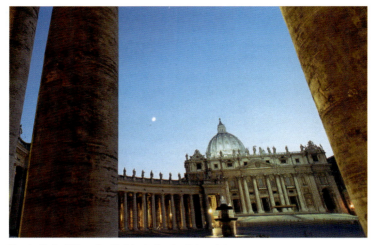

Theatralische Bühne der Christenheit – der Petersplatz

ten das »Urbi et Orbi«, den Papstsegen für die »Stadt Rom und den gesamten Erdkreis«, feiern sie die »neuen Seligen und Heiligen« oder fiebern dem erlösenden »habemus papam« entgegen, wenn in der Sixtinischen Kapelle Papstwahl ist. Jeden Mittwoch findet, sofern die Witterung es zulässt und der Papst in Rom weilt, auf dem Petersplatz eine allgemeine Papstaudienz statt (s. Infobox s. S. 174). Jeden Sonntag um 12 Uhr spricht der Papst vom Fenster seines Arbeitszimmers im Apostolischen Palast auf der rechten Seite des Platzes das »Angelus« und erteilt anschließend den Segen.

Als das Barockgenie Bernini im 17. Jh. von Papst Alexander VII. den Auftrag zur Platzgestaltung bekam, schuf er einen bühnenhaften Platz, der aus einer von vierreihigen Kolonnaden umsäumten quergestellten Ellipse und einem zur Kirchenfassade ansteigenden Trapez besteht, das von den Apostelfürsten Petrus und Paulus flankiert wird. In der Mitte des Platzes erhebt sich bereits seit 1586 ein **Obelisk,** der einst im Circus des Nero stand, wo Petrus 64 n. Chr. mit dem Kopf nach unten gekreuzigt wurde. Die von Heiligenfiguren bekrönten **Kolonnaden** symbolisieren die ausgestreckten Arme der Kirche, welche die von allen Seiten herbeiströmenden Gläubigen umfangen und ins Zentrum der Christenheit führen. Zwei kreisrunde Scheiben zwischen Brunnen und Obelisken markieren die Stelle, an der sich der Säulenwald der Kolonnaden lichtet und die vier Säulenreihen optisch zu einer einzigen verschmelzen.

Campo Santo Teutonico 3

Mo, Di, Do–So 7–12 Uhr, www.vatican.va/various/teutonico/index.htm

Links neben der Peterskirche, außerhalb der Kolonnaden, liegt der von

Schweizergardisten bewachte Eingang (Cancello Petriano) zum Campo Santo Teutonico. Bis zu Karl dem Großen lassen sich der ›deutsche Friedhof‹ und die älteste deutsche Nationalstiftung in Rom zurückverfolgen. Heute ist der Gebäudekomplex Sitz religiöser Institutionen. Auf dem verwunschenen Friedhof fand u. a. der Dichter Stefan Andres seine letzte Ruhestätte.

San Pietro ! 4

April–Sept. tgl. 7–19, Okt.–März tgl. 7–18.30 Uhr
San Pietro in Vaticano, Wahrzeichen des Vatikans und berühmtestes Gotteshaus der Christenheit, wurde zwischen 1506 und 1626 über einem fünfschiffigen, von Kaiser Konstantin gestifteten Vorgängerbau errichtet, der sich über dem angeblichen Grab des Apostels Petrus erhebt. Die **Peterskirche** ist eine der vier Patriarchalbasiliken und sieben Pilgerkirchen Roms, nicht jedoch Bischofssitz von Rom (s. S. 254). An dem Bauwerk wirkten die besten Baumeister der Renaissance mit. Bramante plante eine Märtyrerkirche mit zentraler Kuppel über griechischem Kreuz, konnte aber bis zu seinem Tod nur Teile des Innenraums und der Vierungspfeiler vollenden. Raffael optierte für ein lateinisches Kreuz und fügte ein Langhaus an. Michelangelo griff wieder den Entwurf von Bramante auf und begann mit der grandiosen Kuppel, die erst nach seinem Tod von Giacomo della Porta und Domenico Fontana vollendet wurde. Ihre majestätische Wirkung tritt durch die kolossale barocke Fassade von Carlo Maderno etwas zurück. Fünf Portale führen ins Innere. Das vermauerte rechte Seitenportal ist die Heilige Pforte, die **Porta Santa.** Sie wird nur in Heiligen Jahren geöffnet – seit Paul II. alle 25 Jahre –, damit jede Generation die Möglichkeit hat, einen Ablass der zeitlichen Sündenstrafen zu erhalten. Aus der Vorgängerkirche stammt das schöne bronzene Renaissanceportal von Filarete.

Der Innenraum
Der dreischiffige Bau mit Querhaus und Apsis beeindruckt bereits durch seine gewaltigen Maße (Innenraum: 186 m lang, Querhaus: 123 m breit, Kuppel: 119 m hoch) und die prächtige Ausstattung mit unvergänglichen Materialien (44 Altäre, acht kleinere Kuppeln und etwa 800 Säulen aus Marmor, Bronze oder Stuck). Im Mittelschiff sind zum Vergleich in Bronze die Längen anderer berühmter Kathedralen angegeben.

Noch aus Alt-St. Peter stammen die **rote Porphyrscheibe** beim Mittelportal, auf der sich an Weihnachten im Jahr 800 Karl der Große zum ersten nachantiken Kaiser mit dem Zusatz »des Heiligen Römischen Reiches« krönen ließ, und am letzten Mittelschiffpfeiler rechts die von Arnolfo di

Mein Tipp

Göttlicher Blick
Nicht versäumen sollte man einen Aufstieg auf die zweischalige Kuppel (zu Fuß 5 €, 551 Stufen, mit dem Lift 7 €, danach nur noch 320 Stufen), von der sich ein geradezu göttlicher Blick in das Innere der Kirche, auf den Vatikan und Rom bietet (Eingang hinter der Vorhalle, außerhalb der Basilika auf der rechten Seite, tgl. 8–18 Uhr, letzter Einlass zu Fuß 16 Uhr, mit dem Fahrstuhl 17 Uhr, im Winter jeweils 1 Std. früher; Fahrstuhlausgang in der Peterskirche; kein Zugang während der Generalaudienzen am Mittwoch auf dem Petersplatz).

Vom Vatikan nach Trastevere

Cambio anlässlich des ersten Heiligen Jahres 1300 geschaffene **Bronzefigur des heiligen Petrus** mit dem von Pilgern millionenfach geküssten Fuß.

Blickfang des Mittelschiffs ist der von vier gedrehten Säulen getragene **Bronzebaldachin** über dem Papstaltar, den Bernini zwischen 1624 und 1633 aus den Bronzeplatten des Pantheons schuf. Die allgegenwärtigen Bienen verweisen auf das Wappen des Auftraggebers Papst Urban VIII. Zu den verspielten Details von Bernini gehört der Rosenkranz, den ein Geistlicher an der linken hinteren Säulenbasis vergessen zu haben scheint. Vor dem Altar erlaubt die **Confessio** (ein kryptaähnlicher Unterraum), einen Blick in die Kapelle, unter der sich das **Grab von Petrus** befindet (s. S. 174).

Über dem Papstaltar wölbt sich die majestätische zweischalige **Kuppel** von Michelangelo, mit einem Durchmesser von 42,56 m nur wenig kleiner als jene des Pantheons. Am inneren Kuppelfries verkünden die lateinische und griechische Inschrift die Worte Jesu zur Berufung von Petrus als seinem Nachfolger (»Du bist Petrus und auf diesem Felsen will ich meine Kirche errichten und ich gebe dir die Schlüssel für das Himmelreich«). Die Kuppel stützen vier enorme **Pfeiler**, in deren Nischen Kolossalstatuen der Heiligen Andreas, Veronika, Helena und Longinus stehen – Letztere ist ein Werk von Gian Luigi Bernini.

Die in Marmor, Bronze und vergoldeter Stuckatur schwelgende **Cathedra Petri** in der Apsis der Kirche (1666) stammt ebenfalls von Bernini. Vier Kirchenväter tragen einen bronzeverkleideten Holzstuhl, auf dem bereits Petrus gesessen haben soll. In Wahrheit handelt es sich um den karolingischen Kaiserstuhl aus dem 9. Jh. Bekrönt von den Insignien des Papstes scheint der Stuhl wie auf Wolken zu schweben, überstrahlt vom Heiligen Geist, der durch eine Taube in einem Alabasterfenster symbolisiert wird.

Die Seitenschiffe

In den Seitenschiffen finden sich Grabmäler und Grabdenkmäler von Päpsten und anderen kirchlichen Würdenträgern. Besuchermagnet ist die eindrucksvolle **Pietà** in der ersten rechten Seitenkapelle, das einzige signierte Meisterwerk von Michelangelo (1499/ 1500). Sein bildhauerisches Genie zeigt sich in der geschlossenen Komposition der aufrecht sitzenden Maria und des quer auf ihren Schoß ausgestreckten Sohns. Die Jugendlichkeit der Maria rief allerdings Erstaunen hervor. Michelangelo wollte damit ihre Jungfräulichkeit und Reinheit betonen. Nach einem Kunstattentat im Jahr 1972 ist die Pietà heute durch Panzerglas gesichert.

Eine der wenigen Frauen, die in der Peterskirche bestattet wurden, ist Matilde von Tuscien, bekannter als Markgräfin von Canossa. Vor ihrer Burg fand in den kalten Januartagen des Jahres 1077 der Investiturstreit mit dem ›Gang nach Canossa‹ seinen dramatischen Höhepunkt. Das Relief auf ihrem Sarkophag zeigt den Salierkönig Heinrich IV., der Papst Gregor VII. um die Lösung des Banns bittet. Große Beachtung erfährt auch die Grablege des im Heiligen Jahr 2000 selig gesprochenen Papstes Johannes XXIII. am südlichen Ende des rechten Seitenschiffs. Seine Gebeine und Kleidung sind auch nach über 50 Jahren noch unversehrt. Der mit einer Kühlung ausgestattete kugelsichere Glassarg wird ständig mit einem Stickstoffgemisch durchlüftet, das Bakterien- und Schimmelbildung verhindert. Vom klassizistischen Bildhauer Canova

Bernini in Vollendung – der Bronzebaldachin unter Michelangelos Kuppel

Vom Vatikan nach Trastevere

stammen das Grabdenkmal zu Ehren von Papst Clemens XIII. und das Grabmal der letzten Stuarts im linken Seitenschiff. Voller Theatralik und barockem Pathos ist das – natürlich von Bernini gestaltete – Grabmal von Alexander VII. Chigi im linken Seitenschiff, wo sich ein bronzener Knochenmann hinter einem prunkvollen marmornen Tuch verbirgt und mit dem Stundenglas in der Hand den Ablauf der Zeit anmahnt.

Sehenswert ist das überschaubare **Museo del Tesoro di San Pietro** mit wertvollen Stücken aus der Vorgängerkirche (Eingang über die Sakristei im linken Seitenschiff).

Gegenüber dem Eingang zur Kuppel liegt der Zugang zu den **Papstgrotten,** wo sich die Petruskapelle und Papstgrabmäler befinden, u. a. jene der letzten Päpste Paul VI., Johannes Paul I. und auch Johannes Paul II., der am 2. April 2005 nach 26-jährigem Pontifikat verstarb. Er wurde an dem früheren Platz von Papst Johannes XXIII. beigesetzt.

Musei Vaticani! 5

Viale Vaticano 100, www.musei vaticani.va, Mo–Sa 9–16, Schließung 18 Uhr, geschl. am 1. und 6. Jan., 11. Febr., 19. März, Ostersonntag u. -montag, 1. Mai, 29. Juni, Mariä Himmelfahrt, 1. Nov., 8., 25. und 26. Dez., 16 €, Schüler und Studenten unter 26 Jahren 8 €, Audioguide-Verleih 7 €; letzter So im Monat Eintritt frei (9–13.30, Schließung um 14 Uhr). Anf. Mai–Ende Juli und Anf. Sept.–Ende Okt. i.d.R. jeden Fr abends 19–23 Uhr geöffnet (letzter Einlass 21.30 Uhr)

Die **Vatikanischen Museen** gehören zu den größten kunsthistorischen Sammlungen der Welt. Sie beherbergen allein 15 einzelne Museen und rund 30 Sammlungen. Die Exponate reichen von ägyptischen Mumien über etruskische Bronzen, griechische und römische Skulpturen und Reliefs bis zu Fresken und Gemälden der Neuzeit. Es empfiehlt sich unbedingt, Schwerpunkte zu setzen, oder aber mehrmals zu kommen. Die Wege enden alle in der Sixtinischen Kapelle, zurückgehen kann man nicht. Fotografieren ist in den Museen mit Ausnahme der Sixtinischen Kapelle erlaubt – jedoch ohne Blitzlicht und ohne Stativ.

Durch den Eingang gelangt man über eine Rolltreppe ins obere Geschoss mit schönem Blick auf die nahe Peterskuppel. Vorbei an der Treppe, die links hochführt, kommt man zunächst in den zentralen **Cortile della Pigna,** benannt nach dem mächtigen bronzenen Pinienzapfen, der einst den Brunnen im Atrium der konstantinischen Basilika zierte.

Höhepunkte der Antike

Besonders die Antikensammlungen genießen Weltruf. Der Braccio Nuovo des **Museo Chiaramonti** jenseits des Cortile della Pigna, den der klassizistische Bildhauer Canova entwarf, birgt eines der bedeutendsten Exponate römischer Bildhauerkunst wie die berühmte Statue »Augustus von Primaporta«. In Panzer und Feldherrenmantel wendet sich der erste römische Kaiser an seine Soldaten. Typisch für die römische Porträtkunst ist die Herausarbeitung der unverwechselbaren Gesichtszüge des Kaisers. Der Lanzenträger »Doryphoros«, die Kopie einer Bronzeskulptur des griechischen Bildhauers Polyklet (440 v. Chr.), galt mit seinen idealen Proportionen als Musterfigur der antiken Bildhauerkunst.

Eine Augenweide für Antikenliebhaber sind die Exponate im **Museo Pio Clementino** mit seinen zahlreichen Abteilungen (an den Anfang des Museo Chiaramonti zurück-, die Treppe zum Palazzo del Belvedere hinaufgehen).

Musei Vaticani

Erster Blickfang ist der Athlet »Apoxyomenos«, ein Hauptwerk des Lysipp aus dem 4. Jh. v. Chr., hier als römische Kopie, der die klassische Idealgestalt eines jungen Mannes verkörpert.

Im **Cortile Ottagono,** dem achteckigen Innenhof, stehen die Prunkstücke der bedeutenden Antikensammlung von Papst Julius II., mit der er den Grundstein für die Vatikanischen Museen legte. Zu einer Symbolfigur der Antike wurde der leichtfüßige »Apoll von Belvedere«, die Kopie einer griechischen Bronze des Leochares aus dem 4. Jh. v. Chr. Die berühmte »Laokoon-Gruppe« aus dem 1. Jh. n. Chr. wurde zufällig in der Domus Aurea gefunden. Voller Pathos und Dramatik zeigt sie den Todeskampf des trojanischen Priesters Laokoon und seiner Söhne. Die Götter hatten ihnen zwei riesige Schlangen geschickt, zur Strafe dafür, dass Laokoon die Trojaner vor dem hölzernen Pferd der Griechen gewarnt hatte. Obwohl ein Fragment, fasziniert der »Torso vom Belvedere« (1. Jh. v. Chr.) in der Sala delle Muse durch seine unbändige Kraft und Lebendigkeit. Rodin ließ sich von ihm zu seinem »Denker« inspirieren.

Die **Sala Rotonda,** die dem Pantheon nachempfunden ist, präsentiert Kunst aus der Kaiserzeit, während in der **Sala a Croce Greca** (Saal des griechischen Kreuzes) die beiden hervorragend gearbeiteten Porphyrsarkophage der Mutter von Kaiser Konstantin, der hl. Helena, sowie von seiner Tochter Costantia zu sehen sind.

Wer sich für bestimmte Epochen antiker Kunst interessiert, kann das **Museo Gregoriano Profano** und das **Museo Pio Cristiano** nahe dem Ausgang besuchen. Beide Museen beherbergen griechische, römische und frühchristliche Exponate, darunter die berühmten Athleten- und Gladiatorenmosaiken aus den Caracalla-Thermen.

Museumsbesuch ohne Anstehen
Nicht selten müssen Individualreisende 1–2 Std. warten, bis sie in die Vatikanischen Museen eingelassen werden. Besonders voll ist es am Montag, wenn viele andere Sehenswürdigkeiten oder Museen geschlossen sind, sowie am letzten Sonntag im Monat, wenn der Eintritt frei ist. Wer die Warteschlangen umgehen will, kann unter www.museivaticani.va gegen eine Zusatzgebühr von 4 € Tickets zu seinem Wunschtermin reservieren. Sofern verfügbar, können am gleichen Tag bis eine Stunde vorher Vorzugskarten auch an der Infostelle am Petersplatz erworben werden.

Das **Museo Gregoriano Etrusco,** das Fundstücke aus dem südlichen Etrurien zeigt, prunkt mit einer umfangreichen Vasensammlung und der Statue des »Mars von Todi« (Ende 5. Jh. v. Chr.), einer der wenigen erhaltenen großen Bronzeplastiken. Ägyptische Altertümer, die bereits während der Kaiserzeit nach Rom gebracht wurden, bilden das Herzstück des **Museo Egizio.**

Die Galerien
Bevor man von der Sala Rotonda die Stanzen erreicht, durchquert man eine Reihe von Galerien, die verschiedene Päpste anlegten. Die weitläufige **Galleria dei Candelabri** birgt eine Sammlung kleiner antiker Skulpturen, unter denen das beliebte Kultbild der »Artemis von Ephesus« hervorsticht, das in unzähligen Nachbildungen aus römischer Zeit erhalten ist. Schon Plinius erwähnte das »Kind, das eine Gans erwürgt«, eine ungemein realistische Genreplastik aus hellenistischer Zeit.

In der **Galleria degli Arazzi** hängen Bildteppiche, die im 16. Jh. ▷ S. 187

Auf Entdeckungstour:
Die Stanzen des Raffael

Zum angenehmen Pflichtprogramm in den Musei Vaticani 5 gehört die Besichtigung der grandiosen Stanzen des Raffael. Sie dienten als päpstliche Wohn- und vor allem Repräsentationsräume. Mit seiner Ausmalung setzte Raffael sich und den Päpsten Julius II. und Leo X. ein Denkmal.

Musei Vaticani: Mo–Sa 9–16, Schließung 18 Uhr (Details s. S. 182).

Genug! Keine Nacht und keinen Tag würde er länger in den Privatgemächern seines verhassten Vorgängers und Rivalen, Alexander VI., verbringen. Schon bald nach seinem Amtsantritt wählte Papst Julius II. das darüberliegende Geschoss zu seinen Privaträumen. Mit der Ausmalung dieser Stanzen (*stanza* = Raum) beauftragte er den erst 25-jährigen Raffael, der ihm von seinem

Onkel Donato Bramante, Hofarchitekt von St. Peter, empfohlen worden war. Raffael stieg damit – neben Michelangelo – zum ersten Maler der Stadt auf. Von 1509 bis 1517 versahen Raffael und seine Schüler diese Räume mit zahlreichen Fresken. Nach einem einheitlichen Bildprogramm illustrierten sie Szenen aus der Bibel, der Kirchen-, der Apostel- und der neueren römischen Geschichte.

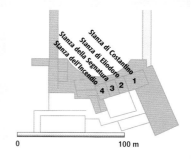

Weltliche und himmlische Schutzherren

In der Regel beginnt der Rundgang durch die vier Stanzen mit der **Stanza di Costantino (1)**, die erst nach dem frühen Tod Raffaels von seinen begabten Schülern Giulio Romano und Sandro Penni fertiggestellt wurde (1519–1524). Der als Audienzhalle genutzte Raum zeigt vier Szenen aus dem Leben Konstantins, so etwa den Sieg über Maxentius und seine vorgebliche Taufe durch Papst Silvester. Von zentraler Bedeutung war das Fresko zur »Konstantinischen Schenkung«, mit der die Päpste in diesem Raum jahrhundertelang ihren Machtanspruch unterstrichen.

Das wunderbare Eingreifen Gottes zum Schutz der Kirche und des Glaubens ist das Thema der Fresken in der **Stanza di Eliodoro (2)**. In dem namengebenden Fresko wird der syrische Usurpator Heliodor von zwei Engeln am Raub des Tempelschatzes gehindert. Auch Julius II. ist mit von der Partie. Er wird in einer Sänfte in die Szene hineingetragen. Damit war jedem Betrachter klar, dass es den Feinden der Kirche auch in der Gegenwart nicht besser ergehen würde als Heliodor. Die kontrastierenden Lichteffekte in der »Befreiung des Apostels Petrus«, der ersten Nachtszene der Hochrenaissance, die lichte Farbgebung und die ausgewogene Komposition verraten deutlich die Handschrift Raffaels.

Philosophische Weisheiten

Die erste vom ihm ausgemalte Stanza war jedoch die **Stanza della Segnatura (3)**. Sie war die Bibliothek und das Lesezimmer des Papstes. Erst später wurde sie »della Segnatura« genannt, weil dort Urkundenunterzeichnungen und Siegelungen vorgenommen wurden. Bibliotheken waren damals entsprechend der Fakultäten der mittelalterlichen Universität in vier Wissensbereiche aufgeteilt: Jurisprudenz, Theologie, Philosophie und – hier statt Medizin – Poesie. Diese vier Wissensbereiche zieren auch die vier Wände und als Allegorien die Decke des Raumes. An der Fensterseite links des Eingangs befindet sich die Jurisprudenz. Links vom Fenster ist die Übergabe des weltlichen Rechts durch Kaiser Justinian, rechts vom Fenster die Übergabe des kirchlichen Rechts durch Papst Gregor IX. (mit den Gesichtszügen von Julius II.!) dargestellt. Über dem Fenster hingegen symbolisieren drei Frauen die Kardinaltugenden. Die Frau mit dem Spiegel steht für die Weisheit, weil man mithilfe des Spiegels in zwei Richtungen gleichzeitig blicken kann. Die Mäßigung hält die Zügel in der Hand und die Stärke den Eichenbaum, der gleichzeitig auch ein Hinweis auf die Familie des Auftraggebers, della Rovere (= Steineiche), ist.

Auf der im Uhrzeigersinn folgenden Wandseite verherrlicht Raffael mit der »Disputa del Sacramento« das Wunder der Eucharistie und die kirchliche – hierarchische – Ordnung.

Auf der gegenüberliegenden Fensterseite ist die Poesie dargestellt: Auf dem Berg Parnass musiziert Apoll, der Gott der Musen. Um ihn herum scharen sich die neun Musen Kaliope, Therpsikore, Polyhymnia, Thalia, Melpomene (mit der Theatermaske), Erato, Euterpe, Urania und Klio (mit dem Buch) sowie Dichter der Antike, darunter der erblindete Homer, der seine Verse einem Jüngling diktiert, Vergil zu seiner Linken und Dante zu seiner Rechten.

›Promis der Antike‹

Publikumsmagnet ist aber die »Schule von Athen«, in der das antike Denken ganz im Sinne der Renaissance als Wiege der europäischen Kultur und Wissenschaften gefeiert wird. Das Fresko versammelt die bedeutendsten Vertreter antiken philosophischen Denkens. Im Mittelpunkt stehen unter einem Tonnengewölbe, das an die in Planung befindliche Peterskirche oder die gerade entdeckte Domus Aurea erinnerte, der rotgewandete Platon, der als Vertreter der spekulativen Philosophie mit der Hand nach oben zeigt und damit auf das Reich der Ideen verweist, und Aristoteles, der sich mit seiner ausgestreckten Hand auf die Empirie als Grundlage des Wissens bezieht. Um sie herum eine Vielzahl von Philosophen, Mathematikern und Künstlern, darunter links der grüngewandete Sokrates oder Pythagoras, dem ein Schüler auf einer Schiefertafel das Schema der Harmonielehre vorhält, auf den Stufen der bedürfnislose Kyniker Diogenes. Rechts bückt sich der glatzköpfige Euklid, der die Grundgesetze der Geometrie entwickelte, um mithilfe eines Zirkels einen Beweis zu führen. Die vier jungen Leute um ihn herum stellen die vier Stadien des Begreifens dar: das Bemühen um Verstehen, das aufblickende Verständnis, das Begreifen und das Weiterentwickeln. Die gekrönte Figur im gelben Gewand, die uns rechts den Rücken zukehrt und einen Erdglobus in der Hand hält, ist der Geograf Ptolemaios und der bärtige Weise mit dem Himmelsglobus vor ihm der Astronom Zarathustra. Ganz rechts schließlich der Maler Sodoma und neben ihm, mit der schwarzen Mütze, Raffael selbst. Auch andere Figuren tragen die Gesichtszüge von Zeitgenossen: Platon erinnert an Leonardo da Vinci und Euklid an Bramante. Erst nachträglich fügte Raffael die Figur des auf einen Steinblock schreibenden Heraklit ein, dem er als Hommage an seinen Rivalen die Züge Michelangelos gab.

Unverhohlene Selbstdarstellung

Die Fresken im vierten Raum, der **Stanza dell'Incendio (4)** – Raum des Brandes – wurden größtenteils von Gehilfen Raffaels ausgeführt. Sie zeigen Szenen aus dem Leben der Namensvetter von Medici-Papst Leo X., der seit 1513 Papst war, etwa den Sieg Leos IV. gegen die Sarazenen in der Schlacht bei Ostia oder die Krönung Karls des Großen in der Peterskirche. Die neue Körperlichkeit der Figuren im Fresko »Brand im Borgo« spiegelt Raffaels Auseinandersetzung mit Michelangelo wider, der zeitgleich und keine 50 m entfernt in der Sixtinischen Kapelle arbeitete. Auch Leo X. mochte nicht an seinen Vorgänger erinnert werden. In der Stanza di Eliodoro (s. S. 185) ließ er bei dem Fresko »Die Vertreibung Attilas durch Leo den Großen« kurzerhand sein eigenes Konterfei einsetzen.

Musei Vaticani

nach Entwürfen von Raffael-Schülern gefertigt wurden. Sie zeigen Szenen aus dem Leben Jesu und an der Fensterseite die – natürlich von Bienen gerahmten – Ereignisse aus dem Leben des Barberini-Papstes Urban VIII.

Unter Gregor XIII. wurde die **Galleria delle Carte Geografiche** angelegt. Auf 40 Landkarten sind die verschiedenen Regionen Italiens dargestellt, rechts das Italien am Tyrrhenischen Meer, links das Italien an der Adria. Die manieristischen Fresken im Gewölbe thematisieren kirchenrelevante Ereignisse in den entsprechenden Regionen.

Cappella Niccolina
Unregelmäßige Öffnungszeiten
Nach der Sala di Costantino führt ein Durchgang zur päpstlichen Privatkapelle von Nikolaus V. mit den leuchtenden Frührenaissancefresken des malenden Dominikanermönchs Fra Angelico. In zwei Zyklen beschreibt er das Wirken der beliebten Erzdiakone Stephan in Jerusalem und Laurentius in Rom.

Appartamento Borgia
Nach den Raffael-Stanzen (s. Entdeckungstour S. 184) gelangt man vor der Treppe nach links über einen vermauerten Balkon direkt zur Sixtinischen Kapelle oder folgt der Treppe nach unten zum Appartamento Borgia. Die weitläufigen Privatgemächer des berüchtigten Papstes Alexander VI. wurden Ende des 15. Jh. von Pinturicchio und Gehilfen ausgemalt. Besonders eindrucksvoll ist die **Sala dei Santi** (Saal der Heiligen) mit dem Wandgemälde »Disputation der heiligen Katharina von Alexandrien«, auf dem fast die gesamte Borgia-Familie porträtiert ist. Die weiteren Säle bergen die **Collezione d'Arte Religiosa Moderna,** die nur unerschütterliche Kunstliebhaber begeistern wird, auch wenn sich darunter Werke von Dix, Chagall, Klee und Kandinsky befinden.

Cappella Sistina 6
»Ohne die Sixtinische Kapelle gesehen zu haben, kann man sich keinen anschauenden Begriff machen, was ein Mensch vermag«, schrieb Goethe. Zu den Höhepunkten einer Rom-Reise gehört der Besuch der Palastkapelle des Vatikans, in der das Konklave stattfindet. Berühmt ist die von Sixtus IV. erbaute und nach ihm benannte **Sixtinische Kapelle** vor allem wegen ihrer Fresken. Als ein Meilenstein in der abendländischen Malerei gilt das **Deckenfresko von Michelangelo.** Die Seitenwände der Cappella Sistina waren bereits zwischen 1481 und 1483 von den berühmtesten Malern der damaligen Zeit, darunter Botticelli, Pinturicchio, Perugino, Signorelli und Ghirlandaio, mit Szenen aus dem Leben Moses' und Christi bemalt worden. Nach einer fruchtbaren Zeit unter den Medici in Florenz wurde das Universalgenie Michelangelo (1475–1564) von dem tatkräftigen Papst Julius II. nach Rom geholt, der ihn mit dem Entwurf eines mehrstöckigen Grabmals beauftragte. Bereits einige Jahre zuvor hatte Michelangelo mit der bewegenden Grabplastik der Pietà sein bildhauerisches Können in Rom unter Beweis gestellt. Doch Julius II. glaubte, es bringe Unglück zu Lebzeiten ein Grabmal zu schaffen und beauftragte Michelangelo mit der Bemalung der Decke in der Sixtinischen Kapelle. Widerstrebend machte sich Michelangelo an die Arbeit: »Schlecht ist mein Platz, zum Malen taug ich nicht«, klagte er in einem Brief an einen Freund. Doch in nur knapp vier Jahren überzog er die Decke mit einem grandiosen Freskenzyklus zur Schöpfungsgeschichte.

Die Farbgebung sowie die kraftvollen Figuren und das von Scheinarchi-

Vom Vatikan nach Trastevere

tektur überzogene Gewölbe hatten starken Einfluss auf die nachfolgenden Künstler, vor allem jene des Manierismus. Von 1508 bis 1512 mühte sich Michelangelo im Liegen und ohne Gehilfen mit der Neugestaltung der 40 m langen und 13 m breiten Decke ab. Mit einer ungeheuren Plastizität und in kühnen Farben erzählt er das biblische Epos von der Erschaffung der Welt und der Menschen, des Sündenfalls, des Opfers Noahs, der Sintflut und der Trunkenheit Noahs. Orakel verkündende Sybillen und Propheten rahmen die Szenen ein, in den Lünetten und Zwickeln sind Vorfahren Christi dargestellt und in den Ecken Szenen aus dem Alten Testament. Besonders eindrucksvoll ist die dynamische Figur Gottes in der »Erschaffung Adams« – hier vermeint man fast den überspringenden Lebensfunken zu spüren.

Mehr als 20 Jahre später, 1534, wurde Michelangelo, inzwischen fast 60-jährig, von Papst Paul III. mit dem Altarfresko »Das Jüngste Gericht« beauftragt, in dem ein richtender Christus mit herrischer, fast unversöhnlicher Geste die Menschen zur Rechenschaft zieht. Um Christus scharen sich Engel und Märtyrer, die Gerechten steigen aus den Gräbern zum Himmel auf, die Verdammten werden in die Hölle gestürzt. Der pessimistische Grundton des Freskos erklärt sich aus der von vielen als göttliches Strafgericht empfundenen Plünderung Roms im Sacco di Roma (1527), bei dem die Landsknechte von Kaiser Karl V. Rom als Reaktion auf das undiplomatische Verhalten des Papstes in einer seit der Antike nie dagewesenen Weise verwüsteten und damit der Zeit der Renaissancepäpste ein Ende setzten. Als das Bild mit den überwiegend nackten Gestalten enthüllt wurde, brach ein Sturm der Entrüstung los. Der nachfolgende Papst, Paul IV., befahl Daniele da Volterra

(ein Schüler Michelangelos), die anstößigen Körperstellen unter Feigenblättern und Lendentüchern zu verbergen, weshalb der begabte Künstler als ›Il braghettone‹ (der Hosenmaler) in die Kunstgeschichte einging.

Bei den letzten Restaurierungsarbeiten (1982–1994) in den letzten zwei Jahrzehnten hat man den Decken- und Wandfresken wieder die ursprünglichen kraftvollen Farben verliehen. Die Übermalungen wurden aus historischen Gründen nur teilweise entfernt.

Die restaurierten Fresken der Sixtinischen Kapelle erstrahlen in kräftigen Farben

Biblioteca Apostolica Vaticana
Unregelmäßige Öffnungszeiten
Bei der Vatikanischen Bibliothek handelt es sich um eine Reihe von Korridoren und Räumen, in denen u. a. sakrale Kultgegenstände, astronomische Instrumente und frühe Navigationskarten ausgestellt sind. Sehenswert ist die **Sala delle Nozze Aldobrandine** (nicht immer geöffnet) mit einem der besterhaltenen Fresken aus augusteischer Zeit, auf dem die Hochzeit von Alexander dem Großen und Roxane dargestellt ist. Kern der Bibliothek ist der **Salone Sistino** mit interessanten Veduten Roms aus der Zeit von Sixtus V., die z. B. die im Bau befindliche Peterskirche oder die Aufstellung des Obelisken auf dem Petersplatz zeigen.

Pinacoteca
Wer direkt zur Pinakothek möchte, sollte sich nach dem Museumseingang am Ende der Rolltreppe rechts halten.
Klein, aber fein: Die wertvolle Gemäldesammlung bietet in 15 Sälen einen

Vom Vatikan nach Trastevere

Apostolische Segensurkunden
Beim Ufficio Elimosineria ist es möglich, sich ein Pergament ausstellen zu lassen mit den Segenswünschen des Papstes anlässlich des Empfangs eines Sakraments (u. a. Taufe, Hochzeit, Priesterweihe), eines runden Geburtstags (ab 50 Jahre) oder eines Ehejubiläums. Das Büro befindet sich nahe der Porta Sant'Anna (Mo–Fr 8.30–13.30 Uhr, Urkunde je nach Größe 13–30 €). Anfrage auch per Post oder Fax an: Elemosineria Apostolica, Ufficio pergamene, 00120 Città del Vaticano, Fax 06 69 88 31 32. Der Versand erfolgt auf Wunsch per DHL.

Überblick über die italienische Malerei vom Mittelalter bis zum Barock. Besondere Aufmerksamkeit verdienen Raffaels »Marienkrönung« (1502), seine »Madonna von Foligno« (1511/1512) und die »Verklärung Christi« (1520), die er kurz vor seinem Tod vollendete, sowie der »Heilige Hieronymus« (um 1480) von Leonardo da Vinci und die bewegende »Grablegung« (1604) von Caravaggio. Daneben sind Gemälde von Giotto, Fra Angelico, Pinturicchio, Perugino und Tizian zu sehen sowie die musizierenden Engel von Melozzo da Forlì, welche meist die Eintrittskarten der Musei Vaticani zieren.

Gianicolo

Auch wenn der **Gianicolo** (88 m) nicht zu den klassischen sieben Hügeln Roms zählt, so ist er doch am ehesten als wirklicher Hügel zu bezeichnen. Seinen Namen verdankt er dem Gott Janus (Giano), für den hier eine Kultstätte bestanden haben soll. Ein Aufstieg, vor allem am späten Nachmittag, lohnt wegen der fantastischen Aussicht.

Zu Fuß oder per Vespa nach Trastevere

Der Weg eignet sich für eine Vespatour, gerade auch, wenn man den römischen Verkehr meiden möchte (Vespaverleih s. S. 26 oder nahe Vatikan: Rent Scooter Roma, Via delle Grazie 2, Tel. 066 87 72 39, www.rentscooterroma.it). Gehzeit: ca. 1 Std. (Gesamt- oder Teilstrecke mit Bus 115 Vatikanparkhaus/Terminal Gianicolo möglich), Fahrzeit mit der Vespa: 30 Min. Start: Piazza della Rovere
Eine aussichtsreiche Straße führt mit interessanten Zwischenstopps vom Vatikan über den Gianicolo nach Trastevere.

Von der **Piazza della Rovere** nimmt man zu Fuß am besten die Salita Sant'Onofrio (mit der Vespa die Via d. Gianicolo). Im **Kloster Sant'Onofrio** [7] verbrachte der Dichter Torquato Tasso die letzten Jahre seines Lebens. Hier befindet sich auch das **Museo Tassiano** (Piazza Sant'Onofrio 2, nur n. V., Tel. 066 87 73 47, Di 15.30–19 Uhr) mit Manuskripten und Büchern des Dichters. In der angrenzenden Kirche **Sant'Onofrio** [8] mit schönem Kreuzgang liegt der Dichter begraben. Über die platanen- und piniengesäumte, aber autobefahrene **Passeggiata del Gianicolo** gelangt man, am Kinderkrankenhaus Bambino Gesù und am strahlend weißen **Leuchtturm** (Faro) vorbei, auf den **Piazzale Garibaldi**. Das Reiterstandbild des Einigers Italiens, der gen Vatikan blickt, erinnert an die heftigen Kämpfe, die hier oben während der kurzlebigen römischen Republik von 1849 tobten. Von der Terrasse genießt man besonders bei Sonnenuntergang einen unvergleichlichen Blick auf die Stadt mit den sanften Konturen der Albaner Berge im Hintergrund. Einer päpstlichen Tradition folgend, feuern um Punkt 12 Uhr drei Soldaten unterhalb der Ter-

Zu Fuß oder per Vespa nach Trastevere

rasse einen Kanonenschuss ab, um den Römern die Mittagszeit anzuzeigen. Seit Jahrzehnten erfreut ein kleines **Marionettentheater** im Freien die Kinder (Vorstellungen vor allem Sa und So). Um nach Trastevere zu gelangen, nimmt man einen der Pfade unterhalb des Piazzale oder man fährt von der Terrasse weiter auf der **Passeggiata del Gianicolo,** die über den Piazzale Aurelio in die **Via Giuseppe Garibaldi** mündet.

Auf der Via Garibaldi erhebt sich die Schauwand des Fontanone, des ›Großen Brunnens‹, wie die **Fontana dell'Acqua Paola** 9 von den Römern genannt wird. Von hier hat man wieder einen schönen Blick auf das römische Dächermeer. Papst Paul V. ließ den Brunnen 1612–1614 in Konkurrenz zu seinem Vorgänger Sixtus V., dem Stifter des Mosesbrunnens, errichten. Durch die Instandsetzung des antiken Aquädukts des Trajans wurden nach über tausend Jahren Unterbrechung die Viertel Vatikan und Trastevere wieder mit Wasser versorgt. Das bombastische **Denkmal** wenige Meter weiter erinnert an die verlustreichen Kämpfe zwischen den französischen Schutztruppen des Papstes und den Freischärlern der römischen Republik von 1849 unter Führung von Garibaldi und Mazzini. Es stammt, wie unschwer zu erkennen, aus der Mussolini-Zeit.

Nur wenige Meter weiter stößt man auf die Kirche **San Pietro in Montorio** 10 (Piazza di San Pietro in Montorio 2, www.sanpietroinmontorio.it, tgl. 8–12, Mo–Fr auch 15–16 Uhr; Tempietto Di–Sa 9.30–12.30, 14–16.30 Uhr). Das Franziskanerkloster San Pietro in Montorio stiftete das spanische Königspaar, Ferdinand von Aragon und Isabella von Kastilien, Ende des 15. Jh. als Dank für ihren männlichen Nachwuchs. In der Kirche hängt die beeindruckende »Geißelung Christi« von Sebastiano del Piombo. Eigentlicher Besuchermagnet

Zu Fuß oder mit der Vespa über den Gianicolo nach Trastevere

ist jedoch der kleine Kreuzgang neben der Kirche mit dem **Tempietto** von Bramante (1502). Der irrigen Legende nach steht er an der Stelle, wo Petrus gekreuzigt wurde. Die Anknüpfung an die antike römische Baukunst und überaus harmonische Proportionen machten den Rundtempel zu einem Modell für die römische Architektur der Hochrenaissance. Im Konventgebäude befindet sich die Spanische Akademie.

Am Ende der Via Garibaldi gelangt man zur **Porta Settimiana,** dem Eingangstor nach Trastevere. Im Haus auf der linken Seite des Torbogens soll Raffaels Geliebte, die Fornarina, gewohnt haben, deren Porträt im Palazzo Barberini hängt.

Vom Vatikan nach Trastevere

Via della Lungara

Richtung Vatikan erstreckt sich parallel zum Tiber die Via della Lungara, die Papst Julius II. als Verbindung zwischen Trastevere und dem Vatikan bauen ließ. In einer Seitenstraße befindet sich zu Füßen des Gianicolo der **Orto Botanico** 11, einer der größten und ältesten Botanischen Gärten Italiens mit seltenen, uralten Pflanzen (Largo Cristina di Svezia 9, Mo–Sa 9–18.30, Gewächshäuser bis 13.30, Mitte Okt.–März 17.30 Uhr, 8 €/4 €).

Berüchtigt ist die Straße als Adresse des Gefängnisses. Schon Ende des 17. Jh. befand sich hier eine von Nonnen geführte Besserungsanstalt für ›gefallene Mädchen und Frauen‹ und später das erste kirchliche Frauengefängnis. Heute beherbergt der Bau eine Begegnungsstätte für Frauen, mit Restaurant, Café und einigen Zimmern zum Übernachten (Hostel Orsa Maggiore, Via San Francesco di Sales 1a, www.casainterna zionaledelledonne.org, s. S. 33). Noch immer existiert dagegen in Nr. 29 das Staatsgefängnis Regina Coeli.

Galleria Nazionale d'Arte Antica (Palazzo Corsini) 12
Via della Lungara 10, www.galleria corsini.beniculturali.it, Mi–Mo 8.30–19.30 Uhr, 5 €/2,50 €
Im Palazzo Corsini versammelte Christine von Schweden, die zum Katholizismus konvertierte Königstochter, viele Jahre hindurch die Dichter und Künstler Roms um sich. Später ging der Palast in den Besitz der Bankiersfamilie Corsini über, deren einstige Privatsammlung der Bau heute beherbergt. Schwerpunkt ist die Barockmalerei des 16./17. Jh. Bedeutendste Werke sind das Triptychon von Fra Angelico und Caravaggios »Johannes der Täufer«.

Villa Farnesina 13
Via della Lungara 230, www.villafar nesina.it, Mo–Sa 9–14 Uhr und jeden 2. So im Monat 9–17 Uhr, 6 €/5€/3€
Die mit wunderschönen Renaissancefresken ausgeschmückte Sommervilla von Agostino Chigi wurde Anfang des 16. Jh. von Baldassare Peruzzi errichtet. Namengebend für den **Saal der Galathea** ist das Fresko von Raffael, einer der Höhepunkte des Klassizismus in der Renaissance. Zu seinen Meisterwerken gehören die »Hochzeit von Amor und Psyche« und das »Konzil der Götter« in der Gartenloggia. Die Decke wurde nach einer humanistischen Tradition mit der zur Geburtsstunde Chigis herrschenden Sternenkonstellation ausgeschmückt.

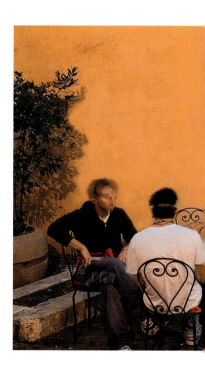

Im **Piano Nobile** beeindruckt der »Saal der Perspektiven« von Peruzzi mit Graffiti, die Soldaten 1527 während des Sacco di Roma hinterließen, im angrenzenden Schlafzimmer die Hochzeitsnacht Alexanders des Großen mit Roxane von Sodoma.

Trastevere

Das lebendige, fußgängerfreundliche Viertel jenseits der Porta Settimiana versprüht urrömisches Flair. In Trastevere, so behaupten die *trasteverini*, wohnen die wahren Römer, die *romani de Roma*. Doch sie werden immer weniger. Auf den Straßen hört man zunehmend englische Sprachfetzen und in den sanierten Wohnungen leben betuchte, meist ausländische Wahlrömer. Dennoch hat das einstige Arme-Leute-Viertel seinen Charme bewahrt.

Ein Bummel durch die engen Gassen rund um Santa Maria in Trastevere oder Santa Cecilia führt vorbei an alteingesessenen Handwerksbetrieben und Gemüseläden. An warmen Tagen treffen sich die Bewohner zum Plausch vor der Haustür, und in Vicolo del Cedro und Via della Scala hängt nach wie vor die meistfotografierte Wäsche Roms. Doch Trastevere ist keineswegs nur ein folkloristisches Abziehbild. Es steht auch für die inzwischen weltweit tätige christliche Laienbewegung Sant' Egidio, die »UNO von Trastevere«, die

Abends zieht es Römer und Touristen nach Trastevere

Vom Vatikan nach Trastevere

mehrmals für den Friedensnobelpreis vorgeschlagen wurde (www.santegidio.org). Zu den weltweit beachteten Erfolgen der Gemeinschaft gehört der Friedensvertrag von Mosambik, 1992 nach 16 Jahren Bürgerkrieg unterzeichnet. Jedes Jahr an Weihnachten organisiert die Gemeinschaft in Santa Maria in Trastevere und an anderen Orten in Rom Festessen für die Armen.

Eine kulturelle Institution ist das Kino **Nuovo Sacher** 4 von Regisseur Nanni Moretti, in dem Autorenfilme aus aller Welt präsentiert werden. Mit unzähligen Trattorien, Enoteche und Szenelokalen ist Trastevere aber vor allem das klassische Ausgehziel von Römern und Touristen.

Museo di Roma in Trastevere 14
Piazza di Sant'Egidio 1b, www.museodiromaintrastevere.it, Di–So 10–20 Uhr, 6 €/5 €, evtl. plus Ausstellungszuschlag
Das Museum bietet neben Themenausstellungen mit zeitgenössischen Gemälden und nachgestellten Szenen in Originalgröße einen folkloristisch verklärten Einblick in Alltag, Sitten und Gebräuche im Rom des 18./19. Jh.

Rund um die Piazza Santa Maria in Trastevere
Die Piazza Santa Maria in Trastevere ist das pulsierende Zentrum des Viertels. Tagsüber ist die Atmosphäre fast dörflich, abends tummeln sich hier in den *trattorie* Liebhaber römischer Küche, breiten fliegende Händler ihre Waren aus und konkurrieren Straßenkünstler um die Gunst des Publikums. Sinnbild für die vielen *osterie* in dieser Gegend ist der kuriose Brunnen mit Weinfässern an der Ecke zur Via della Cisterna.

Santa Maria in Trastevere 15
In der römischen Spätantike siedelten sich *trans Tiberim* (lat. ›jenseits des Tiber‹) vor allem Zuwanderer aus dem Osten des Reiches und Mitglieder religiöser Randgruppen wie Juden und Christen an. Bereits im 3./4. Jh. entstanden erste christliche Heiligtümer und Kirchenbauten. Roms älteste Marienkirche wurde bereits Mitte des 4. Jh. gegründet. Nach einer Überlieferung entsprang dort, wo heute der Altar der Kirche steht, im Jahr 38 v. Chr. eine ölhaltige Quelle *(fons olei)*. Von den jüdischen Einwohnern wurde dies als Ankündigung des mit Öl gesalbten Messias gesehen, später wurde das Ereignis als Zeichen der Ankunft Christi gedeutet. Die heutige Basilika mit dem romanischen Campanile und dem Mosaik an der Fassade stammt aus dem 12. Jh. Trotz späterer Ergänzungen wie dem barocken Portikus oder der Kassettendecke im Innern blieb der Raumeindruck einer frühchristlichen Basilika bewahrt: **Antike Säulen** aus den Caracalla-Thermen teilen die Schiffe, ein herrlicher **Cosmatenteppich** schmückt den Boden. Glanzpunkt sind die um 1140 entstandenen goldgrundigen **Mosaiken der Apsis**. Unter einem Himmelszelt thronen Christus und die Himmelskönigin Maria umgeben von Heiligen und dem Kirchenstifter Papst Innozenz II. mit dem Kirchenmodell. Noch sind die Figuren in einer unkörperlichen, flächigen Weise wiedergegeben. Ganz anders die wenige Jahrhunderte später entstandenen **Mosaiken des Marienlebens** von Pietro Cavallini, die durch ihre bewegten Figuren und erzählerische Darstellung beeindrucken. Eine besondere Atmosphäre herrscht, wenn sich abends um 20.30 Uhr die römische Basisgemeinschaft Sant'Egidio zum Gebet trifft und das Innere beleuchtet wird (s. S. 193).

Über die fußgängerfreundliche Via della Lungaretta mit kleinen Geschäften und Bars erreicht man die Piazza Sonnino am verkehrsumtosten Viale

Trastevere

Trastevere mit dem mittelalterlichen Geschlechterturm **Torre d'Anguillara**.

San Crisogono 16
Piazza Sidney Sonnino 44, Kirche: Mo–Sa 7–11.30, 16–19.30, So, Fei 8–13, 16–19.30 Uhr; Ausgrabungen: wie Kirche, abends bis 19 Uhr, 3 €

Die spätbarocke Fassade täuscht. Die große Kirche mit dem mittelalterlichen Glockenturm am Viale Trastevere ist eine der ältesten Kirchen Roms. Die dreischiffige Basilika mit herrlichem Cosmatenboden wurde auf einem Vorgängerbau aus dem 8. Jh. errichtet, der Ursprünge im 5. Jh. hat. Archäologen entdeckten unter der Kirche eine hufeisenförmige Krypta mit erzählfreudigen Freskenresten (8.–10. Jh.).

Via della Luce
Jenseits des Viale Trastevere erstreckt sich die stille Seite des Viertels mit Straßen, in denen die Zeit stehengeblieben zu sein scheint. Ein alteingesessener Betrieb ist die **Stuckwerkstatt** der Gebrüder Baiocco in der Via della Luce 16a, die sich gern auch über die Schultern blicken lassen. Prunkstück der Werkstatt ist ein Abguss des Christus der Pietà von Michelangelo. An der Nr. 21 lockt die nostalgische **Pasticceria Innocenti** 10 mit Mandelgebäck, Pizze und Kuchen (Mo–Sa u. So vormittag).

Santa Cecilia in Trastevere 17
Piazza di Santa Cecilia 22, Kirche, Krypta und Ausgrabungen: tgl. 10–13, 16–19 Uhr; Fresken von Cavallini: Mo–Sa 10–12.30 Uhr, jeweils 2,50 €

Eine Oase der Ruhe ist die Kirche Santa Cecilia in Trastevere. Paschalis I. ließ sie im 9. Jh. über einem Vorgängerbau aus dem 4. Jh. errichten – der Legende nach dort, wo das Haus des Römers Valerianus und seiner Frau Caecilia gestanden hatte, die Anfang des 3. Jh. den Märtyrertod gestorben waren. Nachdem man vergeblich versucht hatte, Caecilia in einem Dampfbad zu ersticken, enthauptete man sie. Obwohl sie im 15. Jh. sogar zur Patronin der Kirchenmusik avancierte, wird ihre Existenz inzwischen selbst von der Kirche bezweifelt. Sicher ist, dass Santa Cecilia auf den Resten eines römischen Hauses aus republikanischer Zeit steht. Unter der Kirche haben Archäologen Reste einer weitläufigen Wohnanlage zutage gefördert, in der die Benediktinernonnen auch ein Dampfbad zu erkennen glauben.

Ihre heutige Gestalt verdankt die dreischiffige Basilika Umbauten im 18. Jh. Aus dem 9. Jh. stammt das Apsismosaik mit dem segnenden Christus umgeben von Paulus und Caecilia sowie rechts Petrus, Valerianus und Agathe. Das feingliedrige Ziborium von Arnolfo di Cambio (1293) gehört zu den wenigen gotischen Kunstwerken in Rom. Die Marmorskulptur von Stefano Maderno (1600) unter dem Altar zeigt Caecilia, wie sie angeblich vorgefunden wurde, als ihr vermeintliches Grab in der Calixtus-Katakombe (s. S. 258) 1599 geöffnet wurde. In drastischem Realismus meißelte Maderno die Schnitte heraus, die der Henker ihr am Hals zufügte. Besuchen Sie auch den Nonnenchor mit den farbenfrohen Fragmenten des Freskos »Das Jüngste Gericht« von Pietro Cavallini (ca. 1293), eines der bedeutendsten Werke der römischen Malerei im Mittelalter.

San Francesco d'Assisi a Ripa 18
Piazza San Francesco d'Assisi 88, www.sanfrancescoaripa.com, tgl. 7.30–13, 14.30–19 Uhr

An der schlichten Kirche San Francesco a Ripa, so genannt, weil der hl. Franziskus während seiner Romaufenthalte hier wohnte, dürfen Bernini-Liebhaber nicht vorbeigehen. In der vierten Kapelle des linken Seitenschiffes begeis-

Lieblingsort

Für Trendsucher

Wo einst Bremsen *(freni)* und Kupplungen *(frizioni)* repariert wurden, läutet heute die *movida* von Trastevere den Abend ein: in der Bar **Freni e Frizioni** 3 . In dem Lokal im Vintage-Look mit nur wenigen Tischen drinnen und draußen gibt es beste Moijtos und andere Drinks. Man sitzt nicht, man steht – mit Blick auf den Tiber (jenseits des verkehrsumtosten Lungotevere), die Gassen von Trastevere oder das bunte Völkchen auf dem Vorplatz. Das reiche Buffet (Bruschette, frisches Gemüse, Couscous, Dinkel mit verschiedenen Soßen u. v. m.) ist im Preis eingeschlossen (Via del Politeama 4, Tel. 06 45 49 74 99, www.freniefrizioni.com, Bus: H, 23, tgl. 18.30–2, *aperitivo* 19–22 Uhr, 6–10 €).

Vom Vatikan nach Trastevere

tert das Grabdenkmal der in Ekstase liegenden »Seligen Ludovica Albertoni in Verzückung«, ein Alterswerk des Barockgenies. Bernini hat der von neugierig-lüsternen Putti umringten Skulptur mit verschiedenfarbigem Marmor und mit Hilfe indirekter Lichteffekte eine ungewöhnliche Lebendigkeit und Leidenschaftlichkeit verliehen. Die Kirche beherbergt auch das Grab des Malers Giorgio De Chirico (s. S. 207).

Essen & Trinken

Wo Ratzinger schwach wurde – **Cantina Tirolese** 1 : s. S. 42.
Für Gourmets – **Glass Hostaria** 2 : s. S. 39.
Intim – **Spirito DiVino** 3 : Via dei Genovesi 31 (Trastevere), Tel. 065 89 66 89, www.spiritodivino.com, Bus: H, 23, Tram: 8, Mo–Sa 19–24 Uhr, Menü 35 €. Eine gelungene Mischung aus klassischem Restaurant und Enoteca mit erstklassiger, traditioneller Küche. Im Keller fand man die berühmte Statue des Apoxyomenos (die sich heute in den Vatikanischen Museen befindet).
Eine hippe Sushi-Bar – **Zen Sushi** 4 : s. S. 41.
Mit Klasse – **Taverna Angelica** 5 : Piazza Americo Capponi 6 (Vaticano), Tel. 066 87 45 14, www.tavernaangelica.it, Bus: 64, 40, tgl. 18–24 Uhr, So auch 12.30–14.30 Uhr, Metro: Ottaviano (A), Menü 40 €. Elegantes Ambiente mit Holztischen. Das dem Menü vorangestellte Motto: »Man kann nicht gut denken, lieben und schlafen, wenn man nicht gut gegessen hat«, gibt den Geist dieses Lokals wieder.
Bodenständig – **Osteria dell'Angelo** 6 : Via G. Bettolo 24 (Prati), Tel. 063 72 94 70, Metro: Ottaviano (A), Mo–Sa 20–23, Di–Fr auch 12.30–14.30 Uhr, à la carte mittags 20 €, abends ab 25 €. Beste römische Hausmannskost, für die sich der kleine Spaziergang jenseits der Touristenschneisen lohnt.
Bewährt – **Trattoria La Vittoria** 7 : Via delle Fornaci 15–17, Tel. 06 63 18 58, www.ristorantelavittoria.com, Mi–Mo

Es ist immer genug für alle da: Marktstand in Trastevere

Adressen

12–15, 19–23 Uhr, ca. 25 €. Bei Geistlichen und Touristen gleichermaßen beliebt, in direkter Vatikannähe. Viele römische Spezialitäten, z. B. *amatriciana, saltimbocca alla romana*.

Urrömisch – **Da Enzo al 29** 8 : Via dei Vascellari 29 (Trastevere), Tel. 06 58 12 260, www.daenzoal29.com, Mo–Sa 12.30–15, 19.30–22 Uhr, ca. 30 €, Reservierung nur abends möglich. Authentisches Lokal mit karierten Papierdecken und Osteria-Gläsern auf den Tischen. Hier bekommen Sie beste *pasta alla gricia*, *carbonara* oder *all'amatriciana* mit Zutaten, die wirklich aus dem Umland, nicht selten sogar aus biologischem Anbau stammen.

Gut besucht – **Ai Marmi** 9 : Viale Trastevere 53–59, Tel. 06 580 09 19, Tram: 8, Bus: H, 23, 780, Do–Di 18.30–2.30 Uhr, ca. 10 €. Unter den Römern wegen der Marmortische als die »Leichenhalle« bekannt, gehört sie zu den berühmtesten Pizzerien der Stadt. Wegen des schnellen Services ideal für einen Imbiss. Exzellente römische (d. h. flache) *pizze*, sehr gut auch die *suppli* (gefüllte Reisbällchen).

Nostalgische Konditorei – **Pasticceria Innocenti** 10 : s. S. 195.

Aus dem Holzofen – **Bir & Fud** 11 : s. S. 39.

Einkaufen

Rund um den Vatikan lässt sich gut shoppen, vor allem in der **Via Cola di Rienzo** und **Viale Giulio Cesare** sowie in der **Via Candia** und **Via Ottaviano**. Religiöse Artikel findet man in der Via della Conciliazione (s. S. 45).

Italienische Delikatessen – **Castroni** 1 : s. S. 44.

Kerzen & religiöse Artikel – **Cereria San Giorgio** 2 : Via Francesco di Sales 85a, www.cereriadigiorgio.it. Das Kerzengeschäft besteht bereits seit über 100 Jahren. Neben Kerzen in

Mein Tipp

Beliebtester Flohmarkt Roms
Jeden Sonntag von 6.30 Uhr bis Mittag breitet sich an der **Porta Portese**, der Via Portuense und der Via Ippolito Nievo und der lebendigste und größte **Flohmarkt** 4 Roms aus. Viele Trödel- und einige Antiquitätenhändler sowie ein großer Schuh- und Kleidermarkt ermöglichen manches Schnäppchen.

allen Formen, Farben und Gerüchen werden auch religiöse Utensilien wie Hostien oder Messwein verkauft.

Artikel rund um Kirche und Papst – **Euroclero** 3 : s. S. 45.

Flohmarkt – **Markt an der Porta Portese** 4 : s. S. 46 sowie »Mein Tipp« oben.

Buntes Markttreiben – **Piazza San Cosimato** 5 : Lebensmittel und Blumen findet man Mo–Sa auf dem Markt von Trastevere auf der Piazza San Cosimato.

Abends & Nachts

Das pulsierende Zentrum des Viertels ist die **Piazza Santa Maria in Trastevere**. Abends buhlen zahllose Restaurants und Bars um die Gunst des Publikums.

Jazz im Kellergewölbe – **Alexanderplatz** 1 : s. S. 52. Auch Cocktails und kleine Gerichte.

House of the Blues – **Big Mama** 2 : s. S. 52.

Aperitifbar mit Kultcharakter – **Freni e Frizioni** 3 : s. S. 196.

Internationale Filme in Originalversion – **Nuovo Sacher** 4 : s. S. 53, 194.

Livemusik – **Fonclea** 5 : s. S. 52.

Das Beste auf einen Blick

Entlang der Via del Corso

Highlight!

Scalinata di Trinità dei Monti: Die Spanische Treppe zur Kirche Santa Trinità dei Monti ist Treffpunkt, Flirtplatz und beliebtes Fotomotiv – ein Muss für jeden Rombesucher. 5 S. 206

Auf Entdeckungstour

Caravaggio, Meister von Licht und Schatten: Caravaggio war eine der schillerndsten Künstlerpersönlichkeiten im Rom des 16. und 17. Jh. Kaum ein anderer Künstler hat mit seinen dramatischen Bildschöpfungen und seiner bewegten Lebensgeschichte bereits zu Lebzeiten ein solches Aufsehen erregt. S. 210

Kultur & Sehenswertes

Ara Pacis Augustae: Antike Kunst in zeitgenössischer Architektur. Den Museumsbau für den Friedensaltar des Augustus schuf Stararchitekt Richard Meier. 4 S. 203

Galleria Doria Pamphilj: Eine der bedeutendsten Privatsammlungen in originaler Hängung und Prunkgemächer geben einen Einblick in die Wohnkultur des römischen Adels. 10 S. 209

Aktiv unterwegs

Shoppingbummel: Rund um die Via dei Condotti ist alles versammelt, was in der Modewelt Rang und Namen hat. S. 204, 217

Vittoriano: Ein grandioser Blick über Rom entschädigt für die Mühen des Aufstiegs. 11 S. 209

Abstecher per Straßenbahn: Es geht in Roms Norden zu den futuristischen Bauten von Stararchitekten. S. 216

Genießen & Atmosphäre

Antico Caffè Greco: Das älteste Kaffeehaus Roms prunkt wie zu Goethes Zeiten mit roten Plüschsesseln und alten Gemälden. Der Kenner trinkt den *caffè* an der Theke. 16 S. 204

Piazza Augusto Imperatore: Sie wollen mit Blick auf kaiserliche Ruinen und modernste Architektur kreative Küche genießen, eine Pizza essen oder einfach nur einen Aperitif zu sich nehmen? Rund um die Piazza haben Sie die Qual der Wahl: z. B. 'Gusto. 6 S. 40, 213

Abends & Nachts

Auditorium: Das Konzertzentrum der Superlative, das allein schon durch seine Architektur fasziniert, bietet neben Klassik moderne Aufführungen sowie Rock, Pop und Ballett. 1 S. 53, 219

Salotto 42: Trendige und schicke Bookbar mit ausgewählten Antiquitäten und Blick auf den abends beleuchteten Hadrian-Tempel. 3 S. 219

Von der Piazza del Popolo bis zur Piazza Venezia

Schnurgerade zieht sich die geschäftige Via del Corso durchs Zentrum. In den Seitenstraßen öffnen sich bühnenhafte Plätze und kunststrotzende Palazzi. An der Piazza Montecitorio entscheiden sich die politischen Geschicke Italiens. Ein Paradies für Liebhaber italienischer Mode ist das noble Einkaufsviertel rund um die Via dei Condotti.

Rund um die Piazza del Popolo

Heute Bühne für Popkonzerte, Parteiveranstaltungen und Flanierplatz, war die Piazza früher Roms Empfangssalon für alle aus dem Norden kommenden Besucher, darunter Goethe, Seume und Luther, der im Augustinerkloster Santa Maria del Popolo Unterkunft fand. Als Blickfang des Platzes, der sich strahlenförmig in die Via del Babuino, Via del Corso und Via di Ripetta öffnet, dient der ägyptische **Obelisk,** den Papst Sixtus V. vom Circus Maximus hierherbringen und mit dem Kreuzzeichen bekrönen ließ. Um den Besuchern die Herrlichkeit der Stadt vor Augen zu führen, ließ Alexander VII. als städtebaulichen Akzent zu Beginn des Tridente (›Dreistrahls‹) die beiden barocken Zwillingskirchen **Santa Maria dei Miracoli** und **Santa Maria in Montesanto** errichten, die – scheinbar gleich – sich doch in Grundriss und Kuppelform unterscheiden. Seine klassizistische Gestalt verdankt der Platz Valadier, der die halbrunden Anlagen, die Brunnen und Löwen sowie die Terrasse des Pincio schuf, von der man eine unvergleichliche Aussicht über die Stadt genießt. Wer die Aufstiegsmühen scheut, kann den Blick vom Upper-Class-Café **Rosati** 19 schweifen lassen.

Santa Maria del Popolo 1
Mo–Sa 7–12, 16–19, So, feiertags 8–13.30, 16.30–19.30 Uhr
Die von außen unscheinbare Renaissancekirche, von Della-Rovere-Papst Sixtus IV. (1472–1477) errichtet und von Bernini im 17. Jh. barockisiert, überrascht im dreischiffigen Innern mit hochkarätigen Kunstschätzen. Päpste und Kardinäle, Papstneffen und -söhne schufen sich in den Seitenkapellen großartige Grabdenkmäler, für deren Gestaltung sie die bekanntesten Architekten und Künstler ihrer Zeit verpflichteten. Renaissancekünstler Pinturicchio (1485–1489) schmückte für die Papstfamilie della Rovere die erste Kapelle auf der rechten Seite mit erzählfreudigen Fresken und der »Anbetung des Christuskindes«. Von ihm stammt auch die »Marienkrö-

Infobox

Reisekarte: ▶ Karte 1, J/K 6–9

Dauer, Ausgangs- und Endpunkt
Die Tour ist auf einen Tag angelegt. Ausgangspunkt ist die Piazza del Popolo (Metro A: Flaminio), Endpunkt die Piazza Venezia (Bus: 40, 64, 84). Die Tour lässt sich gut mit einem Shoppingbummel verbinden. Die Geschäfte sind i. d. R. Mo vormittags, in den Sommermonaten Sa nachmittags geschlossen.

nung« im Chorgewölbe. Gegenüber beeindruckt der von Raffael entworfene Kuppelbau der **Cappella Chigi**. Die lebensvollen Skulpturen des »Daniel in der Löwengrube« (1657) und des »Habakuk« (1661) schuf Bernini. Besuchermagnet ist die Cerasi-Kapelle (s. S. 212) links vom Hauptaltar mit Caravaggios dramatischen Gemälden die »Bekehrung des Paulus« und die »Kreuzigung Petri« (1600/01).

Via del Corso

Die Via del Corso, in der Antike Teil der Via Flaminia, die Rom mit dem Norden verband, säumten einst prachtvolle Grabmäler von Kaisern und angesehenen römischen Bürgern. In der Renaissance war die von Palazzi geschmückte Prachtstraße berühmt für die Karnevalsumzüge, die der Venezianer-Papst Paul II. hierherverlegen ließ. Der Name der Straße erinnert an die überaus beliebten Wett- und Pferderennen, die zwischen Piazza del Popolo und Piazza Venezia stattfanden (*corso* = Rennbahn). Der obere Teil der einstigen Fahrschneise in die Innenstadt ist heute Fußgängerzone. Abends und an Wochenenden flanieren hier ganze Scharen von *ragazzi* und *ragazze* an trendigen Modegeschäften vorbei.

Casa di Goethe [2]
Via del Corso 18, www.casadigoethe. it, Di–So 10–18 Uhr, 5 €/3 €
»Ja, ich kann sagen, dass ich nur in Rom empfunden habe, was eigentlich ein Mensch sei. Zu dieser Höhe, zu diesem Glück der Empfindung bin ich später nie wieder gekommen.« Für Goethe grenzte die Begegnung mit Roms geballter Kunstfülle und mediterraner Lebensart an ein Erweckungserlebnis. Das Haus, in dem er bei seinem Freund, dem Maler Tischbein, von 1786 bis

Mein Tipp

Duftbar L'Olfattorio [25]
Was von außen wie eine trendige Loungebar aussieht, ist im Innern ein Paradies der Düfte. Aus über 200 Essenzen kann man seinen persönlichen Duft wählen. Wie ein edler Jahrgang werden die Düfte aus edlen Papierbechern degustiert und beschnuppert (Via di Ripetta 34, Tel. 063 61 23 25, Mo–Sa 10.30–19.30, So 10.30–13.30, 14.30–19.30 Uhr).

1788 gelebt hat, ist heute Museum und Ort deutsch-italienischen Austausches. Einfühlsam zeichnet die Dauerausstellung Goethes Aufenthalt in Rom nach. Neben einer Auswahl seiner in Italien entstandenen Zeichnungen besticht in der Casa vor allem das Goethe-Porträt von Andy Warhol.

Mausoleo di Augusto [3]
Piazza Augusto Imperatore, keine Innenbesichtigung möglich
Unmittelbar nach der Erringung seiner Alleinherrschaft ließ der erste römische Kaiser Augustus 29 v. Chr. die Grablege der julisch-claudischen Dynastie errichten. Neben dem Eingangstor waren die »Res Gestae« angebracht, der Tatenbericht des Augustus, der heute die Außenwand der Ara Pacis schmückt. Der 87 m breite und 40 m hohe Bau, der von einer bronzenen Kolossalstatue des Kaisers bekrönt und von einer weitläufigen Gartenanlage umgeben war, diente zeitweise als Festung, Park und sogar als Theater.

Ara Pacis Augustae [4]
Lungotevere in Augusta, www.arapa cis.it, Di–So 9–19 Uhr, 10,50 €/8,50 €

Entlang der Via del Corso

Sehenswert
1. Santa Maria del Popolo
2. Casa di Goethe
3. Mausoleo di Augusto
4. Ara Pacis Augustae
5. Scalinata di Trinità dei Monti
6. San Lorenzo in Lucina
7. Palazzo Montecitorio
8. Galleria Alberto Sordi
9. Sant'Ignazio
10. Galleria Doria Pamphilj
11. Vittoriano
12. Palazzo Venezia
13. Domus romanae (Palazzo Valentini)
14. San Luigi dei Francesi
15. Sant'Agostino
16. Galleria Borghese

Essen & Trinken
1. Imàgo all'Hassler
2. Le Sorelle
3. Hamasei
4. Babette
5. Dal Cavalier Gino
6. 'Gusto
7. Margutta RistorArte
8. Antica Birreria Peroni
9. Osteria della Frezza
10. Caffetteria Italia
11. Obikà
12. Ginger
13. Fiaschetteria Beltramme
14. Otello alla Concordia
15. Enoteca Buccone
16. Antico Caffè Greco
17. Gran Caffè La Caffettiera
18. Atelier Canova Tadolini
19. Rosati
20. Giolitti
21. Palatium
22. Pastificio

Einkaufen
1. Alberta Ferretti
2. Barillà
3. Fausto Santini
4. Bomba
5. Discount dell'Alta Moda
6. Dolce Vidoza
7. Diesel
8. De Clercq & De Clercq
9. Albertelli
10. Caleffi
11. Empresa
12. LAF
13. Pure
14. Dal Cò
15. Fabriano Boutique
16. Enoteca al Parlamento
17. Maurizio Grossi
18. Mercato dell'Antiquariato di Fontanella Borghese
19. La soffitta sotto i portici
20. Arcon
21. AS Roma Store
22. Pomellato
23. Cucina
24. dí per dí
25. L'Olfattorio

Abends & Nachts
1. Auditorium
2. Gilda
3. Salotto 42
4. Stravinskij Bar
5. La Cabala

Zum Gedenken an Kaiser Augustus, der den römischen Bürgerkriegen ein Ende gesetzt und die römische Welt befriedet hatte, weihte der Senat im Jahr 9 v. Chr. den Altar des Augusteischen Friedens. Die meisterlich gearbeiteten Flachreliefs zeigen Opferdarbietungen der kaiserlichen Familie, die Genealogie des römischen Volkes und das Goldene Zeitalter unter dem Friedensbringer Augustus. Um den Altar besser vor Überhitzung und Umweltverschmutzung zu schützen, erhielt er 2006 durch den amerikanischen Stararchitekten Richard Meier eine neue Einfassung. Es war das erste moderne Gebäude im historischen Zentrum Roms seit vielen Jahrzehnten.

Rund um die Via dei Condotti

In der Via dei Condotti und der Via Borgognona sind alle großen Namen der Alta Moda vertreten. Hier reihen sich Luxusboutiquen und Juwelierläden, edle Schuh- und Uhrengeschäfte aneinander. Erlesene Antiquitäten findet man in der Via del Babuino, erschwinglichere Mode am oberen Teil des Corso oder in den Parallelstraßen.

Von der Zeit, als das Viertel um die Spanische Treppe von Künstlern, Musikern und Schriftstellern bevölkert war, erzählt das **Antico Caffè Greco** 16 (Nr. 86). 1760 gegründet, war es im 19. Jh. das Stammlokal der römisch-deut-

Entlang der Via del Corso

Der Barcaccia-Brunnen zu Füßen der weltberühmten Spanischen Treppe

schen Kolonie. Hier philosophierte Goethe, stritt Schopenhauer mit den Nazarenern, schrieb Nikolai Gogol seine »Toten Seelen« und hinterließen zahlreiche Maler jener Zeit ihre Bilder. Das elegante Interieur mit Gemälden, und Spiegeln hat sich erhalten. Parallel zur Via del Babuino verläuft eine der schönsten und stillsten Straßen Roms, die Via Margutta. In der Künstlerstraße, in der Federico Fellini mit Giulietta Masina sowie Anna Magnani und Giorgio De Chirico wohnten, findet noch heute mehrmals im Jahr eine Künstlermesse statt (s. S. 58).

Piazza di Spagna

Scalinata di Trinità dei Monti ! 5
Die **Spanische Treppe** ist das unumstrittene Highlight der weltberühmten Piazza. Sie ist als Treffpunkt, Flirtplatz und beliebtes Fotomotiv ein Muss für

Piazza di Spagna

Francesco De Sanctis 1723–1726 realisiert. Statt des Denkmals für den Sonnenkönig ließ Papst Pius VI. 1786 einen kreuzgekrönten Obelisken aufstellen. Ihren Namen verdankt die Treppe – Ironie der Geschichte – der nahe gelegenen Spanischen Botschaft. Die Trinkwasser sprudelnde **Fontana della Barcaccia** (1627–1629) am Fuß der Treppe wird Gianlorenzo Bernini und seinem Vater Pietro zugeschrieben. Alljährlich am 8. Dezember kommt der Papst zur Spanischen Treppe, um an der **Mariensäule**, errichtet anlässlich der Verkündigung des Dogmas der Unbefleckten Empfängnis 1854, Blumen niederzulegen.

Künstlermuseen

Keats-Shelley House: Piazza Di Spagna 26, www.keats-shelley-house.org, Mo–Sa 10–13, 14–18 Uhr, 5 €/4 €; Casa Museo Giorgio de Chirico: Piazza Di Spagna 31, www.fondazionedechirico.org, Di–Sa und 1. So im Monat 10–13 Uhr nur nach Anmeldung, Tel. 066 79 65 46, 7 €/5 €

Im 18. Jh. war Rom fester Bestandteil der Bildungsreisen europäischer Adliger. Künstler und Bildungsbürger strömten zum Studium in die Ewige Stadt. Hiervon zeugen Künstlermuseen wie das **Keats-Shelley House** direkt rechts von der Spanischen Treppe, das noch die Atmosphäre des frühen 19. Jh. bewahrt, als die beiden romantischen Dichter hier wohnten.

jeden Rombesucher. Einen schönen Blick über die Dachgärten von Rom genießt man vom obersten Treppenabsatz. Bereits im 17. Jh. ließen die Franzosen eine Treppe zu ihrer Nationalkirche **Santissima Trinità dei Monti** samt Denkmal zu Ehren Ludwigs XIV. entwerfen. Eine solche Demonstration einer fremden Staatsmacht wollte Papst Alexander VII. nicht zulassen. Erst unter Innozenz XIII. wurde das Projekt nach einem Entwurf von

Ein paar Häuser weiter liegt die **Casa Museo Giorgio de Chirico.** Von dem Begründer der Metaphysischen Malerei, der hier ab 1948 sein Atelier hatte und dessen rätselhafte Bilder mit ihren extremen Perspektivkonstruktionen, bedrückenden Schatten und seelenlosen Gliederpuppen eine inhumane Moderne anprangern, sind neben dem Atelier über 70 Bilder sowie Terrakotten zu sehen.

Entlang der Via del Corso

Südliche Via del Corso

Piazza San Lorenzo in Lucina
Wie viele *piazze* der Altstadt wurde auch die Piazza San Lorenzo in Lucina einer Verschönerungskur unterzogen und dient nun nicht mehr als Parkplatz, sondern als Treffpunkt und Salon der Bewohner des Viertels. Mit ihren hübschen Straßencafés, darunter das Traditionscafé Ciampini, dem Zeitungskiosk, einer Apotheke und der Kirche San Lorenzo ist sie inzwischen eine bei Römern und Touristen beliebte Oase.

San Lorenzo in Lucina 6
Kirche tgl. 8–20 Uhr, Ausgrabungen 1. Sa im Monat 17 Uhr
Die auf das 5. Jh. zurückgehende und im 12. Jh. wiederhergestellte, später dann barockisierte Kirche ist einem der römischen Lieblingsheiligen geweiht, dem hl. Laurentius, Patron der Büglerinnen und der Köche. Der Rost, auf dem er gemartert wurde, wird im Inneren aufbewahrt. Unter dem Hauptschiff liegen Reste einer römischen Hauskirche und eines frühchristlichen Baptisteriums aus dem 4. Jh.

Palazzo Montecitorio 7
Eingang Piazza Montecitorio, Besichtigung 1. So im Monat 10.30–16, im Sommer (außer Juli, Aug., 1. Woche Sept.) 13–18 Uhr, kostenlose Tickets ab 9.30 Uhr des Besuchstages am Infopoint Ecke Via degli Uffici del Vicario/Via della Missione; Anmeldung zu Sitzungen (i.d.R. Di, Mi, Do) ca. 30 Min. vor Beginn) an der Piazza del Parlamento 24 (Ausweis erforderlich, Jackettzwang, Krawatte erwünscht!)
Seit 1871 wird ein Großteil der politischen Entscheidungen Italiens in dem von Bernini begonnenen Palazzo gefällt, dem Sitz der Abgeordnetenkammer mit 630 Mitgliedern. Um 1900 wurde der Bau zur Piazza del Parlamento hin vergrößert und mit einer bombastischen Fassade versehen.

Der ägyptische **Obelisk** aus Heliopolis (6. Jh. v. Chr.) auf der **Piazza di Montecitorio** diente unter Kaiser Augustus als Sonnenuhr.

Piazza Colonna
Die Piazza verdankt ihren Namen der **Colonna di Marco Aurelio** (Marc-Aurel-Säule), die kurz nach dem Tod des Philosophenkaisers (161–180) errichtet wurde. Nach dem Vorbild der Trajanssäule werden in einem umlaufenden Reliefband die Taten des Kaisers während seiner Feldzüge gegen Markomannen und Sarmaten gefeiert. Einst vom Standbild des Kaisers bekrönt, schmückt die Säule seit dem 16. Jh. eine Paulus-Statue. Im **Palazzo Wedekind**, dessen Portikus mit Säulen aus der etruskischen Stadt Veij gebaut wurde, hat die Tageszeitung »Il Tempo« ihren Sitz. Der Ort ist gut gewählt: neben dem **Palazzo Chigi**, dem Regierungssitz des italienischen Ministerpräsidenten (s. S. 99).

Galleria Alberto Sordi 8
Roms schönste Jugendstil-Passage (s. Abb. S. 219) möchte mit ihren vielen Cafés, eleganten Geschäften und Restaurants gern mit der Mailänder Galleria konkurrieren. Trotz der Benennung nach dem beliebten, 2003 verstorbenen römischen Volksschauspieler Alberto Sordi hat sich die Y-förmige Galleria noch nicht in dem von den Stadtplanern erhofften Maß zum Salon der Römer entwickelt.

Piazza di Pietra
Der typisch römischen Mischung aus Profanem und Sakralem begegnet man auf der Piazza Pietra, wo sich hinter den kannelierten Säulen des **Hadrianstempels** aus dem 2. Jh. n. Chr. die römische **Börse** befindet.

Südliche Via del Corso

Sant'Ignazio 9

Piazza Sant'Ignazio, tgl. 7.30–12.20, 15–19.20 Uhr

Wie eine Theaterbühne umschließt die originelle **Rokokopiazza** von Raguzzini (1727/28) die Kirche Sant'Ignazio. Dem Gründer des Jesuitenordens Ignatius von Loyola geweiht, wurde sie ab dem frühen 17. Jh. im Auftrag von Kardinal Ludovico Ludovisi für das Collegio Romano erbaut. Ihre ausladende Fassade und der weite Innenraum sind angelehnt an die erste römische Jesuitenkirche Il Gesù. Weil die von Baumeister Orazio Grassi geplante riesige Kuppel nicht gebaut werden durfte, betraute man den genialen Jesuitenpater Andrea Pozzo, einen Meister der Perspektivmalerei, mit einer Trompe-l'œil-Lösung. Verblüffend sind die perspektivischen Deckenfresken Pozzos, die man von am Boden markierten Punkten aus betrachten muss. Täuschend echt erscheint die in Wirklichkeit völlig flach gemalte Scheinkuppel. Im Deckenfresko, das die Aufnahme des hl. Ignatius ins Paradies feiert, scheint sich die Decke ins Endlose zu öffnen. An den Seiten ist die Ausstrahlung des Ordens auf die damals vier bekannten Erdteile Europa, Asien, Amerika und Afrika dargestellt.

Galleria Doria Pamphilj 10

Via del Corso 305, www.doriapamphilj.it, tgl. 9–19 Uhr, 11 €/7,50 €

Der im 15. Jh. erbaute und später immer wieder erweiterte Palazzo Doria Pamphilj gehört zu den größten und prächtigsten Roms und befindet sich noch immer in Familienbesitz. Seine herausragende **Kunstsammlung** und die prachtvoll ausgestatteten Privaträume stehen Besuchern aber offen. Es gibt keine Erklärungen zu Malern und Gemälden, stattdessen eine im Eintrittspreis inbegriffene Audioführung vom Hausherrn persönlich. Die Hängung der Bilder ist noch original – sie bedecken die Wände fast wie Tapeten. Jedem einzelnen Werk von Raffael, Tizian, Caravaggio, Tintoretto, Carracci oder Guercino aus der Galleria Doria Pamphilj würde in anderen Museen ein ganzer Raum gewidmet. Herausragend ist Velázquez' Porträt von Papst Innozenz X., daneben eine von Bernini geschaffene Büste desselben Papstes.

Piazza Venezia und Vittoriano 11

Die **Piazza Venezia,** Verkehrsknotenpunkt und Nahtstelle zwischen den antiken Stätten und dem Tiberknie, erhielt ihr endgültiges Aussehen nach der Ausrufung Roms zur Hauptstadt. Ende des 19. Jh. erbaute man das Vittoriano, ein gewaltiges Denkmal zu Ehren des Einigungsmonarchen Vittorio Emanuele II. Auf halber Höhe ruht seit Ende des Ersten Weltkriegs, flankiert von zwei Wachen, das Grabmal des unbekannten Soldaten. Wegen seiner Zuckerbäckerarchitektur war das Denkmal lange sehr umstritten. Im Bau des **Vittoriano** finden mittlerweile hochkarätige Ausstellungen statt. Großen Anklang findet der fantastische Rundblick von den Terrassen, die man mit einem gläsernen Fahrstuhl erreicht (s. Lieblingsort S. 214; **Caffetteria Italia** 10, s. S. 213).

Palazzo Venezia 12

Via del Plebiscito 118, Museum: Di–So 8.30–19.30 Uhr, 5 €/2,50 €, s. auch Entdeckungstour S. 160

Der um die Mitte des 15. Jh. im Auftrag des späteren Papstes Paul II. erbaute Palazzo spiegelt deutlich den Übergang der mittelalterlichen Wehrarchitektur zur repräsentativen Residenz der Renaissance. Heute beherbergt er das **Museo di Palazzo Venezia** mit einer Sammlung von Kunstwerken aus dem 13.–18. Jh. und immer wieder bedeutenden Ausstellun- ▷ S. 213

Auf Entdeckungstour: Caravaggio, Meister von Licht und Schatten

Caravaggio war einer der schillerndsten Künstler im Rom des 16. und 17. Jh. Kaum ein anderer Künstler hat mit seinen dramatischen Bildschöpfungen und seiner bewegten Lebensgeschichte bereits zu Lebzeiten so viel Aufsehen erregt. Der Großteil seiner Gemälde hängt in den Kirchen und Museen Roms.

Citypläne: s. S. 204, 236
Dauer: etwa ein halber Tag
Planung: Jeden Tag außer Mo und Do nachmittags. Während der Mittagszeit (ca. 12–16 Uhr) sind die Kirchen i. d. R. geschl.

Michelangelo Merisi (1571–1610) – nach seinem Geburtsort Caravaggio genannt – polarisierte im Leben wie in der Kunst. Sein aufbrausendes Naturell ist legendär: Einen Wirt bewirft er mit Essen, Polizisten mit Steinen.

Als er bei einer Schlägerei einen Gegner ersticht, muss er aus Rom fliehen und wird in Abwesenheit zum Tode verurteilt. Auf einen Gnadenakt des Papstes hoffend, will er nach Jahren der Odyssee nach Rom zurückkehren, doch er stirbt in Porto Ercole, vermutlich an Malaria.

Der junge Wilde des römischen Barock

Als Caravaggio 1592 im Alter von 20 Jahren nach Rom kommt, herrscht in der Kunstszene der Spätmanierismus. Auf der Suche nach einer naturalistischen Bildauffassung bricht Caravaggio mit den übersteigerten und komplizierten Kompositionen und schlägt neue Wege ein. Seine künstlerische Laufbahn beginnt er als Genremaler. Schon in den ersten Stillleben beweist er sein Können bei der Wiedergabe von Blumen und Früchten, gepaart mit einer Portion unverhohlener Erotik.

Dramatisches Hell-Dunkel

Nur Kenner finden den Weg zur Kirche **San Luigi dei Francesi** 14 (Do nachmittags geschl.) wenige Schritte von der quirligen Pantheons-Piazza. Die meisten streben geradewegs zur Piazza Navona, werfen noch einen flüchtigen Blick auf den dauerbewachten Palazzo Madama, Sitz des Senats, lassen aber die weniger einladende Barockfassade rechts liegen.

Wer sich an das Dunkel des Innenraums gewöhnt hat, entdeckt die Contarelli-Kapelle am Ende des linken Seitenschiffs dank der Besucher von selbst. Für die Kapelle malte Caravaggio zwei Gemälde über das Leben des Heiligen Matthäus, »Die Berufung des hl. Matthäus« und »Martyrium des hl. Matthäus«, die sich räumlich gegenüberstehen, später kam noch »Der hl. Matthäus mit dem Engel« hinzu (1599–1602). Bereits bei diesem ersten kirchlichen Auftrag entwickelte Caravaggio jenen dramatischen Stil, der ihn berühmt machen sollte. Mit starken Hell-Dunkel-Kontrasten und einem pointierten Realismus wendet er sich von der idealisierenden Malweise seiner Kollegen ab. Revolutionär ist seine Lichtführung, mit der er die »Berufung«, das ungläubige Erstaunen des Zöllners in Szene setzt, der von Christus zu sich gerufen wird. Denn neben dem diffusen Licht, das vom gemalten Fenster ausgeht, und dem Oberlicht, das Matthäus beleuchtet, ist es vor allem das Licht, das hinter Jesus und Petrus einfällt, das die Szene erleuchtet und den Blickkontakt zwischen Matthäus und Jesus in den Mittelpunkt stellt. Ein mysteriöses Licht, denn die Gestalt des Petrus wirft keinen Schatten.

Im »Martyrium«, das durch die schlaglichtartige Beleuchtung ebenfalls ungeheuer dramatisch wirkt, beobachtet im Hintergrund links ein Mann mit kurzem Bart betroffen das Geschehen – hier hat sich Caravaggio mit einem Selbstbildnis verewigt. Die drei Bilder waren übrigens die zweite Version. Die erste musste entfernt werden, weil sie wegen ihres überdeutlichen Realismus Anstoß erregt hatte.

Die Madonna als einfache Römerin

Ähnlich erging es der »Madonna dei Pellegrini« (ca. 1605) in der nahe gelegenen Kirche **Sant'Agostino** 15 (erste Kapelle im linken Seitenschiff). Das virtuose Hell-Dunkel-Gemälde rief bei seiner Enthüllung wegen seines krassen Realismus einen Skandal hervor. Als anstößig empfand man besonders die Darstellung der Madonna als einfache, barfüßige Römerin, für die eine stadtbekannte Prostituierte Modell gestanden haben soll. Hinzu kamen das heruntergekommene Haus, das Maria bewohnte, die schmutzigen Füße und die zerschlissene Kleidung der Pilger. Die harte Realitätswiedergabe, die es doch ganz im Sinne der italienischen Gegenreformation dem Betrachter ermöglichte, sich mit dem Geschehen zu identifizieren, schockierte, doch sie faszinierte auch die Künstler – zumindest einige.

Rebellischer Neuerer

Wie sehr er sich von seinen Kollegen unterschied, zeigt sich in der linken Querhauskapelle, der Cerasi-Kapelle, in der Kirche **Santa Maria del Popolo** 1 (Mo–Sa 7–12, 16–19, So, feiertags 8–13.30, 16.30–19.30 Uhr), für die er die hochformatigen Gemälde »Bekehrung des Paulus« und die »Kreuzigung Petri« (1600/01) schuf. Das Gemälde über dem Altar, »Die Himmelfahrt Mariens«, stammt von Annibale Carracci. Beide Maler, führende Vertreter des Frühbarock in Rom, wandten sich in dem Wunsch nach mehr Klarheit und Vereinfachung gegen den Manierismus. Carracci und seine Nachfolger, zu denen die Maler Domenichino, Guercino, Lanfranco und Guido Reni gehörten, knüpften dabei an die klassische Schönheit und Ausgewogenheit der Renaissance an. Ganz anders Caravaggio: Seine Heiligen sind auch hier keine Heroen. Petrus ist ein alter Mann in Todesängsten, seine Hinrichtung entwürdigend. Auch Saulus, der Christenverfolger, der auf dem Weg nach Damaskus vom Pferd fällt, nachdem er die Stimme Jesu hört, liegt hilflos erblindet am Boden. Caravaggio konzentriert sich aufs Wesentliche: bei Petrus auf den Heiligen und die Henkersknechte, bei Paulus auf den Heiligen und den Gaul. Mit perspektivischen Verkürzungen und spotartig einfallendem Licht verleiht er seinen Figuren eine ganz eigene, natürliche Würde und Tiefe. Auch bei der Bekehrung des Paulus handelt es sich um eine zweite Fassung. An der ersten wurde bemängelt, dass Jesus zu menschlich dargestellt sei. Schließlich macht ihn Caravaggio nur als Strahlenbündel sichtbar.

Caravaggios Vermächtnis

In der **Galleria Borghese** 16 (Di–So 8.30–19.30 Uhr) hängen sechs weitere Bilder von Caravaggio. Zu den eindringlichsten und letzten Bildern des Malers gehört »David mit dem Haupt des Goliath« (1609/10). Nachdem Caravaggio im Mai 1606 während eines Duells seinen Gegner erstochen hatte und auf seinen Kopf ein Lösegeld ausgesetzt worden war, schickte er dieses Bild – quasi als Gnadengesuch – an den päpstlichen Hof. David wirkt hier keineswegs wie ein Sieger, sein Gesicht drückt Betroffenheit und Entsetzen über seine ›gerechte‹ Tat aus. Caravaggio verlieh Goliath seine eigenen Züge.

Mit seinen Gemälden revolutionierte Caravaggio die Malerei. Seine effektvolle Hell-Dunkel-Malerei, seine verkürzten Perspektiven, sein Verzicht auf jede Idealisierung und seine lebensnahen Darstellungen wirkten stilbildend auf die europäische Malerei des Barocks und beeinflussten Maler wie Rubens, Rembrandt und Velázquez. Obwohl er keine direkten Schüler hatte, begründete er eine nach ihm benannte Strömung innerhalb der barocken Malerei, den »Caravaggismo«.

Adressen

gen. Vom Balkon der ersten Etage hielt Mussolini, dessen Büros sich von 1929 bis 1943 hier befanden, seine nationalistischen Reden, u. a. proklamierte er 1940 den Kriegseintritt Italiens gegen Frankreich und Großbritannien. Die breite **Via dei Fori Imperiali** ließ er 1930 als Paradestraße zwischen Kolosseum und Piazza Venezia anlegen. Die Archäologen würden sie am liebsten entfernen lassen, um die darunter liegenden Kaiserforen komplett freizulegen. Seit 2013 ist sie Fußgängerzone.

Domus romanae unter dem Palazzo Valentini 13
Via Quattro Novembre 119a, www.palazzovalentini.it, Mi–Mo 9.30–18.30 Uhr, 12 €/8 €, Vorbestellung ratsam (s. Webseite)

Unter dem Palazzo Valentini hat man zwei altrömische Patriziervillen freigelegt, die jahrhundertelang verschüttet waren. Die beiden Villen befanden sich in unmittelbarer Nachbarschaft des Trajan-Forums. Ihre prächtigen Mosaiken und Marmorverkleidungen lassen vermuten, dass es sich um den einstigen Besitz hochrangiger römischer Bürger, wie beispielsweise Senatoren handelt. Neben prächtigen Räumen wurden die Überreste eines privaten Thermalbades aus dem 3. Jh. gefunden, die Besucher heute unter einem begehbaren Glasboden bestaunen können. Die Besichtigung wird von einer sehr sehenswerten Multimedia-Rekonstruktion unterstützt, die einen Blick in das kaiserliche Rom erlaubt.

14 – 16 s. Entdeckungstour S. 210.

Essen & Trinken

Vom Feinsten – **Imàgo all'Hassler** 1 : Piazza Trinità dei Monti 6, Tel. 06 69 93 47 26, www.hotelhasslerroma.com, 19–22.30 Uhr, Metro: Spagna (A), Menü 110–140 €. Das Gourmetlokal des Luxushotels Hassler bei der Spanischen Treppe bietet grandiose Gaumenfreuden und eine prächtige Aussicht.

Intim – **Le Sorelle** 2 : Via Belsiana 30, Tel. 066 79 49 69, www.ristorantelesorelle.it, Di geschl., Metro: Spagna (A), Menü 45 €. Bodenständige Küche, ausgewählte Zutaten und freundlicher Service machen dieses kleine Restaurant zu einer beliebten Adresse im Modeviertel.

Japanisch – **Hamasei** 3 : s. S. 41.
Old-fashioned – **Babette** 4 : s. S. 41.
Bodenständig – **Dal Cavalier Gino** 5 : s. S. 39.
Ewig trendig – **'Gusto** 6 : s. S. 40.
Evergreen – **Margutta RistorArte** 7 : s. S. 41.
Brauerei – **Antica Birreria Peroni** 8 : Via San Marcello 19, Tel. 066 79 53 10, www.anticabirreriaperoni.net, Bus: 40, Mo–Sa 12–24 Uhr, Menü 15–20 €. Es muss nicht immer *vino* sein. In nostalgischem Jugendstilambiente stehen neben herzhaften Gerichten die Biersorten von Peroni, dem Flaggschiff der römischen Brauerei, zur Auswahl.

Bodenständig – **Osteria della Frezza** 9 : s. S. 41.
Mit Aussicht – **Caffetteria Italia** 10 : Piazza del Campidoglio, Tel. 066 78 09 05, Bus: 40, 64, 60 84, Mo–Do 9.30–17.45, Fr–So bis 18.45 Uhr. Frühstücksbar und Self-Service-Restaurant mit einem grandiosen Ausblick auf das Dächermeer von Rom und die antiken Ausgrabungen (s. auch S. 209).
Viva la mozzarella! – **Obikà** 11 : Via dei Prefetti 26/Angolo Piazza Firenze, Tel. 066 83 26 30, www.obika.com, Bus: 175, tgl. 9–24, ab 18.30 Uhr *aperitivo* 10 €, ab 20 €. Die erste ›mozzarella bar‹ Roms: Spezialitäten sind, natürlich, frischester Büffelmozzarella und Ricotta, aber auch Schinkenspezialitäten wie *salame di cinta senese* und *culatello di Zibello*.

Lieblingsort

Nur Fliegen ist schöner!
In luftiger 65 m Höhe genießt man von der Aussichtsterrasse des **Vittoriano** 11 einen grandiosen Rundumblick über Rom: die Kaiserforen, die vielen Kirchenkuppeln, der träge Tiber, der Gazometer von Testaccio, das quadratische Kolosseum von EUR. Mit den Fernrohren reicht der Blick bis zu den Stränden von Ostia. Schönster Nebeneffekt: Der Blick auf das blendend weiße Walross selbst bleibt verdeckt (tgl. Mo–Do 9.30–18.30, Fr–So bis 19.30 Uhr 7 €/3,50 €, auch Café 10, s. S. 209).

Entlang der Via del Corso

Mein Tipp

Per Straßenbahn und zu Fuß zu modernen Bauten in Roms Norden

Moderne Architektur tut sich naturgemäß schwer in der Ewigen Stadt, doch ist sie auch hier angekommen. Den ersten modernen Akzent seit Jahrzehnten setzte Richard Meier 2006 an der Piazza Augusto Imperatore mit der schneeweißen kubischen Ummantelung des Ara-Pacis-Friedensaltars (s. S. 203). Weitere Prestigebauten des 20. Jh. und der jüngsten Zeit erreicht man mit Tram 2 von der **Piazza del Popolo** (s. Karte 203). Kurz bevor man an der **Haltestelle Apollodoro** aussteigt, fährt man vorbei am **Stadio Flaminio** (1959) von Pier Luigi Nervi. Er entwarf auch den **Palazzetto dello Sport** (1960), der für die Olympischen Spiele 1960 errichtet wurde und sich, typisch für Nervi, durch geschwungene Betonpfeiler auszeichnet. Besuchermagnet ist aber das **Auditorium** von Renzo Piano (2003, s. S. 53) mit seinen drei käferförmigen Konzertsälen. Für den Bau verwendete Piano typische römische Baumaterialien wie Travertin, Terrakotta-Ziegel und Bleidachabdeckungen. Einhellige Begeisterung rief sogleich die Akustik hervor. Die Bleihülle schirmt den Saal völlig nach außen ab – und lässt keine Handy-Signale nach innen. Weiter westlich stößt man inmitten eines streng geordneten Kasernenkomplexes auf den spektakulären Bau des 2010 eröffneten **MAXXI** (Nationalmuseum der Künste des 21. Jh., s. S. 65) der irakischen Architektin Zaha Hadid. Wie ein gestrandetes Raumschiff erhebt sich der Bau aus dem Häusermeer, dessen Architektur von schrägen und kurvigen Wänden, verschlungenen Treppen und wogenden Innenräumen geprägt ist. Hadid wollte vitale Räume schaffen, die einer ständigen Formverwandlung unterworfen zu sein scheinen. Einen schönen Blick auf den Tiber genießt man von der 200 m langen, wie ein Schiffsdeck gestalteten Fußgängerbrücke **Ponte della Musica** (2013), die künftig für Festivals, Ausstellungen und andere Events genutzt werden soll.

Weitere sehenswerte Bauten: Die Kirche **Chiesa Dives Misericordiae** (Richard Meier, 2003) in Tor Tre Teste (Tram 14, Bus 565) sowie das **Museum für Gegenwartskunst** (MACRO, 2010, s. S. 65) von Odile Decq in den ehemaligen Produktionshallen der Brauerei Peroni im Nordosten der Stadt. Noch im Bau ist das neue **Kongresszentrum La Nuvola** von Massimiliano Fuksas in EUR (s. S. 285).

Adressen

Angesagt – **Ginger** 12 : Via Borgognona 43/44, Tel. 06 96 03 63 90, www.ginger.roma.it, Metro: Spagna (A), Bus: 61, 62, 116, 119, tgl. 10–24 Uhr, Gerichte ab 10 €. Nein, hier findet kein Schlussverkauf statt. Die Menschen in der Schlange warten auf einen freien Platz. Das vor wenigen Jahren eröffnete Bistro, wo die *camerieri* einen Borsalino-Hut tragen, hat sich in kürzester Zeit zu einem beliebten Mittagstisch entwickelt. Großer Pluspunkt: die durchweg biologischen Gerichte sowie die Vielzahl an Salaten und verschiedensten Obsttellern. Mit Tischen draußen.

Charmante Adresse – **Fiaschetteria Beltramme** 13 : Via della Croce 39, Tel. 06 69 79 72 00, www.fiaschetteriabeltramme.info, Metro: Spagna (A), Bus: 52, 53, 61, 62, 116, 119, Mo–Sa 12.30–14.30, 20–23 Uhr, Menü ca. 25 €. Alteingesessene, winzige Osteria mit viel Stammpublikum aus dem Modedreieck. Spezialitäten: *tonnarelli cacio e pepe*, aber auch Rucola mit Pachino-Tomaten und Parmesan. Reservieren zwecklos – es sei denn, man heißt Madonna, die hier ein Essen ausrichtete.

Oase der Ruhe – **Otello alla Concordia** 14 : Via della Croce 81, Tel. 066 79 11 78, www.otello-alla-concordia.it, Mo–Sa 12.30–15, 19.30–23 Uhr, So geschl., Menü ca. 25–30 €. Restaurant mit urrömischer Küche in einem lauschigen Innenhof. Preiswerte Mittagsmenüs.

Stimmungsvoll – **Enoteca Buccone** 15 : Via di Ripetta 19, Tel. 063 61 21 54, www.enotecabuccone.com, Metro: Flaminio (A), Bus 117, Mo–Fr 9–21.30, Sa 9–23.30, So 11–18 Uhr. Im ehemaligen Kutschendepot stapeln sich Weine und Liköre aus ganz Italien. Dazu gibt's Schinken, Käse und in Öl eingelegtes Gemüse.

Legendär – **Antico Caffè Greco** 16 : s. S. 42, 204.

Altehrwürdig – **Gran Caffè La Caffettiera** 17 : Piazza di Pietra. Hier verkehren vor allem Börsianer und Politiker aus dem nahen Parlament.

Museal – **Atelier Canova Tadolini** 18 : s. S. 42.

Nostalgischer Touch – **Rosati** 19 : s. S. 43, 202.

Das beste Eis der Stadt – **Giolitti** 20 : s. S. 43, 153.

Regionales Schlaraffenland – **Palatium – Enoteca Regionale** 21 : s. S. 39.

Frische Pasta seit 1918 – **Pastificio** 22 : Via della Croce 8, Metro: Spagna (A), 13–15, 19–21 Uhr, 4 € inkl. Wasser. Dampfend wird die hausgemachte Pasta, meist *gricia* oder *all'amatriciana*, auf Plastiktellern an improvisierten Stehtischen serviert. Stilvoll ist es nicht, aber lecker, reichlich und preiswert. Auch zum Mitnehmen.

Einkaufen

Top-Designer – In der Via Borgognona liegen die Showrooms von **Roberto Cavalli** (24–25), **Gianfranco Ferrè** (7a), Moschino (32a), **Ermenegildo Zegna** (7e); in der Via Condotti von **Armani** (77), **Brioni** (21a), **Burberry** (59), **Dolce & Gabbana** (51), **Ferragamo** (63 für Männer, 73–74 für Frauen), **A. Ferretti** (34), Gucci (8), **Hermès** (67a), **Max Mara** (17–20), **Prada** (88, 92–95), **Tod's** (53) und **Valentino Donna** (13); in der Via del Babuino Emporio von **Armani** (139) und **Diesel** (94); an der Piazza di Spagna von **Dolce & Gabbana** (94), Krizia (87), **Yves Saint Laurent** (77) und **Missoni** (78).

Mode und Schuhe

Raffiniert – **Alberta Ferretti** 1 : s. S. 47.

Günstige Schuhe – **Barillà** 2 : s. S. 47.

Edle Schuhe – **Fausto Santini** 3 : s. S. 48.

Hochwertiges – **Bomba** 4 : s. S. 48.

Entlang der Via del Corso

Mode-Outlet – **Discount dell'Alta Moda** 5 : s. S. 48.
Feminines – **Dulce Vidoza** 6 : Via dell'Orso 58, Di–Sa 11–19 Uhr. Bitte klingeln! Wer originelle, aber dennoch tragbare Mode jenseits der wechselnden Modetrends sucht, ist im Atelier der venezolanischen Designerin genau richtig.
Jeans – **Diesel** 7 : Via del Corso 186, www.diesel.com.
Strick – **De Clercq & De Clercq** 8 : Via dei Prefetti 10, www.declercqdeclercq.com. Ob Röcke, Mäntel oder Jacken – hier findet man alles in hochwertigem und farbenfrohem Strick.
Hemden – **Albertelli** 9 : Piazza del Parlamento 9b, www.flanellagrigia.com. Einer der ältesten Herrenausstatter Roms, wenige Schritte vom politischen Zentrum.
Alta Moda für den Mann – **Caleffi** 10 : Via della Colonna Antonina 53, www.caleffi.net. Elegant-zeitlose Herrenmode aus englischen und italienischen Stoffen, Maßhemden und -anzüge.
Legere Männermode – **Empresa** 11 : s. S. 48.
Originelles für Kids – **LAF** 12 : s. S. 48.
Kindermode – **Pure** 13 : s. S. 48.
Schuhe nach Maß – **Dal Cò** 14 : Via Vittoria 65, www.dalco-roma.com. Bestes Schusterhandwerk.

Accessoires & mehr

Edle Schreibwaren – **Fabriano Boutique** 15 : Via del Babuino 173, www.fabrianoboutique.com. Eine der wenigen Papierfabriken, die Papier mit Licht/Schatten-Wasserzeichen herstellen. Neben Papier finden Sie hier auch exklusive Schreibwaren und -geräte.
Wein und Spezialitäten – **Enoteca al Parlamento** 16 : s. S. 45.
Schmuck – **Via Condotti**: s. S. 48.
Marmor – **Maurizio Grossi** 17 : Via Margutta 109, www.mauriziogrossi.com. Täuschend echte Marmor- und Mosaik-

imitationen antiker Motive. Das Sortiment reicht von mannsgroßen Statuen, über Kaiserbüsten bis zu Fruchtschalen.
Für Sammler – **Mercato dell'Antiquariato di Fontanella Borghese** 18 : s. S. 44.
Flohmarkt – **La soffitta sotto i portici** 19 : Piazza Augusto Imperatore, jeden So außer 2. So im Monat sowie Aug. Vintagemode, alter Schmuck, Geschirr und Bücher.
Antiquitäten – Topadressen für Sammler sind die Geschäfte in der **Via del Babuino** und der **Via Margutta** südöstlich der Piazza del Popolo.

Adressen

Cafés, Restaurants und Geschäfte beherbergt auch die Galleria Alberto Sordi

Möbeldesign – **Arcon** [20]: Via della Scrofa 104, www.arconroma.com. Seit über 50 Jahren *die* Adresse für modernes und zeitgenössisches Möbeldesign.
Tottis Shirt – **AS Roma Store** [21]: Piazza Colonna 360, www.asromastore.it. Der Fanshop der *romanisti* lässt keine Wünsche offen.
Schmuck – **Pomellato** [22]: s. S. 48.
Alles für die Küche – **Cucina** [23]: s. S. 45.
Supermarkt – **dí per dí** [24]: Via Vittoria 32, Mo–Sa 8–21 Uhr. Für die Minimalversorgung zwischendurch.
Parfümbar – **L'Olfattorio** [25]: s. S. 203.

Abends & Nachts

Musiktempel – **Auditorium** [1]: s. S. 53.
VIP-Disco – **Gilda** [2]: s. S. 51.
Im Trend – **Salotto 42** [3]: Piazza di Pietra 42, www.salotto42.it, tgl. 10–2 Uhr. Coole Cocktailbar mit Ohrensesseln aus den 1950er-Jahren, Marmorsäulen und einem grandiosen Blick auf den Hadrian-Tempel. Auch tagsüber ideal zur Einkehr, z. B. zum Brunch.
Stilvoll – **Stravinskij Bar** [4]: s. S. 50.
Edeldisco – **La Cabala** [5]: s. S. 51

Das Beste auf einen Blick

Zwischen Monti-Viertel und Villa Borghese

Highlights!

Fontana di Trevi: Der Sehnsuchtsort eines jeden Rom-Wiederkehrers. 12 S. 233

Galleria Borghese: Die ›Königin der Privatsammlungen‹ lädt zu ausgiebigem Kunstgenuss ein. Besuchermagnet sind die jährlichen Ausstellungen. 17 S. 235

Auf Entdeckungstour

Das Monti-Viertel: Wer das Flair römischer Wohnviertel, unprätentiöse Lokale und ausgefallene Geschäfte schätzt, wird sich im Monti-Viertel wohlfühlen. S. 230

Kulturpark Villa Borghese: In der ›grünen Lunge‹ Roms lassen sich Kultur und Natur, Erholung und Kunstgenuss aufs Beste verbinden. S. 238

Kultur & Sehenswertes

Palazzo Massimo alle Terme: Mit hervorragenden Exponaten spannt das archäologische Museum einen Bogen von der Spätzeit der Republik bis zum Ende des Kaisertums. 3 S. 228

Kapuzinergruft Santa Maria della Concezione: Die mit Knochen verstorbener Mönche ausgeschmückte Kapelle ist wohl eine der eindrucksvollsten Memento-Mori-Darstellungen. 16 S. 235

Marionettentheater: Ein besonderes Erlebnis – nicht nur für Kinder – ist das neapoletanische Theater von San Carlino, das in der besten Commedia dell'Arte-Tradition steht. 23 S. 240

Aktiv unterwegs

Villa Borghese: Der Park eignet sich wunderbar zum Fahrradfahren. Außerdem ist er Treff von Joggern und Inlineskatern. Wer es ruhiger mag, kann eine Ruderpartie auf dem kleinen See unternehmen. S. 235, 238

Genießen & Atmosphäre

Porchetta essen: Es war einmal ... Genießen Sie im winzigen Er Buchetto beste römische *porchetta* (Spanferkel) mit Hauswein im filmreifen Ambiente. 1 S. 226

Aussicht vom Pincio: Rom liegt Ihnen zu Füßen – von der Aussichtsterrasse des Pincio reicht der Blick vom Monte Mario über den Vatikan bis nach EUR. 22 S. 240

Abends & Nachts

Teatro dell'Opera: Ein opernbegeisterter Hotelier finanzierte das von außen unscheinbare, innen prunkvolle Logentheater, nach wie vor ein Fixpunkt im römischen Kulturleben. 1 S. 54, 229

Rom nach der Einigung

Staunen Sie über die Wandlungsfähigkeit einer Stadt: wie aus den antiken Diokletiansthermen eine Renaissancekirche samt Vorzeigeplatz der italienischen Hauptstadt, aus der päpstlichen Sommervilla auf dem Quirinal die Schaltzentrale nationaler Politik und aus einer antiken Wasserleitung der Sehnsuchtsort aller Wahlrömer wurde.

Mit der Einigung Italiens veränderte sich auch die Gestalt der Hügel Viminal und Quirinal grundlegend. In der Antike lagen auf dem Viminal die Thermen des Diokletian, zu denen die Römer aus der dicht besiedelten Suburra, dem Wohnviertel der Plebs, strömten. Auf dem höheren Quirinal standen die Villen der Patrizier mit ihren weitläufigen Gärten. Nachdem im Mittelalter beide Viertel dem Verfall preisgegeben waren, nahmen ab Ende des 16. Jh. verschiedene Päpste städtebauliche Eingriffe vor. So verwandelte sich der Quirinal in eine gewaltige päpstliche Sommerresidenz. Im Auftrag diverser Päpste und Orden bauten Bernini und Borromini Paläste und Kirchen.

Der nächste Bauboom kam, als Rom Hauptstadt des Königreichs Italien wurde. Bereits 1860 wurde der Bahnhof eingeweiht. Zur Verbesserung der Infrastruktur der rasant wachsenden Hauptstadt schlug man Straßenschneisen wie die Via XX Settembre, deren Name an die Einnahme Roms durch die garibaldinischen Truppen erinnert, oder die Via Nazionale. Es entstanden repräsentative Plätze wie die Piazza della Repubblica, vier- bis fünfstöckige Wohnblocks und Palazzi im historisierenden Stil, von denen ein Großteil noch heute Ministerien beherbergt, z. B. das Innenministerium, das fast den gesamten Viminal einnimmt und von den Italienern schlicht Viminale genannt wird. Die Hauptstadt bekam auch eine neue Oper und einen pompösen Ausstellungspalast. Zu einem Symbol des sorglosen und mondänen Nachkriegsitalien avancierte in den 1960er-Jahren der Prachtboulevard Via Veneto, den Federico Fellini in seinem Film »La dolce vita« verewigte.

Rund um die Piazza della Repubblica

Als offiziellen Eingang in die neue Hauptstadt schuf Gaetano Koch Ende des 19. Jh. die Piazza della Repubblica, deren imposante **Fontana delle Naiadi** (Najadenbrunnen) bei ihrer Einweihung wegen der frivolen Jugendstil-Nymphen einen Skandal auslöste. Die Römer nennen den großen Platz noch Piazza Esedra, was daran erinnert, dass die neoklassizistische Kolonnade genau die halbkreisförmigen Exedren der Diokletiansthermen nachzeichnet.

Infobox

Reisekarte: ▶ Karte 1, J–M 5–8

Ausgangs- und Endpunkt/Dauer
Ausgangspunkt: Piazza della Repubblica (Metro A: Repubblica oder A/B: Termini), Endpunkt: Villa Medici (Metro A: Spagna). Die Tour ist mit Entdeckungstour auf ein bis zwei Tage angelegt.

Hinweis
Für den Besuch des **Museo e Galleria Borghese** ist eine Reservierung nötig.

Erfrischend – die Fontana delle Naiadi

Terme di Diocleziano 1

Über 3000 Menschen konnten gleichzeitig die Badeanlage des Kaisers Diokletian besuchen, die damit mehr als doppelt so viele Besucher aufnahm wie die Caracalla-Thermen. Mit einer Fläche von 380 x 370 m (13 Fußballfelder) übertraf der 298–306 n. Chr. errichtete Komplex alle Kaiserthermen des Römischen Reiches an Größe. Die Ausmaße der Anlage, die nach der Zerstörung der Aquädukte durch die Ostgoten verfiel, werden deutlich, wenn man bedenkt, dass sie sich auf

Piazza della Repubblica, Quirinale und Viminale

Sehenswert
1. Terme di Diocleziano
2. Santa Maria degli Angeli
3. Museo Nazionale Romano/Palazzo Massimo alle Terme
4. Museo Nazionale Romano – Terme di Diocleziano
5. Fontana di Mosè
6. Santa Maria della Vittoria
7. San Paolo entro le Mura
8. Palazzo delle Esposizioni
9. San Carlo alle Quattro Fontane
10. Sant'Andrea al Quirinale
11. Palazzo del Quirinale
12. Fontana di Trevi
13. Galleria Nazionale d'Arte Antica/Palazzo Barberini
14. Fontana del Tritone
15. Fontana delle Api
16. Santa Maria Immacolata Concezione
17. – 24. s. Karte S. 236

Essen & Trinken
1. Er Buchetto
2. Open Colonna
3. Gelateria San Crispino
4. Osteria della Suburra
5. – 8. s. Karte S. 231
9. s. Karte S. 236

Einkaufen
1. Discoteca Laziale
2. – 6. s. Karte S. 231

Aktiv
1. – 2. s. Karte S. 236

Abends & Nachts
1. Teatro dell'Opera
2. – 5. s. Karte S. 231
6. – 7. s. Karte S. 236

der gleichen Fläche erstreckte, die heute vom Vorplatz der Stazione Termini, den Kirchen Santa Maria degli Angeli und San Bernardo alle Terme (6.30–12, 16–19 Uhr), der Piazza della Repubblica und der Aula Ottagona eingenommen wird.

Santa Maria degli Angeli 2
Die eindrucksvolle Raumwirkung und architektonische Schönheit der Diokletiansthermen erschließt sich noch heute in der Kirche Santa Maria degli Angeli, die u. a. für feierliche Staatsbegräbnisse genutzt wird. Der bereits

Lieblingsort

Leckere Ferkeleien

Eigentlich müsste das winzige Schlauchlokal **Er Buchetto** 1 unter Denkmalschutz stehen. Das Menü, das im filmreifen Ambiente aus der Nachkriegszeit auf drei blanken Holztischen serviert wird, ist einfach: *porchetta,* eine Art Kebab, dazu süffiger Hauswein – natürlich aus den Albaner Bergen –, und alles zu Vorkriegspreisen. Das Schwein wird übrigens 3 Std. lang bei 270 °C gegrillt. Einzige Zutaten sind Salz, Pfeffer, Oregano und Fenchel, darauf legt Signor Alessandro Wert. Via del Viminale 2 F, Metro: Termini (A/B), Mo–Fr 9.30–15, 17–21, Sa 9.30–14.30 Uhr, ab 5 €.

Zwischen Monti-Viertel und Villa Borghese

86-jährige Michelangelo errichtete im Auftrag von Papst Pius IV. Mitte des 16. Jh. im zentralen Teil der einstigen Thermenanlage, dem Tepidarium (Lauwarmbad), auf griechischem Grundriss eine gewaltige Kirche im Stil der Hochrenaissance. Die Gewölbe und die monolithischen roten Granitsäulen stammen noch vom antiken Bau. Die Kirche wurde erst im 18. Jh. vollendet, wobei man eine 90-Grad-Drehung vornahm, indem man das ursprüngliche Hauptschiff zum Querhaus machte. Der Eingang ist in die Exedra des antiken Caldariums (Warmbad) eingelassen.

Das Kircheninnere schmücken Gemälde des 17. und 18. Jh., von denen viele aus der Peterskirche stammen, wo sie durch unvergängliche Mosaiken ersetzt wurden. Interessant ist der noch funktionierende Meridian im Querschiff der Kirche. Durch ein Loch in der Südwand zeigt die Sonne auf der Messinglatte genau die Mittagszeit an.

Museo Nazionale Romano im Palazzo Massimo alle Terme [3]
Largo di Villa Peretti 1, Di–So 9–19.45 Uhr, oblig. Kombiticket 7 €/3,50 €

Wer einmal ganz in die Antike eintauchen, Auge in Auge vor Augustus, Vespasian oder Caracalla stehen und durch die heiter-beschwingt ausgemalten Räume der Sommervilla von Kaisergattin Livia schlendern möchte, kommt am Palazzo Massimo alle Terme nicht vorbei. Das archäologische Museum spannt mit seinen hervorragend präsentierten Kunstschätzen auf vier Etagen einen Bogen von der Spätzeit der römischen Republik bis zum Ende des weströmischen Kaisertums.

Zu den Hauptattraktionen im Erdgeschoss und ersten Stock zählen die Statue des Augustus, hier als Pontifex Maximus dargestellt, die »Verwundete Niobe«, ein griechisches Original aus dem 5. Jh. v. Chr., aber auch die großartige »Kniende Aphrodite« (3. Jh. v. Chr.), eine der schönsten Kopien des griechischen Originals, sowie der marmorne »Diskuswerfer Lancellotti«.

Im zweiten Stock wurden eindrucksvoll Räume mehrerer römischer Villen in den Originaldimensionen nachgebaut, um die erhaltenen Wandfresken und Mosaiken zu präsentieren.

Museo Nazionale Romano – Terme di Diocleziano [4]
Viale Enrico de Nicola 78, Di–So 9–19.45 Uhr

Das Museum im Palazzo Massimo ist nur ein Teil des Römischen Nationalmuseums, das auf vier Standorte verteilt ist (s. auch S. 67). Zeugnisse des prähistorischen Rom, Werke figurativer Kunst aus der Zeit der Republik sowie römische Inschriften aus der Kaiserzeit sind im **Thermenmuseum** ausgestellt.

Fontana di Mosè [5]
Piazza San Bernardo

Die erste bedeutende barocke Brunnenanlage der Stadt, den Mosesbrunnen (1587), entwarf Domenico Fontana im Auftrag von Papst Sixtus V. Die zentrale monumentale Mosesstatue schuf der damals bekannte römische Bildhauer Prospero Bresciano. Er ließ sich von Michelangelos Mosesfigur (s. S. 251) inspirieren, verschätzte sich aber in den Proportionen, was ihm viel Spott eintrug.

Santa Maria della Vittoria [6]
Via XX. Settembre 17, tgl. 9–12, 15.30–18.30 Uhr

Seinen Namen verdankt das Anfang des 17. Jh. von Carlo Maderno erbaute Gotteshaus einem Madonnenbild, das im Dreißigjährigen Krieg in der entscheidenden Schlacht am Weißen Berg bei Prag der katholischen Liga zum Sieg über die Protestanten verholfen haben soll. Juwel der barocken Ausstattung, die in vielfarbigem Marmor, vergoldetem Stuck und Malerei schwelgt, ist die **Cappella Cornaro**, für die Bernini (1645–1652) die **»Verzückung der hl. Theresa von Avila«** inszenierte. Ein süßlich lächelnder Engel versucht mit dem Pfeil der göttlichen Liebe, an dessen Spitze eine Flamme züngelt, die in Ekstase schwebende Heilige zu durchbohren, während Mitglieder der Adelsfamilie Cornaro aus den seitlichen Logen das Schauspiel zu bewundern scheinen. Die für manche sehr weltlich geratene Verzückung rief einen Skandal hervor.

Entlang der Via Nazionale

Als eine der Hauptachsen Roms verbindet die Via Nazionale die Piazza Venezia mit der Piazza della Repubblica. Zahlreiche Mode-, Schuh- und Ledergeschäfte mit – im Vergleich zum Modedreieck um die Via dei Condotti – erschwinglichen Preisen machen sie zu einer beliebten Einkaufsmeile.

San Paolo entro le Mura 7
Via Nazionale 16a, www.stpaulsrome. it, Mo–Fr 9–14.30 Uhr
Wie ein Fremdkörper wirkt die im neoromanischen Stil erbaute protestantische (episkopale) Nationalkirche der amerikanischen Gemeinde, die als erstes nichtkatholisches Gotteshaus Ende des 19. Jh. innerhalb der Stadtmauern errichtet wurde. Sehenswert sind die modernen Mosaiken in Apsis und Chor, die vom britischen Begründer der Präraffaeliten Edward Burne-Jones stammen. In der Kirche finden häufig auch hörenswerte **Arienabende** oder **Opernaufführungen** (www.latraviata. org) statt.

Teatro dell'Opera 1
Piazza Beniamino Gigli 1, www. operaroma.it
Das eigentliche Opernhaus, äußerlich schlicht, aber im Innern mit Gold und rotem Samt prunkend, liegt in einer Seitenstraße. Das Logentheater wurde 1880 vom Besitzer des Hotels Quirinale zur Unterhaltung seiner Gäste erbaut. Seither bemüht man sich, ebenso viel Ruhm zu erlangen wie die Mailänder Scala (s. S. 54).

Palazzo delle Esposizioni 8
Via Nazionale 194, www.palazzoesposizioni.it, Di–Do, So 10–20, Fr, Sa bis 22.30 Uhr, 7,50 €/6 €, evtl. plus Ausstellungszuschlag; jeden 1. Mi im Monat 14–19 Uhr freier Eintritt für unter 30-Jährige
Blickfang an der Via Nazionale und eines der ersten öffentlichen Gebäude der neuen Hauptstadt ist dieser im Stil des Historismus erbaute Palazzo, der oft interessante Wechselausstellungen beherbergt. Im Obergeschoss lockt das mit einem Michelin-Stern geschmückte **Restaurant Open Colonna** 2 mit einem günstigen Mittagslunch, das aber auch abends sowie zum Brunch am Wochenende öffnet.

Entlang der Via Quirinale

San Carlo alle Quattro Fontane 9
Via del Quirinale 23, www.sancarlino-borromini.it, tgl. 10–13, Mo–Fr auch 15–18 Uhr, Juli/Aug. nur vorm., Sa, So nachm. geschl.
Sein wohl schönstes Bauwerk, San Carlo alle Quattro Fontane an der Kreuzung Via Quattro Fontane/Via del Quirinale, schuf Borromini kurz vor seinem Selbstmord 1667. Seine Vorliebe für geschwungene Formen deutet sich bereits in der Fassade ▷ S. 232

Auf Entdeckungstour: Das Monti-Viertel

Das verwinkelte Monti-Viertel zwischen Via Nazionale und Via Cavour strahlt trotz seiner Bahnhofsnähe und vieler touristischer Highlights noch immer den Charme eines typischen römischen Wohnviertels aus.

Dauer: ca. 2 Std.
Anfahrt: Metro B, Haltestelle Cavour.
Adressen: s. ab S. 240.

Die Suburra: der ›Bauch von Rom‹

Das Monti-Viertel zwischen den Hügeln Viminal und Esquilin ist eines der ältesten Wohngebiete der Stadt. In der Antike befand sich hier die dicht bebaute, laute und überfüllte Suburra (›unterhalb der Stadt‹), die als Wohngebiet der Armen berüchtigt war. Kriminalität und Prostitution waren an der Tagesordnung. Julius Cäsar wurde hier geboren, Nero mischte sich verkleidet unter die Menge, um die Stimmungen des Volkes zu erkunden, und Kaiserin Messalina soll sich, als Blondine verkleidet, nachts in den düsteren Bordellen herumgetrieben haben. Wie viele der römischen Hügel war der *rione* Monti (= Hügel) im bevölkerungsarmen Mittelalter von Weinbergen und Gärten überzogen und wurde erst nach der Einigung Italiens wieder zu einem dicht besiedelten Viertel.

Treffpunkt der ›Monticiani‹

Wer heute von der Via Nazionale oder der Via Cavour ins Viertel kommt, atmet eine fast dörfliche Atmosphäre. Enge, verwinkelte Straßen, bescheidene Häuser, Werkstätten und viele Lokale prägen das Monti-Viertel, in dem jeder jeden zu kennen scheint. Treffpunkt der *monticiani* ist die **Piazza Madonna dei Monti** mit Zeitungskiosk und Trattoria.

Ein lauschiges Plätzchen ist die **Bottega del Caffè** 2 (Piazza Madonna dei Monti 5) mit ihrer von wildem Wein umrankten Veranda, die sich ideal zum Frühstücken oder Lunchen eignet. Zur Aperitifzeit (gegen 21 Uhr) tummeln sich in der trendigen Bottega die Nachtschwärmer. Dann müssen die ausladenden Stufen des **Renaissance-Brunnens** von Giacomo della Porta auch schon mal als Sitzgelegenheit herhalten.

Am Sonntag strömen die Kirchgänger auf die Piazza: die italienischen Katholiken aus dem barocken Gotteshaus **Madonna dei Monti** und die vielen Ukrainer aus ihrer Nationalkirche **SS. Sergio e Bacco.**

Tradition und Lifestyle

Das lebenswerte Flair des Monti-Viertels ist nicht unbemerkt geblieben. Die Gentrifizierung ist in vollem Gange. In den letzten Jahren wurden zahlreiche Häuser saniert, trendige Bars und Galerien zogen ein und Läden mit junger Mode haben sich unter die herkömmlichen Betriebe und Werkstätten gemischt.

Längs der **Via dei Serpenti** haben sich neben den alteingesessenen Lebensmittelladen Alimentari Polica und der immer gut besuchten Enoteca **Al vino al vino** 3 (Nr. 19), auch das japanische **Hasekura** 5 (Nr. 27) und einer der besten Inder der Stadt, **Maharajah** 6 (Nr. 124), etabliert.

Ganz im Zeichen der Tradition steht die **Via Panisperna,** benannt nach den Broten *(panis)* und Schinken *(perna),* welche die Brüder von San Lorenzo einst unter den Armen verteilten. Seit 1895 besteht die winzige Enoteca **Ai Tre Scalini** 4 (Nr. 251), die sich mit italienischen Spezialitäten und rund 100 Weinen ein Stammpublikum geschaffen hat. Zu den alteingesessenen Lokalen zählt auch **La Carbonara** 7 (Nr. 224), das seit 1906 mit Klassikern der römischen Küche punktet.

Inzwischen haben sich hier und im oberen Teil der Via del Boschetto ausgefallene Boutiquen wie **Le Gallinelle** 2 und **Tina Sondergaard** 3, aber auch zahlreiche ausgesuchte Vintage-Läden wie **Gocce di Memoria** 4 angesiedelt. Dazu passende Bijouterie findet man um die Ecke bei **Fabio Piccioni** 5 oder am Wochenende beim **Mercato Monti** 6 in der Garage des Hotel Palatino. Für ungewöhnliche Ideen ist das Monti-Viertel ein ideales Experimentierfeld, wie etwa das **Mariolina** 8, die römische Interpretation eines Street-Food-Lokals, oder der **Ice-Club** 5 in der Via Madonna dei Monti Nr. 18, eine Cocktailbar ganz aus Eis. Die Getränke bleiben von selbst kühl: Es herrscht eine konstante Temperatur von minus fünf Grad.

Zwischen Monti-Viertel und Villa Borghese

an, die sich durch den Wechsel konvexer und konkaver Linien auszeichnet. Das verwirrende, aber präzise Spiel mit den verschiedensten geometrischen Formen setzt sich im Innern fort, wo sich der scheinbar ovale Grundriss als Rhombus entpuppt, dessen Enden von Kreis- und Ellipsensegmenten abgeschlossen werden. Der Wandaufbau ist durch vorgestellte Säulen, Arkaden und Architrave aufgelockert. Besonders eindrucksvoll ist die ovale, sich nach oben verjüngende Kuppel, die zu schweben scheint.

Sant'Andrea al Quirinale [10]
Via del Quirinale 29, Di–Sa 8.30–12, 14.30–18 Uhr, So/Fei 9–12, 15–18 Uhr, Messe So 10.30 Uhr

Ganz anders präsentiert sich nur wenige Meter weiter die Kirche für das Jesuitennoviziat, ein Spätwerk Berninis (1658/70), das als ein Meisterwerk sakraler Baukunst gilt.

Im Gegensatz zu Borromini bevorzugte Bernini eine monumentalere und dynamischere Formensprache. Die plastische Lebendigkeit der Fassade mit dem schwungvollen Eingangsbaldachin, dem riesigen Thermenfenster darüber und dem Wappen, das auf die Straße zu kippen scheint, findet in dem mit dunklem, vielfarbigem Marmor und hellem Stuck dekorierten Innern seine Fortsetzung. Der ovale Zentralraum, der durch acht tiefe Seitenkapellen geschickt erweitert wird, vermittelt einen großartigen Eindruck von Weite. Der Akzent liegt auf dem Altarraum. Automatisch fällt der Blick auf das **»Martyriumsbild des hl. Andreas«.** Eine fast theatralische Wirkung entfaltet das versteckt in den Hochaltar einfallende Licht, dessen Strahlen in Stuck fortgeführt werden.

Architektur, Plastik und Malerei verschmelzen hier zu einem harmonischen Gesamtkunstwerk. Wie in der Cappella Cornaro (s. S. 229) wird der Innenraum in ein Theater mit Bühne und Zuschauerraum verwandelt, ein *theatrum sacrum,* welches das Wunder der Rettung des hl. Andreas sinnlich erfahrbar macht. Bernini erfüllte damit ganz die Vorstellungen der katholischen Kirche, die u. a. als Reaktion auf die Reformation künstlerische Inszenierungen forderte, welche die Mystik der Religion zum Ausdruck bringen sollten.

Piazza del Quirinale
Wie eine Terrasse öffnet sich die Piazza del Quirinale mit einem schönen Blick über die Dächer Roms zur Peterskuppel. Auf dem Quirinal, dem höchsten der sieben klassischen Hügel, standen in der Kaiserzeit die Thermen von Kaiser Konstantin. Von dort stammen die Statuen der Dioskuren mit ihren Pferden, die gemeinsam mit einem Granitbecken vom Dioskurentempel auf dem Forum Romanum und einem Obelisken, der den Eingang des Augustus-Mausoleums flankierte, zu einer Brunnenanlage zusammengefügt wurden.

Der **Palazzo della Consulta** an der Ostseite der Piazza del Quirinale beherbergt heute das italienische Verfassungsgericht, während in den **Scuderie** (www.scuderiequirinale.it), den einstigen Stallungen gegenüber dem Quirinalspalast, immer wieder sehenswerte Ausstellungen stattfinden.

Palazzo del Quirinale [11]
Piazza del Quirinale, www.quirinale. it, Repräsentationsräume der Beletage: i.d.R. – außer während der Sommerpause – jeden So 8.30–12, Gärten nur am 2. Juni (Tag der Republik) 15–19 Uhr zugänglich. Die obligatorische Führung dauert ca. 1 Std., Ticket 10 €/5 € mit abschließenden Konzert in der Cappella Paolina (Einlass ab

11.30 Uhr). Wachwechsel: Okt.–2. Juni So 16, 3. Juni–Sept. So 18 Uhr
Den weitläufigen Quirinalspalast ließ Papst Gregor XIII. Ende des 16. Jh. erbauen. Bis zur Einigung Italiens diente er als päpstliche Sommerresidenz, danach als Sitz der Könige Italiens. Heute ist er Amtssitz des Staatspräsidenten, seit Januar 2015 ist das Sergio Mattarella.

Nördlich des Quirinalshügels

Fontana di Trevi! 12
Piazza di Trevi
Den wohl berühmtesten Brunnen Roms schuf Nicola Salvi Mitte des 18. Jh. Vor einem stilisierten Triumphbogen herrscht Poseidon über das Wasser, flankiert von den Symbolgestalten der Reinheit und des Überflusses. Zu einem Symbol des ›Dolce Vita‹ wurde der barocke Brunnen durch den gleichnamigen Film von Regisseur Federico Fellini, in dem Anita Ekberg unter den Augen von Marcello Mastroianni wie eine schaumgeborene Venus den Fluten entsteigt.

Eine angenehme Pflicht für alle Nicht-Römer ist der Münzwurf in den Brunnen. Mit der rechten Hand über die linke Schulter ins Becken – und nicht einem der zahlreichen anderen Besucher an den Kopf – soll sie die glückliche Rückkehr nach Rom sichern. Jeden Montag werden dann die ›Wurfobjekte‹ per Spezialpumpe abgesaugt. Die Euro-Münzen füllen den römischen Stadtsäckel, der Rest wird wohltätigen Zwecken zugeführt.

Galleria Nazionale d'Arte Antica/ Palazzo Barberini 13
Via delle Quattro Fontane 13, galleriabarberini.beniculturali.it, Di–So 8.30–19 Uhr, 7 €/3,50 €

Im Jahr 1625, kurz nach Antritt seines Pontifikats, betraute der erst 25-jährige Barberini-Papst Urban VIII. Carlo Maderno mit dem Bau einer der schönsten barocken Palastanlagen Roms. Von Bernini und Borromini, der auch die ovale Treppe im rechten Flügel schuf, vollendet, wurde sie zum Schauplatz legendärer Feste und theatralischer Selbstdarstellung. In dem monumentalen Deckenfresko des zwei Stockwerke hohen Salons feiert der Maler Pietro da Cortona den Triumph der Familie Barberini – mit von der Partie natürlich die Barberini-Bienen.

Zu den Attraktionen der hochkarätigen Gemäldesammlung mit Schwerpunkt auf dem 16. und 17. Jh. zählen die sinnliche »Fornarina« von Raffael, angeblich seine Geliebte, »Narziss« sowie »Judith und Holofernes« von Caravaggio und Porträts wie das berühmte »Bildnis Heinrichs VIII.« von Hans Holbein d. J. und »Erasmus von Rotterdam« von Quentin Massys.

Mein Tipp

Eis ohne Zusätze
Zum Dahinschmelzen! Bei der unscheinbaren **Gelateria San Crispino** 3 in einer Seitenstraße des Trevibrunnens kommt nur erste Sahne in die Tüten. Das hausgemachte Eis wird ohne künstliche Aromen ausschließlich aus Eiern, Milch, Zucker und frischem Obst hergestellt. Um eine optimale Temperatur zu gewährleisten, wird das Eis in Stahlbehältern aufbewahrt und auch nicht offen präsentiert. Doch die fehlende Optik macht der Genuss wett (Via della Panetteria 42, tgl. 11–0.30 Uhr).

Zwischen Monti-Viertel und Villa Borghese

Poseidon herrscht über Nicola Salvis Trevi-Brunnen

Fontana del Tritone 14
Piazza Barberini
Am Brunnen (1643) auf der verkehrsumtosten Piazza Barberini wird Berninis Genie einmal mehr deutlich. Der Meeresgott Triton thront auf einer von vier Delfinen getragenen Muschel und bläst durch ein Muschelhorn einen mächtigen Wasserstrahl in die Luft. Die Tiara und die drei Bienen verweisen auf den Auftraggeber und Mäzen Berninis, den Barberini-Papst Urban VIII. In seinem Auftrag schuf Bernini auch die **Fontana delle Api** 15 (1644), einen Trinkbrunnen am Anfang der Via Veneto. Hier krabbeln die munteren Bienen sogar in das Becken, als wollten sie das kostbare Nass trinken.

Via Veneto
Unmittelbar nach der Einigung schuf man mit der schwungvollen Via Veneto eine platanenbestandene Prachtstraße mit herrschaftlichen Jugendstilvillen und Palazzi in historisierender Prunkarchitektur. In den 1960er-Jahren avancierte sie zum Inbegriff des ›Dolce Vita‹, war Laufsteg von Stars und Sternchen und Arbeitsfeld der Paparazzi. Die einstige Aura ist verblasst, trotz zahlreicher Reanimationsversuche –

Villa Borghese

bei dieser Kirche auf eine der wohl eindrucksvollsten Memento-Mori-Darstellungen: »Wir waren, was ihr seid. Wir sind, was ihr werdet.«, heißt es in der Inschrift über dem Eingang zur **Kapuzinergruft.** Von der Mitte des 17. Jh. bis Ende des 19. Jh. haben die Mönche hier ihre Mitbrüder auf eigentümliche Art bestattet: Aus den Gebeinen von über 4000 Kapuzinermönchen gestalteten sie dekorative Muster an Wänden und Decken. Auf dem Weg zur Krypta durchläuft man ein **Museum** zum Kapuzinerorden mit zahlreichen Zeugnissen und Reliquien. Ein Raum ist allein Pater Pio gewidmet, dem wohl populärsten Heiligen Italiens.

Villa Borghese

Nach der Porta Pinciana stößt man in der Villa Borghese auf die ambitionierte **Casa del Cinema** 6, Schauplatz des römischen Filmfestes und zahlreicher Filmevents. Das angeschlossene Cinecaffè mit Gartenterrasse lädt zur erholsamen Pause ein – vor, nach oder zwischen dem Besuch der zahlreichen Museen, die zum Kunstgenuss locken.

wie etwa des Doney's, heute H-Club Doney, wo der Schah von Persien mit Ägyptens Ex-König Faruk bei Champus Dynastieprobleme erörterte, Soraya an ihrem Karottensaft mit Petersilie nippte und Anita Ekberg sich von den Dreharbeiten mit Fellini erholte. Geblieben sind die sündhaft teuren Boutiquen und Cafés und die Luxushotels mit ihren schwindelerregenden Preisen.

Santa Maria della Concezione 16
Via Veneto 27, www.cappuccinivia veneto.it, tgl. 9–18.30 Uhr, 6 €/4 €
Ausgerechnet an der Via Veneto – Symbol der Diesseitigkeit – stößt man

Galleria Borghese ! 17
Piazzale del Museo Borghese 5, http://galleriaborghese.beniculturali. it, Di–So 9–19 Uhr, Besichtigung im 2-Std.-Takt ab 9 Uhr, Kartenvorbestellung obligatorisch: Tel. 063 28 10 oder www.tosc.it, 11 €/6,50 €, bei Onlinebuchung Zuschlag von 2 €, zzgl. eventueller Ausstellungszuschläge (2–5 €), Karten müssen 30 Min. vorher abgeholt werden
Das einstige Casino des Kardinals Scipione Borghese mit seinen akkurat angelegten Gärten beherbergt die zu Beginn des 17. Jh. vom Kardinal angelegte ›Königin der Privatsammlungen

Villa Borghese

Sehenswert
- 1 – 16 s. Karte S. 222
- 17 Galleria Borghese
- 18 Galleria Nazionale d'Arte Moderna (GNAM)
- 19 Museo Nazionale Etrusco di Villa Giulia
- 20 Museo Pietro Canonica
- 21 Museo Carlo Bilotti
- 22 Pincio
- 23 Marionettentheater
- 24 Villa Medici

Essen & Trinken
- 1 – 4 s. Karte S. 225
- 5 – 8 s. Karte S. 231
- 9 Caffè delle Arti

Einkaufen
- 1 s. Karte S. 225
- 2 – 6 s. Karte S. 231

Aktiv
- 1 Bici Pincio
- 2 Ronconi

Abends & Nachts
- 1 s. Karte S. 225
- 2 – 5 s. Karte S. 231
- 6 Casa del Cinema
- 7 Globe Theatre

der ganzen Welt«. Die barocken Innenräume, wie der mit antiken Statuen und Repliken, Gemälden und Reliefs geschmückte Ehrensalon, spiegeln noch gut den Geschmack der damaligen Zeit. Auf zwei Stockwerken präsentiert sie eine Vielzahl von Gemälden, antiken Mosaiken sowie römischen und barocken Skulpturen, u. a. Meisterwerke von Bernini und Caravaggio. Einen Raum für sich beansprucht die skandalumwitterte »Paolina Borghese« als nackte Venus. Der klassizistische Bildhauer Canova porträtierte Napoleons schöne Schwester auf einem Diwan liegend (1805).

Die nächsten Säle beherrschen Frühwerke Berninis, mit denen er seinen Ruhm begründete. Meisterlich gelingt es ihm, den Moment, die flüchtige Bewegung festzuhalten. Für seinen »David mit der Schleuder« (1624) stand er sich selbst Modell. Von dramatischer Intensität ist die Gruppe von »Apoll und Daphne« (1624), in der sich Daphne aus Verzweiflung über den zudringlichen Apoll allmählich in einen Lorbeerbaum verwandelt, oder der »Raub der Proserpina durch Pluto« (1622), bei dem sich die gierigen Finger des Unterweltgottes in den Oberschenkel seiner Beute graben. Berninis Genialität zeigt sich besonders in kleinen Details wie der allmählichen Verwandlung von Daphne in eine Pflanze oder der lebensechten Darstellung von Falten und Muskeln. Die Gruppe »Äneas und Anchises« schuf er gemeinsam mit seinem Vater.

Der Saal des »Tanzenden Satyrs« beherbergt Meisterwerke von **Caravaggio** (s. auch S. 210).

Die Pinakothek im ersten Stock zeigt weitere Meisterwerke aus Renaissance, Manierismus und Barock, darunter Raffaels »Grablegung Christi« von 1507, Tizians »Himmlische und irdische Liebe« (um 1536) und Correggios »Danae« von 1531. Ein Paradebeispiel für die Malerei der Bologneser Schule ist Domenichinos »Jagd der Diana« (1617): Pflanzen und Menschen sind naturgetreu gestaltet, die Landschaft wird jedoch idealisiert.

Galleria Nazionale d'Arte Moderna (GNAM) 18

Viale delle Belle Arti 131, www.gnam. beniculturali.it, Di–So 8.30–19.30 Uhr, 8 €/4 €

Das 1911 zur 50-Jahr-Feier der italienischen Einheit errichtete imposante Gebäude beherbergt die bedeutendste und größte Sammlung italienischer Malerei und Skulptur des 19. und 20. Jh. Im Mittelpunkt stehen die großen italienischen Kunstströmungen zu Beginn des 20. Jh. wie Futurismus und Pittura Metafisica mit Werken von Carlo Carrà, Giacomo Balla, Gino Severini, Umberto Boccioni und Giorgio de Chirico. Daneben gibt es auch einige

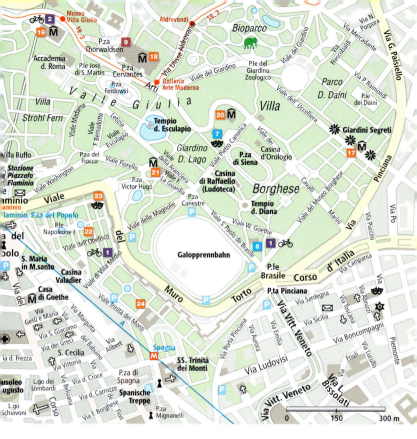

wenige Werke von Van Gogh, Monet, Picasso, Dégas, Cézanne und Klimt.

Museo Nazionale Etrusco di Villa Giulia 19

Piazzale di Villa Giulia 9, www.villa giulia.beniculturali.it, Museo: Di–So 8.30–19.30 Uhr, 8 €/4 €

Mitte des 16. Jh. beauftragte Papst Julius III. den Baumeister und Architekturtheoretiker Giacomo Vignola mit dem Bau einer Sommerresidenz. Die weitläufige Anlage mit einem freskenverzierten Portikus, einem Nymphäum und künstlichen Grotten beherbergt heute mit dem Museo Nazionale Etrusco eines der weltweit bedeutendsten Museen für etruskische Kultur.

Die umfangreiche Sammlung zeigt in über 30 Sälen Funde aus der südlichen Toskana, dem Latium und Umbrien. Die Objekte wurden unter topografischen Gesichtspunkten zusammengestellt. Aus der Vielzahl der Exponate – schwarz- und rotfigurige attische Keramiken, detailreicher Goldschmuck und der erste Zahnersatz – ragen der Ehegattensarkophag aus Cerveteri (ca. 530 v. Chr.) mit den beiden archaisch lächelnden, äußerst realistisch dargestellten Eheleuten und der »Apoll von Veji« (6. Jh. v. Chr.) heraus, ▷ S. 240

Auf Entdeckungstour:
Kulturpark Villa Borghese

Herrliches Parkidyll, hochkarätige Museen, Film- und Theaterstätten für große und kleine Besucher – in der ›grünen Lunge‹ Roms lassen sich Kultur und Natur, Erholung und Kunstgenuss aufs Beste verbinden.

Karte: Cityplan s. S. 236
Zeit: halber bis ganzer Tag
Galleria Borghese: Piazzale del Museo Borghese 5, Di–So 9–19 Uhr, weitere Infos s. S. 66, 212, 235.
Museo Carlo Bilotti: Viale Fiorello La Guardia, Okt.–Mai Di–Fr 10–16, Juni–Sept. Di–Fr 13–19, Sa/So ganzjährig 10–19 Uhr, weitere Infos s. S. 240.
Casina Raffaello: Viale della Casina di Raffaello, www.casinadiraffaello.it, Di–So 10–18 Uhr, 7 €/5 €.
Bioparco: www.bioparco.it, 9.30–17, Sommer bis 18 Uhr, Sa/So bis 19 Uhr, 15 €/12 €, sonntags ist der Park meist sehr voll.
Fahrradverleih: Bici Pincio **1**, Viale di Villa Medici und Viale della Pineta, Tel. 066 78 43 74 (auch Kinderfahrräder, Mountainbikes und Tandems); **Ronconi** **2**, Via delle Belle Arti 54/56, Tel. 068 81 46 10, www.ronconibiciclette.it, auch E-Bikes.
Treffpunkt von Skatern und Inlinefahrern: Viale dell'Obelisco/Viale delle Magnolie (hier kann man sich auch Rollerblades und Rollschuhe ausleihen).

Einst feudale Lustvilla …

Mit den ersten wärmenden Sonnenstrahlen strömen die Römer in die romantische Parkanlage und flanieren zwischen Magnolien- und Pinienbäumen, Wiesen und kleinen Seen an antikisierenden Statuen und neoklassizistischen Tempelchen, künstlichen Grotten und plätschernden Brunnen vorbei. Die Villa Borghese ist der bekannteste Park der Altstadt und sicher auch der schönste. Noch vor 20 Jahren war die Villa Borghese zwar auch schon die grüne Lunge der Altstadt, doch längst keine ›villa di delizie‹ mehr, wie sie ihr Schöpfer ersann (das italienische Wort ›villa‹ bedeutet ›Garten‹, nicht ›herrschaftliches Gebäude‹).

Der 80 ha große Park wurde Anfang des 17. Jh. von Kardinal Scipione Caffarelli Borghese angelegt. Nach seiner Ernennung zum Kardinal war er in bester päpstlicher Nepotismus-Tradition von seinem Onkel, Papst Paul V., großzügig bedacht worden. Die Gartenanlagen waren im barocken Stil angelegt, mit seltenen Pflanzen und Tieren, künstlichem See und Jagdwäldchen.

Neben diesen akkurat angelegten Gärten, den Giardini Segreti, ließ Borghese aber auch ein Casino, die heutige **Galleria Borghese** [17], zur Aufnahme seiner schon damals berühmten Sammlung antiker und zeitgenössischer Kunst erbauen. Ende des 18. Jh. wurde der Park erweitert und zum Englischen Garten umgestaltet. Die geometrisch angelegten Beete und streng beschnittenen Hecken wichen einer mehr natürlichen Landschaftsgestaltung mit Schirmpinien und Eichenwäldchen. Neben einem kleinen See entstanden auch zahlreiche Brunnen mit mythologischen Figurengruppen, etwa der Brunnen der Diana oder der Seepferde, sowie künstliche Grotten und Ruinen oder antikisierende Tempel, wie der Tempel der Faustina oder des Äskulap. 1902 wurde die Villa Borghese der Stadt Rom zum Geschenk gemacht, doch es sollten 100 Jahre vergehen, bis der Park wieder zu einem Glanzpunkt des Centro Storico wurde.

… heute ein beliebter Kulturpark

Nach der Wiedereröffnung der Galleria Borghese 1997 ging es Schlag auf Schlag. Mit viel Elan hat die Stadt die Restaurierung der Gartenanlagen und Museen vorangetrieben. Zu kulturellen Institutionen avancierten die **Casa del Cinema** [6] (s. S. 53) mit dem modernsten Kinosaal Italiens und das **Globe Theatre** [7] (s. S. 54), ein Nachbau des britischen Theatertempels der Shakespeare-Zeit (www.globetheatreroma.com). Hinzu kamen das moderne **Kunstmuseum Carlo Bilotti** [21] (s. S. 240) mit Werken von De Chirico und die restaurierte **Casina Valadier** beim Pincio, wo man vor grandioser Kulisse edel (und teuer!) speisen kann.

In die **Casina di Raffaello** ist eine **Ludoteca,** ein Spielzentrum für Kinder (3–10 J.), eingezogen. Der von Carl Hagenbeck entworfene, veraltete Zoo wurde zum **Bioparco** mit Streichelzoo und Spielplatz umgestaltet. Besondere Beachtung verdient die Wiederherstellung der drei **Giardini Segreti** (geheimen Gärten) bei der Galleria Borghese mit 250 verschiedenen Pflanzenarten.

Im Park der Villa Borghese laufen Jogger und üben Inlineskater, paddeln Verliebte über den kleinen **See** und vergnügen sich Kinder im Zoo, genießen Touristen und Römer den unvergleichlichen Blick von der Terrasse des **Pincio** [22] (s. S. 240) auf Rom. Mit seinen zahlreichen Museen ist er aber vor allem zu einem Fixpunkt für Kunstliebhaber geworden.

Zwischen Monti-Viertel und Villa Borghese

der vermutlich in der Werkstatt des berühmten Vulca entstand. Interessant auch die Grablege aus Cerveteri und die Rekonstruktion eines etruskischen Tempels im Garten.

Museo Pietro Canonica [20]
Viale Pietro Canonica 2, www.museo canonica.it, Di–So Okt.–Mai 10–16, Juni–Sept. 13–19 Uhr, Eintritt frei
Einem mittelalterlichen Kastell gleicht das Museo Canonica, einst Atelier- und Wohnhaus des Bildhauers Pietro Canonica (1869–1959). Studien, Modelle, Entwürfe und Originalwerke dokumentieren die verschiedenen Arbeitsphasen eines Bildhauers.

Museo Carlo Bilotti [21]
Viale Fiorello La Guardia, www. museocarlobilotti.it, Okt.–Mai Di–Fr 10–16, Juni–Sept. Di–Fr 13–19, Sa/So ganzjährig 10–19 Uhr, Eintritt frei
Eine gute Adresse für moderne Kunst ist auch das Museum in der ehemaligen Orangerie, das aus einer Stiftung des amerikanischen Mäzens Carlo Bilotti hervorging. Neben einer überschaubaren Dauerausstellung mit Werken von De Chirico, Severini und einem Werk von Andy Warhol finden immer wieder Ausstellungen zu zeitgenössischer Kunst statt.

Pincio [22]
Von der großen **Aussichtsterrasse**, die der klassizistische Architekt Giuseppe Valadier Anfang des 19. Jh. schuf, genießt man besonders in den frühen Morgenstunden und in der Abenddämmerung einen herrlichen Blick über Rom. Der Platz selbst dient unterschiedlichsten Spektakeln, so kann man zu Weihnachten vor der Kulisse der Stadt eislaufen oder auf einer Kunstschnee-Halfpipe unter Palmen borden. Nahe der mechanischen **Wasseruhr** finden am Wochenende sehr sehenswerte Marionettenaufführungen des Kindertheaters **San Carlino** [23] statt (www.sancarlino.it).

Villa Medici [24]
www.villamedici.it, Führungen in Ital., Frz. und Engl. Di–So ab 11, im Winter bis 17, im Sommer bis 18 Uhr, sonntags auch Familienführungen, Termine s. Internetseite, 12 €/6 €
Die sehenswerte Villa Medici ist seit 1803 Sitz der französischen Akademie und dient französischen Stipendiaten als Wohnung und Arbeitsstätte. Die renovierte Villa entstand im 16. Jh. und ging durch Kauf an die Medici über. Im Kontrast zu der strengen festungsartigen Fassade stehen der üppige Garten, der mit antiken Funden dekoriert ist, und das prächtige *studiolo* von Kardinal Ferdinando di Medici. Im Rahmen von Führungen können die Villa und die Gemäldesammlung oder das *studiolo* besichtigt werden.

Essen & Trinken

Urig – **Er Buchetto** [1] : s. S. 39, 226.
Stylish – **Open Colonna** [2] : Palazzo delle Esposizioni, Via Nazionale 182, Tel. 06 47 82 26 41, tgl. 12.30–15, Di–Sa 20–22.30 Uhr, Mo–Fr City-Lunch zu 16 €, abends Degustationsmenü 95 €, So Brunch 12.30–15.30 Uhr 30 €. Modern gestyltes Restaurant im Palazzo delle Esposizioni, mit Michelinstern. Man kann unter einem Glasdach, aber auch draußen essen.
Eis ohne Zusätze – **San Crispino** [3] : s. S. 43, 233.
Bodenständig – **Osteria della Suburra** [4] : Via Urbana 67/69, Tel. 06 48 65 31, www.osteriadellasuburra.com, Di–So 13–15, 19–23.30 Uhr, Metro: Cavour (B), ca. 24 €. Einfache Osteria im Herzen des Monti-Viertels. Große Antipasti-Auswahl, darunter Miesmuschel-Souté und hausgemachte Pasta.

Adressen

Zu den Spezialitäten von Chefkoch Silvio gehören natürlich *abbacchio* (Lamm) und *lumache* (Schnecken) in einer Soße aus Tomaten und Minze.
Fisch und Sushi – **Hasekura** 5 : Via dei Serpenti 27, Tel. 06 48 36 48, www.hasekura.it, So und Mo mittag und im Aug. geschl., Metro: Cavour (B), 40 €. Beliebtes japanisches Lokal mit einer breiten Sushi-Auswahl. Reservieren!
Indische Träume – **Maharajah** 6 : s. S. 42, 231.
Alteingesessen – **La Carbonara** 7 : Via Panisperna 214, Tel. 064 82 51 76, Mo–Sa 12.30–14.30, 19–23 Uhr, Metro: Cavour (B), Bus: 117, Menü ca. 35 €. Es begann damit, dass die Frau eines Köhlers *(carbonaio)* von gegenüber ein Lokal aufmachte ... Heute bringen Donna Teresa und ihre Familie noch immer beste römische Küche auf den Tisch, u. a. natürlich *pasta alla carbonara,* aber auch *all'amatriciana* und *alla gricia*.
Kochlaboratorium – **Mariolina** 8 : Via Panisperna 222/A, Tel. 06 64 46 38 59, www.mariolina-ravioli.it, Di–So 12–16, 18.30–23 Uhr, ab 8 €. Junges Street-Food-Lokal mit wenigen (nicht immer bequemen) Sitzgelegenheiten, aber einer großen Leidenschaft für Ravioli in originellen Variationen.
Kunstpause – **Caffè delle Arti** 9 : Via A. Gramsci 73, Tel. 06 32 65 12 36, www.caffedelleartiroma.it, Mo 8–17, Di–Sa 8–24, So 8–20, im Winter bis 20 Uhr, Menü 35 €. Café und Restaurant mit schöner Außenterrasse im Museum für Moderne Kunst GNAM (sep. Eingang).

Einkaufen

Musikschatztruhe – **Discoteca Laziale** 1 : s. S. 44.
Retro-Look – **Le Gallinelle** 2 : Via Panisperna 61, www.legallinelle.it. Ein Eldorado für Vintage-Fans – aber nicht nur für sie. Wilma Silvestri schneidert auch für Kurzzeitbesucher ›express‹ ausgefallene Kleider aus heimischen Stoffen. Dazu gibt es Accessoires wie alte Handtaschen von Gucci etc. (s. S. 231).
Verschmitzt – **Tina Sondergaard** 3 : Via del Boschetto 1 d. Fröhliche Mode im Stil der 1950er- und 1960er-Jahre – sehr bunt und ein bisschen ironisch.
Exklusive Vintage-Mode – **Gocce di Memoria** 4 : s. S. 47.
Seit Jahrzehnten im Monti-Viertel – Bijoux – **Fabio Piccioni** 5 : Via del Boschetto 148. Handgefertigter Modeschmuck und Sammlerstücke, s. S. 231.
Garagenflohmarkt vom Feinsten – **Mercato Monti Urban Market** 6 : s. S. 46.

Aktiv

Fahrradverleih – **Bici Pincio** 1 und **Ronconi** 2 : s. S. 238.

Abends & Nachts

Renommiertes Opernhaus – **Teatro dell'Opera** 1 : s. S. 54, 229.
Trendy – **La Bottega del Caffè** 2 : Piazza Madonna dei Monti 5, Tel. 064 74 15 78, tgl. 8–2 Uhr, s. S. 231.
Gesellig – **Al vino al vino** 3 : s. S. 42, 231.
Stimmungsvoll – **Ai Tre Scalini** 4 : Via Panisperna 251, http://colosseoorg.wix.com/aitrescalini, Tel. 06 48 90 74 95, tgl. 12.30–1 Uhr, ab 8 €. Abends füllt sich die beliebte Enoteca bis auf die Straße, s. S. 231.
Cool – **Ice Club** 5 : Via Madonna dei Monti 18, Tel. 06 97 84 55 81, www.iceclubroma.it, tgl. 18–2 Uhr, 15 €. Die vor allem im Hochsommer angesagte Location punktet mit einer Inneneinrichtung aus Eis. Drinnen herrscht eine Temperatur von –5 °C! Die Cocktails werden stilecht in Eisbechern serviert.
Filmhauskino – **Casa del Cinema** 6 : s. S. 53.
Shakespeare in Rom – **Globe Theatre** 7 : s. S. 54.

Das Beste auf einen Blick

Celio, Esquilino und Roms Osten

Auf Entdeckungstour

Zeitreise per Rad oder zu Fuß auf der Via Appia Antica: Die Straßen mit ihren holprigen Pflastersteinen waren einst die Lebensadern des römischen Imperiums. Auf ihnen zogen Händler mit ihren Waren ebenso wie geschlagene oder siegreiche Legionäre. Unter den zahlreichen Römerstraßen galt die Via Appia vor den Toren Roms als die ›Königin der Straßen‹. S. 256

Sommerfrische in traumhafter Lage – Tivoli: Seine Lage machte Tibur schon in der Antike zur idealen Sommerfrische. Bei einem Besuch der Villa Adriana, Villa d'Este und Villa Gregoriana lassen sich Kunst- und Naturerlebnis wunderbar miteinander verbinden. S. 270

Kultur & Sehenswertes

Domus Aurea: Von seinem ›Goldenen Haus‹ sagte Kaiser Nero: »Endlich kann ich wie ein Mensch leben!« 9 S. 251

Moses-Figur in San Pietro in Vincoli: Sie gilt als eines der wichtigsten Werke Michelangelos. 10 S. 251

San Giovanni in Laterano: Bis zum Exil von Avignon waren die Lateranskirche und der angeschlossene Palast Sitz des Papstes. 14 S. 254

Zu Fuß unterwegs

Bummel in Pigneto: Unternehmen Sie einen Streifzug durch Roms neues Szene-Viertel. S. 260

Erholsamer Spaziergang: Mit Zwischenstopps in Museen geht es durch den Park der Villa Torlonia. 22 S. 263

Genießen & Atmosphäre

In Backsteinhallen speisen: Die einstige Orangerie der Villa Torlonia beherbergt heute das Restaurant Limonaia, in dem krosse Holzofenpizza serviert wird. 17 S. 263, 268

Pommidoro: Schon seit Langem eine Institution ist das alteingesessene und von Künstlern gern frequentierte Lokal an der Piazza Sanniti, wo es sich auch schon Pasolini schmecken ließ. Gute *primi!* 12 S. 267

Abends & Nachts

Necci dal 1924: Kultbar im In-Viertel Pigneto, wo Pasolini seinen Film »Accattone« drehte. 11 S. 260, 267

Zest dell'Es Hotel: In der Lounge-Bar im siebten Stock des Designhotels genießt man den *aperitivo* mit grandiosem Blick auf die Dächer von Rom. 1 S. 269

Kirchen, Katakomben und Kultviertel

Die Hügel Celio (Caelius) und Esquilino (Esquilin) gehören zu den sieben Hügeln Roms. In der Antike lagen hier die Wohngebiete. Auf dem Esquilin wohnten anfangs die Armen in Mietskasernen *(insulae)*, während der Caelius für seine hohen Grundstückspreise und wohlhabenden Bewohner bekannt war. In der Kaiserzeit mauserte sich auch der Esquilin zu einem Wohngebiet für reiche Römer, die hier – wie der Kunstförderer Maecenas – ihre Villen bauten. Nicht zufällig wurden auf dem Esquilin daher auch zahlreiche bedeutende Kunstwerke gefunden, etwa die Laokoon-Gruppe (heute Vatikanische Museen).

Nach dem Untergang des Römischen Reiches entstanden auf den Hügeln zahlreiche Haus- und Ordenskirchen, Perlen des frühen Christentums und der Renaissance. Mit dem Bau der Laterankirche und des Papstsitzes im Lateranviertel am Rande der Stadt war Rom zum Mittelpunkt der katholischen Welt geworden. Das ganze Mittelalter hindurch blieben die beiden Hügel nur spärlich besiedelt und waren von ausgedehnten Landsitzen, Gärten und Weinbergen bedeckt. Wichtige urbanistische Eingriffe erfuhr vor allem der Esquilin unter dem Pontifikat von Sixtus V. (1585–1590), der seine Lieblingskirche Santa Maria Maggiore zum Mittelpunkt der neuen barocken Stadtanlage erhob, indem er sie als Ausgangspunkt für die – noch heute sichtbaren – fünf strahlenförmig verlaufenden Straßen nahm, welche die Hügel Esquilin, Viminal und Quirinal durchziehen.

Doch erst mit der Einigung Italiens brach in der Hauptstadt ein regelrechter Bauboom aus. Rund um den Mitte des 19. Jh. erbauten Bahnhof schossen die Prachtbauten der Gründerzeit aus dem Boden. Während der Caelius jedoch seinen stillen Charakter bewahrte, entwickelte sich der Esquilin zu einem multikulturellen Viertel. Beliebte Ausgehviertel vor allem unter Studenten sind die angeschlossenen Viertel Pigneto und San Lorenzo.

Ein Kleinod für Groß und Klein ist der Park Villa Torlonia an der Via Nomentana. An der einstigen Konsularstraße liegen auch zwei sehenswerte Kirchen. Villen inmitten üppiger Vegetation und fantastische Wasserspiele locken zu einem Ausflug ins nahe Tivoli, schon in der Antike eine beliebte Sommerfrische.

Infobox

Reisekarte: ▶ Karte 1, L–R 5–12

Dauer und Ausgangspunkt
Die Tour ist mit den Entdeckungstouren auf drei Tage angelegt. Ausgangspunkt ist der Celio (Metro: Piramide, B).

Öffentliche Verkehrsmittel
Viertel Pigneto: Tram 5, 14 (beide z. B. ab Termini) und 19 (ab Porta Maggiore).
Viertel San Lorenzo: Tram 3 (ab Porta Maggiore oder Colosseo).
Via Nomentana: Bus 36, 84, 90 oder für den Besuch der Kirchen mit Metro B (Sant'Agnese/Annibaliano).

Celio

Der stille grüne Celio ist ein Kleinod unter den sieben Hügeln Roms. Den ursprünglich ländlichen Charakter des Hügels, der bis weit ins 19. Jh. mit Wein- und Obstgärten überzogen war, spürt man heute noch im kleinen Klostergarten der barockisierten Kirche San Gregorio al Celio.

San Gregorio al Celio 1

Piazza di San Gregorio 1, 9–13, 15.30–19 Uhr

San Gregorio al Celio (auch San Gregorio Magno) gründet auf dem einstigen Elternhaus des heiliggesprochenen Papstes Gregor des Großen (590–604). In den drei Kapellen zu Ehren der Mutter Gregors (Santa Silvia), des hl. Andreas und der hl. Barbara befinden sich Fresken von Guido Reni.

SS. Giovanni e Paolo 2

Piazza dei Santi Giovanni e Paolo 13, Kirche: tgl. 8.30–12, 15.30–18 Uhr; Ausgrabungen: Mo, Do–So 10–13, 15–18 Uhr, www.caseromane.it, 6 €/4 €, Einlass alle 30 Min.

Der steile **Clivo di Scauro** führt zu dieser ebenfalls barockisierten Kirche. Sie ist den Soldaten Johannes und Paulus geweiht, die als Märtyrer starben, weil sie sich geweigert haben sollen, heidnische Götzenbilder anzubeten. Unter der Kirche entdeckten Archäologen antike Wohnhäuser mit gut erhaltenen heidnischen und christlichen Wandmalereien, u. a. die vermutlich älteste Darstellung eines Oranten mit ausgebreiteten Armen.

Villa Celimontana 3

Eine Oase der Ruhe ist der schattige Park der Villa Celimontana mit seinen tropischen Gewächsen, der während der Estate Romana zur Kulisse des Jazzfestivals wird. Schön ist der Blick auf die Caracalla-Thermen (s. S. 143).

Santa Maria in Domnica 4

Via della Navicella 10, tgl. 9–12, 15.30–19, im Winter bis 18 Uhr

Die beliebte Hochzeitskirche am Haupteingang des Parks birgt ein schönes Apsismosaik aus dem 9. Jh. Vor der Maria mit Kind kniet der Stifter Papst Paschalis I., zu erkennen am quadratischen Nimbus. Den Brunnen **Fontana della Navicella** vor der Kirche stiftete Medici-Papst Leo X.

Santo Stefano Rotondo 5

Via di Santo Stefano Rotondo 7, Kirche: Di–So 9.30–12.30 und (außer So) 14–17, im Sommer 15–18 Uhr; Mithräum zzt. geschl.

Die älteste Rundkirche Roms entstand nach dem Vorbild der von Konstantin in Jerusalem errichteten Grabeskirche. Die dem Erzmärtyrer Stephanus geweihte Kirche wurde bereits Ende des 5. Jh. errichtet und besteht aus drei konzentrischen Kreisen, in die ein griechisches Kreuz mit Kapellen eingeschrieben ist. Neben der Architektur beeindrucken die umlaufenden **Fresken von Niccolò Circignani** (genannt Pomarancio, 16. Jh.). In chronologischer Folge schildern sie in drastischen Bildern die Christenverfolgung vom Kindermord in Bethlehem bis zu Kaiser Julian dem Abtrünnigen: eine regelrechte Aufzählung sämtlicher Arten von Folter.

Archäologen entdeckten unter der Kirche eine Kaserne und ein **Mithräum,** einen Tempel des Mithras-Kultes, der noch bis ins 5. Jh. genutzt worden ist.

SS. Quattro Coronati 6

Via dei Santi Quattro 20, tgl. 10–11.45, 16–17.45 Uhr, So vorm. geschl.

Einer mittelalterlichen Festung gleicht die Klosteranlage um die Kirche Santi Quattro Coronati (›Die hl. vier Ge-

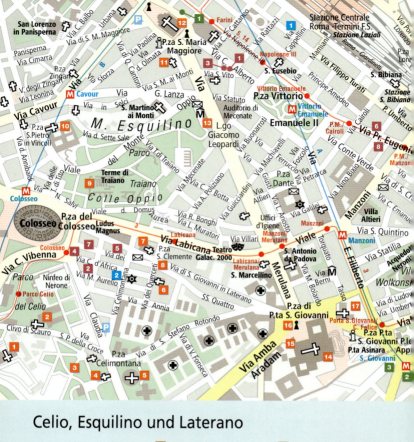

Celio, Esquilino und Laterano

Sehenswert

1. San Gregorio al Celio
2. SS. Giovanni e Paolo
3. Villa Celimontana
4. Santa Maria in Domnica
5. Santo Stefano Rotondo
6. SS. Quattro Coronati
7. San Clemente
8. Via Querceti (Straßenaltar)
9. Domus Aurea
10. San Pietro in Vincoli
11. Santa Prassede
12. Santa Maria Maggiore
13. Museo Nazionale d'Arte Orientale
14. San Giovanni in Laterano
15. San Giovanni in Fonte
16. Obelisk
17. Scala Santa
18. Santa Croce in Gerusalemme
19. Amphitheatrum Castrense
20. Porta Maggiore
21. – 24. s. Karte S. 262

krönten‹. Der Name erinnert an vier Steinmetze, die den Märtyrertod durch Krönung mit zackigen Eisenkränzen starben, weil sie sich geweigert hatten, eine Statue des Gottes Äskulap an-

zufertigen. Das Kloster bewohnen noch in Klausur lebende Augustiner-Chorfrauen. Während der deutschen Besatzung versteckten Nonnen schweigend Partisanen und Juden in ihren

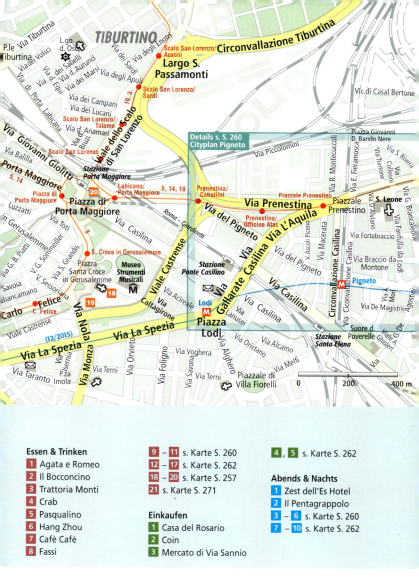

Essen & Trinken
1. Agata e Romeo
2. Il Bocconcino
3. Trattoria Monti
4. Crab
5. Pasqualino
6. Hang Zhou
7. Cafè Cafè
8. Fassi

9 – 11 s. Karte S. 260
12 – 17 s. Karte S. 262
18 – 20 s. Karte S. 257
21 s. Karte S. 271

Einkaufen
1. Casa del Rosario
2. Coin
3. Mercato di Via Sannio

4, 5 s. Karte S. 262

Abends & Nachts
1. Zest dell'Es Hotel
2. Il Pentagrappolo
3 – 6 s. Karte S. 260
7 – 10 s. Karte S. 262

Zellen. Beachtenswert ist neben dem stimmungsvollen Kreuzgang der wunderbare **Freskenzyklus aus dem 13. Jh.** im Oratorio di San Silvestro. Er zeigt Szenen aus der Konstantinslegende, die auch in den Stanzen des Raffael thematisiert werden. Von eminent politischer Bedeutung war die legendäre ›Konstantinische Schenkung‹, in der Kaiser Konstantin Papst Silvester die Insignien

Lieblingsort

Geschichte im Untergrund
An kaum einem anderen Ort in Rom lassen sich die historischen Schichten der Stadt so erleben wie in **San Clemente** 7. Zwölf Jahrhunderte durchläuft man bei einem kurzen Gang in den 18 m tiefen Untergrund. Bei meinem ersten Besuch waren die Ausgrabungen noch im Gange. Christliche Fresken schimmerten neben heidnischen Kulten und im Hintergrund hörte man das Rauschen von Wasser. Das Nebeneinander der verschiedenen Zeitschichten faszinierte mich so sehr, dass ich Archäologie zu studieren begann (s. auch S. 250).

Celio, Esquilino und Roms Osten

der weltlichen Macht, hier in Form einer mittelalterlichen Tiara, reicht und Silvester als ›Rossknecht‹ nach Rom führt.

San Clemente 7
Via Labicana 95, www.basilicasan clemente.com, Mo–Sa 9–12.30, 15–18 Uhr, So, feiertags 12–18 Uhr, Eingang zur Unterkirche im rechten Seitenschiff, Mo–Sa Öffnungszeiten wie Kirche, 5 €/3,50 €

Über einen Vorhof mit schönen Kolonnaden gelangt man zur Kiche San Clemente, die dem dritten Papst nach Petrus geweiht ist. Im 12. Jh. über einer Vorgängerkirche erbaut, blieb trotz einiger Umgestaltungen im 18. Jh. (z. B. vergoldete Kassettendecke) die ursprüngliche Ausstattung mit einer *schola cantorum* (der durch Marmorschranken abgegrenzte Chorbereich der Mönche mit zwei Kanzeln), schönen Marmorintarsien des Fußbodens, Osterleuchter und Altarziborium erhalten. Höhepunkt sind die goldgrundigen Mosaiken des Triumphbogens und der Apsis, in deren Zentrum der **Triumph des Kreuzes** steht, eine symbolische Darstellung des Opfers Christi.

Renaissancefresken des Florentiners Masolino da Panicale (um 1430) schmücken die **Cappella di Santa Caterina** links vom Hauptportal. Sie zeigen auf einem Bildfeld mehrere Episoden aus dem Leben der hl. Katharina von Alexandrien (links) und des hl. Ambrosius (rechts).

Ein absolutes Muss ist der Besuch der erst im 19. Jh. ausgegrabenen **Unterkirche.** Die von den Normannen zerstörte dreischiffige Säulenbasilika aus dem 4. Jh. zieren noch Freskenreste des 9. bis 11. Jh., darunter ein erstes Schriftzeugnis in italienischer Sprache. Einige Meter tiefer huldigten in einem überwölbten Kultraum römische Legionäre mit blutigen Stieropfern dem im römischen Reich überaus beliebten persischen Lichtgott Mithras.

Noch etwas tiefer steht man in römischen Wohnhäusern aus der Zeit Cäsars. Über eine Öffnung hört man das Rauschen eines Zulaufs der Cloaca Maxima, mit der die Etrusker vor 2600 Jahren das Gebiet des späteren Forums trockenlegten.

Straßenaltar in der Via Querceti 8

Ein von Legenden umrankter Ort ist der unscheinbare, etwas heruntergekommene Straßenaltar in der Via Querceti, die von der Via San Giovanni in Laterano abzweigt. Nach ihrer Rückkehr aus dem Exil von Avignon bezogen die Päpste den Vatikan als Residenz. Die wichtigste Kirche Roms blieb aber San Giovanni in Laterano, die Bischofskirche des Papstes in seinem Amt als Bischof von Rom. Unmittelbar nach ihrer Wahl führten die Päpste eine große Prozession von der Peterskirche zur Laterankirche an, um sie persönlich ›in Besitz zu nehmen‹. Doch der letzte Abschnitt auf der Via S. Giovanni in Laterano wurde lange Zeit gemieden. Einer umstrittenen Überlieferung nach soll nämlich an der Kreuzung Via dei Querceti/Via dei SS. Quattro Coronati eine Päpstin namens Johanna eine Tochter geboren haben. Die entrüstete Menschenmenge soll Mutter und Kind daraufhin gesteinigt haben. Bis weit ins 17. Jh. kursierten Berichte über Johanna, die als Mann verkleidet die kirchliche Laufbahn eingeschlagen haben und nach dem Tod von Papst Leo IV. 855 als Johannes VIII. zum Kirchenoberhaupt gewählt worden sein soll. Bis heute gehen die Meinungen über die Päpstin Johanna auseinander. Ihr (legendäres) Leben fand in vielen Romanen Niederschlag, u. a. im Bestseller »Die Päpstin« von Donna W. Cross.

Esquilino

In nördlicher Richtung bis zum Hauptbahnhof Termini erstreckt sich das quirlige Esquilin-Viertel, Heimat der vielen neuen Einwanderer, vor allem Chinesen, die vor allem rund um die Piazza Vittorio Hunderte von Geschäften unterhalten. Es ist ein Rom abseits der üblichen Postkartenkulisse. In den letzten Jahren hat sich die Stadtverwaltung mit unterschiedlichsten Projekten um eine ›Requalifizierung‹ des heruntergekommenen Viertels bemüht. Zum Esquilin gehören auch bedeutende Kirchen, wie die Patriachalbasilika Santa Maria Maggiore, San Pietro in Vincoli und Santa Prassede. Einen spektakulären archäologischen Fund birgt der Colle Oppio.

Colle Oppio

Eine kleine grüne, wenn auch zuweilen etwas ungepflegte Oase ist dieser Park nördlich des Kolosseums, jenseits der breiten Via Labicana. Volksfestcharakter hat das sonntägliche Kicken auf dem Fußballplatz. Seit über zehn Jahren treffen sich hier Lateinamerikaner, inzwischen auch Nordafrikaner und Rumänen, um in 22 Mannschaften ihre Meisterschaft auszutragen.

Im Hintergrund ragen die Ruinen der **Terme di Traiano** (Trajans-Thermen) auf, die sich einst über das gesamte heutige Parkgelände erstreckten. Trajan hatte sie anstelle der Domus Aurea für das Volk erbauen lassen.

Domus Aurea 9
Zurzeit wegen Restaurierung geschl.
Nachdem 63 n. Chr. ein Großteil Roms in Flammen aufgegangen war, ließ Nero in nur vier Jahren sein ›Goldenes Haus‹, die Domus Aurea, erbauen. Mit 80 ha hatte sie eine größere Grundfläche als der heutige Vatikan. Anlässlich der Einweihung soll Nero gesagt haben: »Endlich kann ich wie ein Mensch wohnen!«. Der Prunk der weitläufigen, mit Wandmalereien, Stuck, Gold und Marmor geschmückten Privatresidenz lässt sich nach der Zerstörung und Überbauung durch nachfolgende Kaiser nur erahnen. Beeindruckend ist die Vielzahl der heute unterirdischen Räume, darunter der mit einer Beton(!)-kuppel abgeschlossene achteckige Saal und die Reste von Stuckdekorationen und pompejanischen Wandmalereien, die nach ihrer Entdeckung von zahlreichen Renaissancekünstlern nachgeahmt wurden und als »Groteskenmalerei« (von ital. *grotta* = Höhle) große Verbreitung fanden. Hier wurde 1506 auch die Laokoon-Gruppe gefunden.

San Pietro in Vincoli 10
Piazza di San Pietro in Vincoli 4a, tgl. 8–12.30, 15.30–19, im Winter 15–18 Uhr
Wer würde wohl hinter der unauffälligen Fassade dieser Kirche eines der Hauptwerke von Michelangelo vermuten: die **Moses-Figur** aus dem Grabmal von Papst Julius II. (1513). Der ursprüngliche Entwurf eines frei stehenden, mehrstöckigen Grabmals mit über 40 Figuren in der geplanten neuen Petersbasilika kam wegen Unstimmigkeiten nie zur Verwirklichung. Erst lange nach dem Tod des Papstes wurde 1545 eine verkleinerte Variante in seiner einstigen Titularkirche aufgestellt. Die kraftvolle, spannungsreiche Sitzstatue, ein Meisterwerk abendländischer Bildhauerkunst, zeigt Moses in dem Moment, als er, die Tafel mit den Zehn Geboten unter dem Arm, vom Berg Sinai hinabsteigt und verärgert das Volk Israel um das Goldene

Celio, Esquilino und Roms Osten

Fand seinen Abschluss in einer Beton(!)kuppel: der achteckige Saal der Domus Aurea

Kalb tanzen sieht. Deutlich erkennbar ist, dass sich Michelangelo bei seinen Skulpturen an den ausgewogenen Körperproportionen antiker Plastiken orientierte. Sein Hang zu gesteigerter Bewegung und Ausdruckskraft nimmt bereits Prinzipien des Manierismus vorweg. Seine ›Hörner‹ verdankt Moses einem Übersetzungsfehler des Bibeltextes, der die Strahlen der göttlichen Erleuchtung zu Hörnern werden ließ. Die beiden Frauenfiguren, Lea und Rachel, stammen wie die anderen Skulpturen von Schülern des Meisters. Unter dem Hochaltar der bereits 439 geweihten und vom späteren Papst Julius II. im 15. Jh. umgebauten Basilika verehrt man die Ketten *(vincoli)*, mit denen Petrus in Jerusalem und Rom gefesselt war.

Santa Prassede

Via di Santa Prassede 9a,
tgl. 8–12, 16–18.30 Uhr

Als Kleinod byzantinischer Mosaikkunst präsentiert sich die dreischiffige Basilika, die Papst Paschalis I. im 9. Jh. zu Ehren der Märtyrerin Praxedis erbauen ließ. Typisch für die byzantinische Kunst ist das farbenprächtige und dekorreiche, aber ohne Tiefenwirkung gestaltete Apsismosaik, auf dem die beiden Schwestern Pudentiana und Praxedis von ihren Fürsprechern Petrus und Paulus Christus zugeführt werden. Ganz am Rand ließ sich der Kirchenstifter Paschalis I. mit dem eckigen Heiligenschein der Lebenden verewigen. Darüber im Triumphbogen die Darstellung des Himmlischen Jerusalem, vor dem die Auserwählten warten.

Cappella di San Zenone
Ein Höhepunkt römischer Mosaikkunst ist die mit goldgrundigen Mosaiken überzogene Kapelle des hl. Zeno zur Rechten. Die im Mittelalter als ›Paradiesgärtchen‹ bekannte Kapelle ließ der Stifter für seine Mutter Theodo-

ra – innen links mit dem rechteckigen Heiligenschein dargestellt – als Grabkapelle errichten.

Santa Maria Maggiore [12]

Piazza di Santa Maria Maggiore
Geografischer Mittelpunkt des Esquilin ist die Kirche Santa Maria Maggiore, auf die alle Straßen zulaufen. Der nach der Rückkehr der Päpste aus Avignon 1377 errichtete Glockenturm gilt als höchster der Stadt. Antikes Recycling spiegelt sich in der Mariensäule: Sie entstammt der antiken Maxentius-Basilika. Die Patriarchalbasilika und größte der rund 80 römischen Marienkirchen – daher ›Maggiore‹ genannt – verdankt ihre Existenz einem ungewöhnlichen Schneefall im August. Nach einer Legende soll Maria in der Nacht vom 6. August 352 Papst Liberius und einem reichen Patrizier im Traum erschienen sein und sie angewiesen haben, an der Stelle, an der am nächsten Morgen Schnee liegen würde, eine Kirche zu bauen. Tatsächlich ließ Sixtus III. das Gotteshaus 432 zu Ehren Marias errichten. Ausgrabungen unter der Kirche brachten übrigens die Spuren eines augusteischen Hauses ans Licht (Eintritt: 5 €, erm. 4 €).

Benediktionsloggia

Die Mosaiken der Loggia, die durch die im 18. Jh. modernisierte Fassade verdeckt sind, können im Rahmen einer Führung besichtigt werden (Eintritt 3 €). Die Mosaiken schuf der ansonsten wenig bekannte Künstler Filippo Rusuti im 13. Jh. Sie zeigen im oberen Bereich Christus auf einem Thron und Maria, umringt von Engeln und Aposteln. In den vier Szenen des unteren Bereichs wird die märchenhafte Gründungsgeschichte von Santa Maria Maggiore dargestellt.

Innenausstattung

Der dreischiffige Innenraum mit einem wunderbar erhaltenen Cosmatenboden hat hingegen seinen frühchristlichen Charakter bewahrt. Die **Mosaiken** der Langhauswände erzählen Geschichten aus dem Alten Testament und stammen wie der Mosaikzyklus mit den Stationen von Christus auf dem Triumphbogen aus dem 5. Jh. (Fernglas mitnehmen!). Beide Zyklen sind geprägt vom lebendigen Stil der späten Kaiserzeit. Das Apsismosaik aus dem späten 13. Jh. zeigt Stationen aus dem Marienleben, das mit der Krönung zur Königin des Himmels seinen Höhepunkt findet. Papst Nikolaus IV., hier als knieender Stifter verewigt, gab die Mosaiken bei dem Franziskaner Jacopo Torriti in Auftrag.

Die hölzerne **Kassettendecke** ließ der skandalumwitterte Borgia-Papst Alexander VI. (1492–1503) Ende des 15. Jh. mit der ersten Goldlieferung aus Amerika überziehen. Die Hauptreliquien der Kirche, **Splitter der Krippe von Bethlehem,** befinden sich im Reliquiar unter dem von einem Baldachin bekrönten Papstaltar. Davor steht die kniende Statue des Marienverehrers Papst Pius IX., der 1854 das Dogma der Unbefleckten Empfängnis Marias verkündete.

Grabkapellen

Während sich zahlreiche Grabmäler als Hochgesang auf die Verstorbenen präsentieren, bedeckt nur eine schlichte Grabplatte die letzte Ruhestätte eines der bedeutendsten Barockbaumeister: Gianlorenzo Bernini (rechts vom Hauptaltar). Prächtig sind wiederum die beiden von Kuppeln überwölbten **Grabkapellen des Querhauses,** in denen die Päpste Sixtus V. und Pius V. (rechts) sowie Paul V. (links) liegen. Ein interessantes Detail weist das Kuppelfresko »Madonna

Celio, Esquilino und Roms Osten

und Apostel« von Ludovico Cardi in der Cappella Paolina auf: Cardis Madonna steht nicht wie üblich auf einer Mondsichel, sondern auf einem von Kratern zerklüfteten Mond, wie ihn erst kurz zuvor Galileo Galilei, mit dem Cardi in Briefwechsel stand, durchs Fernrohr gesehen hatte.

Piazza Vittorio und Umgebung

Herzstück des teilweise stark heruntergekommenen Esquilin ist die multikulturelle Piazza Vittorio, die im 19. Jh. nach Turiner Vorbild mit Säulengängen umsäumt wurde. Rund um die Gartenanlage treffen sich die Einwanderer zum Klönen, verscherbeln fliegende Händler gefälschte Markenware und selbst gebrannte CDs, spielen Kinder aus aller Herren Länder, und am frühen Morgen vollführen ein paar Asiaten grazil Tai-Chi-Übungen. Die Piazza ist auch Schauplatz der großen Events wie des chinesischen Neujahrsfestes, des gemeinsamen Gebets während des Ramadan, der Feste der Sikhs und Bengalesen. Der bazarähnliche Markt befindet sich hingegen in der nahe gelegenen **Caserma Pepe** an der Via Turati, wo man von thailändischem Reis über mexikanische Bohnen und Linsen aus Bangladesh alles findet.

Museo Nazionale d'Arte Orientale 13
Via Merulana 248, www.museorientale.beniculturali.it, Di–Fr 9–14, Do, Sa, So, feiertags bis 19.30 Uhr, 6 €/3 €
Bereits seit den 1960er-Jahren beherbergt der **Palazzo Brancaccio** das Museum mit seiner reichen archäologischen Sammlung aus dem Mittleren und Fernen Osten.

Laterano

Im Lateran-Viertel, benannt nach der altrömischen Familie Laterani, die hier ein großes Anwesen besaß, entstand nach dem Mailänder Edikt die erste große christliche Kultstätte Roms. Mit der Wahl des Bauplatzes am Rande der Stadt, nahe der Aurelianischen Stadtmauer, nahm man Rücksicht auf die heidnische Mehrheit der Bevölkerung.

San Giovanni in Laterano 14

Zugang zum Kreuzgang über das linke Seitenschiff, 2 €
»Haupt und Mutter aller Kirchen Roms und des Erdkreises«, lautet die Inschrift an der Hauptfassade von San Giovanni in Laterano. Unter Kaiser Konstantin 313 gegründet, war sie bis zum Exil von Avignon (1309–1377) gemeinsam mit dem angeschlossenen Lateranpalast Residenz des Pontifex Maximus und somit Zentrum der katholischen Welt. Noch heute ist sie und nicht St. Peter die Bischofskirche von Rom. Sie ist die ranghöchste der sieben Pilgerkirchen und wie San Pietro in Vaticano, Santa Maria Maggiore, San Paolo fuori le Mura und San Lorenzo fuori le Mura eine Patriarchalbasilika. Diese unterstehen direkt dem Papst und besitzen eine ›heilige‹ Tür, Papstaltar und Papstthron; außerdem kann man bei ihrem Besuch besondere Ablässe erlangen.

Im Lauf der Jahrhunderte wurde die Kirche immer wieder aus- und umgebaut. Von der frühchristlichen Basilika ist nur noch die fünfschiffige Anlage mit Querhaus zu erkennen. Die weithin sichtbare **Fassade** mit den 15 gewaltigen Figuren entwarf der Architekt Alessandro Galilei (1730–1736). Das bronzene Zentralportal stammt aus der antiken Kurie auf dem Forum Ro-

San Giovanni in Laterano

manum. Anlässlich des Heiligen Jahres 1650 erneuerte Borromini den Innenraum im barocken Stil. So präsentiert sich die Kirche nun als fünfschiffige Pfeilerbasilika mit Längskapellen. Um einen einheitlichen Raum zu schaffen, bündelte Borromini die Säulen des Mittelschiffs paarweise zu Pfeilern. Die vergoldete **Kassettendecke** aus dem 16. Jh. sowie der schöne **Cosmatenboden** aus dem 15. Jh. blieben hingegen bestehen. Zu den bedeutendsten Kunstwerken der Kirche gehört das **Freskofragment** an der Rückwand des ersten rechten Pilasters mit einer Darstellung von Papst Bonifaz VIII. bei der Ausrufung des ersten Jubeljahres 1300.

Papstaltar und Kreuzgang

Im Mittelpunkt der Kirche steht der von einem gotischen Baldachin bekrönte **Papstaltar,** darüber die silbernen Kopfreliquiarien mit den Häuptern der Apostel Petrus und Paulus. Im Chor leuchtet das goldgrundige Apsismosaik aus dem 13. Jh. mit Christus, darunter das antike Motiv des Gemmenkreuzes und Heilige wie Franz von ▷ S. 259

»Haupt und Mutter aller Kirchen Roms und des Erdkreises« – San Giovanni in Laterano

Auf Entdeckungstour: Zeitreise per Rad oder zu Fuß auf der Via Appia Antica

Die Straßen mit ihren holprigen Pflastersteinen waren einst die Lebensadern des römischen Imperiums. Unter den zahlreichen Römerstraßen galt die Via Appia vor den Toren Roms als ›Königin der Straßen‹.

Planung: Am besten sonntags, wenn Autos nicht fahren dürfen. Gleichwohl herrscht zumindest bis zum Grabmal der Cecilia Metella z. T. Verkehr. Danach wird es ruhiger, da die originale Pflasterung beginnt. Zum Radfahren etwas holprig, man kann jedoch auf den Seitenstreifen ausweichen.
Start: an der Porta San Sebastiano.
Länge: bis Villa dei Quintilli ca. 6,5 km.
Anfahrt: Bus 218 ab Porta di San Giovanni in Laterano oder Bus 118 ab Piramide (Metro B). Oder mit Metro A bis zur Station Colli Albani, von dort Bus 660 bis zum Appia Antica Caffè.
Infopoint der Parkverwaltung: Nr. 58–60, Tel. 065 13 53 16, www.parco appiaantica.it, Mo–Fr 9–13, 14–17.30, Nov.–Febr. bis 16.30 Uhr, Sa, So und Fei 9–17, im Sommer bis 18.30 Uhr.
Fahrradverleih: am Infopoint und am Appia Antica Caffè (Nr. 175, Di–So 9–18 Uhr, s. u.).
Katakomben: nur mit Führung (auch auf Dt.), ca. 45 Min., 8 €/5 €, s. S. 63.
Einkehren: Appia Antica Caffè [18], **Priscilla** [19], **Da Franca** [20], s. S. 268.

Seit 1997 ist die Via Appia Antica Teil des 3500 ha großen Landschaftsparks Parco Via Appia Antica. Die Straße erkundet man am besten zu Fuß oder mit dem Fahrrad. Sie gehört zu den mythischen Plätzen des antiken Rom. Geschichten und Legenden aus der Antike und dem frühen Christentum ranken sich um diese Straße. So soll Petrus, als er nach dem Brand von Rom stadtauswärts flüchtete, an einer Kreuzung Jesus begegnet sein. Auf die Frage »Herr, wohin gehst du?« antwortete ihm dieser: »Ich komme, um wieder gekreuzigt zu werden.« Daraufhin soll Petrus nach Rom zurückgekehrt sein.

Autobahn der Antike

Ausgangspunkt ist die **Porta San Sebastiano.** Nicht versäumen sollte man dort einen Besuch des **Museo delle Mura** (Di–So 9–14 Uhr, Eintritt frei), das einen Einblick in den Bau der Aurelianischen Stadtmauer gibt. Beim sogenannten Drusus-Bogen handelt es sich um den Rest einer Wasserleitung. Von den Museumsmitarbeitern sollte man sich unbedingt die obere Terrasse aufschließen lassen, von der man einen grandiosen Blick über Rom und die Campagna genießt.

Kurz hinter der stets verkehrsumtosten Porta San Sebastiano steht die Kopie des ersten Meilensteins. Eine Meile entsprach 1481,50 m. Auf der Säule standen immer der Name des Bauherrn, sein Amt, die Bestimmung der Strecke und die Entfernungsangaben. Die Straße trägt den Namen des Censors Claudius Appius Caecus. Er stiftete auch die Aqua Appia, die erste Wasserleitung Roms. Zunächst führte die ab 312 v. Chr. angelegte Via Appia nur bis Capua, später bis zur Hafenstadt Brindisi; insgesamt war sie 480 km lang. Die römische Straßenbautechnik war ausgeklügelt. Nahtlos fügten sich die nach unten konisch zulaufenden Basaltplatten zusammen. Die genormte Breite von 14 römischen Fuß (etwa 4,15 m) erlaubte das Vorbeifahren zweier Gespanne. Zwei Fußwege aus gestampfter Erde begleiten auf beiden Seiten die Fahrbahn. Nicht zu Unrecht galten die römischen Straßen als ›Schnellstraßen‹.

Gräber für Arm und Reich

Berühmt geworden ist die Via Appia vor allem als Gräberstraße. Da Tote nicht innerhalb der Stadtmauern begraben werden durften, wählten die Römer die aus Rom herausführenden Konsularstraßen als Grabstätten. Als vornehmste Straße war die Via Appia Antica bei den reichen Familien Roms als Ort für eine Grablege

257

begehrt. Nur wer es sich leisten konnte, hier schon zu Lebzeiten Land zu erwerben, hatte die Gewissheit, nicht in irgendeinem Massengrab zu enden. Denn neben den teuren überirdischen Anlagen gab es für ›Normalsterbliche‹ unterirdische Gemeinschaftsgräber auf mehreren Ebenen, platzsparend und kostengünstig. In mehreren Stockwerken bis zu einer Tiefe von mehr als 30 m finden sich an die 170 000 Grabstellen, wobei nur ein Teil bisher erschlossen wurde. Man sollte sich die mit Malereien, Grabinschriften und christlichen Symbolen geschmückten Gänge unbedingt anschauen.

Zu den berühmtesten gehören die weitläufigen **Calixtus-Katakomben** (Do–Di 9–12, 14–17 Uhr, Febr. geschl.), benannt nach Papst Calixtus. Bis ins 5. Jh. hinein befand sich hier der wichtigste christliche Friedhof, der auch als öffentliche Begräbnisstätte der Bischöfe Roms und weiterer zahlreicher Päpste aus den ersten Jahrhunderten des Christentums diente. Gut erhaltene Malereien mit Heiligen und frühchristlichen Symbolen schmücken die Gänge der **Domitilla-Katakomben** (Mi–Mo 9–12, 14–17 Uhr). Herausragend ist die früheste bekannte Darstellung Christi als guter Hirte. Die **Ardeatinischen Höhlen** (Via Ardeatina 174, tgl. 8.15–15.15, Sa, So bis 16.30 Uhr) hingegen sind eine bewegende Gedenkstätte, die an das am 24. März 1944 auf Befehl des SS-Polizeichefs von Rom, Herbert Kappler, angeordnete Massaker erinnert. Nach einem Partisanenattentat erschoss die SS hier als Racheakt 335 Gefangene.

Autofrei!

Die Stelle, an der die **Sebastians-Katakomben** (Mo–Sa 10–17 Uhr) mit der darüberliegenden Kirche errichtet wurden, trug die Flurbezeichnung *ad catacumbas* (in der Talsenke), woraus sich später der Begriff Katakomben ableitete. Hinter der Kirche beginnt der ruhigere Teil der Via Appia. Linker Hand sieht man die Ruinen der **Villa des Maxentius,** von Kaiser Maxentius Anfang des 4. Jh. errichtet (Di–So 10–16 Uhr, Eintritt frei). Sie birgt das Grabmal, einen Rundbau im Stil des Pantheon, für den jung verstorbenen Sohn des Kaisers, Romulus. Seinem Andenken diente auch der **Circus des Maxentius.** Wie im Circus Maximus fanden auch hier Wagenrennen statt.

Zu den prunkvollsten Gräbern gehört das **Grabmal der Cecilia Metella** (Di–So 9–1 Std. vor Sonnenuntergang, 6 €/3 €), vor dem sich Goethe einst porträtieren ließ. Den gedeckten Rundbau für die Schwiegertochter des Generals Crassus zieren Reliefs mit Girlanden, Stierschädeln und gallischen Schildern – eine Stein gewordene Demonstration der Macht einer einflussreichen römischen Familie.

Hinter der nächsten Kreuzung, an der sich auch eine schattige **Bar** befindet, beginnt der landschaftlich schönste Teil der Via Appia. Autos sind verbannt, Pinien und Zypressen säumen den Weg. Weit reicht der Blick in die römische Campagna, bis zu den malerischen Resten verfallener Aquädukte in der Ferne.

Das ›alte Rom‹

Ein Prunkstück ist die **Villa dei Quintili** (Di–So 9–1 Std. vor Sonnenuntergang, Eingang nur Via Appia Nuova, 6 €/3 €), die wegen ihrer Ausdehnung »Roma vecchia«, das ›alte Rom‹ genannt wurde. Der einst prächtige Landsitz mit Nymphäum, Hippodrom, Zisternen und Bädern wurde in mühsamer archäologischer Arbeit in Jahrzehnten zwischen den Olivenbäumen freigelegt und den Besuchern zugänglich gemacht.

Assisi und Antonius von Padua. In den Ecken verewigten sich übrigens die Künstler mit ihren Werkzeugen. Ein Juwel mittelalterlicher Cosmatenkunst ist der **Kreuzgang** des 13. Jh.

Palazzo Laterano

Der angeschlossene **Lateranpalast** ist bis heute Sitz der römischen Bistumsverwaltung und des Museo Storico Vaticano (Besichtigung nach Vereinbarung, s. www.museivaticani.va) mit seinen prunkvollen päpstlichen Repräsentationsräumen, Papstsänften und Uniformen. Am 11. Februar 1929 wurden hier die Lateranverträge zwischen dem Heiligen Stuhl und Italien geschlossen und damit der Vatikanstaat geschaffen.

Piazza San Giovanni in Laterano

Die achteckige Taufkirche **San Giovanni in Fonte** 15 (12.30–16 Uhr geschl.) im Westen der Piazza San Giovanni in Laterano entstand schon unter Konstantin und wurde zum Prototyp christlicher Taufhäuser. Besondere Beachtung verdienen die schönen Mosaiken aus dem 5. bis 7. Jh. in der Kapelle San Venanzio.

Den mit 32 m höchsten und mit 400 t schwersten **Obelisken** 16 auf dem Platz verschleppten die alten Römer in ihrer Ägyptomanie von Karnak nach Rom. ›Obeliskenpapst‹ Sixtus V. ließ ihn im 16. Jh. wieder aufrichten und mit dem Kreuzzeichen an der Spitze zu einem christlichen Symbol uminterpretieren.

Scala Santa 17

Piazza di San Giovanni in Laterano 14, www.scala-santa.it, Mo–Sa 6–13, 15–18.30 Uhr, im Sommer bis 19 Uhr, So/Fei 7–12.30 Uhr, Cappella Sancta Sanctorum: Mo–Sa 9.30–12.40,
15–17.10 Uhr, Führung ca. 20 Min., Eintritt 3,50 €, Audioguide

Ziel zahlreicher Pilger sind die 28 Stufen, über die Christus zu Pontius Pilatus hinaufgestiegen sein soll. Die Treppe wurde wohl 326 von der hl. Helena, der Mutter Konstantins, aus Jerusalem nach Rom gebracht. Sie führt zur **Cappella Sancta Sanctorum,** einstige päpstliche Hauskapelle und im Mittelalter Aufbewahrungsort wertvollster Reliquien. Ihr heutiges Aussehen erhielt sie im 13. Jh. unter Papst Nikolaus III. (1277–1280). Sie liegt zwischen der Cappella di S. Lorenzo und dem Oratorio di S. Silvestro. Unter den Mosaiken der Decke ist das Brustbild Christi in einer von vier Engeln getragenen Lichtscheibe. Den Altar schmückt eine das Mittelalter hindurch hoch verehrte Christus-Ikone des 6./7. Jh. Direkt hinter dem Gebäude hat sich an der Außenwand die Apsis des **Triclinium Leonianum** erhalten. Das Apsismosaik (eine Kopie) des ehemaligen Speisesaals des Laterans zeigt Papst Leo III. und Karl den Großen mit dem quadratischen Heiligenschein der Lebenden.

Entlang der Aurelianischen Stadtmauer

Über den begrünten Viale Carlo Felice erreicht man entlang der Aurelianischen Stadtmauer mit Santa Croce in Gerusalemme eine weitere Pilgerkirche.

Santa Croce in Gerusalemme 18

Piazza di Santa Croce in Gerusalemme 12, www.santacroceroma.it, tgl. 7.30–12.45, 15.30–19.30 Uhr, Zugang zur Reliquienkapelle im linken Seitenschiff

San Croce in Gerusalemme hütet einige der bedeutendsten Schätze der katholischen Kirche: die Kreuzesreliquien. Ihr heutiges Aussehen erhielt

259

Celio, Esquilino und Roms Osten

Mein Tipp

Abendlicher Bummel durch das In-Viertel Pigneto

Tram: 5, 14 ab Porta Maggiore, Bus: 81 ab Piazza S. Giovanni in Laterano
Schön ist das Pigneto eigentlich nicht. Dennoch zieht das Viertel in den letzten Jahren immer mehr Nachtschwärmer an. Wie San Lorenzo ist es ein traditionelles Arbeiterviertel mit sieben- bis achtstöckigen Wohnblocks und kleinen Häuschen, eingeschlossen zwischen den lauten Ausfallstraßen Via Prenestina und Via Casilina und durchschnitten von der Bahnlinie. Die Metroanbindung ist in Bau. Doch die Mieten waren lange Zeit günstig und so zogen und ziehen immer mehr Studenten, Musiker und Filmemacher in das Quartier, in dem auch viele Einwanderer eine neue Heimat gefunden haben. Lebensader des Viertels ist die **Via del Pigneto,** inzwischen z. T. Fußgängerzone, wo vormittags ein bunter Stadtteilmarkt stattfindet. Kommen Sie am Abend hierher und tauchen Sie in das quirlige Nachtleben ein. Die bis tief in die Nacht geöffneten Bars, Cafés und Musikclubs locken unzählige Besucher an, z. B. das **Lo Yeti** 3 mit kleiner Buchhandlung, das **Razmataz** 4, eine beliebte Aperitifbar mit Livemusik (Jazz), oder das cultige **Co. So.** 5 (s. S. 52). Unter den vielen Lokalen empfehle ich Ihnen die klassische und preisgünstige Osteria **Mimì e Cocozza** 9, wo bestens zubereitete *primi* auf die blanken Holztische kommen. Mit schönem Garten inmitten der Hochhäuser, Geselligkeit und breiter Antipasti-Auswahl punktet die Pizzeria **Rosti** 10. Berühmtheit erlangte das **Necci dal 1924** 11 schon in der Nachkriegszeit, als Pier Paolo Pasolini hier seinen Film »Accattone« drehte. Beste Adresse für gute Konzerte bleibt der **Circolo degli Artisti** 6. Weitere Infos s. Adressen ab S. 266.

die unter Konstantin erbaute Kirche im 18. Jh. durch Domenico Gregorini. Die barocke Fassade mit ihrem Wechselspiel konkaver und konvexer Linien und die ovale Vorhalle verraten deutlich den Einfluss Borrominis. Aus der Vorgängerkirche blieben im dreischiffigen Innern einzig der mittelalterliche **Cosmatenboden** sowie der Freskenzyklus von Antoniazzo Romano (1492) erhalten, der die »Legende des hl. Kreuzes« illustriert. Im rechten Seitenschiff führt eine Treppe zur Kapelle der hl. Helena, unter deren Fußboden Erde vom Kalvarienberg liegt. Die **Kreuzesreliquie** samt einem Nagel vom Kreuz, zwei Dornen aus der Krone Jesu und einem Stück vom Schwamm sowie dem Finger des ungläubigen Thomas, der die Wunde Christi berührt haben soll, werden in einem Glaskasten der modernen Reliquienkapelle aufbewahrt.

Amphitheatrum Castrense [19]

Piazza di Santa Croce in Gerusalemme 3, jeden 1. und 3. Sa im Monat, 7,50 €, Anmeldung: www.coopculture.it, Tel. 06 39 96 77 00
Direkt neben der Kirche sind die Ruinen der ehemaligen Residenz von Kaiserin Helena und des Amphitheaters aus dem 3. Jh. n. Chr. zu sehen, das sich in Rom als einziges neben dem Kolosseum bewahrt hat. Mit einer Wagenrennbahn war es Teil einer Kaiserresidenz des Septimius Severus, die dann in den Besitz von Kaiserin Helena überging. Zisterziensermönche nutzten die Arena des einstigen Amphitheaters als Klostergarten.

Porta Maggiore [20]

An der mächtigen Porta Maggiore, die aus den Bögen zweier Aquädukte besteht, tost der Verkehr. 81 Autos kommen auf 100 Römer – kein Wunder, dass die römischen Linienbusse lediglich eine durchschnittliche Geschwindigkeit von 13,5 km/h erreichen. Die Zeit überdauert hat vor dem Tor der **Sepolcro di Eurisace,** das kuriose Grabmal eines Bäckermagnaten aus der Kaiserzeit, das sich aus steinernen runden Getreidemaßen zusammensetzt.

San Lorenzo

Das Ende des 19. Jh. im Zuge des Baubooms in der neuen Hauptstadt schnell hochgezogene, schlecht gebaute Quartier gehörte anfangs zu den sozialen Brennpunkten der Stadt. Die Wohnungen waren meist doppelt belegt, die Infrastruktur unzureichend. Von der Regierung beauftragt, eine Bewahranstalt für die vernachlässigten Arbeiterkinder einzurichten, gründete Maria Montessori hier ihr erstes Kinderhaus und erprobte ihre Methode der Selbsttätigkeit der Kinder in einer didaktisch vorbereiteten Umgebung, was bald als ›Wunder von San Lorenzo‹ um die Welt ging.

Inzwischen ist das Viertel im Westen durch den riesigen Kopfbahnhof abgeschlossen, im Süden durch die berüchtigte hochgelegte Umgehungsstraße *(Tangenziale),* im Osten durch den Campo Verano und im Norden durch Universität und Kliniken. Wegen der Nähe zu Bahnhof und Friedhof vor allem von Eisenbahnern und Handwerkern (z. B. Steinmetzen) bewohnt, wurde San Lorenzo nach der Umsiedlung der Universität 1935 zunehmend von Studenten und Alternativen in Beschlag genommen. Aus dem einst verrufenen Arbeiterviertel entwickelte sich in der Nachkriegszeit ein quirliges Studentenviertel mit zahlreichen Szenelokalen. Noch immer gezeichnet ist das Viertel von den verheerenden Bombardierungen am

San Lorenzo

Sehenswert
1 – 20 s. Karte S. 246
21 S. Lorenzo fuori le Mura
22 Villa Torlonia
23 Sant'Agnese
24 Santa Costanza

Essen & Trinken
1 – 8 s. Karte S. 246
9 – 11 s. Karte S. 260
12 Pommidoro
13 Tram Tram

14 Il Pulcino Ballerino
15 Formula 1
16 Pastificio San Lorenzo
17 Limonaia
18 – 20 s. Karte S. 257
21 s. Karte S. 271

Einkaufen
1 – 3 s. Karte S. 246
4 L'Anatra all'Arancia
5 Myriam B.

Aktiv
1 Terme di Roma – Acque Albule

Abends & Nachts
1 – 2 s. Karte S. 246
3 – 6 s. Karte S. 260
7 Said dal 1923
8 TANGofficina
9 Brancaleone
10 Apartment Bar

---

19. Juli 1943 durch die Alliierten. Herz des Viertels ist der **Largo degli Osci**, wo im Schatten der Chiesa dell'Immacolata der allmorgendliche Markt stattfindet.

San Lorenzo fuori le Mura 21
Piazzale del Verano 3, tgl. 7.30–12.30, 15.30–19, im Sommer 16–20 Uhr
Die von Kaiser Konstantin gestiftete Kirche, eine der sieben Pilgerkirchen, ist einem der römischen Lieblingsheiligen geweiht. Zu Beginn des 13. Jh. wurde sie durch die Zusammenlegung mit einer Marienkirche um das heutige Langhaus erweitert. Das bezaubernde dreischiffige Innere prunkt mit einem **Triumphbogenmosaik** aus dem 6. Jh., das Christus als Weltenherrscher zeigt. Im rechten Seitenschiff liegt der Zugang zum sehenswerten **Kreuzgang** (12. Jh.).

Spaziergang im Park der Villa Torlonia

Eine Gedenktafel an der Fassade erinnert an die Intervention von Pius XII. unmittelbar nach dem verheerenden Angriff von 1943, woraufhin Rom zur ›offenen Stadt‹ erklärt wurde.

Campo Verano

Hinter der Kirche erstreckt sich der Campo Verano, die zypressenbestandene römische Totenstadt. Zu den illustren Persönlichkeiten, derer mit aufwendigen Grabmälern gedacht wird, gehören u. a. Marcello Mastroianni und Maria Montessori.

Via Nomentana

An der Porta Pia, an der die Freischärler Garibaldis am 20. September 1870 eine Bresche in die Stadtmauer schlugen und damit das Ende des Kirchenstaates besiegelten, beginnt die von Platanen gesäumte Via Nomentana, eine der antiken Ausfallstraßen Roms (von San Lorenzo mit Tram 3 oder 19 zu erreichen).

Spaziergang im Park der Villa Torlonia 22

Via Nomentana 70, www.museivilla torlonia.it, Museen: Di–So 9–19 Uhr, Sammelticket 9,50 €/7,50 €, Einzelticket Casina delle Civette 6 €/5 €, Casino Nobile 7,50 €/6,50 €, evtl. plus Ausstellungszuschlag, s. auch Lieblingsort S. 264

Die Villa Torlonia ist eine Hauptwerk klassizistischer Architektur. Anfang des 19. Jh. beauftragten die Fürsten Torlonia den Architekten Giuseppe Valadier, der auch die Piazza del Popolo gestaltete, mit dem Bau einer Villa samt Park. Mitte des 19. Jh. wurde die Anlage mit ihren fantasievollen Nebengebäuden vollendet. Auf eine kurze Zeit rauschender Feste folgte der Verfall. Von 1925 bis 1943 diente die Villa Mussolini als Wohnsitz.

Mit der Restaurierung ab 1997 avancierte die Villa wieder zu einem Vorzeigepark (s. Lieblingsort S. 264). Der wunderschöne Park im Stil eines englischen Gartens (und mit kostenlosem WLAN-Netz) lädt zu erholsamen Spaziergängen mit Zwischenstopps in den einstigen Prachtbauten der Torlonias ein, die in Museen umgewandelt wurden.

Das neoklassische **Casino Nobile** gewährt Einblick in die prächtige Ausstattung der Villen des Adels im 19. Jh. Die mit Stuck und Wandmalereien überzogenen Säle bergen Skulpturen und Interieur antiker und neoklassizistischer Provenienz. Im 1. Stock sind Werke von Künstlern der Scuola Romana ausgestellt, die sich im frühen 20. Jh. mit surrealistischen und expressionistischen Ausdrucksformen gegen die konservativen Tendenzen in der Kunst wandten. Auch Mussolinis Wohnräume sind erhalten. Der Luftschutzbunker, den

Spaziergang im Park der Villa Torlonia

Lieblingsort

Vorzeigepark der Römer

Den ›Frühling‹ der **Villa Torlonia** 22 habe ich Schritt für Schritt mitverfolgt: Aus dem vernachlässigten Park mit seinen überwucherten, verfallenen Ruinen entstand in nur wenigen Jahren ein kleines Juwel. Zuerst lockte nur das Hexenhäuschen mit seinen bunten Bleiglasfenstern, dann kam der kleine Schilfwald hinzu, wo die Kinder so gerne verstecken spielen, die Boulebahn für die ältere Generation, die Bar, die schnell zum Treffpunkt wurde, und schließlich die glanzvoll restaurierten Palazzi mit ihren interessanten Museen.

Celio, Esquilino und Roms Osten

er unter dem Keller bauen ließ, ist nur nach Voranmeldung zu besichtigen (Eingang außerhalb der Villa, www.bunkerdiroma.it/villatorlonia, max. 15 Pers., Führung ca. 1 Std., 7 €). Im obersten Geschoss sind Bilder, Skulpturen und Zeichnungen moderner Künstler ausgestellt.

Im **Casino dei Principi** (›Haus der Prinzen‹; nur bei Ausstellungen zugänglich) befinden sich das Archiv der Scuola Romana sowie Dokumente und Fotos der Künstler. Zu den ungewöhnlichsten Bauten gehört die verwunschene **Casina delle Civette** (›Eulenhäuschen‹), die mit ihren Spitztürmchen und Erkern an Märchen erinnert. Kenner werden die schöne Sammlung von Jugendstiltüren und Bleiglasfenstern aus dem frühen 20. Jh. schätzen.

Wo einst der Duft von Zitronen- und Orangenbäumchen die Luft erfüllte, in der **Orangerie,** liegt in den backsteinernen Hallen heute der Duft mediterraner Küche, mit der das Team von **Limonaia 17** die Gäste umsorgt. Nebenan können Jugendliche im Technik- und Naturmuseum **Technotown** (www.technotown.it, Di–So 9.30–19 Uhr, 6–12 € je nach Rundgang) aktiv werden.

Sant'Agnese 23

Via Nomentana 349, www.santagnese. com, Kirche: 9.30–12.30, 15.30–19 Uhr, Katakomben: 9–12, 16–18 Uhr, im Winter 15–17 Uhr, So vorm./Fei geschl., 8 €/5 €, Bus: 60, 90

Nur knapp 1 km weiter stößt man auf die frühchristliche Kirche Sant'Agnese, unter der sich eine weitläufige **Katakombenanlage** erstreckt, die sich um das vermeintliche Grab der hl. Agnes entwickelte. Bereits Constantia, eine Tochter Kaiser Konstantins, ließ hier eine Kirche und für sich selbst ein Mausoleum erbauen. Papst Honorius I. ließ die Vorgängerkirche im 7. Jh. durch eine dreischiffige Basilika ersetzen, deren Apsis ein schönes Mosaik mit der hl. Agnes zu Seiten von Honorius I. und Symamachus zeigt.

Santa Costanza 24

Via Nomentana, 349, tgl. 9–12, 15–18 Uhr, So vorm./Fei geschl.

Das **Mausoleum** ist heute eine beliebte Hochzeitskirche und fasziniert mit einem der ältesten Mosaikzyklen frühchristlicher Kunst, auf dem Szenen der Weinernte, Putten und Vögel zu sehen sind. Es handelt sich um heidnische Motive, die hier aber christlich umgedeutet wurden. Ähnliche Motive finden sich auch auf dem Porphyrsarkophag der hl. Constantia, dessen Original in den Vatikanischen Museen steht.

Essen & Trinken

Spitzengastronomie – **Agata e Romeo 1** : Via Carlo Alberto 45 (Esquilino), Tel. 064 46 61 15, www.agataeromeo.it, Metro: Termini oder Vittorio Emanuele (B), Mo–Fr 12.30–14.30, Mo–Sa 19.30–22.30 Uhr, Menü ab 60 €. Während Ehemann Romeo sich um den mehrfach prämierten Weinkeller kümmert, überzeugt Köchin Agata Caraccio mit Neuinterpretationen römischer Klassiker.

Römische Küche – **Il Bocconcino 2** : Via Ostilia 23 (Celio), www.ilbocconcino. com, Metro: Colosseo (B), Tel. 06 77 07 91 75, Do–Di 12.30–15.30, 19.30–23.30 Uhr, à la carte 25 €. Kleine Osteria mit rotkarierten Tischdecken und klassischer römischer Speisekarte: am Do *gnocchi,* Sa *trippa* (Kutteln), Di und Fr Fisch. Auch sehr gute *primi,* etwa *bucatini all'amatriciana* oder *alla gricia.*

Adressen

*Slow Food – ***Trattoria Monti** [3]: Via San Vito 13a (Esquilino), Tel. 064 46 65 73, Metro: Termini (B), Di–Sa 12.45–15, 19.45–23, So 13–15 Uhr, Menü ca. 40 €. Familienbetrieb mit ambitionierter Küche. Ausgezeichnete Vorspeisen wie frittierte Zucchiniblüten und Hauptgerichte wie Schwertfischrouladen. Ganz zu schweigen von den hausgemachten Nachspeisen … Unbedingt reservieren.

*Maritime Genüsse – ***Crab** [4]: Via Capo d'Africa 2 (Celio), Metro: Colosseo (B), Tel. 06 77 20 36 36, Di–Sa 12.45–15, 20–23.30 Uhr, Mo auch abends, à la carte 60 €. Elegantes Lokal, das zu entspanntem Fischgenuss einlädt. Auch große Auswahl an Schalen- und Krustentieren. Ausgezeichnet sind die Hummerravioli.

*Traditionell – ***Pasqualino** [5]: Via dei SS. Quattro 66 (Celio), Tel. 067 00 45 76, tgl. 10–23 Uhr, Menü ca. 25 €. Typisch römisches Lokal mit klassischen Gerichten und großzügigen Portionen nur wenige Schritte vom Kolosseum.

Eine chinesische Legende – **Hang Zhou** [6]: (Esquilino) s. S. 42.

Bistrot – **Cafè Cafè** [7]: Via dei SS. Quattro 44 (Celio), Tel. 067 00 87 43, tgl. 9–23 Uhr. Gemütliches Bistrot mit Tischen im Freien und einer guten Auswahl an kleinen Gerichten und Salaten.

Eis spezial – **Fassi** [8]: s. S. 43.

Wie früher – **Mimì e Cocozza** [9]: Via L'Aquila 46 (Pigneto), Tel. 06 70 30 07 99. Schnörkelloses Lokal mit typisch römischen Gerichten zu guten Preisen.

Mit Garten – **Rosti** [10]: Via Bartolomeo d'Alviano 65 (Pigneto), Tel. 062 75 26 08, www.rostialpigneto.it, Mo mittag geschl. Ideal um sich mit Kind und Kegel zu einer guten Pizza zu treffen. An manchen Abenden auch Livemusik.

Kultiger Treffpunkt – **Necci dal 1924** [11]: Via Fanfulla da Lodi 68 (Pigneto), Tel. 06 97 60 15 52, www.necci1924.com, Tram: 5, 14, 8.30–1 Uhr, ca. 35 €. Hier erholte sich Pasolinis Filmteam von den Strapazen am Dreh von »Accattone«. Chefkoch Ben präsentiert jede Woche ein anderes Lieblingsrezept auf der Website.

Eine Institution – **Pommidoro** [12]: Piazza Sanniti 44 (San Lorenzo), Tel. 064 45 26 92, Mo–Sa 13–16, 19.30–23.30 Uhr, Bus: 492, Menü ca. 40 €. Alteingesessenes, von Journalisten und Künstlern frequentiertes Lokal, wo Pasolini am Vorabend seines Todes ein letztes Mal aß und mit einem Scheck zahlte, den der Wirt nie einlöste, sondern hinter Glas aufhing. Ausgezeichnete *primi* wie *spaghetti alla gricia* und *pappardelle* in Wildschweinsugo.

Mit Flair – **Tram Tram** [13]: Via dei Reti 44–46 (San Lorenzo), Tel. 06 49 04 16, Di–So 12.30–15, 19.30–23 Uhr, Menü ca. 35 €. Ihren Namen verdankt die Trattoria der vor der Tür vorbeifahrenden Straßenbahn, die auch im Gastraum eine Rolle spielt: Die Aperitifbar rahmen ausrangierte Straßenbahnsitze und -bänke. Serviert werden römische Klassiker, aber auch Gerichte aus der apulischen Heimat von Signora Rosanna, wie *coratella con carciofi* (Lamminnereien mit Artischocken).

Oldfashioned – **Il Pulcino Ballerino** [14]: Via degli Equi 66/68 (San Lorenzo), Tel. 064 94 12 55, www.ilpulcinoballerino.it, tgl. 17–24 Uhr, Menü ca. 25 €. Mobiliar im Stil der Nachkriegszeit, travertinverkleidete Wände, alte Fußböden und eine gute römische Küche verleihen dem stets gut besuchten Lokal den Charme einer klassischen Osteria.

Pizzeria – **Formula 1** [15]: Via degli Equi 13 (San Lorenzo), Tel. 064 45 38 66, nur abends, So geschl. Sympathische Pizzeria mit Holzofen und Tischen mit Papierdecken; sehr gutes Preis-Leistungs-Verhältnis.

Neuer Treff – **Pastificio San Lorenzo** [16]: (San Lorenzo) s. S. 50.

Celio, Esquilino und Roms Osten

Für einen Shoppingbummel bietet sich die Via Appia Nuova an

In der Villa Torlonia – **Limonaia** [17]: Via Spallanzani 1, Tel. 064 40 40 21, Bus: 90, tgl. 10–24 Uhr (auch Pizza etc., ab 8 €), s. S. 266.

Imbiss & Fahrradverleih – **Appia Antica Caffè** [18]: Via Appia Antica 175, Tel. 06 89 87 95 75, www.appiaantica caffe.it, tgl. 9–19 Uhr, Menü ca. 15 €. Bar mit Fahrradverleih, Picknickservice sowie kleinen Mittagsgerichten.

Preiswerte Osteria – **Priscilla** [19]: Via Appia Antica 68, Tel. 065 13 63 79, Bus: 118, Mo–Sa 12.30–15, 20–22.30, So 12.30–15 Uhr, 24 €. Beste römische Küche mit gutem Preis-Leistungs-Verhältnis.

Wie bei Mamma – **Da Franca** [20]: Via Appia Antica 28, Tel. 065 13 67 92, Bus: 118, Mo–Fr 12.30–15 Uhr, Menü ca. 20 €. Ein Genuss für Leib und Seele ist das unscheinbare, familiäre Lokal Signora Francas, wo einfache, traditionelle Gerichte wie z. B. Bohneneintopf auf die blanken Holztische kommen.

Tempelblick – **Sibilla** [21]: Via della Sibilla 50, Tivoli, Tel. 07 74 33 52 81, www.risto rantesibilla.com, Di–So 12.30–15.30, 19–22.30 Uhr, Menü ab 35 €. Ein Nachmittag in Tivoli sei »das Glück im Quadrat«, lässt Max Frisch seinen Homo Faber schwärmen. Isst man dann noch im Garten des gehobenen Sibilla-Restaurants, trifft dies doppelt zu. Allein der Blick auf den Sibyllen-Tempel und die tosenden Wasserfälle der Villa Gregoriana ist neben dem guten Essen ein Genuss.

Einkaufen

Eine beliebte Einkaufsmeile für Mode und Haushaltswaren ist die **Via Appia Nuova.**

Religiöse Artikel – **Casa del Rosario** [1]: (Esquilino) s. S. 45.

Kaufhaus – **Coin** [2]: Piazzale Appio 7 (Laterano). Modische, teilweise auch trendige Accessoires für Mann und Frau, aber auch Küchen- und Haushaltswaren.

Vintage-Markt – **Mercato di Via Sannio** [3]: In der **Via Sannio** (Laterano) jenseits der Aurelianischen Mauer findet jeden Morgen ein sehr preiswerter Kleidermarkt mit Vintage-Mode statt.

Jenseits des Mainstreams – **L'Anatra all'Arancia** [4]: Via Tiburtina 105 (San Lorenzo), Mo–Sa 9.30–13, 16–19.30

Uhr, Fr/Sa auch 10–19.30 Uhr. Coole Mode und Accessoires für Frauen.
Designschmuck – **Myriam B.** 5 : (San Lorenzo) s. S. 48.

Aktiv

Thermen – **Terme di Roma – Acque Albule** 1 : (Tivoli) s. S. 60.

Abends & Nachts

Loungebar – **Zest dell'Es Hotel** 1 : Via Filippo Turati 171 (Esquilino), Tel. 06 44 48 41, www.radissonblu.com, Metro: Vittorio (A), tgl. 9–2 Uhr Uhr. Seit Eröffnung des trendigen Radisson-Hotels pilgert die römische Schickeria hierher, um von der **Bar** oder dem **Restaurant** den Blick über Roms Dächer schweifen zu lassen.
Wine Bar mit Livemusik – **Il Pentagrappolo** 2 : Via Celimontana 21 b (Celio), Tel. 06 70 96 301, www.ilpentagrappolo.com, Metro: Colosseo (B), Bus: 75, 117, Di–So 12–15, 18–24, am Wochenende bis 1, Do–Sa ab 22 Uhr Livemusik, meist Blues/Jazz. Gut sortierte Enoteca mit mehr als 250 Etiketten, darunter gute Bio-Weine, dazu herzhafte Suppen, Käse und Wurst in bester Slow-Food-Tradition.
Essen & lesen – **Lo Yeti** 3 : Via Perugia 4 (Pigneto), Tel. 067 02 56 33, www.loyeti.org, Bus: 105, Di–So 11–1 Uhr. Beliebte Caffetteria mit Buchladen und Restaurant mit kleinen Köstlichkeiten. Auch Lesungen, Theater, Kinderprogramm.
Gesellig – **Razmataz** 4 : Via Macerata 58a (Pigneto), Tel. 06 99 92 56 88, www.razmataz-pigneto.it, Di–Do 11–24 Uhr, Fr bis 2 Uhr, Sa/So 17–2 Uhr. Lokal mit Wohnzimmeratmosphäre, wo man sich auf rotsamtigen Sesseln zum Mittagslunch, zum Aperitif oder zu Livekonzerten (meist Jazz) trifft.

Adressen

Kultig – **Co.So** 5 : (Pigneto) s. S. 50, 260.
Farbig – **Circolo degli Artisti** 6 : (Pigneto) s. S. 52, 260.
En vogue – **Said dal 1923** 7 : Via Tiburtina 135 (San Lorenzo), Tel. 064 46 92 04, www.said.it, Di–So 12.30–16, 18–0.30 Uhr, im Sommer Mo–Sa 19–0.30, Fr/Sa bis 1.30 Uhr, Aperitif 19–21 Uhr (inkl. Buffet) 10 €. Traumhafte Location in behutsam renovierter Schokoladenfabrik, wo man tagsüber Pralinen und *torroni* kosten kann. Abends immer gut besuchte Bar und Restaurant.
Für Tangoliebhaber – **TANGOfficina** 8 : (San Lorenzo) s. S. 50.
Legendäres Kulturzentrum – **Brancaleone** 9 : (Montesacro) s. S. 50.
Bohémien – **Apartment Bar** 10 : Via dei Marruccini 1 (San Lorenzo), Tel. 06 93 57 61 64, www.apartmentbar.it, Bus: 310, Aperitif Di–So 19–21 Uhr, 10 €; So Brunch 12–15 Uhr. Halb Privatwohnung, halb Galerie mit rotgetünchten Wänden, Teppichen und Vintage-Mobiliar im 1. Stock und einer chilligen Terrasse im 2. Stock lockt es zur Aperitifzeit mit einem reichhaltigen Buffet.

Mein Tipp

In der Gladiatorenschule

Sie wollten immer schon mal wissen, wie ein Gladiator sich in seiner Rüstung fühlte? In einer Seitenstraße der Via Appia Antica bieten Gladiatoren des 21. Jh. in einem nachgebauten Feldlager Gladiatorenkurse an. **Gruppo Storico Romano – Scuola di Gladiatura,** Tel./Fax 06 51 60 79 51, www.gsr-roma.com. Zweistündiger Einzelunterricht 120 €, ein Tag Gruppentraining (2 Std. für 6–10 Pers.) inkl. Ausrüstung 300 €.

Auf Entdeckungstour: Sommerfrische in traumhafter Lage – Tivoli

Seine Lage machte Tibur schon in der Antike zu einer idealen Sommerfrische. Kaiser Hadrian baute hier mit der Villa Adriana den größten Sommersitz eines römischen Herrschers. Jahrhunderte später entstanden die Villa d'Este, eine der schönsten Gartenanlagen Italiens, und die traumhafte Villa Gregoriana.

Zeitbedarf: 1 Tag.
Planung: Tivoli (35 km östl. von Rom) ist mit dem Auto über die Via Tiburtina zu erreichen, mit dem Zug FR2 ab Termini bzw. Tiburtina oder ab Ponte Mammolo (Metro B) mit Cotral-Bussen. Zur Villa d'Este/Villa Gregoriana fährt der Cotral-Bus ›Via Tiburtina‹, zur Villa Adriana Bus ›Via Prenestina‹ (alle 1–2 Std.). Zwischen Tivoli und Villa Adriana (ca. 5 km) verkehrt der CAT-Stadtbus Nr. 4 (Extraticket).
Einkehr: Sibilla [21], s. S. 268.

Gigantische Residenz

Inmitten einer weitläufigen Gartenlandschaft zu Füßen des heutigen Tivoli ließ der kunstsinnige Kaiser Hadrian (117–138) eine herrschaftliche Residenz erbauen, die **Villa Adriana**, in der bis zu 20 000 Menschen lebten und arbeiteten. Neben dem kaiserlichen Palast gab es Gästehäuser und Zweckbauten für den Hof, Unterkünfte für Sklaven und Leibwache, Thermen, Bibliotheken und Theater, eine Wandelhalle mit lang gestrecktem Teich und eine künstlich angelegte Aussichtsterrasse.

Viele Gebäude nehmen auf Orte Bezug, die der Architekturliebhaber Hadrian während seiner vielen Reisen gesehen hat. So erinnert das Canopustal an das gleichnamige Tal in Ägypten. Das Wasserbecken wird von Statuen gerahmt, darunter Amazonen, die Aphrodite von Knidos oder Karyatiden wie auf dem Erechteion der Akropolis in Athen. Im rückwärtigen Tempel ließ Hadrian neben der ägyptischen Gottheit auch seinen Geliebten, den im Nil ertrunkenen Antinous, verehren. Verwunschener Rückzugsort des Kaisers war das runde Teatro Marittimo, ein Inselchen mit einer Villa, die über zwei bewegliche Brücken zu erreichen war.

Jahrhundertelang diente die Villa Adriana als Steinbruch für Tivoli und andere Orte. Erst nach der Einigung Italiens setzten systematische Grabungen ein, bei denen Hunderte Skulpturen, Mosaiken und Reliefs gefunden wurden. Wegen ihrer Einmaligkeit zählt die Villa zum UNESCO-Welterbe. Ein Modell im oberen Eingangsbereich ermöglicht einen ersten Überblick über das Areal (Largo Marguerite Yourcenar 1, www.villaadriana.beniculturali.it, tgl 9–19.30, im Winter bis 17 Uhr, 8 €/4 €, plus evtl. Zuschlag).

Glanzstück der Gartenbaukunst

Die **Villa d'Este** gilt als eine der schönsten barocken Gartenanlagen Europas. Mitte des 16. Jh. ließ Kardinal Ippolito II. d'Este, Sohn Lucrezia Borgias und Enkel Alexanders VI., die Villa mit herrlichem Blick über die römische Ebene errichten. Den außen schlichten Palazzo zieren im Innern Groteskenmalereien. Besuchermagnet ist der terrassierte Garten mit den Wasserspielen unzähliger Fontänen, Brunnen, Kaskaden und Kanäle, die vom Aniene gespeist werden. Franz Liszt inspirierten die Wasserklänge zu seinem virtuosen Klavierwerk »Les jeux d'eau à Villa d'Este«. Im Sommer finden Konzerte statt (Di–So 8.30–19.45, im Winter bis 16 Uhr, www.villadestetivoli.info, 8 €/4 €).

›Denkmal‹ für Papst Gregor XVI.

Die in unzähligen Gemälden und Stichen verewigte **Villa Gregoriana** ließ Papst Gregor XVI. 1835 anlegen. Der Aniene, der das hügelige Tivoli durchfloss, sorgte immer wieder für verheerende Überschwemmungen. Gregor ließ den Aniene umleiten und eine wildromantische Gartenanlage mit schattigen Wegen schaffen, die durch üppige Vegetation und geheimnisvolle Grotten führen – mit schönen Blicken auf die über 100 m hohe Grande Cascata (großer Wasserfall) und die Tempel der antiken Tibur (Largo Sant'Angelo e Piazza del Tempio di Vesta, www.villagregoriana.it, März, Nov., Dez. Di–So 10–16, April–Okt. bis 18.30 Uhr, 6 €/2,50 €).

Stilecht speisen mit Tempelblick

Schlemmen lässt es sich (außerhalb der Villa) im Schatten des Tempels der Tiburtinischen Sibylle, im **Sibilla** 21.

Das Beste auf einen Blick

Vom Aventino ans Meer

Auf Entdeckungstour

Testaccio – auf Scherben gebaut: Tagsüber beschauliches Wohnviertel mit fast dörflicher Atmosphäre, verwandelt sich der »Scherbenhügel« am Abend zum Ausgehviertel der Römer. S. 278

Kultur & Sehenswertes

San Paolo fuori le Mura: Die Grabeskirche des heiligen Paulus ist eine der vier Papstbasiliken Roms. Berühmt ist sie auch für ihre Mosaikmedaillons mit den Porträts aller 266 Päpste von Petrus bis Franziskus. S. 284

Ostia Antica: Während das antike Rom mit den repräsentativen Bauten der Kaiserzeit prunkt, entdeckt man in der Ruinenstadt Ostia Antica das Alltagsleben der ›kleinen Leute‹. S. 286

Aktiv unterwegs

Architekturspaziergang in EUR: Der Kontrast zum antiken Rom könnte kaum größer sein und doch waren die Bauten der Kaiserzeit das Vorbild für diese gigantomanische Anlage. S. 285

Mit dem Boot nach Ostia Antica tuckern: Tauschen Sie die Hektik des Straßenverkehrs gegen eine entschleunigte Fahrt auf dem Tiber zu Roms antiker Hafenstadt. S. 286

Genießen & Atmosphäre

Parco Savello: Ein lauschiger kleiner Park mit Orangenbäumchen und einem schönen Blick auf den Tiber und die Stadt bis zu St. Peter. S. 275

Roms schönstes Schlüsselloch: Am Eingangstor zum Sitz des Malteserordens auf dem Aventin gewährt es einen grandiosen Blick auf die Kuppel des Petersdoms. S. 276

Eataly: Tauchen Sie im ehemaligen Air Terminal Ostiense in die Geheimnisse der italienischen Küche ein, schauen Sie den Köchen über die Schulter und lassen Sie es sich munden! S. 281

Abends & Nachts

Goa: Seit über zehn Jahren gilt das Goa in Ostiense unter den Clubs als ›Platzhirsch‹. Zu Recht, denn hier lassen sich musikalische und modische Trends am besten erspüren. S. 283

Moderne Architektur und antike Ruinen

Der stille und fast ländliche Aventino (Aventin), der südlichste von Roms sieben Hügeln, birgt alte Kirchen, gepflegte Villen und überraschende Ausblicke. Im Umbruch befinden sich die alten Arbeiterquartiere Testaccio und Ostiense. Die Stadt hat Großes vor: In den aufgelassenen Industriebauten sollen Kunst und Kultur einziehen. Schon jetzt existierende Glanzpunkte sind die Centrale Montemartini und das Teatro India. Bereits seit Jahren gelten die beiden Viertel, die Gegend um den alten Schlachthof in Testaccio und um die Via Libetta in Ostiense, als Mekka der Nachtschwärmer. Mit San Paolo vor den Mauern, der Grabeskirche des hl. Paulus, liegt hier aber auch eine der vier Patriarchalsbasiliken.

Architekturfans und Fotografen wird die bombastische Kulisse von EUR gefallen. Für Entspannung sorgt die grüne Oase rund um den künstlich angelegten See. Eine gute Vorstellung einer antiken Stadt vermittelt Ostia Antica, die einstige Hafenstadt Roms. Wasserratten wird es weiter nach Ostia Lido ziehen.

Infobox

Reisekarte: ▶ Karte 1 J/K 11/13, Karte 2 G–K 13–22

Dauer
Etwa zwei Tage für die gesamte Tour; für die Entdeckungstour Testaccio benötigt man etwa drei bis fünf Stunden.

Verkehrsmittel
Der **Aventin** und **Testaccio** lassen sich gut zu Fuß erkunden. Die Metroline B empfiehlt sich für den Besuch von **San Paolo fuori le Mura** (Haltestelle Basilica San Paolo) oder **EUR** (Haltestelle EUR Magliana und dann den Hang hoch).
Ostia Antica erreicht man am besten ab der Metrostation Piramide oder EUR Magliana mit dem Nahverkehrszug Roma–Ostia bis zur Haltestelle Ostia Antica (einfaches B.I.T.-Ticket: 1,50 €), nach **Ostia Lido** bis zur Endhaltestelle.
Zu den **Cancelli** gelangt man vom Bahnhof Ostia Lido mit dem Bus 07 (nur bis km 8) oder 061 bis zur Endhaltestelle (km 10). Im Sommer und an Wochenenden gibt es auch eine Verbindung ab der Metrostation EUR Fermi mit dem Bus 070.

Aventino

Still und erholsam gibt sich der grüne Aventin. In der Zeit der Römischen Republik war er dank seiner Nähe zum Tiberhafen vor allem von Plebejern, Handwerkern und Händlern bewohnt. In der Kaiserzeit avancierte er zum Wohnviertel von Patriziern und Kaisern wie Kaiser Trajan. Während der Völkerwanderungen völlig zerstört, siedelten sich im Mittelalter viele Orden an, die zusammen mit den vornehmen, von hohen Hecken umgebenen Villen noch heute das Bild des Aventin prägen.

Der **Roseto Comunale** (Rosengarten) **1** am Piazzale Ugo La Malfa besteht seit der Nachkriegszeit. Die Anlage in Form einer Menorah erinnert daran, dass hier von 1645 bis 1935 der jüdische Friedhof lag.

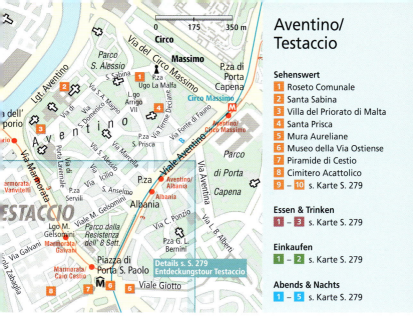

Aventino/Testaccio

Sehenswert

1 Roseto Comunale
2 Santa Sabina
3 Villa del Priorato di Malta
4 Santa Prisca
5 Mura Aureliane
6 Museo della Via Ostiense
7 Piramide di Cestio
8 Cimitero Acattolico
9 – 10 s. Karte S. 279

Essen & Trinken

1 – 3 s. Karte S. 279

Einkaufen

1 – 2 s. Karte S. 279

Abends & Nachts

1 – 5 s. Karte S. 279

Santa Sabina 2

*Piazza Pietro d'Illiria 1,
tgl. 8.15–12.30, 15.30–18 Uhr*

Santa Sabina ist eine der wenigen Kirchen auf dem Aventin, die noch einen Eindruck vom Aussehen frühchristlicher Sakralbauten vermittelt. Glanzpunkte der bereits im 5. Jh. erbauten Dominikanerkirche sind die holzgeschnitzten Türflügel des Mittelportals mit Szenen aus dem Alten und Neuen Testament, darunter eine der ersten Kreuzigungsdarstellungen der christlichen Kunst. Erst vor wenigen Jahren wurde ein byzantinisches Fresko aus dem 7. Jh. freigelegt, das Maria mit dem Jesuskind, die Apostel Petrus und Paulus sowie die Märtyrerinnen Sabina und Serafia zeigt. Die **Mosaiken** im Innern stammen aus der Entstehungszeit. Besonders stimmungsvoll ist der wieder original hergestellte dreischiffige, basilikale Innenraum, dessen rot-grüne **Intarsienarbeiten** der Kirche einen Hauch Antike verleihen. Die ›Rosenkranzmadonna‹ im linken Seitenschiff, ein Hauptwerk von Sassoferrato (1643), erinnert an die Vision des Ordensgründers Dominikus, der von Maria einen Rosenkranz erhalten haben soll.

Ein fantastischer Blick über Rom bietet sich vom verwunschenen **Parco Savello.** Pinien und Orangenbäumchen säumen den Weg, der auf eine kleine Terrasse führt. Von dort genießt man einen wunderbaren Blick auf die Kuppel der Peterskirche, den Tiber mit Tiberinsel und den Gianicolo. Zum Park gelangt man auch über den Treppenweg Clivo Rocca Savella, der von der Via S. Maria in Cosmedin abgeht.

Villa del Priorato di Malta 3

Piazza dei Cavalieri di Malta 4, Besichtigung nach Voranmeldung über Ufficio Economato, Tel. 06 67 58 12 34, economato@orderofmalta.int, mind. 10 Pers., 5 €, plus obligatorische Führung in dt. Sprache zum Fixpreis von 100 €, Dauer: ca. 1 Std.

Vom Aventino ans Meer

Wenige hundert Meter weiter stößt man auf die **Residenz des Großmeisters des Malteserordens,** eines der letzten bestehenden Kreuzritterorden des Mittelalters. Völkerrechtlich ist der Orden ein Kuriosum, denn er gilt als Staat, sein Großmeister wird international als Souverän anerkannt, doch ein geografisch umgrenztes Staatsgebiet gibt es nicht. Fahrzeuge des Ordens besitzen eigene Kennzeichen.

Die **Piazza dei Cavalieri di Malta** schuf der durch seine Kupferstiche berühmt gewordene Giovanni Battista Piranesi. Besuchermagnet ist das **Schlüsselloch** des Tors zur Residenz, durch das man genau auf die Peterskuppel blickt.

Santa Prisca 4
Via di Santa Prisca 11, Kirche: 8.30–12, 17–18.30 Uhr, Mithräum: jeden 2. und 4. Sa im Monat 10 Uhr, 7,50 €, Reservierung unter Tel. 06 39 96 77 00
Unter der unscheinbaren Kirche verbergen sich bedeutende Reste eines Mithräums. Der vor allem unter Legionären weit verbreitete mystische Kult des Sonnengottes Mithras stand bis ins 4. Jh. n. Chr. in Konkurrenz zum Christentum. Auch die Mithrasanhänger kannten eine Taufe und eine Kommunion, glaubten an ein Jüngstes Gericht und die Unsterblichkeit der Seele. Die Christen überbauten die Kultstätten gern mit ihren Kirchen (s. auch San Clemente s. S. 248, 250). Sie übernahmen auch den Geburtstag des Mithras, den 25. Dezember, als Geburtsdatum Jesu.

Testaccio

Die **Via Marmorata** trennt den grünen Aventino vom bodenständigen Testaccio. Hier findet man noch viel authentisches Flair und eine äußerst aktive Nightlife-Szene (s. auch Entdeckungstour S. 278).

Mura Aureliane 5
Um dem drohenden Gotenangriff vorzubeugen, ließ Kaiser Aurelian ab 271 die nach ihm benannte fast 19 km lange **Aurelianische Mauer** hochziehen. Bis zur Einigung Italiens 1870 bildete sie die Stadtgrenze Roms.

Museo della Via Ostiense 6
Via Raffaele Persichetti 3, Di–So 9–13.30 Uhr
Eine gute Vorbereitung auf die Ausgrabungen von Ostia Antica ist ein Besuch dieses Museums in der Porta San Paolo, das neben Modellen der Hafenstadt Ostia und der Häfen des Claudius und Trajan die Geschichte der wichtigen Via Ostiense, der Handels- und Verbindungsstraße zwischen Ostia und Rom, dokumentiert.

Piramide di Cestio 7
Piazzale Ostiense, geführte Besichtigung samt Grabkammer jeden 2. und 4. Sa im Monat 11 Uhr, Voranmeldung unter Tel. 06 39 96 77 00 empfehlenswert, 5,50 €
Die kleine Pyramide im Schatten der Aurelianischen Stadtmauer ist Frucht der Ägyptomanie, der viele Römer nach der Eroberung dieses Landes aus Tausendundeiner Nacht verfielen. So auch der Prätor und Volkstribun Gaius Cestius, der 12 v. Chr. die Nachbildung eines Pharaonengrabes als Grabmal für sich auserkor.

Cimitero Acattolico 8
www.cemeteryrome.it, Via Caio Cestio 6, Mo–Sa 9–17, So und Fei 9–13 Uhr
Auf dem romantischen Landschaftsfriedhof für Nichtkatholiken sind zahlreiche Künstler und Gelehrte begraben, darunter die beiden englischen Dichter John Keats und Percy Shelley, aber auch Henriette Hertz, Gründerin der Biblioteca Hertziana,

Testaccio

Goethes Sohn Julius August und der marxistische Philosoph und Gründer der Kommunistischen Partei Italiens, Antonio Gramsci.

Essen & Trinken

Nachfolgende Adressen siehe Entdeckungstour S. 278, s. Karte S. 279
Slow-Food-Lokal – **Felice** 1 : Via Mastrogiorgio 29, Tel. 065 74 68 00, www.feliceatestaccio.it, Mo–So 12–15, 20–23.30 Uhr, Menü 35 €. Eine Institution ist diese traditionelle Trattoria (s. S. 280), deren Wochenkarte der römischen Küche huldigt: Do *gnocchi*, Fr Fisch, Sa *trippa,* dagegen täglich Klassiker wie *tonnarelli cacio e pepe, mezzemaniche all'amatriciana* und *rigatoni alla carbonara.* Man sollte unbedingt reservieren!
Typische Trattoria – **Bucatino** 2 : Via Luca della Robbia, Tel. 065 74 68 86, Di–So 12.30–15, 19.30–23.30 Uhr, Mo geschl., ca. 30 €. Großzügige Portionen, eine familiäre Atmosphäre und beste römische Küche (s. S. 280). Berühmt sind die reichhaltigen Antipasti. Seinen Namen verdankt das Lokal den vorzüglichen *bucatini all'amatriciana,* Spaghetti mit Tomatensauce und Speck. Reservierung empfehlenswert!
Historisch – **Checchino dal 1887** 3 : s. S. 38, 280.
Typische Speisen – **Volpetti Più**: Via Alessandro Volta 8, Mo–Sa 10.30–15.30, 17.30–21.30 Uhr. Zum Delikatessladen **Volpetti** 2 gehörend, s. S. 45, 280.

Einkaufen

Volksnaher Markt – **Nuovo Mercato Testaccio** 1 : s. S. 46, 279.
Italienische Delikatessen – **Volpetti** 2 : s. S. 45, 280.

Abends & Nachts

Alternativ – **Villaggio Globale** 1 : Lungotevere Testaccio 1/Via Monte dei Cocci 22, s. S. 280.
Legendäre Disco mit Dachterrasse – **Alibi** 2 : s. S. 52, S. 280. ▷ S. 281

Restaurant vor dem alten Schlachthofgelände in der Via Galvani

Auf Entdeckungstour:
Testaccio – auf Scherben gebaut

Tagsüber ein beschauliches Wohnviertel mit fast dörflicher Atmosphäre, verwandelt sich der ›Scherbenhügel‹ am Abend zum Ausgehviertel der Römer. Im Schlachthof und in den Industriehallen, die lange den Charakter des Arbeiterviertels prägten, haben mittlerweile Kunst und Kultur Einzug gehalten.

Dauer: 2–5 Std.
Start: Metro: Piramide (B)

Der Monte Testaccio ist keiner der sieben Hügel. Er entstand durch die systematische Anhäufung von zerbrochenen antiken Amphoren, die aus dem nahe gelegenen Hafen am heutigen Lungotevere Testaccio stammten. Heute hat der ›Scherbenhügel‹ einen Umfang von knapp 1500 m und ist mehr als 35 m hoch. Schon in der Antike mussten die Römer mit Verpackungsmüll kämpfen. Mit den Amphoren, die aus Tributzahlungen der Provinzen stammten, wurde ab augusteischer Zeit Getreide, Öl und Wein in die Millionenstadt transportiert. Nachdem die Waren umgefüllt waren, wurden vor allem die Ölamphoren (insgesamt ca. 24 750 000 Stück!) zerschlagen und auf die Schutthalde gebracht, da sie wegen der Ölrückstände nicht wieder verwendet werden konnten. Die Scherben (lat. *testae*) gaben dem Viertel seinen Namen. In manchen Lokalen sind noch Teile des Scherbenhügels sichtbar.

Arbeiter- und Handwerkerviertel

Das lange Zeit unbewohnte Gebiet wurde erst Ende des 19. Jh. als Arbeiter- und Handwerkerviertel für die vielen Beschäftigten des nahen Gas- und Elektrizitätswerks Montemartini (heute Antikenmuseum), der Seifen- und Glyzerinfabrik Mira Lanza (heute Sitz des Teatro India), des Schlachthofs sowie der Großmärkte an der Via Ostiense angelegt, die seit Jahren auf eine Umnutzung warten. Heute leben in den Backsteinpalazzi, vor allem jenseits der Via Zabaglia, Richtung Tiber, alteingesessene Familien neben Studenten. Aber auch in Testaccio ist der Wandel zum trendigen Szene- und Vergnügungsviertel mit Künstlerflair längst in vollem Gang. Es gibt kaum ein Viertel in Rom, das so viele Theater aufzuweisen hat.

Rundumversorgung für Bauch und Fuß

Zentrum des schachbrettartig angelegten Quartiers war neben der Piazza S. M. Liberatrice vor der gleichnamigen Kirche lange Zeit die **Piazza Testaccio**, wo bis vor wenigen Jahren der vormittägliche Markt stattfand. Inzwischen ist der markante Amphorenbrunnen wieder auf den restaurierten Platz zurückgekehrt und der Markt in den **Nuovo Mercato Testaccio** 1 (Mo–Do und Sa 7–14, Fr 7–19 Uhr), an der Ecke Via Galvani/Via Franklin umgezogen. In der neuen Markthalle verkaufen Metzger, Fisch- und Gemüsehändler ihre Waren, die natürlich allesamt aus der Region stammen: Artischocken und *cicoria* (Zichorie), *puntarelle*, der Stolz der Römer, eine Art Chicorée-Sorte, und Fisch aus Anzio.

Berühmt ist der *mercato* aber vor allem für seine Schuhe. Am Samstag strömen dann auch die *signore* aus anderen Vierteln hierher, um bei Ce-

sare (Box 40) nach preiswerten Markenschuhen Ausschau zu halten oder um ein Schnäppchen bei Il Baratto di Testaccio (Box 56) zu machen, die Vintage- und Secondhand-Mode anbieten. Nicht versäumen sollten Sie einen Halt bei Sergio Esposito (Box 15, Mo–Sa 8–14.30 Uhr), dessen gefüllte Panini legendär sind.

Authentische Cucina romana

In den historischen Lokalen des Quartiers wie **Felice** [1], **Bucatino** [2] oder im gehobenen **Checchino dal 1887** [3] wird noch echte römische Küche serviert, von *bucatini all'amatriciana* über *trippa alle romana* (Rindskutteln in Tomatensauce) und *coda alla vaccinara* (Ochsenschwanzragout) bis zu *coratella* (Herz und Lunge) – für zartere Gaumen auch gebratenes Kräuterlamm. Schließlich liegt in Testaccio der Ursprung der *cucina del quinto quarto* (Küche des fünften Viertels), der römischen Arme-Leute-Küche, die sich aus der Verwertung von Resten aus dem Schlachthof entwickelte. Typische Vorspeisen und Gerichte lassen sich auch im Ableger des Gourmetparadieses **Volpetti** [2] (s. S. 45), dem Self-Service **Volpetti Più** (Via Alessandro Volta 8) probieren.

Linkes Kulturzentrum, moderne Kunst und Biomarkt

Der ehemalige Schlachthof *(mattatoio)* ist heute ein **Kulturzentrum**. Außer dem **Villaggio Globale** [1], dem selbstverwalteten Kulturzentrum der politisch-linksalternativen Szene, der legendären Scuola di Musica Popolare, Schmiede für manch *cantautore* (Liedermacher) und der Fakultät für Architektur ist auch das **MACRO Testaccio** [9] (Piazza Orazio Giustiniani 4, http://museomacro.org, Di–So 11–19 Uhr) hier eingezogen, das als Dependance des MACRO in der Via Nizza zeitgenössische Kunst präsentiert. Ein Vorzeigeprojekt der Ära Veltroni ist die 3500 m² große **Città dell'Altra economia** [10] (Stadt der anderen Ökonomie, www.cittadellaltraeconomia.org, Di–Sa 10–20, So bis 19 Uhr). Auf dem Gelände tummeln sich Initiativen und Geschäfte, die sich der Nachhaltigkeit verschrieben haben. Jeden Sonntag verkaufen hier Biobauern frisches Gemüse, Olivenöl, Käse und hausgemachte Pasta.

Tanz auf dem Scherbenhaufen

Wenn im Herzen von Testaccio die Lichter ausgehen, geht das Leben in der gewundenen Via Monte di Testaccio erst so richtig los. Entlang der Straße, die sich um den Scherbenhügel schlängelt, konzentriert sich von Oktober bis Mai Roms Clubszene. Abends (ab 23 Uhr) und vor allem an Wochenenden strömt längs der Via Galvani und in den Höhlen der Via di Monte Testaccio das Nachtvolk zu Discos und Livemusik-Clubs, z. B. dem angesagten **Alibi** [2] mit einer Vorliebe für House Music oder der Latino-Bar **Caruso Café de Oriente** [3] (s. S. 51). Eingeläutet wird der Abend mit einem *aperitivo*, zu dem oft ein reichhaltiges Buffet serviert wird, etwa in der **Oasi della Birra** [4], trotz ihres Namens auch eine gut sortierte Enoteca, oder bei **Angelina** [5], wo bei gutem Wetter der *aperitivo* auf der Dachterrasse zur Musik eines DJs genossen werden kann.

Gelb-roter Enthusiasmus

Unverändert geblieben ist Testaccio allerdings als Heimat der *giallorossi*, der glühenden Anhänger des Fußballklubs A.S. Roma, der in seinen Anfängen in der Via Zabaglia trainierte. Unübersehbar ist der in Vereinsfarben getauchte Fanklub in der Via Branca.

Kuba lässt grüßen – **Caruso Café de Oriente** 3 : s. S. 51, 280.
Nicht nur Bier – **Oasi della Birra** 4 : Piazza Testaccio 38/41, Tel. 065 74 61 22, tgl. 18–20 Uhr Aperitif mit reichhaltigem Buffet (ab 10 €), s. a. S. 280.
Mit Aussicht – **Angelina** 5 : Via Galvani 24/A, Tel. 06 57 28 38 40. Nur abends, Aperitif ab 19 Uhr. Auch Restaurant und Diskothek. So Brunch, s. S. 278.

Ostiense

Wie Testaccio ist auch Ostiense, dessen weithin sichtbares Wahrzeichen der **Gazometer** ist, ein Viertel im Umbruch. Anfang des 20. Jh. siedelte man dank des vorhandenen Eisenbahnnetzes und des Tiberhafens zu beiden Seiten des Flusses Industrie an. Mit dem Ziel, eine polyzentrische Stadt zu schaffen, wurden die zwischenzeitlich brachliegenden Bauten neuen Zwecken zugeführt und das Viertel zu einem Laboratorium der Avantgarde: Die Backsteinbauten der Seifenfabrik Mira Lanza wurden zur Spielstätte des **Teatro India**, in das ehemalige Air Terminal Ostiense, das zur Fußballweltmeisterschaft 1990 gebaut wurde, zog **Eataly** ein (s. Mein Tipp) und die Ex-Mühle und Pastafabrik Mulino Biondi wurde in Apartments und Lofts umgewandelt.

Für die aufgelassenen **Großmarkthallen** an der Via Ostiense ist unter Leitung des holländischen Architekten Rem Koolhass eine Art Londoner Covent Garden geplant, ein Kultur-, Sport- und Musikzentrum mit Geschäften und Lokalen für ein Publikum *under 30*.

Ein Fixpunkt des römischen **Nachtlebens** ist schon seit Jahren die Gegend rund um die **Via Libetta,** wo zahlreiche Diskotheken wie das **Goa** (s. S. 283) um die Gunst des Publikums buhlen. Einen ausgelassenen Abend kann man auch im stets gut besuchten **Planet Rome Disco Club** (s. S. 50) verbringen, wo regelmäßige Live-Konzerte stattfinden.

Mein Tipp

Tempel italienischer Esskultur

Nun gibt es ihn auch in Rom: **Eataly**, der kulinarische Tempel bester italienischer Produkte. Riesige Leuchter erhellen die vier offenen Stockwerke, die mit Rolltreppen und Aufzügen verbunden sind und Liebhaber der italienischen Küche von einer Restaurantinsel zur nächsten locken. Dazwischen stehen hochwertige Marmeladen, verschiedenste Pastasorten, Obst und Eis zum Verkauf bereit. An den Decken hängen Schinkenkeulen und birnenförmige Käselaibe, Nudeln werden von Hand gemacht, es duftet nach Fisch und an den Wänden stapeln sich Wein- und Ölflaschen. In Zusammenarbeit mit Slow Food werden regelmäßig auch Koch- und Degustationskurse angeboten (Eataly, Piazzale 12 Octobre 1492, Ostiense, www.roma.eataly.it, tgl. 10–24 Uhr, Bus 60, 95, 121, 175, 280: Piazzale dei Partigiani, Metro B: Piramide und ca. 300 m zu Fuß bis Stazione Ostiense, s. auch S. 45).

Centrale Montemartini

Viale Ostiense 106, www.centrale montemartini.org, Di–So 9–19 Uhr, 6,50 €/5,50 € evtl. plus Ausstellungszuschlag

Schönstes Beispiel für die Umwandlung alter Zweckbauten in Ostiense ist die Centrale Montemartini, ein ehemaliges städtisches Wasserkraftwerk. Was als Provisorium für die Zeit der Restaurierung der Kapitolinischen Museen gedacht war, ist zum Glück inzwischen fester Bestandteil der römischen Muse-

Lieblingsort

Stilvoll abtanzen
Das **Goa** in Ostiense hat sich innerhalb weniger Jahre zum Upperclass-Hangout gemausert, zum Treffpunkt der *fashion people* und Glamour-Society. Leonardo di Caprio hat sich hier ausgetobt, als der Film »Gangs of New York« in Cinecittà gedreht wurde. Das stylishe Ambiente wechselt: War vor nicht allzu langer Zeit noch ein Ambiente im Bollywood-Stil angesagt, herrscht nun ein eleganter New-York-Style mit gedämpften Farben. Doch die Stärke des Lokals ist die Musik, die von den besten DJs – nicht nur aus Rom – bestritten wird, wie Kruder & Dorfmeister, Howie B, Sven Väth u. v. a. *House* und *Jungle* sind die vorherrschenden Rhythmen. Am Donnerstag gibt es Tanz nach den Klängen des legendären Hausherrn DJ Giancarlino. Einziger Makel: der Türsteher, an dem muss man erst mal vorbeikommen ... Via Libetta 13, www.goaclub.com, Metro A: Garbatella, Bus: 23 bzw. N 2 oder N 23, 679, Do–Sa 23.30–4.30 Uhr (10–15 €).

Vom Aventino ans Meer

umslandschaft. Inmitten schwarz glänzender Motoren und Dampfturbinen sind rund 400 Giebelskulpturen, Standbilder und Mosaiken aus der römischen Antike ausgestellt. Viele stammen aus der Umgebung des Kapitols.

Typisch für die römische Kunst der Antike ist eine äußerst realistische Darstellung, wie sie bei der republikanischen Statue »Togatus Barberini« anzutreffen ist, einem mit der Toga bekleideten Mann, der die Büsten seiner Vorfahren in den Händen hält. Einen römischen Garten schmückte die schöne »Venus vom Esquilin«, eine römische Kopie aus der Kaiserzeit. Im Obergeschoss zeigt ein großes Mosaik das Einfangen von Tieren, die für die Tierhatzen in den Amphitheatern herhalten mussten.

San Paolo fuori le Mura
Piazzale di San Paolo 1, www.basilica sanpaolo.org, im Sommer tgl. 7–19, im Winter 7–18.30 Uhr, Kreuzgang: 9–18 Uhr, 4 €
Bis zum Neubau der Peterskirche war die fünfschiffige Basilika die größte Kirche Roms. Die Grabeskirche des Apostels Paulus wurde nach dem Vorbild von Trajans Basilica Ulpia bereits unter Kaiser Konstantin errichtet und nach einem verheerenden Großbrand im Jahr 1823 originalgetreu wieder aufgebaut.

Eindrucksvoll ist die Ahnenreihe der Päpste längs der Schiffe. Von Petrus bis Papst Franziskus sind alle 266 Stellvertreter Gottes in Mosaikmedaillons dargestellt. Aus der alten Basilika erhalten sind die 1070 in Konstantinopel entstandenen Bronzetüren, das gotische Altarziborium von Arnolfo di Cambio aus dem späten 13. Jh. und der 5,60 m hohe Osterleuchter von Vassalletto, ein Meisterwerk romanischer Bildhauerkunst. Das stark restaurierte Apsismosaik aus dem 13. Jh. zeigt den segnenden Jesus Christus mit dem Stifter Papst Honorius III. zu seinen Füßen. Unbedingt sehenswert ist der romanische Kreuzgang aus dem 13. Jh., den die Künstlerfamilie Vassalletto mit funkelnden Mosaikintarsien verziert hat.

Essen & Trinken

Stylish – **Doppiozeroo**: Via Ostiense 68, Tel. 06 57 30 19 61, Mo 7–21, Di–So 7–2 Uhr, http://doppiozeroo.com, Menü ab 19 €. Ideal für den Aperitif (18.30–21 Uhr, 10 €), danach Restaurant, Sa, So Brunch (12–15.30 Uhr außer Sommermonate).

Abends & Nachts

Für jeden Geschmack – **Planet Rome Disco Club**: s. S. 50, 281.
In-Disco – **Goa**: s. S. 51, 281, 283.
Angesagt – **Saponeria**: s. S. 51.

EUR

Gruppenführungen mit Innenbesichtigungen n. Vereinb., www.eurspa.it
Der Kontrast zur Stadt Rom könnte nicht größer sein. Für die Weltausstellung 1942 geplant, sollte EUR (Esposizione Universale Romana = Römische Weltausstellung) die Macht und Größe des Faschismus demonstrieren und die ›Hauptstadt des Imperiums‹ ans Meer anbinden. Die namhaftesten Architekten des Landes entwarfen moderne Gebäude im Stil des ›Rationalismus‹, unterwarfen sich aber teilweise der pathetischen und stereotypen Formensprache des faschistischen Baustils.

Auf streng rechtwinkligem, modernem Straßengrundriss errichtete man monumentale, travertinverkleidete Gebäude mit marmornen Statuen. Sie waren für die öffentliche Verwaltung, für Kunst, Kultur und Geschichte bestimmt. Die Hauptstraße bildet bis heute die Via

EUR

Symbolträchtig – der Palazzo della Civiltà del Lavoro, genannt ›Colosseo quadrato‹

Cristoforo Colombo, die sich wie eine antike Konsularstraße von Rom schnurgerade mitten durch das Viertel zieht.

Nach dem Krieg wurde das gigantomanische Ausstellungsgelände zu einem modernen Stadtviertel mit Metroanbindung ausgebaut. Hochhäuser von Banken und Konzernen sowie Ministerien säumen die mehrspurigen Straßen. Für die Olympischen Spiele 1960 entstanden ein Sportstadion und künstliche Seen – heute Revier von Seglern, Paddlern und Spaziergängern.

Architekturspaziergang

Karte 2, Faltplanrückseite
Das Wahrzeichen der gesamten Anlage ist der **Palazzo della Civiltà del Lavoro** (▶ G 20; G. Guerrini, B. La Padula und M. Romano, 1938–43), auch Colosseo quadrato genannt, mit einer ihm eigenen Zahlensymbolik: Die sechs Stockwerke sollen an die sechs Buchstaben des Vornamens von Mussolini erinnern, die neun Arkaden an seinen Nachnamen. Berühmtheit erlangte das Gebäude, das in der Nachkriegszeit zur Sprengung freigegeben worden war, als surreale Kulisse für Film- und Modeaufnahmen. Ursprünglich war es der italienischen Zivilisation gewidmet. In der oberen Bogenreihe steht noch die Widmung: »Un popolo di poeti di artisti di eroi di santi di pensatori di scienziati di navigatori di trasmigratori«. (»Ein Volk von Dichtern, Künstlern, Helden, Heiligen, Denkern, Wissenschaftlern, Seefahrern, Wanderern«).

Ebenfalls schon von Weitem sichtbar ist die Kirche **Santi Pietro e Paolo** (▶ F 21; Foschini 1937–1941), von der man einen guten Blick auf das Quartier hat. Architektonisch interessant ist der 2003 renovierte Palazzo dello Sport, jetzt **PalaLottomatica** genannt (▶ G 23; Piacentini, Nervi 1958–1960; Besichtigungsanfragen per Mail: segreteria@palalottomatica.it; Infos: Tel. 065 40 90-1-200), der mit seinem ausladenden, kuppelförmigen Dach eine Raumspannweite von 95 m erreicht. Der von einer Kuppel bekrönte Kubus des **Palazzo dei Congressi** (▶ H/J 21; 1938–1954) wurde von Adalberto Libera entworfen.

Ambitioniertestes Projekt ist derzeit **La Nuvola** (›Die Wolke‹; ▶ H 22), der Neubau eines Kongress- und Entertainmentzentrums durch den Architek-

Vom Aventino ans Meer

Mein Tipp

Mit dem Boot auf dem Tiber nach Ostia Antica tuckern
Eine reizvolle Alternative zur Zugfahrt nach Ostia Antica ist die Bootsfahrt ab Ponte Marconi. Man darf in der Millionenstadt Rom natürlich nicht die Unberührtheit von Schweizer Bergflüssen erwarten, und doch entdeckt man längs des Tibers Reiher, Stockenten, Teichhühner, Störche, Kormorane und Möwen. Das Ufer säumen Platanen, Weiden und Pappeln. Unbeirrt von der trüben Farbe des Wassers und (leider auch) dem Müll, der an den Ästen hängenbleibt, werfen Fischer ihre Angeln nach Karpfen und Aalen aus. Die Tour (nur Hinfahrt) findet nur statt, wenn sich genügend Teilnehmer oder eine Gruppe angemeldet haben. Individualreisende können sich anschließen. Gute Chancen hat man Mitte Febr.–Ende Juni und Sept.–Ende Nov., Abfahrt i. d. R. um 9.30 Uhr ab Ponte Marconi. Dauer ca. 2,5–3 Std., Ticket 15 €, Rückfahrt individuell per Metro. Info: Tel. 06 50 93 01 78, www.gitesultevere.it.

ten Massimiliano Fuksas (Fertigstellung voraussichtlich 2016). Sein Entwurf, der sich mehr durch Licht als durch Form auszeichnet, sieht einen 30 m hohen transparenten Kasten vor, in dem sich eine leichte Stahl-Teflon-Konstruktion über 15 000 m² spannt. Das Modell im Maßstab 1 : 200 kann man derweil im MAXXI begutachten (s. S. 65).

Museen

Zu den interessantesten der vielen Museen des EUR gehört trotz seiner recht verstaubten Präsentation das **Museo della Civiltà Romana** (Piazza Giovanni Agnelli 10, www.museociviltaromana.it, Di–So 9–14 Uhr, 8,50 €/6,50 €). Es besitzt zwar kein einziges Original, aber Abgüsse von fast allen bedeutenden antiken Skulpturen und Reliefs. Sehenswert ist das ca. 400 m² große Modell von Rom zur Zeit Kaiser Konstantins.

Auf dem neuesten Stand der Technik ist das **Planetario e Museo Astronomico** im gleichen Gebäude (Besichtigungen nur im Rahmen der täglichen Veranstaltungen, Info: www.planetarioroma.it, derzeit geschl.

Aktiv

Freibad – **Piscina delle Rose:** s. S. 60.

Ostia Antica

Viale dei Romagnoli 717, Ostia Antica, Di–So 8.30–19, im Winter bis 16 Uhr, 8 €/4 €, Audioguide 4 €, Karte auch in deutsch 2 €
Eine idyllische Ruhe liegt über den von Pinien gesäumten Ausgrabungen von Ostia Antica. In der Antike lag Ostia (lat. Mündung) am Tiber. Die Anfang des 4. Jh. v. Chr. gegründete Hafenstadt diente als Militär- und Versorgungsstation der Millionenmetropole Rom. In ihrer Blütezeit wohnten bis zu 100 000 Menschen in den *insulae* und Atriumhäusern. Doch während Rom durchgehend besiedelt blieb, wurde Ostia wegen der zunehmenden Verlandung des Hafenbeckens seit dem 2. Jh. n. Chr. allmählich aufgegeben. Im Laufe der Jahrhunderte schob sich die Küstenlinie immer weiter ins Meer hinaus. Heute liegt Ostia Antica mehr als 4 km vom Tyrrhenischen Meer entfernt – ein Glücksfall für die Nachwelt: Bei den seit dem 19. Jh. andauernden Ausgrabungen konnte eine komplette antike

Stadt freigelegt werden: bis zu vierstöckige Wohnhäuser, riesige Speichergebäude und ganze Geschäftsviertel, Theater für 3000 Menschen, unzählige Thermen und Tempel, ja sogar eine antike Osteria mit gemalter Speisekarte.

Während Rom als einstige Hauptstadt des römischen Imperiums besonders mit repräsentativen Monumenten aus der Antike prunkt, vermitteln die eindrucksvollen Ruinen der ehemaligen Hafenstadt Ostia eine Vorstellung vom Alltagsleben in jener Epoche. Einen guten Überblick über das ca. 100 ha große Grabungsareal vermittelt ein Plan im Eingangsbereich. Sehr lohnend ist ein Besuch des **Museums.** Es gibt eine Cafeteria und einen Bookshop, zudem kann man einen Blick auf den jetzigen Verlauf des Tibers werfen.

Essen & Trinken

Atmosphärisch – **Cipriani:** Ostia Antica, Via del Forno 11, Tel. 06 56 35 29 56, www.ristorantecipriani.com, Do–Di 12.30–14.30, 19.30–22 Uhr, im Sommer So abends geschl., im Winter So mittags, Menü ab 10 €. Nach einem Besuch der Ausgrabungsstätten lohnt ein Abstecher in die Gassen des mittelalterlichen Ostia zu Cipriani, der mit großzügigen Portionen und hausgemachten Desserts zu römischen Gelagen animiert.

Ostia Lido

Wer sich einmal bei einem Bad im Meer von Besichtigungstouren erholen möchte, kann einen der Hausstrände Roms besuchen – sie sind besser als ihr Ruf. Ostia Lido ist der wichtigste Hausstrand der Römer und am Wochenende auch recht überlaufen. Alle, die Menschenansammlungen nicht scheuen, finden entlang der Sandküste bestausgestattete *stabilimenti* (Strandbäder) mit Kabinen, Liegen und Sonnenschirmen, Bars und Restaurants, einige mit Schwimmbad, etwa der traditionsreiche »Kursaal«, mit seinem 10 m hohen Sprungbrett Aushängeschild der Badeanstalten.

Sicher, karibikblaues Wasser dürfen Sie hier nicht erwarten! Dafür ist am Abend abwechslungsreiches Nightlife angesagt. Gemeinsam mit dem weiter nördlich gelegenen **Fregene** ist Ostia Lido von Juni bis September die Location römischer Diskotheken.

Individualisten schätzen die von *stabilimenti* freien Sandstrände südlich von Ostia. Vorbei am Militärsperrgebiet erreicht man die von I bis VII durchnummerierten **Cancelli** (›Tore‹) mit Sonnenschirm- und Strandliegenverleih. Das Gebiet gehört zu einem der wenigen Küstenabschnitte im Latium mit einer intakten Dünenlandschaft. Ein Teil des Strandes (Capocotta) nahe dem Cancello 7 ist seit 2000 der erste offizielle FKK-Strand Italiens.

Essen & Trinken

Unter Römern – **La Bussola:** Lungomare A. Vespucci 72, Tel. 06 56 47 08 67, www.ristorantelabussola.eu, Mo und So abend geschl. Bei Römern sehr beliebtes Fischrestaurant, abends auch Holzofenpizza.

Aktiv

Dolce-Vita-Badeanstalt – **Kursaal:** Lungomare L. Catulo 36–40, Tel. 06 56 47 05 60, www.kursaalvillage.com, Mai–Sept. Symbol der ›Badewanne Roms‹ ist der 1950 erbaute Kursaal. Pool.

Design-Strandbad – **Shilling La Rotonda:** Piazzale Cristoforo Colombo 1, Tel. 06 56 47 07 28, www.larotonda.it, Tagesticket ca. 12–15 €. Eleganter Beach Point, Restaurant, Cocktail-Bar und Disco-Club.

Sprachführer

Aussprachregeln

In der Regel wird Italienisch so ausgesprochen wie geschrieben. Treffen zwei Vokale aufeinander, so werden beide einzeln gesprochen (z. B. E-uropa). Die Betonung liegt bei den meisten Wörtern auf der vorletzten Silbe. Liegt sie auf der letzten Silbe, wird ein Akzent verwendet (z. B. città, caffè). Die weiteren Akzente, die hier verwendet werden, sollen lediglich die Aussprache erleichtern, finden sich aber nicht im geschriebenen Italienisch.

Konsonanten

c	vor a, o, u wie k, z. B. conto; vor e, i wie tsch, z. B. cinque
ch	wie k, z. B. chiuso
ci	vor a, o, u wie tsch, z. B. doccia
g	vor e, i wie dsch, z. B. Germania
gi	vor a, o, u wie dsch, z. B. spiaggia
gl	wie ll in Brillant, z. B. taglia
gn	wie gn in Kognak, z. B. bagno
h	wird nicht gesprochen
s	teils stimmhaft wie in Saal, z. B. museo; teils stimmlos wie in Haus, z. B. sinistra
sc	vor a, o, u wie sk, z. B. scusi; vor e, i wie sch, z. B. scelta
sch	wie sk, z. B. schiena
sci	vor a, o, u wie sch, z. B. scienza
v	wie w, z. B. venerdì
z	teils wie ds, z. B. zero; teils wie ts, z. B. zitto

Allgemeines

guten Morgen/Tag	buon giorno
guten Abend	buona sera
gute Nacht	buona notte
auf Wiedersehen	arrivederci
entschuldige(n Sie)	scusa (scusi)
hallo/grüß dich	ciao
bitte	prego/per favore
danke	grazie
ja/nein	sì/no
Wie bitte?	come?/prego?

Unterwegs

Haltestelle	fermata
Bus/Auto	autobus/màcchina
Ausfahrt/-gang	uscita
Tankstelle	stazione di servizio
rechts/links	a destra/a sinistra
geradeaus	diritto
Auskunft	informazione
Bahnhof/Flughafen	stazione/aeroporto
alle Richtungen	tutte le direzioni
Einbahnstraße	senso ùnico
Eingang	entrata
geöffnet	aperto/-a
geschlossen	chiuso/-a
Kirche/Museum	chiesa/museo
Strand	spiaggia
Brücke	ponte
Platz	piazza/posto

Zeit

Stunde/Tag	ora/giorno
Woche	settimana
Monat	mese
Jahr	anno
heute/gestern	oggi/ieri
morgen	domani
morgens/abends	di mattina/di sera
mittags	a mezzogiorno
früh/spät	presto/tardi
Montag	lunedì
Dienstag	martedì
Mittwoch	mercoledì
Donnerstag	giovedì
Freitag	venerdì
Samstag	sàbato
Sonntag	doménica

Notfall

Hilfe!	Soccorso!/Aiuto!
Polizei	polizìa
Arzt	mèdico
Zahnarzt	dentista
Apotheke	farmacìa
Krankenhaus	ospedale
Unfall	incidente

Schmerzen	dolori	teuer	caro/-a
Panne	guasto	billig	a buon mercato
		Größe	taglia
		bezahlen	pagare

Übernachten

Hotel	albergo
Pension	pensione
Einzelzimmer	camera singola
Doppelzimmer	camera doppia
mit/ohne Bad	con/senza bagno
Toilette	bagno, gabinetto
Dusche	doccia
mit Frühstück	con prima colazione
Halbpension	mezza pensione
Gepäck	bagagli
Rechnung	conto

Einkaufen

Geschäft/Markt	negozio/mercato
Kreditkarte	carta di crédito
Geld	soldi
Geldautomat	bancomat
Lebensmittel	alimentari

Zahlen

1	uno	17	diciassette
2	due	18	diciotto
3	tre	19	diciannove
4	quattro	20	venti
5	cinque	21	ventuno
6	sei	30	trenta
7	sette	40	quaranta
8	otto	50	cinquanta
9	nove	60	sessanta
10	dieci	70	settanta
11	ùndici	80	ottanta
12	dòdici	90	novanta
13	trédici	100	cento
14	quattordici	150	centocinquanta
15	quìndici	200	duecento
16	sédici	1000	mille

Die wichtigsten Sätze

Allgemeines

Sprechen Sie … Deutsch/Englisch?	Parla … tedesco/inglese?
Ich verstehe nicht.	Non capisco.
Ich spreche kein Italienisch.	Non parlo italiano.
Ich heiße …	Mi chiamo …
Wie heißt Du/ heißen Sie?	Come ti chiami/ si chiama?
Wie geht es Dir/Ihnen?	Come stai/sta?
Danke, gut.	Grazie, bene.
Wie viel Uhr ist es?	Che ora è?

Unterwegs

Wie komme ich zu/nach …?	Come faccio ad arrivare a …?
Wo ist bitte …?	Scusi, dov'è …?
Könnten Sie mir bitte … zeigen?	Mi potrebbe indicare …, per favore?

Notfall

Können Sie mir bitte helfen?	Mi può aiutare, per favore?
Ich brauche einen Arzt.	Ho bisogno di un mèdico.
Hier tut es weh.	Mi fa male qui.

Übernachten

Haben Sie ein freies Zimmer?	C'è una càmera libera?
Wie viel kostet das Zimmer pro Nacht?	Quanto costa la càmera per notte?
Ich habe ein Zimmer bestellt.	Ho prenotato una càmera.

Einkaufen

Wie viel kostet …?	Quanto costa …?
Ich brauche …	Ho bisogno di …
Wann öffnet/ schließt …?	Quando apre/ chiude …?

Kulinarisches Lexikon

Zubereitung

alla griglia	gegrillt
amabile/dolce	süß
arrosto/-a	gebraten, geröstet
bollito/-a	gekocht
caldo/-a	warm
al cartoccio	in Folie gewickelt
freddo/-a	kalt
fritto/-a	gebacken, frittiert
al forno	aus dem Backofen
gratinato/-a	überbacken
stufato/-a	geschmort
con/senza	mit/ohne

Vorspeisen und Suppen

antipasti misti	gemischte Vorspeisen
antipasti di mare	Vorspeisenplatte mit Fisch/Meeresfrüchten
bruschetta	geröstetes Weißbrot mit Knoblauch und Öl
carciofini sott'olio	Artischocken in Öl
crostini	geröstetes Brot mit diversen Belägen
fior di zucca farciti	gefüllte Zucchiniblüten
melanzane alla griglia	gegrillte Auberginen
prosciutto cotto/crudo	Schinken gekocht/roh
stracciatella alla romana	Fleischbrühe mit Eierflöckchen
supplì alla romana	mit Mozzarella und Ragout gefüllte Reisbällchen
zucchini alla griglia	gegrillte Zucchini
zuppa di cozze	Miesmuscheln mit Knoblauch
zuppa di fave	Dicke Bohnensuppe

Primo Piatto (Erster Gang)

bucatini all'amatriciana	dünne Teigröhren m. scharfer Tomaten-Bauchspeck-Soße
gnocchi	Kartoffelklößchen
gnocchi alla romana	gebackene Grießklößchen
fettuccine alla romana	Bandnudeln mit Hühnerleber
penne all'arrabbiata	kurze Nudeln mit scharfer Soße
spaghetti al tonno	Spaghetti mit Thunfischsoße
spaghetti alla carbonara	Nudeln nach Köhlerart mit rohen Eiern, Specksoße, Pfeffer und Käse
tagliatelle con prosciutto e piselli	Bandnudeln mit Schinken und Erbsen
tonnarelli cacio e pepe	dünne, lange Nudeln mit Käse und Pfeffer

Secondo Piatto (Zweiter Gang)

abbacchio alla romana	mit Rosmarin und Knoblauch gewürztes Lammragout
baccalà alla romana	in Teig ausgebackener Stockfisch
coda alla vaccinara	in viel Sellerie geschmorter Ochsenschwanz
pajata	Kutteln vom Milchlamm
pollo alla cacciatora	mit Rosmarin und Knoblauch gewürztes Huhn
porchetta	mit Salz und Gewürzen gefülltes Spanferkel
salsicce	Würste
saltimbocca alla romana	Kalbsschnitzel mit Schinken und Salbei
trippa	Rindskutteln

Fisch und Meeresfrüchte

aragosta	Languste
cozza	Miesmuschel
gamberetto	Garnele
gambero	Hummer
orata	Dorade/Goldbrasse
pesce persico	Barsch

salmone	Lachs
seppia	Tintenfisch
sogliola	Seezunge

Fleisch und Geflügel

agnello	Lamm
anatra	Ente
capra	Ziege
carne	Fleisch
cinghiale	Wildschwein
coniglio	Kaninchen
faraona	Perlhuhn
lepre	Hase
maiale/porco	Schwein
manzo	Rind
oca	Gans
pernice	Rebhuhn
pollo	Hähnchen
tacchino	Pute
vitello	Kalb

Gemüse und Beilagen

carciofi alla giudia	Artischocken nach jüdischer Art, in Öl gebraten
carciofi alla romana	Artischocken mit Minze, Petersilie und Knoblauch gekocht
funghi	Pilze
melanzane ripiene	gefüllte Auberginen
peperonata	gedünstete Paprika
piselli alla romana	Erbsen mit Schinken
puntarelle in salsa d'alici	Zichoriensalat mit Sardellensoße
zucchine marinate	marinierte Zucchini

Käse

pecorino	salzig-aromatischer Schafskäse

Nachspeisen und Obst

macedonia	frischer Obstsalat
panna cotta	gestürzte Sahnecreme
zuppa inglese	Löffelbiskuits mit Vanille und Schokocreme

Getränke

acqua (minerale)	(Mineral-)Wasser
… con gas/gassata	… mit Kohlensäure
… senza gas/liscia	… ohne Kohlensäure
birra (alla spina)	(Fass-)Bier
caffè (corretto)	Kaffee (mit Grappa)
ghiaccio	Eis
granita di caffè	Eiskaffee
latte	Milch
spumante	Sekt
succo	Saft
tè	Tee
vino rosso/bianco	Rotwein/Weißwein

Im Restaurant

Ich möchte einen Tisch reservieren.	Vorrei prenotare un távolo.
Die Speisekarte, bitte.	Il menù, per favore.
Weinkarte	lista dei vini
Die Rechnung, bitte.	Il conto, per favore.
Vorspeise	antipasto
Suppe	minestra/zuppa
Hauptgericht	piatto principale
Nachspeise	dessert/dolce
Beilagen	contorno
Tagesgericht	menù del giorno
Gedeck	coperto
Messer	coltello
Gabel	forchetta
Löffel	cucchiaio
Glas	bicchiere
Flasche	bottiglia
Salz/Pfeffer	sale/pepe
Zucker/Süßstoff	zùcchero
Süßstoff	saccarina
Kellner/Kellnerin	cameriere/cameriera

Register

Alemanno, Gianni 75, 91
Amphitheatrum Castrense 261
Amphitheatrum Flavium 130
Anreise 23
Antiquitäten 44
Apostolische Urkunden 190
Apotheken 68
Appartamento Borgia 187
Ara Pacis Augustae 62, 203, 216
Architektur 11, 104, 109, 110, 216, 285
Arco di Costantino 129
Arco di Settimio Severo 119
Arco di Tito 125
Ardeatinische Höhlen 258
Area Sacra 146
Ärzte 68
Auditorium Parco della Musica 53, 216
Augustus, Kaiser 77, 101, 102, 104, 131, 203, 204
Aurelianische Stadtmauer 74, 77, 82, 257, 259, 276
Aurelian, Kaiser 276
Ausgehen 49
Autofahren 26
Aventino (Aventin) 274

Baden 287
Bahn 23
Barcaccia-Brunnen 207
Barock 79, 110, 210, 211
Bars 50
Basilica di Massenzio 124
Basilica Emilia 119
Basilica Iulia 123
Bed & Breakfast 28, 34
Behinderte 70
Benedikt XVI., Papst 81, 95
Bergoglio, Mario 81, 95
Berlusconi, Silvio 81, 98
Bernini, Gianlorenzo 110, 155, 162, 175, 178, 180, 182, 195, 229, 232, 234, 236, 253
Bernini, Gian Luigi 180
Bevölkerung 75, 88
Biblioteca Apostolica Vaticana 189
Bilotti, Carlo 240
Bioparco 239
Bocca della Verità 142
Bootstour 286
Borgia, Familie 187
Borromini, Francesco 110, 113, 153, 156, 161, 229
Botanischer Garten 192
Botschaften 68

Bramante, Donato 165, 179, 185
Bruno, Giordano 79, 163
Bus 24, 25

Cafés 42
Calixtus-Katakomben 258
Campidoglio (Kapitol) 135
Camping 34
Campo de' Fiori 7, 159
Campo Santo Teutonico 178
Campo Verano 263
Canonica, Pietro 240
Canova, Antonio 180, 236
Cappella Chigi 203
Cappella Sancta Sanctorum 259
Cappella Sistina 187
Caracalla-Thermen 64, 107, 143
Carafa-Kapelle 147
Caravaggio, Michelangelo Merisi de 153, 154, 210, 236
Carcere Mamertino 140
Casa del Cinema 53, 235, 239
Casa delle Vestali 124
Casa di Augusto 128
Casa di Goethe 64, 203
Casa di Livia 128
Casa di Lorenzo Manili 167
Casa Museo Giorgio de Chirico 64, 207
Cäsar 77, 101, 119, 230
Casina Raffaello 239
Casina Valadier 239
Castel Sant'Angelo (Engelsburg) 62, 175
Castor-und-Pollux-Tempel 120
Cecilia-Metella-Grabmal 258
Celio (Caelius) 245
Centrale Montemartini 67, 279, 281
Centro Storico 82
Chiesa Dives Misericordiae 216
Chiesa Il Gesù 147
Chiesa Nuova 158
Chirico, Giorgio de 198
Cicero 120
Cimitero Acattolico 276
Cinecittà 54
Circo Massimo (Circus Maximus) 142
Circus des Maxentius 258
Città dell'Altra economia 280
Colle Oppio 251
Colonna di Foca 120
Colonna di Marco Aurelio 208
Colonna di Traiano 135

Colosseo (Kolosseum) 62, 103, 105, 130, 132
Cordonata 135
Corso del Rinascimento 153
Corso Vittorio Emanuele II 158
Crypta Balbi 67
Curia 119, 254

Deutsches Pilgerzentrum 174
Diokletian, Kaiser 224
Diokletiansthermen 222
Diskotheken 50
Domitian, Kaiser 128
Domitilla-Katakomben 258
Domus Augustana 128
Domus Aurea 63, 102, 183, 251
Domus Flavia 128
Domus romanae 213

Einkaufen 9, 44
Einreisebestimmungen 23
Eisdielen 43, 233
Ekberg, Anita 233, 235
Engelsbrücke (Ponte Sant'Angelo) 175
Engelsburg (Castel Sant'Angelo) 62, 175
Esquilino (Esquilin) 89, 251
Essen und Trinken 35
EUR (Esposizione Universale Romana) 80, 83, 284
Events 22, 55

Fahrradverleih 238, 256, 268
Farnese, Familie 163
Feiertage 55, 68
Fellini, Federico 206, 233
Ferienwohnungen 28
Feste 55
Fitnesscenter 59
Flohmärkte 46, 199
Flugverbindungen 23
Fontana dei Fiumi 155
Fontana della Barcaccia 207
Fontana dell'Acqua Paola 191
Fontana della Navicella 245
Fontana delle Api 234
Fontana delle Naiadi 222
Fontana delle Tartarughe 169
Fontana del Mascherone 165
Fontana del Moro 155
Fontana del Tritone 234
Fontana di Mosè 228
Fontana di Nettuno 155
Fontana di Trevi 233
Fontana, Domenico 179
Fori Imperiali 130

292

Register

Foro Boario 141
Foro di Augusto 131
Foro di Cesare 130
Foro di Traiano 131
Foro Holitorio 141
Foro Romano (Forum Romanum) 63, 118
Fra Angelico 187, 192
Franziskus, Papst 81, 95
Fregene 287
Freiluftkino 53
Fuksas, Massimiliano 216, 286
Fundbüros 69
Fußball 59, 92

Galerien 64
Galilei, Galileo 254
Galleria Alberto Sordi 208
Galleria Borghese 66, 212, 235, 239
Galleria Colonna 64
Galleria Doria Pamphilj 64, 209
Galleria Farnese 165
Galleria Nazionale d'Arte Antica 64, 192, 233
Galleria Nazionale d'Arte Moderna (GNAM) 65, 236
Galleria Spada 64, 162
Gazometer 281
Geld 69
Geschichte 74, 77, 101, 104
Ghetto, Jüdisches 79, 166
Gianicolo 190
Globe Theatre 54, 239
Goethe, Johann Wolfgang von 202, 203, 258
Grillo, Beppe 100

Hadid, Zaha 216
Hadrian, Kaiser 103, 125, 152, 175, 270
Heiliges Jahr 81, 90, 96
Honorius, Kaiser 134
Hotels 28

Il Gesù 147
Informationen 18
Inlineskating 60, 238
Internet 18, 71
Internetadressen 18
Isola Tiberina 169

Jazzlokale 52
Joggen 60, 142
Johannes Paul II., Papst 80, 81
Juden in Rom 79, 166
Jugendunterkünfte 33

Kaiser 101
Kaiserforen s. Fori Imperiali
Kapitol s. Campidoglio (Kapitol)
Kapitolinische Museen s. Musei Capitolini
Kapitolinische Wölfin 139
Katakomben 63, 258, 266
Keats-Shelley House 207
Kinder (Unternehmungen) 70
Kinos 53
Kirchenstaat 78
Kleidung 22
Klima 21
Klosterherbergen 28, 33
Kolosseum s. Colosseo (Kolosseum)
Konstantin, Kaiser 77, 103, 129, 138, 185, 247, 254
Konstantinsbogen 129
Konzertsäle 53
Kultur 75, 90

La Nuvola 11, 285
Lapis Niger 119
Largo Argentina 146
Laterano (Lateran) 254
Lateranpalast 259
Lateranverträge 80
Lesben 52
Lesetipps 20
Livemusik 52
Ludoteca 239

MACRO (Museo d'Arte Contemporanea di Roma) 65, 216
MACRO Testaccio 65, 280
Maderno, Carlo 179
Marc Aurel, Kaiser 77, 208
Marc-Aurel-Reiterstatue 138, 139
Marcellus-Theater s. Teatro di Marcello
Marino, Ignazio 11, 75, 81, 91
Märkte 46, 260
Mastroianni, Marcello 263
Mausoleo di Augusto 203
Maxentius-Basilika 124
Maxentius, Kaiser 258
MAXXI (Museo Nazionale delle Arti del XXI Secolo) 65, 216, 286
Meier, Richard 204, 216
Mercati di Traiano 63, 135
Metro 24
Michelangelo 135, 161, 179, 180, 186, 187, 228

Mietwagen 26
Mode 46
Montessori, Maria 261, 263
Monti-Viertel 230
Monumente, antike 61
Moses-Figur 251
Mund der Wahrheit 142
Mura Aureliane 276
Museen 8, 61, 64
Musei Capitolini 65, 138
Musei di Villa Torlonia 65, 263
Musei Vaticani 65, 182, 184
Museo Carlo Bilotti 65, 239, 240
Museo Crypta Balbi 147
Museo d'Arte Contemporanea di Roma (MACRO) 65, 216
Museo dei Fori Imperiali 63, 135
Museo della Civiltà Romana 66, 286
Museo della Via Ostiense 276
Museo delle Mura 64, 257
Museo del Tesoro di San Pietro 182
Museo di Palazzo Venezia 162, 209
Museo di Roma 66, 158
Museo di Roma in Trastevere 194
Museo di Scultura Antica Giovanni Barracco 65, 158
Museo Ebraico di Roma 66
Museo e Galleria Borghese s. Galleria Borghese
Museo Montemartini 67
Museo Nazionale d'Arte Orientale 67, 254
Museo Nazionale delle Arti del XXI Secolo 216, 286
Museo Nazionale delle Arti del XXI Secolo (MAXXI) 65
Museo Nazionale del Palazzo di Venezia 67
Museo Nazionale Etrusco di Villa Giulia 67, 237
Museo Nazionale Romano 67, 154, 228
Museo Pietro Canonica 240
Museo Tassiano 190
Musikclubs 52
Mussolini, Benito 80, 130, 167, 213, 263, 285

Nachtleben 49, 260, 280
Nero, Kaiser 77, 102, 130, 230, 251
Notruf 24, 69

293

Register

Öffnungszeiten 62, 69
Opernhäuser 53
Orto Botanico 192
Ostia Antica 276, 286
Ostia Lido 287
Ostiense 83, 281

PalaLottomatica 49, 285
Palatino 63, 125
Palazzetto dello Sport 216
Palazzi 109, 160
Palazzo Altemps 67, 154
Palazzo Barberini 64, 191, 233
Palazzo Brancaccio 254
Palazzo Braschi 158
Palazzo Chigi 99, 208
Palazzo Corsini 64, 192
Palazzo dei Congressi 285
Palazzo dei Conservatori 135, 138
Palazzo dei Senatori 135
Palazzo della Cancelleria 109, 161
Palazzo della Civiltà del Lavoro 285
Palazzo della Consulta 232
Palazzo delle Esposizioni 229
Palazzo del Quirinale 99, 232
Palazzo Farnese 109, 163
Palazzo Laterano 259
Palazzo Madama 99, 153
Palazzo Massimo alle Terme 67, 228
Palazzo Mattei 169
Palazzo Montecitorio 99, 208
Palazzo Nuovo 135, 138
Palazzo Spada 113, 161
Palazzo Valentini 213
Palazzo Venezia 109, 162, 209
Palazzo Wedekind 208
Pantheon 64, 150, 152
Papstaudienzen 174
Papstgrotten 182
Parco Savello 275
Parco Via Appia Antica 257
Parken 26
Pasolini, Pier Paolo 80, 260
Pasquino 156
Passetto di Borgo 174
Peterskirche s. San Pietro
Petersplatz 175
Petrusgrab 174
Phokas-Säule 120
Piano, Renzo 216
Piazza Colonna 208
Piazza dei Cavalieri di Malta 276
Piazza del Campidoglio 135

Piazza della Minerva 147
Piazza della Repubblica 222
Piazza della Rotonda 152
Piazza del Popolo 202
Piazza di Quirinale 232
Piazza di Montecitorio 208
Piazza di Pietra 208
Piazza di Spagna 206
Piazza Mattei 169
Piazza Navona 155
Piazza San Giovanni in Laterano 259
Piazza San Lorenzo in Lucina 208
Piazza San Pietro (Petersplatz) 175
Piazza Santa Maria in Trastevere 194
Piazza Venezia 209
Piazza Vittorio 254
Pigneto 83, 260
Pinacoteca 189
Pincio 239, 240
Piombo, Sebastiano del 191
Piramide di Cestio 276
Planetario e Museo Astronomico 286
Politik 98
Ponte Cestio 169
Ponte della Musica 216
Ponte Fabricio 169
Ponte Rotto 169
Ponte Sant'Angelo 175
Ponte Sisto 165
Porta, Giacomo della 135, 169, 179
Porta Maggiore 261
Porta San Paolo 276
Porta Settimiana 191, 193
Portico di Ottavia 167
Porticus Deorum Consentium 121
Post 69

Quirinale (Quirinal) 82, 222, 232

Radfahren 25, 59, 238, 256
Radio 71
Raffael (Raffaello Santi) 153, 154, 156, 179, 184, 192, 203
Rauchen 69
Reisekosten 69
Reisezeit 21
Religion 75
Renaissance 108, 203
Renzi, Matteo 81, 98, 100
Restaurants 35

Rinaldi, Girolamo 135
Romulus und Remus 76, 119, 124, 125, 139, 141
Roseto Comunale 274
Rostra 120
Rubens, Peter Paul 158

San Bartolomeo in Isola 169
San Bernardo alle Terme 225
San Carlo alle Quattro Fontane 113, 229
San Clemente 248, 250
San Crisogono 195
Sanctis, Francesco De 207
San Francesco d'Assisi a Ripa 195
San Giorgio in Velabro 141
San Giovanni in Fonte 259
San Giovanni in Laterano 119, 254
San Giuseppe dei Falegnami 140
San Gregorio al Celio 245
San Gregorio della Divina Pietà 168
San Lorenzo fuori le Mura 262
San Lorenzo in Lucina 208
San Lorenzo (Viertel) 80, 83, 261
San Luigi dei Francesi 153, 211
San Paolo entro le Mura 229
San Paolo fuori le Mura 106, 284
San Pietro in Montorio 191
San Pietro in Vincoli 251
San Pietro (Peterskirche) 112, 179
Santa Cecilia in Trastevere 195
Santa Costanza 266
Santa Croce in Gerusalemme 259
Santa Francesca Romana 125
Sant'Agnese 266
Sant'Agnese in Agone 156
Sant'Agostino 154, 211
Santa Maria Antiqua 123
Santa Maria degli Angeli 225
Santa Maria dei Miracoli 202
Santa Maria dell'Anima 156
Santa Maria della Pace 156
Santa Maria della Vittoria 112, 228
Santa Maria del Popolo 202, 212
Santa Maria Immacolata Concezione 235
Santa Maria in Aracoeli 135, 139

Register

Santa Maria in Cosmedin 142
Santa Maria in Domnica 245
Santa Maria in Montesanto 202
Santa Maria in Trastevere 194
Santa Maria Maggiore 244, 253
Santa Maria sopra Minerva 147
Sant'Andrea al Quirinale 113, 232
Sant'Andrea della Valle 158
Sant'Andrea delle Fratte 175
Sant'Angelo in Pescheria 168
Sant'Aniceto 155
Santa Prassede 252
Santa Prisca 276
Santa Sabina 275
Santi Cosma e Damiano 124
Sant'Ignazio 209
Santi Pietro e Paolo 285
Santissima Trinità dei Monti 207
Sant'Ivo alla Sapienza 113, 153
Sant'Onofrio 190
Santo Stefano Rotondo 245
Saturn-Tempel 121
Scala Santa 259
Scalinata di Trinità dei Monti 206
Schwimmen 60
Schwule 52
Scuderie 232
Sebastians-Katakomben 63, 258
Segwayfahren 27
Sepolcro di Eurisace 261
Septimius-Severus-Bogen 119
Sicherheit 70
Sightjogging 60
Sinagoga Nuova 168
Sixtinische Kapelle 79, 187
Skaten 60
Spanische Treppe 206
Spartipps 69
Sport 59
SS. Giovanni e Paolo 245
SS. Quattro Coronati 245
Stadio Flaminio 216
Stadtführungen 22, 70, 71
Stadtrundfahrten 27
Stanzen des Raffael 184
Strände 287
Synagoge 168

Tabularium 121
Tasso, Torquato 190
Taxis 23, 25
Teatro Argentina 54, 146
Teatro dell'Opera 54, 229
Teatro di Marcello 141, 167
Teatro India 279, 281
Technotown 266
Telefonieren 71
Tempio dei Dioscuri 123
Tempio del Divo Giulio 123
Tempio di Antonino e Faustina 123
Tempio di Romolo 124
Tempio di Saturno 121
Tempio di Vespasiano 120
Tempio di Vesta 124
Terme di Caracalla 64, 107, 143
Terme di Diocleziano 67, 222, 224, 228
Terme di Traiano 251
Testaccio 83, 276
Theater 54
Thermen 60, 106
Tiber 74, 286
Tiberinsel 169
Titus-Bogen 125
Titus, Kaiser 102
Tivoli 270
Torre d'Anguillara 195
Tor Tre Teste 216
Tourismus 75
Tourismusämter 19
Trajan, Kaiser 77, 103, 134
Trajans-Forum 131
Trajans-Märkte 135
Trajans-Säule 135
Trajans-Thermen 251
Tram 25
Trastevere 77, 83, 172, 193
Trinkgeld 71

Übernachten 9, 28
Universität 75

Vaticano (Vatikan) 95, 172, 175
Vatikanische Gärten 174
Vatikanische Museen s. Musei Vaticani
Vatikanisches Konzil 80, 97
Veltroni, Walter 75, 90, 91
Veranstaltungen 49
Verkehr 75
Verkehrsmittel, öffentliche 23, 24
Verkehrsregeln 26
Vespafahren 25, 190
Vespasian, Kaiser 102, 130
Vespasian-Tempel 120
Vesta-Tempel 124
Via Appia Antica 256
Via Appia Nuova 9, 268
Via Borgognona 9
Via Cola di Rienzo 9, 199
Via dei Condotti 9, 48, 204
Via dei Coronari 170
Via dei Fori Imperiali 11, 213
Via dei Giubbonari 9, 171
Via del Biscione 171
Via del Corso 200, 203
Via del Governo Vecchio 9, 170
Via della Conciliazione 175
Via della Lungara 192
Via delle Botteghe Oscure 146
Via del Pigneto 260
Via del Portico d'Ottavia 166, 167
Via Giulia 165
Via Libetta 281
Via Margutta 206
Via Marmorata 276
Via Nazionale 9, 229
Via Nomentana 263
Via Querceti 250
Via Quirinale 229
Via Veneto 222, 234
Via XX Settembre 222
Vier-Ströme-Brunnen 113, 155
  s. Fontana dei Fiumi
Villa Adriana 270
Villa Borghese 235, 238
Villa Celimontana 142, 245
Villa dei Quintili 258
Villa des Maxentius 258
Villa d'Este 271
Villa Farnesina 67, 192
Villaggio Globale 280
Villa Giulia 237
Villa Gregoriana 271
Villa Medici 240
Villa Torlonia 263, 264
Viminale (Viminal) 82, 222
Vittoriano 209, 214

Wasserparks 60
Weihnachtsmarkt 58
Wellness 59
Wetter 21
Wirtschaft 74, 90
Wohnungstausch 28

Zeitungen 71
Zollbestimmungen 23

Autorin/Abbildungsnachweis/Impressum

Die Autorin: Seit vielen Jahren entdeckt Caterina Mesina als Reiseleiterin für Rombesucher und -kenner ihre Heimatstadt immer wieder aufs Neue. Auf ihren Entdeckungstouren streift sie mit Blick auf aktuelle Entwicklungen durch die römische Altstadt und Peripherie. Sie erkundet die Hotspots des römischen Nachtlebens oder macht sich mit ihrem Sohn Federico auf die Suche nach den besten Eisdielen. Für DuMont hat sie auch das Reise-Taschenbuch Sizilien und den Band direkt Rom verfasst.

Abbildungsnachweis

akg images, Berlin: S. 108, 201, 210 (Morris)
Bilderberg, Hamburg: S. 13 u. re., 136/137, 139, 273 li. (Ernsting); 168 (Modrak)
DuMont Bildarchiv, Ostfildern: S. 101 (Heuer); 89 (picture alliance); 131, 181 (Nagy)
f1-online, Frankfurt a. M.: S. 144 li., 164/165 (AGE/Grandadam); 220 li., 238 (Deschamps); 272li., 285 (AGE/San Rostro)
Freni e Frizioni, Rom: S. 12 u. re., 196/197 (Pazienti)
Mattia Gallo, Rom: S. 12 u. li., 12 o. re., 13 u. li., 166, 214/215, 226/227, 278, 282/283
Huber-Images, Garmisch-Partenkirchen: S. 12 o. li., 243 li., 248/249 (Huber); 8 (Kremer); 104/105 (Rellini); 37 (Scaté); Umschlagklappe vorn (Serrano)
laif, Köln: S. 94 (Archivolatino/Moscia); 145 li., 159, 252 (Celentano); 59, 66/67 (Contrasto/Bonaventura); 92 (Dal Pozzolo); 40, 116 re., 140, 188/189, 200 re., 206/207(Galli); 114/115, 172 li., 173 li., 184, 192/193, 198 (Gonzales); 9, 111, 157, 268 (hemis.fr); 11, 107, 277 (Heuer); 76 (Kristensen); 129 (Mattes); 90 (Schmid); 13 o. li., 47, 150/151, 172 re., 178, 200 li. (Zanettini); 272 re. (Zuder)
Look, München: Titelbild, S. 10, 220 re., 230, 255 (age fotostock); 51 (Dressler); 16/17 (Engel&Gielen); 55, 117 li. (Frei); 19 (Martini); 30 (Play); 218/219 (SagaPhoto); 116 li., 122/123 (Terra Vista); 70 (von Felbert)
Mauritius Images, Mittenwald: S. 13 o. re., 72/73, 223, 242 (2x), 264/265, 270 (Cubolmages); 132 (Merten); 256 (Rossenbach); 84 (Truffy)
Caterina Mesina, Freiburg: S. 6, 296
picture alliance, Frankfurt a. M.: S. 98 (dpa/Di Meo); 221 li., 234/235 (dpa/epa ansa Peri); 87 (dpa/Jones); 112/113 (Huber/Pignatelli); 144 re., 160 (Leema);
Schapowalow, Hamburg: S. 7 (Sime)

Kartografie

DuMont Reisekartografie, Fürstenfeldbruck
© DuMont Reiseverlag, Ostfildern

A Federico

Umschlagfotos

Titelbild: Fontana del Pantheon auf der Piazza della Rotonda
Umschlagklappe vorn: Treppe von Francesco Borromini im Palazzo Barberini

Hinweis: Autorin und Verlag haben alle Informationen mit größtmöglicher Sorgfalt geprüft. Gleichwohl erfolgen alle Angaben ohne Gewähr. Bitte schreiben Sie uns! Über Ihre Rückmeldung und Ihre Verbesserungsvorschläge freuen wir uns: **DuMont Reiseverlag,** Postfach 3151, 73751 Ostfildern, info@dumontreise.de, www.dumontreise.de

5., aktualisierte Auflage 2015
© DuMont Reiseverlag, Ostfildern
Alle Rechte vorbehalten
Redaktion/Lektorat: S. Völler, M. Bongartz
Grafisches Konzept: Groschwitz/Blachnierek, Hamburg
Printed in China